U0471912

洪汉鼎 主编

斯宾诺莎全集

第1卷

斯宾诺莎古老传记

龚重林 曹忠来 王宏健 译

神、人及其幸福简论

洪汉鼎 译

中国人民大学出版社
·北京·

国家社会科学基金重大项目

《斯宾诺莎全集》翻译与研究

(项目号：19ZDA031，首席专家：黄启祥)

斯宾诺莎

目 录

导论：斯宾诺莎生平及其著作考释 ································· 1

《斯宾诺莎古老传记》
龚重林 曹忠来 王宏健 译

一 雅里希·耶勒士：论斯宾诺莎 ································· 93
二 让-麦克米连·卢卡斯：《已故斯宾诺莎先生传》 ··············· 98
    附录 A. 沃尔夫：关于《已故斯宾诺莎先生传》一书 ··········· 112
三 塞巴斯蒂安·科尔霍特：斯宾诺莎 ···························· 126
四 比埃尔·培尔：斯宾诺莎 ···································· 130
五 约翰·科勒鲁斯：斯宾诺莎生平 ······························ 136

《神、人及其幸福简论》
洪汉鼎 译

中译者序言 ·· 167
《神、人及其幸福简论》一书的历史 ······························ 170
斯宾诺莎《神、人及其幸福简论》一书纲要 ······················ 185
符号说明 ··· 192
A 本书名页序 ··· 193
B 本书名页序 ··· 194

第一篇 论神 ·· 195
  第一章 神的存在 ·· 196
  第二章 神是什么 ·· 202
  第三章 神是万物之因 ·· 219
  第四章 论神的必然活动 ······································ 223
  第五章 论神圣的天道 ·· 227
  第六章 论神的预定 ·· 228

第七章　论不属于神的属性 ………………………………………… 231

第八章　论产生自然的自然 ………………………………………… 235

第九章　论被自然产生的自然 ……………………………………… 237

第十章　论什么是善与恶 …………………………………………… 239

第二篇　论人及其所有物 …………………………………………… 241

序言 …………………………………………………………………… 242

第一章　论意见、信仰和知识 ……………………………………… 245

第二章　什么是意见、信仰和清晰的知识 ………………………… 248

第三章　激情的起源。由意见而来的激情 ………………………… 250

第四章　起源于信仰的东西，兼论人的善和恶 …………………… 254

第五章　论爱 ………………………………………………………… 257

第六章　论恨 ………………………………………………………… 260

第七章　论快乐和痛苦 ……………………………………………… 263

第八章　论尊敬和轻蔑等等 ………………………………………… 265

第九章　论希望和恐惧等等 ………………………………………… 267

第十章　论惋惜和懊悔 ……………………………………………… 270

第十一章　论讥讽和嘲笑 …………………………………………… 271

第十二章　论荣誉、耻辱和无耻 …………………………………… 273

第十三章　论嘉奖、谢忱和忘恩〔以及悲伤〕 …………………… 275

第十四章　〔关于激情的一般评述〕 ……………………………… 277

第十五章　论真理和谬误 …………………………………………… 279

第十六章　论意志 …………………………………………………… 282

第十七章　论意志和欲望的区别 …………………………………… 288

第十八章　论上述观点的效用 ……………………………………… 290

第十九章　论我们的幸福 …………………………………………… 292

第二十章　上述观点的证明 ………………………………………… 298

第二十一章　论理性 ………………………………………………… 302

第二十二章　论真知识、再生等 …………………………………… 304

第二十三章　论心灵的不朽 ………………………………………… 306

第二十四章　论神对人的爱 ………………………………………… 308

第二十五章　论魔鬼 ………………………………………………… 312

第二十六章　论真正的自由 ·················· 314
附　录 ······························· 319
　　一　*论神* ························· 320
　　二　*论人的心灵* ····················· 323
译后记 ······························ 328

著作对照表、索引与编后记

著作对照表 ··························· 333
人名索引 ····························· 340
概念索引 ····························· 347
编后记 ······························ 360

导论： 斯宾诺莎生平及其著作考释

一、生平

巴鲁赫·德·斯宾诺莎（Baruch de Spinoza），或更熟悉的名字，别涅狄克特·德·斯宾诺莎（Benedict de Spinoza)[①]，1632年11月24日生于荷兰阿姆斯特丹的一个犹太商人家庭。他的祖先原是居住在西班牙的犹太人，1492年由于西班牙宗教法庭的迫害逃亡到葡萄牙，后又于1592年迁至当时以信仰自由、容忍异族著称的阿姆斯特丹。他的祖父阿伯拉罕·德·斯宾诺莎是一位很受人尊敬的犹太商人，曾在阿姆斯特丹犹太人公会担任重要的职务。他的父亲迈克尔·德·斯宾诺莎继承了其父的事业，曾多次担任犹太人公会的会长，而且曾是阿姆斯特丹犹太教会学校的校长。

1638年，斯宾诺莎刚满6岁，他的母亲，也就是迈克尔的第二个妻子，不幸去世。为了照顾小斯宾诺莎和两个异母兄妹的生活，不久他父亲娶了一个从里斯本逃亡出来的犹太女人，这位继母对孩子还比较温顺，她早年接受的天主教使她感到有一种宗教的义务来培养孩子，并且她的宗教信仰使她并不竭力鼓舞年幼的斯宾诺莎过早地以炽热的感情皈依犹太教，这对斯宾诺莎今后的人生道路无疑是有一定影响的。但我们应当说，斯宾诺莎的童年主要是沉浸在他父亲的犹太传统教育中，每逢犹太人的重大节日，如朝圣节、逾越节、五旬节以及每星期的安息日，他父亲总是按照犹太人的惯例，把全家人聚集在一起，由他讲授犹太人苦难的历史，从雅各的后裔在埃及受苦一直讲到新近在西班牙和葡萄牙的犹太人所遭受的迫害。这些犹太人先辈可歌可泣的与苦难斗争的历史

[①] 斯宾诺莎原名是本托·德·斯宾诺莎（Bento de Spinoza)，本托乃西班牙语，意即受上帝的恩惠。巴鲁赫·德·斯宾诺莎乃希伯来文拼写的学名。后来由于与犹太教会断绝关系，他又改名为以拉丁文拼写的名字：别涅狄克特·德·斯宾诺莎。

不能不在斯宾诺莎幼小的心灵里留下深刻的影响，特别是那些先烈们为了保持信仰自由，不畏强暴和视死如归的英雄事迹给了他极大的感染，直至多年后，斯宾诺莎在书信中还回忆说他少年时就听到过"一个犹大，一个堪称信仰坚定的人，他被投入熊熊燃烧的烈火中，当他知道他必死无疑时，他开始吟唱圣歌：'啊！上帝，我把我的灵魂献给了您！'并且唱着这歌至死"①。

斯宾诺莎的早年教育是在阿姆斯特丹一所七年制的犹太教会学校里接受的。这所学校的任务是培养拉比，课程主要是希伯来文、《旧约全书》和犹太典籍。在这所学校里，斯宾诺莎结识了他生平两位得力的老师摩台勒拉比（Morteria）和本·伊色拉尔拉比（Ben Israel）。前者是当时犹太人集团中维持正统礼教的权威，他指导斯宾诺莎研读希伯来文《圣经》法典。后者是一位学识渊博、交游广泛的颇有异教徒倾向的人物，他热情地帮助他的学生阅读中古犹太哲学家伊本·以斯拉（Ibn Ezra）、摩西·迈蒙尼德（Moses Maimonides）和卡斯达·克雷斯卡（Chasdai Crescas）的著作，并介绍他与许多开明的基督教徒认识。据说斯宾诺莎就是在他家与荷兰大画家伦勃朗相见的，伦勃朗曾为伊色拉尔画过一幅金属版的肖像画。斯宾诺莎在学校里表现了突出的理解才能，他不仅熟读经典，而且勇于提问，他提出的那些令人困惑的问题曾经使得学校的老师感到惊异。由于他的聪明好学和忠诚正直，当地犹太教会的领导人曾把年轻的斯宾诺莎看成是犹太教的希望——"希伯来之光"，期望犹太教的教义在这个未来的拉比手中发扬光大。

这时期斯宾诺莎完全沉浸在犹太人的神学教育中，他完完全全按照传统的方式学习和研究希伯来《圣经》、犹太圣法经传以及犹太拉比们对这些经典的注释，犹太神学和哲学里的深奥问题吸引了他全部的注意力。这种强烈的犹太教育在心灵里变成了一种永久的沉淀物，这无疑给斯宾诺莎哲学思想的发展打下了第一个主要基础。犹太哲学和神学里以上帝为最高存在的观念——年幼的斯宾诺莎在私下的默念或公开的祷告中不止一次地背诵说："听啊！以色列人，主是我们的上帝，主是一个，你们应当以你们全部的心灵和身体爱吾主上帝。"——使我们的哲学家最早确立了宇宙应当从一个最高统一的存在来进行解释的一元论观点。这种观点在他思想里是这样根深蒂固，以至他在后来成熟的著作中，也用了"上帝"（"神"）一词来表述这个最高存在。

---

① B. Spinoza. *The Correspondence of Spinoza*. Translated and edited by A. Wolf. London, 1928：354.

斯宾诺莎

按照斯宾诺莎父亲的本来打算，斯宾诺莎从学校毕业后应当从事商业。当他13岁那年，他父亲就让他到自己的商行里料理一些财经事务。1649年他哥哥去世，他就接替其兄的工作，正式到商界服务。这时期正值荷兰商业蓬勃发展和繁荣之际，各方人士云集阿姆斯特丹。斯宾诺莎由于经常出入商界，因而结识了许多富有自由思想的年轻商人，如西班牙贸易商代理人彼特·巴林（Peter Balling）、阿姆斯特丹香料商人雅里希·耶勒士（Jarig Jelles）、开业医生路德维希·梅耶尔（Ludwig Meyer）、商人西蒙·约斯登·德·福里（Simon Joosten de Vries）和书商扬·利乌魏特茨（Jan Rieuwertsz）等。这些人大多数是门诺教派或社友会①教徒，有些人以后就参加了以斯宾诺莎为中心的哲学小组，与斯宾诺莎保持了终身的友谊。商界经营扩大了斯宾诺莎的眼界，使他接触到了一个与他从小所受的传统教育完全不同的新世界。这里的一切对于他来说都是陌生的，陌生的人际关系、陌生的道德情感、陌生的世界观，因此他感到需要扩大他的知识领域，他孜孜不倦地学习各种世俗学问和科学知识。

正在这时，他结识了一位对他一生产生最大影响的老师范·丹·恩德（van den Enden）。范·丹·恩德是一位自由思想家和人文主义者，是1619年被火刑处死的意大利无神论者梵尼尼的崇拜者，曾做过外交官、书商、医生和教师，他当时在阿姆斯特丹开办了一所拉丁文学校。斯宾诺莎最初是跟他学习拉丁文的，但是，正如斯宾诺莎的早期传记作家科勒鲁斯所说的，斯宾诺莎在这所学校里"除了拉丁语外，还学习了许多别的学问"，因为拉丁文在当时正如古代"希腊人的智慧"一样，乃是一种"世俗智慧的媒介"，通过拉丁文的学习，可以进一步涉猎许多其他非宗教性的世俗科学。斯宾诺莎在这所学校里研究了许多自然科学，如数学、物理学、医学以及当时先进的哲学。毋庸置疑，这种学习给了他新的契机，我们完全可以有把握地说，斯宾诺莎在范·丹·恩德的学校里的学习正是他摆脱犹太神学走向新哲学的转折点。正是通过范·丹·恩德，斯宾诺莎才接触到了文艺复兴时期自然哲学家布鲁诺的著作和笛卡尔的著作，正是布鲁诺的自然哲学和笛卡尔的新哲学使斯宾诺莎从犹太神学中获得的哲学观念发生了根本转变。

正如我们前面所说的，斯宾诺莎在犹太神学里所获得的最重要的哲学概念就是那无限存在的唯一的上帝观念，而这种观念在布鲁诺的自然哲学里正表现

---

① 社友会（Collegiant），是阿明尼乌斯门诺派的一个分支，成立于1619年，是当时荷兰比较激进的一个基督教新教派，其教义很接近中世纪再洗礼派。

为"自然"这个概念,自然在布鲁诺看来,是无限的和神圣的,自然和上帝乃是同一的。斯宾诺莎完全接受了布鲁诺的这一思想,虽然斯宾诺莎在其著作里从来没有提到过布鲁诺,然而在斯宾诺莎第一部哲学著作《神、人及其幸福简论》一书的第一篇对话里很明显地使我们想起了布鲁诺。布鲁诺的新思想使斯宾诺莎想到,他原先从犹太神学里接受的神的观念,可以同样用"自然"这一概念来表达,他说:"自然是**一个永恒的统一体,它是通过其自身而存在的、无限的、万能的**等等,那就是:自然是无限的并且在其中统摄了一切,而它的否定我们称之为无。"①"自然被断定为具有一切的一切,因而自然是由无限多个属性所构成的,其中每一种属性在其自类中皆是圆满的。这正好是与我们通常给神所做的界说相符合的。"②

除了布鲁诺的自然哲学外,最主要的促使斯宾诺莎哲学思想形成的,可能要数笛卡尔的新哲学了。笛卡尔虽然出生于法国,但其主要哲学活动是在荷兰进行的,特别是他在 1650 年去世,这事一定重新唤起了人们对他的著作的注意。笛卡尔要求一切观念都应当是清楚而且明晰的,一切知识都应当是从清楚而且明晰的观念按照严密的逻辑程序推演出来,这种思想引起了斯宾诺莎的注意。他认真地学习了笛卡尔的所有哲学著作和物理学著作,特别对笛卡尔的实体学说产生了浓厚的兴趣。但他不满意笛卡尔将实体分为心灵和物体两类实体的说法,他固有的一元论倾向使他需要一种统一的解释。这种统一的解释当然不是笛卡尔那种以一个在心灵和物体之外的上帝作为最终的绝对无限的实体的观点,因为这种观点非但未减少实体,反而增加了一个实体。在斯宾诺莎看来,只能有一个实体,这个实体是绝对的和无限的,广延和思想乃是这唯一的实体的两种属性,心灵只是这一实体在思想属性方面的样态,物体只是这一实体在广延方面的样态,但无论是心灵还是物体,它们都是同一个样态,只是从不同的属性去看罢了。

自此,斯宾诺莎把他原先从犹太神学里接受的"神"的概念和从布鲁诺自然哲学里接受的"自然"概念同笛卡尔的"实体"概念结合起来,认为"神"、"自然"和"实体"这三个概念并非表述三个不同的东西,而只是表达同一个最高的存在。从这个最高的存在出发,斯宾诺莎建立起他自己的哲学体系,不过这是若干年以后的事了。但是即使这样,在斯宾诺莎的早期著作中,我们也

---

① 斯宾诺莎.神、人及其幸福简论.见本书第 211 页。
② 斯宾诺莎.神、人及其幸福简论.见本书第 204 页。

很难看到斯宾诺莎是笛卡尔派的忠实信徒，他的哲学是在继承、批判和改造笛卡尔实体学说基础上形成的。斯宾诺莎的天才首先应在于他既能兼容并蓄地接受各种哲学思想于自己的体系中，又能站在更高的水平上对它们加以综合，从而完成了自己的哲学体系的创造。

新思想的侵入必然与从小受熏陶的犹太传统发生冲突。在长期深入研究"摩西五经"和希伯来法典的过程中，斯宾诺莎愈来愈发现犹太教神学存在着不可克服的内在矛盾。这样一种思想也是非常自然的，因为早在10世纪，犹太神学里就开始出现了一种理性主义精神，试图用理性来解释和克服犹太《圣经》中那些明显前后矛盾的章节。例如，被誉为"《圣经》高等批评之父"的伊本·以斯拉关于《圣经》的评注就曾经充分地引导人们去注意在被称为"摩西五经"中的《后摩西》的某几节的原来的作者究竟是谁，或注意《以赛亚书》第一部分和第二部分可能是由不同的作者撰成的。摩西·迈蒙尼德在其《迷途指津》里甚至更大胆地断言，在《圣经》中，无论哪一节，只要表明它与理性相冲突，那么就必须重新予以解释，以便使它与理性相一致。特别是格桑尼德（Gersonides）公然宣称"凡是我们的理性使我们信以为真的东西"，《圣经》"不能妨碍我们去坚持它们"。斯宾诺莎从少年时代开始就熟悉这些人的著作，这些人所传导的理性主义精神早已为他后来对犹太教的叛逆准备了合宜的土壤，现在再加上笛卡尔的理性主义哲学和"清楚而且明晰"的真理标准，势必酿成一场大风暴。

显然，斯宾诺莎的思想愈来愈和犹太教的教义格格不入，他漠视犹太教的教规仪式，拒不执行犹太教的繁文缛节的饮食戒律，不参加犹太教的礼拜活动。更有甚者，据说他公开对人说他不相信灵魂不灭，否认天使存在，主张上帝是具有广延的存在。斯宾诺莎早期传记作家卢卡斯（Lucas）在其《已故斯宾诺莎先生传》里记述了这样一段话：

> 有两个年轻人问他："上帝有形体吗？天使存在吗？灵魂是不死的吗？"斯宾诺莎答复说："我相信，既然在《圣经》中找不出任何有关非物质或形体的东西，那么相信上帝是一个被创造出来的物体，也未尝不可，尤其是因为先知说过，上帝是伟大的，而没有广延的伟大是不可理解的，因此没有形体的伟大也是不可设想的。至于精灵，《圣经》中确实没有说它们是实在的永存的实体，仅是幻影而已，因为上帝用它们来宣示他的意志，所以叫作天使；天使和其他所

有精灵之所以属于不可见的种类，仅是因为它们的质地是非常细净和透明的，所以人们看到它们，只能像在镜子中、在梦中或在晚上看到幻影一样，正如雅各一样，在睡梦中看到它们在梯子上飞上飞下。这也是我们为什么不理解犹太人要把不相信天使的撒都该教徒开除出教门的理由。撒都该教徒之所以不相信天使，是因为关于天使的创造在《圣经》中还丝毫没有提到。说到灵魂，凡是《圣经》中讲到它的地方，灵魂这个词仅仅是用来表示生命，或者任何有生命的东西。要在《圣经》中找到任何支持灵魂不死的章节是徒劳无益的。至于相反的观点，从中可以找到上百处，要证明它，那是最容易不过的了。"①

犹太教集团的首领视斯宾诺莎的言论为异端邪说，正如他们以前不能容忍对犹太教真实性表示过怀疑的犹太自由思想家乌利艾尔·达·科斯塔（Uriel da Costa）和冯·德·普拉东（Von der Pardon）一样，他们现在更不能容忍斯宾诺莎的这些在他们看来简直是离经叛道的渎神言论。他们首先企图用金钱收买他，答应每年供给他一笔津贴，条件是他必须绝对恪守犹太教，但斯宾诺莎愤怒地拒绝了。随后他们对他采取了小开除的惩罚手段，即暂时开除他的教籍，在一个月内禁止人们同他有任何往来，然而这种办法对未来的哲学家并没有发生作用，他更和犹太人公会和犹太教疏远了。最后在谋害斯宾诺莎的企图失败后，1656年7月27日，也就是斯宾诺莎24岁的时候，他们就对他采取了最极端的大开除惩罚，即将斯宾诺莎永远开除教籍并对之施以诅咒。处分的措辞相当严厉而残酷：

遵照天使和圣徒们的审判，并征得神圣上帝和本圣公会全体的同意，在这些神圣的摩西律法之前，并根据它所载的六百一十三条训诫，我们咒逐、孤立、憎恨和咒骂巴鲁赫·德·斯宾诺莎，按照约书亚诅咒耶利哥那样诅咒他，按照以利亚咒骂少年人那样咒骂他，并且按照摩西律法所载的所有诅咒来诅咒他：白天他被诅咒，夜里他也被诅咒；当他出去时被诅咒，在他回来时也被诅咒；当他睡下时被诅咒，在他起身时也被诅咒；主将永不饶恕他；主将对这个人表示愤怒和给予惩罚，并使他领受摩西律法所载诅咒的所有灾祸；主要在普天之下毁他的名；并且对于他的堕落，主将按照载入摩西律法中的苍天之下的所有诅咒把

---

① *The Oldest Biography of Spinoza*. Edited by A. Wolf. Port Washington, N.Y./London: Kennikat Press, 1927: 45-46.

他逐出以色列人的十二支族；但是对于依恋于主的你们，上帝将与你们同在！

我们命令：任何人都不得以口头或书面的方式与他交往，不得对他表示任何好感，不得与他同住一屋，不得与他同在两米的距离之内，不得读他著述和书写的任何东西。①

据说当时斯宾诺莎表现很从容，他来到拉比法庭前，对于这一惩处做了这样的答复：

很好，这样他们就不能强迫我去做我本不愿做的任何事情了，假如我不担心诽谤的话。既然他们要这样干，我将愉快地走我自己的路，我带着宽慰的心情离去，比早年离开埃及的希伯来人更为无辜。虽然我的生活不比他们更有保障，但我不拿任何人一点东西，并且，无论将有什么样的不公正落在我的身上，人们没有什么东西可以对我指责的，我可以以此而自豪。②

历史是这样嘲弄人，主持这次审讯大会的首席拉比正是昔日称赞斯宾诺莎品学兼优的老师摩台勒拉比。据说斯宾诺莎在被逐出教会后，还向犹太教公会提交了一份用西班牙文写的《自辩书》，可是这个文件一直没有找到，虽然它的某些内容被人认为后来合并在他的《神学政治论》之中了。

犹太拉比们不仅把斯宾诺莎开除教籍，还向阿姆斯特丹市政当局控告斯宾诺莎，说他是危险的无神论者，要求把他从该城市驱逐出去。结果这位年轻的哲学家不得不离开阿姆斯特丹，暂时在附近的奥威尔克乡下避居数月，后见风浪稍平静，他仍回阿姆斯特丹悄无声息地住下，直至 1660 年才迁到莱茵斯堡。幸喜在这暴风恶浪的时期，斯宾诺莎并没有缺少真诚的朋友，朋友给他带来了勇气、信心和力量。正如我们前面所讲过的，早在被放逐之前，斯宾诺莎就有一批志同道合的朋友，他们都是一些对自然科学、哲学和神学感兴趣的医生、商人和自由职业者，他们大多是门诺教派和社友会成员，对社会抱有一种朦胧的乌托邦理想。当斯宾诺莎被迫离开阿姆斯特丹的时候，他们并没有因为斯宾

---

① The Life of Spinoza//Spinoza's Short Treatise on God, Man and His Well-Being. Translated and edited by A. Wolf. London: Adam and Charles Black, 1910: 41-42.
② The Life of the Late Mr. De Spinoza//The Oldest Biography of Spinoza. Edited by A. Wolf. Port Washington, N.Y./London: Kennikat Press, 1927: 54.

诺莎被诅咒而与他疏远，他们反而经常同他来往，并把他磨制的镜片拿到市里去卖，其中有一个名叫西蒙·约斯登·德·福里的商人，甚至想要给斯宾诺莎一笔两千佛罗林的馈赠，以补斯诺宾莎生活之用，但被斯宾诺莎拒绝了。此时他们似乎建立了一个以斯宾诺莎为中心的哲学小组，经常集中在一起与斯宾诺莎讨论哲学和神学问题。斯宾诺莎的第一部哲学著作《神、人及其幸福简论》可能就是在这一时期为他们撰写的，这是斯宾诺莎未来哲学体系的一部最初的纲要。

1660年，斯宾诺莎终于离开了汲汲于名利的嘈杂的商业城市阿姆斯特丹，迁居莱茵斯堡，这是位于莱顿西北六七公里处的一个小村庄。它的优雅的农舍、狭窄的小径、静谧的水道以及古雅的中世纪教堂正好与阿姆斯特丹相反，呈现出一派古老世界的风貌。在这里斯宾诺莎把大部分时间都花在研究和著述上，常常是好几天不出家门，把自己关在寝室里埋头写作。这个时期斯宾诺莎完成了他的两部重要哲学著作，即《笛卡尔哲学原理附形而上学思想》和《知性改进论》。前一部著作是他在给一个名叫约翰尼斯·卡则阿留斯（J. Casearius）的莱顿大学神学系学生讲授哲学时，由于不愿向他公开讲解自己的哲学观点而改授笛卡尔的《哲学原理》所撰写的。最初是用几何学方法证明笛卡尔《哲学原理》第二章和第三章，后来由于朋友们的恳求和怂恿，他很快又以同样的几何学方法证明了笛卡尔《哲学原理》第一章，并汇集他平日有关形而上学重要问题讨论和思索的结果，写成《形而上学思想》作为附录。在友人梅耶尔替该书写了序言，声明这并不是阐发斯宾诺莎自己的观点之后，这部书的拉丁文原本于1663年在阿姆斯特丹问世，一年之后，荷兰文译本出版。这是斯宾诺莎生前以他自己真名发表的唯一的一本著作。《知性改进论》是斯宾诺莎关于认识论和方法论的著作，对于理解他的《伦理学》有着重要的意义，大约在1661年冬至1662年春完成。全书分为五章，第一章论哲学的目的，尤为重要，它突出地表现了斯宾诺莎哲学的伦理目的，一般可以看成是斯宾诺莎全部哲学的导言。可惜现存的《知性改进论》只是一个残篇。但值得注意的是，《知性改进论》告诉我们，这位伟大的哲学家在这时也正思考和计划撰写他的哲学代表作《伦理学》，因为书中屡次谈到"我将于我的哲学中加以说明"。这里所说的"我的哲学"无疑就是指当时他计划要写的《伦理学》一书。

莱茵斯堡时期可能是斯宾诺莎一生学术活动最丰富的时期。他在这里虽然只住了三年，但完成了几部重要的哲学著作，并着手构思他的代表作《伦理

莱茵斯堡　斯宾诺莎故居

学》，这三年无疑是他多产的三年。而且更重要的是，这三年也是他思想趋于成熟并与笛卡尔彻底分道扬镳的三年。如果说在1662年以前斯宾诺莎还没有明确区分实体和属性，只承认神与自然的等同，而没有承认神与实体的等同，从而他的哲学还保留了某些笛卡尔哲学的影响，那么在1662年底或1663年初，斯宾诺莎完全明确地区分了实体和属性，他不仅承认神与自然的等同，而且也承认神与实体的等同，因而从单纯的"神或自然"过渡到"神或自然或实体"，最终完成了与笛卡尔哲学根本不同的、属于斯宾诺莎自己的哲学体系的创造。这三年无论如何都是斯宾诺莎哲学生命中最重要的时期。

从这时期斯宾诺莎的通信可以看出，他的朋友交往范围也远远超出了那个哲学小团体，他和当时英国皇家学会的首任秘书亨利·奥尔登堡（Henry Oldenburg）建立了友谊，并通过奥尔登堡和著名的英国科学家波义耳（Robert Boyle）进行了学术讨论。奥尔登堡本是德国不来梅人，英荷战争期间，他作为外交使臣派往英国，以后就留居英国。由于他学识渊博，在1660年被聘任为新成立的英国皇家学会（其前身是葛雷贤学会）秘书，负责国际学术交流。1661年，奥尔登堡途经荷兰访问莱顿大学时，从神学教授约翰尼斯·考克西琼斯（Johannes Coccejus）那里得知斯宾诺莎的学术成就，从而在1661年7月到莱茵斯堡拜访了斯宾诺莎。奥尔登堡当时要比斯宾诺莎大17岁，但他对斯宾诺莎相当尊敬，称他为"颖敏好学之士"，盛赞他禀赋了大自然和勤奋给他的一切仁慈和美德，并热切地希望同他保持永久的友谊。由于奥尔登堡的中介，波义耳不久把他的《物理学论文集》转寄给斯宾诺莎，请求斯宾诺莎给予批评，从而引起了他们两人关于经验和实验方法的讨论。当然，一个经验主义的科学家和一个理性主义的哲学家最终是很难取得一致见解的。不过，此时斯宾诺莎确已声名鹊起，一些大科学家如惠更斯、胡德和莱布尼茨等人都对他有所耳闻，不久之后就和他进行了通信。

1663年夏，斯宾诺莎迁居伏尔堡，居住在一个名叫但尼尔·铁德曼的油漆匠家里。此人在海牙还有一个兄弟，斯宾诺莎有时从伏尔堡去到海牙，一般都住在他兄弟家里。斯宾诺莎到伏尔堡的第一桩事就是集中精力撰写他的《伦理学》一书。从他的书信中可以看出，此时期斯宾诺莎用力颇勤，除维持生计外，他把大部分时间都花在研究和著述上，常常是好几天不出家门，把自己关在寝室里埋头写作。因此，第二年，也就是1664年，他就将《伦理学》第一章初稿写成，至1665年已将第四章写成。正如《笛卡尔哲学原理》一样，《伦理学》

也是用几何学方法陈述的。斯宾诺莎为什么要用几何学方法来写他的哲学著作呢？他说："因为数学不研究目的，仅研究形相的本质和特点，可提供我们以另一种真理的典型"①，"我将要考察人类的行为和欲望，如同我考察线、面和体积一样"②。据他的朋友梅耶尔说，此书原名不叫《伦理学》，而叫《论神、理性灵魂和最高幸福》，这种说法看来是有根据的，因为斯宾诺莎第一部作为他未来体系大纲的哲学著作的书名就是《神、人及其幸福简论》。可见，神、人和人的幸福乃是萦绕斯宾诺莎一生思想的三个根本问题。现存的《伦理学》五章实际上可以分为三个部分，第一章即第一部分，论神的一般性质；第二章即第二部分，论人的心灵的性质和起源；第三、四、五章合为第三部分，论人的幸福和自由。这三部分分别构成斯宾诺莎哲学体系的三大主体，即本体论、认识论和伦理学。

斯宾诺莎本来可以在伏尔堡将《伦理学》一书一气呵成，但是1665年秋，他似乎已不再继续完成这部著作了，奥尔登堡在1665年9月写给他的一封信里曾经诙谐地谈道："我觉得，假如我可以这么说的话，与其说您是在进行哲学家的思考，还不如说您是在做神学家的工作，因为您现在正在撰写您关于天使、预言和奇迹的想法。"③ 斯宾诺莎此时为什么放弃《伦理学》的写作而转向神学研究呢？这要从当时荷兰政治斗争的形势来理解。自从经过尼德兰资产阶级革命，荷兰诞生了欧洲第一个资产阶级共和国——尼德兰联邦，但这并不意味着尼德兰联邦内部不存在派别的斗争，事实是当时荷兰围绕着政体问题存在着相当严重的两派斗争：一派是以奥伦治皇族为代表的君主派，他们利用荷兰农民、水手对皇室的感恩情绪和加尔文教，鼓吹建立一个高度中央集权的君主制国家；另一派是以德·维特兄弟为代表的共和派，其主要成员是城市市民和商人阶级，他们主张最大限度的地方自治，加强贸易和反对战争，在宗教信仰方面执行开明宽容政策。1664年正值英荷第二次战争，战争中由于奥伦治不能担任陆海军统帅的所谓"除名条例"而更加深了荷兰内部这两派的斗争。斯宾诺莎和他的那些志同道合的朋友都是赞成共和派的，而这时主持共和国命运的伟人正是1653

---

① Baruch de Spinoza. *Die Ethik nach geometrischer Methode dargestellt*. Hamburg：Felix Meiner Verlag, PhB 92, 1976：42.

② 同①90.

③ B. Spinoza. *The Correspondence of Spinoza*. Translated and edited by A. Wolf. London, 1928：205.

年起任荷兰省三级会议大议长的扬·德·维特。斯宾诺莎在沃尔堡结识了德·维特，并且和他保持了终身的友谊，维特给他提供了一笔二百佛罗林的年金（这笔年金甚至在德·维特死后仍继续支付）。德·维特主张政权和教权分离，提倡思想自由和信仰自由，他的主张无疑会遭到以奥伦治为首的君主派和加尔文教的反对，特别是在 1665 年战争期间，他们更是变本加厉地攻击德·维特的政治主张和宗教政策，造谣说荷兰所面临的困难乃是上天对这个国家的统治者不信神的行为进行的惩罚。为了反驳反对派的攻击和造谣，德·维特除了自己撰写文章发表政见外，还鼓励斯宾诺莎著书讨论政教问题，以支持自己的主张。在这危急的时刻，作为"杰出的共和主义者"的斯宾诺莎深感有必要在反对宗教偏执和不容异说的战斗中尽到他应尽的责任，并向公众公开表明自己的宗教立场。因此，他暂把《伦理学》停顿下来，而集中全力著述《神学政治论》一书。

　　斯宾诺莎在给奥尔登堡的复信中曾经讲了促使他写作这部论著的三条理由：第一，他需要驳斥普通神学家的偏见，使宗教信仰无碍于哲学的探讨；第二，他需要洗刷连续不断地加在他头上的无神论的罪名；第三，他要用他力所能及的一切办法保护思想和言论的自由，以免遭受专制者和牧师们的肆无忌惮的损害①。由于奥伦治支持的加尔文教在反对共和派的宣传中经常援引《圣经》，因此斯宾诺莎在《神学政治论》中以对《圣经》做科学的历史的解释来阐述他的宗教政治观点。这部书的难度是可想而知了，直至 1670 年才完成。为了避嫌，此书匿名在阿姆斯特丹出版，随后短期内先后出了五种版本。但政治上的守旧派和神学家对此书深恶痛绝，他们到处攻击此书乃是"一个叛逆的犹太人和魔鬼在地狱里炼就而成"，各个教会纷纷要求政府立即取缔此书，有的还扬言要处死斯宾诺莎。可是由于德·维特当政，他们的这种阴谋无法得逞。于是，守旧派和神学家又把愤怒转向德·维特，认为该书是在他的默许和支持下出版的。在德·维特内政外交发生困难的严重关头，他们就在 1672 年煽动一些受卡尔文教欺骗的不明真相的群众闯入海牙一所监狱，把当时正在那里探视兄长的德·维特连同其兄长一起杀死。斯宾诺莎闻知这一暴行，义愤填膺，置生死于不顾，立即写了一张"野蛮透顶"的标语，欲张贴街头，伸张正义，后因房东及时发现，恐他遭到暗算，将他锁在家里不让外出，才免一死。不过，过了两年，即 1674 年，斯宾诺莎的《神学政治论》连同其友梅耶尔的《哲学是〈圣经〉的解

---

① B. Spinoza. *The Correspondence of Spinoza*. Translated and edited by A. Wolf. London，1928：206.

释者》以及霍布斯的《利维坦》一道被认为是包含了"许多不敬神的、侮辱宗教的和无神论的学说",以荷兰总督奥伦治三世的名义正式禁止发售和传播。

斯宾诺莎大约是在1670年应德·维特的邀请从沃尔堡迁至海牙的。斯宾诺莎在海牙的第一个寓所位于凡克特街,由一个名叫维凯(Veerkaay)的寡妇供他膳宿。三层楼上的一个单间既是他的卧室、工作室,又是他的会客室。不过,他在这里只住了一年,第二年就搬到了一个邻近葛莱希特凉亭街(Pavilioengracht)的地方,在范·德·史派克(Van der Spycks)的家里租了两个不大的房间,斯宾诺莎在这里一直住到他去世。

斯宾诺莎早期传记的作者卢卡斯说,斯宾诺莎当时在海牙如同名胜古迹一样,凡游历海牙的人,无不以瞻仰斯宾诺莎的风采而为荣幸。当时荷兰和法国正发生战争,法军兵临荷兰,其统帅恭德王子对于艺术、科学和哲学有特殊爱好,早已闻知斯宾诺莎之名,故派人召斯宾诺莎到法国军营会晤。斯宾诺莎也想借此机会促成法国与荷兰两国达成和议,在征得当时海牙市政当局的同意后,于1673年5月前往乌特勒支,可惜恭德王子此时应召返回法国,斯宾诺莎在法国军营等了数星期不见恭德王子回来,他就返回海牙。临行时法人告诉他,假如他愿意写一本书献给法王路易十四,他就可获得一笔年金,但是斯宾诺莎坚决地谢绝了。谁知斯宾诺莎这次造访法军的行为引起了海牙不了解内情的群众的极大愤怒,他们怀疑斯宾诺莎犯有叛国间谍罪,欲以投掷石子来伤害他,但斯宾诺莎问心无愧,挺胸而过。房东害怕暴民闯入家中,斯宾诺莎镇静地说道:"我是无罪的。我们的一些主要政治家是了解我为什么去乌特勒支的。一旦有人来骚闹,我将出去找他们去,即使他们会用对待善良的德·维特那样的办法对待我。我是一个道道地地的共和主义者,我的愿望是为共和国谋福利。"①

1673年2月,巴拉丁选侯查理斯·李维士(Charles Lewis)敬佩斯宾诺莎的哲学天才,曾命他的参议员海德堡大学教授法布里奇乌斯(Johann Ludwing Fabritius)给斯宾诺莎写了一封信,聘请他到海德堡大学任哲学教授。斯宾诺莎对这一邀请最初非常感兴趣,认为这是他能公开讲学的好机会,但后来一想到邀请书中说"你将有充分的自由讲授哲学,深信你将不会滥用此种自由以动摇公共信仰的宗教",他犹豫了六个星期,最后他以"我不知道为了避免动摇公共信

---

① C. Gebhardt. *Baruch De Spinoza Sämtliche Werke*,Ⅲ:*Briefwechsel-Die Lebensbeschreibungen.* Meiner, Leipzig, 1922:73.

海牙　斯宾诺莎住处

仰的宗教的一切嫌疑，我的哲学讲授的自由将被限制于何种范围"的答复，婉言拒绝了这一邀请①。

斯宾诺莎在海牙无疑有不少新朋友，虽然正统派的权势和他所遭受的罪名迫使人们对于知道他和赞美他的事情都不得不绝对审慎地保守秘密。其中最忠实的朋友之一是J-M.卢卡斯，他是一位内科医生，由于对斯宾诺莎的深情，他在斯宾诺莎死后曾经写了现存最早的一部斯宾诺莎传记，一开篇就感叹地写道：

> 我们的时代是很文明的，但并非因此对待伟大人物就比较公正。虽然我们时代的最可贵的文明都归功于这些伟大人物，并从而幸运地获得了好处，但是或来自妒忌，或来自无知，我们这个时代竟不容许任何人来赞美他们。使人更惊异的是，一个人为了给这些伟人作传，他自己不得不躲藏起来，好像他在从事一桩犯罪活动似的。……但是，无论要在这么一条坎坷的道路上冒多大的风险，我仍毅然决然地要写他的生平和格言。②

另一个忠实的朋友是舒勒（G. H. Schuller），他也是内科医生，据说斯宾诺莎最后就是在舒勒身边与世长辞的。由于舒勒的介绍，斯宾诺莎认识了后来也是哲学家的谢恩豪斯（E. W. V. Tschirnhaus）。谢恩豪斯当时是一位年轻的德国伯爵，由于研究笛卡尔，他在1674年便与斯宾诺莎通信了，接着又拜访了斯宾诺莎。1675年他到巴黎结识了莱布尼茨，从而使斯宾诺莎与莱布尼茨相接触。莱布尼茨其实很早就知道斯宾诺莎，曾经读过他的《笛卡尔哲学原理》一书，并且在1671年曾把自己的光学论文送给他，斯宾诺莎也曾经回送了一册《神学政治论》以表答谢。不过自那以后，可能由于避嫌，莱布尼茨未与斯宾诺莎再接触。1675年，莱布尼茨在巴黎会见了谢恩豪斯，得知斯宾诺莎正在撰写《伦理学》，于是在1676年专程到荷兰拜访斯宾诺莎，与他进行了长时间的交谈，并在走时得到了一册《伦理学》手抄本。

在海牙，斯宾诺莎最主要的工作当然是把他搁置了五六年之久的《伦理学》尽快写完，而直到1675年该书才完成。如果从1661年算起，这本书前后断断续

---

① B. Spinoza. *The Correspondence of Spinoza*. Translated and edited by A. Wolf. London, 1928：265－267.

② *The Oldest Biography of Spinoza*. Edited by A. Wolf. Port Washington, N. Y./London：Kennikat Press, 1927：41.

续共写作了14年。在这本书里，他以最系统的形式阐述了他的整个哲学思想，构造了他的整个哲学体系。相对于这部著作，他的其他一些著作只能够看成是它的补充和导言。我们的哲学家本想在他生前将这部著作公之于世，但当时斯宾诺莎的敌人在神学家阵营中放出谣言，说他又写了一部比《神学政治论》更渎神的书，在这种情况下，斯宾诺莎不得不延缓《伦理学》的出版，而着手撰写《政治论》。《政治论》与《神学政治论》不同，几乎完全没有引用《圣经》，而是带有霍布斯遗风的纯粹政治理论。鉴于当时荷兰实行君主制已是不可避免的事，斯宾诺莎在书中着重探讨了如何建立一个好的君主制国家。按照斯宾诺莎的意见，这种君主制应当有最低限度的专制制度的特点，而保持最大限度的共和制度的优越性和自由，斯宾诺莎实际上是君主立宪制的第一个理论家。不过，斯宾诺莎的政治理想仍是共和制，而不是君主制，他是在贵族政体的形式下来设想共和国的。这本《政治论》既是纪念杰出的政治家德·维特的最好礼物，又是斯宾诺莎为他的国家留下的一份"伦理的遗嘱"。随同《政治论》，斯宾诺莎还写作了《简明希伯来语语法》一书。据说斯宾诺莎还用荷兰文翻译过《圣经》，只是在他死前被他烧毁了。正当《政治论》写到第十一章时，斯宾诺莎不幸被病魔缠住了，这是他长期磨制镜片吸入尘灰导致的恶果。1677年2月21日，斯宾诺莎终因肺病而过早逝世，终年45岁。四天后，斯宾诺莎被安葬在斯波耶新教堂，邻近不远处就是德·维特的墓地。200年后，人们为了纪念他，在海牙他最后居住的房子附近建造了一座铜像，至今成为世界各国学者和游客到荷兰参观的名胜之一。

斯宾诺莎死后遗留下来的世俗财产很少，主要是大约160本书，这些书以及他留下的一些透镜所得的价款正好够支付他应当偿还的所有债务和丧葬的费用。至于他的墓地，仅是一块租用的墓地，在他死后若干年还要再续租。

斯宾诺莎的一生是为真理和自由而奋斗的一生。他为人公正、善良、满腔热情，终生为人类进步和正义事业而斗争。德国哲学史家文德尔班（W. Windelband）在纪念斯宾诺莎逝世200周年时说过："为真理而死难，为真理而生更难。"[①] 在斯宾诺莎身上能体现我国古代"富贵不能淫，贫贱不能移，威武不能屈"的道德美誉。他的一生正是他的哲学理想的体现，我们既可以说"哲学如其人"，又可以说"人如其哲学"，哲学理想和哲学实践在他那里达到了最高的

---

① W. Windelband. Zum Gedächtnis Spinozas//*Praludien Anfsätze und Reden zur Philosophie und ihre Geschichte.* Tübingen，1919，I：111.

统一。斯宾诺莎可以说是一位真正意义上的"哲学家"。

二、著作考释

斯宾诺莎生前只出版过两部著作，一部是 1663 年以他的真名发表的《笛卡尔哲学原理附形而上学思想》，一部是 1670 年匿名出版的《神学政治论》。

在斯宾诺莎死后不久，也就是 1677 年 11 月，他的一些最亲密的朋友在社友会的一所孤儿院里汇编了他生前未发表的一些主要著作，在阿姆斯特丹出版了一部以《遗著》(Opera Posthuma) 为名的拉丁文著作集。为避嫌起见，该著作既无编辑者和出版者的名字，又无出版地点，作者的名字只简单地标以"B. D. S."这三个缩写字母①。此著作集共包括斯宾诺莎的五部著作：《伦理学》、《政治论》、《知性改进论》、《斯宾诺莎书信集》和《简明希伯来语语法》。之后，《遗著》还出版了荷兰文版（De nagelate Schriften）。不幸的是，这部《遗著》在出版后几个月就被荷兰政府查禁，19 世纪初也未曾重印。

1687 年，阿姆斯特丹曾经匿名刊行了一篇名为《论虹的代数测算》(Stelkonstige Reeckening van den Regenboog) 的论述自然科学的荷兰文论文。从《遗著》编者那里，我们知道斯宾诺莎曾经写过这样一篇文章，而且据斯宾诺莎早期传记的作家科勒鲁斯说，有一些名人曾经看到过并且读过这篇论文，所以一般的斯宾诺莎研究者认为这是斯宾诺莎的一篇已失传多年的论文。在这篇论文后面还附了另一篇论述数学概率论的文章《机遇的计算》，由于这篇文章的内容和写法与《斯宾诺莎书信集》第 38 封信雷同，所以也被认为是斯宾诺莎失传的著述。

自 1703 年以来，人们从斯宾诺莎在世时认识的一位书商的儿子那里得知，斯宾诺莎还有一部用荷兰文写的但不是用几何学方法证明的《伦理学》的早期草稿。经过一个多世纪的搜集，人们在 1851 年发现了该书一篇荷兰文提要，后在 1860 年左右终于发现了该书的两个荷兰文抄本，书名是《神、人及其幸福简论》。现在我们知道，这部书并不是《伦理学》的草稿，而是斯宾诺莎的一部独立的早期著作。该书于 1862 年第一次由范·弗洛顿（Van Vloten）在其《别涅狄克特·德·斯宾诺莎著作补遗》(Ad Benedicti de Spinoza Opera quae Supersunt

---

① 显然，这三个缩写字母是巴鲁赫·德·斯宾诺莎（Baruch de Spinoza）这一名字的缩写。

Omnia Supplementum）里刊行问世。

再以后发现的斯宾诺莎的著作，除了一些已经出版的著作的更完善的原版本外，主要是一些散失的信件。在《遗著》里刊行的《斯宾诺莎书信集》包括斯宾诺莎在 1661—1676 年与友人的往返信件共 75 封（其中有一封是《政治论》一书的序言），以后逐渐又发现了斯宾诺莎的书信 11 封，其中 1882 年以前新发现 9 封，1882 年以后新发现 2 封。因此，在 1882—1883 年弗洛顿和兰德的版本里，《斯宾诺莎书信集》不再是 75 封，而是 84 封，而在以后的标准版本里又增加为 86 封。1899—1977 年，人们又新发现了斯宾诺莎的书信 4 封。因此，现在我们拥有斯宾诺莎与友人往返信件共 90 封，其中 52 封是斯宾诺莎写给别人的，38 封则是别人写给斯宾诺莎的[①]。

《斯宾诺莎著作集》，除了最早的《遗著》拉丁文版和荷兰文版出版于 1677 年和 1678 年外，直到 19 世纪才有新的版本，至今共七种版本，计为：1802—1803 年耶拿版本（Benedicti de Spinoza Opera, quae supersunt, omnia），两卷本，编者保罗斯（G. Paulus）；1830—1831 年斯图加特版本（B. de Spinoza Opera, philosophia, omnia），两卷本，编者格弗罗勒（A. Gfroerer）；1843—1846 年莱比锡版本（B. de Spinoza Opera, quae supersunt, omnia），三卷本，编者布鲁德（C. H. Bruder）；1875—1882 年海德堡版本（Spinozae Opera philosophica im Urtext），四卷本，编者金斯贝尔格（H. Ginsberg）；1882—1883 年海牙版本（Spinoza, Benedict: Operaquotquot reperta sunt.），编者弗洛顿和兰德（J. P. N. Land），这一版本是斯宾诺莎著作的标准版，初版时是两卷本，但 1895—1896 年再版时改为三卷本，1914 年三版时又改为四卷本；第六种版本是 1925 年由格布哈特（C. Gebhardt）主编校订的海德堡版本（Spinoza Opera），共四卷，这是一部现行通用的《斯宾诺莎著作集》拉丁文版本，1972 年加以修订后重新出版；最后一种版本是布鲁门斯托克（V. K. Blumenstock）于 1967 年开始出版的《斯宾诺莎全集》拉丁文德文对照本（Spinoza: Opera. lateinisch und deutsch.），出版地是达姆施塔特，共四卷，但至今只出了两卷。

关于《斯宾诺莎著作集》的英文译本有：爱尔维斯（R. H. M. Elwes）译的《斯宾诺莎重要著作集》（伦敦，1883/1884 年；牛津，1955/1956 年），两卷本；

---

① 因此，在 1928 年出版的 A. 沃尔夫译的《斯宾诺莎书信集》英文版里只收录了斯宾诺莎书信 88 封，而在 1977 年出版的格布哈特和瓦尔特译的《斯宾诺莎书信集》德文版里共有斯宾诺莎书信 90 封。

维德（J. Wild）译的《斯宾诺莎著作选集》（伦敦，1930 年）；还有柯莱（E. M. Curley）编译的《斯宾诺莎著作集》（第 1 卷，1985 年；第 2 卷，2016 年，普林斯顿大学出版社）。

《斯宾诺莎著作集》的德文译本有：奥巴赫（B. Auerbach）译的《斯宾诺莎全集》，五卷本，斯图加特，1841 年，以后再版于 1871 年；克席曼（J. H. V. Kirchmann）和夏尔施密特（C. Schaarschmidt）译的《斯宾诺莎哲学著作全集》，柏林，1868—1869 年；埃瓦尔特（S. Ewald）译的《斯宾诺莎哲学著作集》，两卷本，盖拉，1887—1890 年；克席曼、夏尔施密特和拜恩希（O. Baensch）合译的《斯宾诺莎全集》，两卷本，莱比锡，1871—1905 年；拜恩希、布希劳（A. Buchenau）和格布哈特合编译的《斯宾诺莎全集》，共四卷，莱比锡，1907—1914 年，再版于 1914—1922 年。拜恩希、布希劳和格布哈特版本系最好的德文译本，1965—1977 年汉堡的迈勒出版社（Felix Meiner Verlag）在"哲学丛书"里分七卷重新修订再版，计为：1.《神、人及其幸福简论》，1965 年（哲学丛书 91）；2.《伦理学》，1976 年（哲学丛书 92）；3.《神学政治论》，1976 年（哲学丛书 93）；4.《笛卡尔哲学原理附形而上学思想》，1976 年（哲学丛书 94）；5.《知性改进论与政治论》，1977 年（哲学丛书 95）；6.《斯宾诺莎书信集》，1977 年（哲学丛书 96a）；7.《传记与谈话》，1977 年（哲学丛书 96b）。在 1982 年，这家出版社还出版了一个补充卷《论虹的代数测算与机遇的计算》（哲学丛书 350），荷兰文和德文对照本。

《斯宾诺莎著作集》的其他译本有：沙塞特（E. Saisset）译的法译本《斯宾诺莎全集》，巴黎，1842 年，二卷本；1861 年，三卷本；1872 年，三卷本。卡洛斯（R. Caillois）、弗朗茨（M. Francés）和米斯拉希（R. Misrahi）合译的法译本《斯宾诺莎全集》，加里马德，1954 年。迈耶尔（W. Meijer）译的荷兰文译本《斯宾诺莎著作集》，阿姆斯特丹，1895—1901 年等。

至此，我们可以把斯宾诺莎的著作归纳为如下三类：

（一）完整的著作：

1.《笛卡尔哲学原理附形而上学思想》

2.《神学政治论》

3.《伦理学》

4.《神、人及其幸福简论》

（二）残篇著作：

1. 《知性改进论》
2. 《政治论》
3. 《简明希伯来语语法》
4. 《论虹的代数测算》
5. 《机遇的计算》

（三）《斯宾诺莎书信集》

其中属于斯宾诺莎早期哲学著作的有《神、人及其幸福简论》、《笛卡尔哲学原理附形而上学思想》和《知性改进论》；属于斯宾诺莎成熟时期哲学著作的有《伦理学》、《神学政治论》和《政治论》，其中《伦理学》是斯宾诺莎最重要的哲学代表作。《斯宾诺莎书信集》由于收集了斯宾诺莎1661—1676年的书信，因而既包括了斯宾诺莎的早期思想，又包括了斯宾诺莎的后期直至逝世前一年的思想，这是一部我们研究斯宾诺莎哲学思想的发展不可或缺的重要资料。

下面我们就这些著作的写作年代、主要内容和历史意义分别加以考察。

《神、人及其幸福简论》

(*Korte Verhandeling van God, de Mensch, en deszelve Welstand*)

《神、人及其幸福简论》在斯宾诺莎生前没有出版，同时也未被收入斯宾诺莎逝世后不久即于1677年11月出版的《遗著》里面。《遗著》序言的作者甚至没有特别地提到它，他只提到《论虹的代数测算》那篇论文，认为要获得该论文的手稿是不可能的，因为该手稿已被斯宾诺莎焚毁。不过，他曾经说了这样一段话："虽然可以相信，我们的哲学家也可能有某些尚未收录在此集中的著作仍留存在这个人或那个人手中，然而可以断定，在那里绝不会发现在这些著作中没有被反复论述过的东西。"[①] 这也就是说，《遗著》的编者很可能知道斯宾诺莎的《神、人及其幸福简论》，只是因为他认为这部著作是《伦理学》的一部早期手稿，故未收录在《遗著》里面。

1703年，德国耶拿大学教授哥特里布·斯多尔（Gottlieb Stolle）和哈尔曼（Hallmann）博士到荷兰实地考察，在他们1704年写的旅行报告中终于证实了斯宾诺莎这部著作仍留存在人间。他们在阿姆斯特丹会见了斯宾诺莎的朋友和

---

① *Spinoza-Lebensbeschreibungen und Gespräche*. Einleitung, Übersetzung und Anmerkungen von Carl Gebhardt. Hamburg: Felix Meiner Verlag, 1977: 5.

出版商扬·利乌魏特茨的儿子，小利乌魏特茨向他们展示了几部斯宾诺莎著作的稿本，其中有一本就是《神、人及其幸福简论》的荷兰文本。按照扬·利乌魏特茨的看法，这就是《伦理学》的最早形式，只不过它不是用几何学方法写的，而用的是普通表述方式，分为若干章，类似《神学政治论》。他认为，斯宾诺莎以后用拉丁文改写的《伦理学》要比这好得多，不仅是因为它运用了几何学的论证方式，而且也删去了《神、人及其幸福简论》里"论魔鬼"的一章。扬·利乌魏特茨还说，斯宾诺莎的几位朋友有这个手稿的抄本，这个手稿之所以未出版，是由于已出版的拉丁文本是十分出色的，并经过了精心整理①。

但遗憾的是，哥特里布·斯多尔和哈尔曼写于1704年的这一旅行报告却直到1874年才发表。虽然斯多尔在1718年出版的《学术史简明导论》中提到了《神、人及其幸福简论》这本书，而且之后黎曼（J. F. Reimmann）在1731年出版的《神学著作概览》以及约翰·克里斯多夫·米留斯（J. Ch. Mylius）在1740年出版的《无名氏和非真名作者著作考》中也复述了关于荷兰文《伦理学》和"论魔鬼"一章的报道，但却未引起人们的注意，因为当时人们对斯宾诺莎抱有偏见，不急于想发现或寻找他这部尚未付印的著作。

直到1851年，德国哈勒大学哲学教授爱德华·波麦（Edward Boehmer）为了搜寻斯宾诺莎的著作重新去到荷兰，在一位名叫缪勒（F. Müller）的书商那里购得一本科勒鲁斯写的《斯宾诺莎的生平》的缮本，该本第十二节十分简要地论述了这位哲学家未刊印的著作，其中说到在某些哲学爱好者中间还保存了斯宾诺莎一部著作的手抄本，虽然它论述的内容与《伦理学》相同，但不是用几何学方法写的，并且在该缮本的最后还附有一篇《别涅狄克特·德·斯宾诺莎论神、人及其幸福的纲要》。1852年波麦出版了这篇纲要，这无疑对寻找《神、人及其幸福简论》一书起了新的推动作用。之后不久人们终于发现了这部著作的两个荷兰文抄本（即所谓A本和B本）。1862年范·弗洛顿博士在其《别涅狄克特·德·斯宾诺莎著作补遗》中第一次刊行了斯宾诺莎这部荷兰文著作以及拉丁文的译本。几乎经过了一个半世纪的努力，斯宾诺莎的这部早期著作终于重见光明了。

在斯宾诺莎的书信集中，唯一可能与这部著作有关的材料是1662年春斯宾诺莎写给奥尔登堡的信，在此信中斯宾诺莎写道："关于您提出的新问题，即事

---

① J. Freudenthal. *Lebensgeschichte Spinoza's in Quellen-Schriften Urkunden und Nichtamtlichen Nachrichten*. Leipzig, 1899; Heidelberg, 1927：227.

物是怎样开始存在的,以及它们是怎样依赖于第一原因的,我已经撰写了一部完整的小册子,就是论述这些问题以及知性的改进的,现在我正忙于抄写和修改这部著作。不过我常常把它搁置下来,因为我还没有决定是否把它交付出版。的确,我害怕当代的神学家们会憎恶这部著作,会以他们平素的积怨攻击我,我是极端厌恶他们的争论的。此事我将听从您的劝告。为了让您知道,我书中有哪些内容会使教士们感到憎恨,我可以和您说:许多为教士们和所有其他至少是我所认识的人归之于神的一些属性,我却认为是被创造的事物,相反,他们由于偏见而认为是被创造的东西,我却认为是神的属性,他们完全误解了这些东西。此外,我并不像我所认识的那些作者所做的那样,把神同自然分离开来。总之,我期待着您的劝告。"①

斯宾诺莎在这封信里请求奥尔登堡给予忠告的"完整的小册子"究竟是指斯宾诺莎的什么著作,长期以来在斯宾诺莎研究者中间存在争论。按照阿芬那留斯(R. Avenarius)的意见,这本完整的小册子是指《神学政治论》,因为这是斯宾诺莎唯一能使得当时神学家和教士们感到愤怒的著作。由此阿芬那留斯把斯宾诺莎的《神学政治论》的著述时间确定为1657—1661年初,并把《神、人及其幸福简论》和《知性改进论》这两部早期著作的撰写时间分别向前推到1654—1655年初和1655年底—1656年中②。这种推测显然是错误的,因为一方面《神学政治论》的著述时间现已考证确定为1665—1670年,另一方面《神、人及其幸福简论》和《知性改进论》这两部著作也绝不可能是在斯宾诺莎被逐出犹太人公会之前或同时撰写的。由于斯宾诺莎信中明确讲到知性的改进,有些斯宾诺莎研究者认为斯宾诺莎这里所说的这部"完整的小册子"是指《知性改进论》。但这也有问题,因为按照斯宾诺莎在信里的说法,他是"已经撰写了一部完整的小册子",而且这部小册子是论述"事物是怎样开始存在的,以及它们是怎样依赖于第一原因的"。现存的《知性改进论》显然不是这部著作。因为,首先,它不是一部已经完成了的完整著作,而是一个未完成的残篇;其次,它的内容主要是论述知性的改进以及求知方法,而不是论述事物如何开始存在、如何依赖于第一原因这些形而上学问题,因而不会包含使斯宾诺莎担心它会激

---

① B. Spinoza. *The Correspondence of Spinoza.* Translated and edited by A. Wolf. London,1928:98-99.

② R. Avenarius. *Über die beiden ersten Phasen des Spinozischen Pantheismus und das Verhältnis der zweiten zur dritten phase.* Leipzig,1868:105.

起神学家们憎恨的东西。因此，按照多数斯宾诺莎研究者的看法，信中提到的那部完整的小册子只能是指《神、人及其幸福简论》，因为《神、人及其幸福简论》确实是论述事物是怎样开始存在的，以及它们如何依赖于神这个第一原因；而且该书确实把神与自然等同起来，认为自然是由无限多个属性构成的，其中每一种属性在其自类中皆是圆满的，并说"这正好是与我们通常给神所做的界说相符合的"①。另外，该书第一篇第七章论不属于神的属性，就是考察"那些通常被归于神但实际上并不是属于神的属性"②，并指责这些误解神的属性的神学家惯于以一些貌似有理的议论"来为他们神学上的无知做辩护"③。这些思想无疑会激起神学家和教士们的愤恨，他们绝不会容许这本书公开问世。所以斯宾诺莎信中提到的那部他已经撰写好了的完整的小册子只能指《神、人及其幸福简论》这部书。他之所以讲到知性的改进，因为当时他想把《知性改进论》与《神、人及其幸福简论》加以合并，使前者成为后者的导言。由于斯宾诺莎这封信写于1662年春，所以人们一般认为《神、人及其幸福简论》一书至少是在1661年或1661年之前完成的。按照雪格瓦特（Ch. Sigwart）的意见，该书完成于1661年9月前不久④，而更有权威的学者格布哈特则认为斯宾诺莎在28岁时，即1660年左右即已写成，该书的撰写时间是1658—1660年⑤。

我们认为格布哈特的考证是有根据的。因为按照1661年8月奥尔登堡写给斯宾诺莎的信，奥尔登堡大约在1661年7月在莱茵斯堡拜访过斯宾诺莎，在那里与他"讨论了神、无限的广延和无限的思想，这些属性之间的差别和同一，以及人的心灵和身体结合的方式"⑥。同年9月，斯宾诺莎在给奥尔登堡的回信中重述了他关于神的定义和属性的定义，并为了解答奥尔登堡所提出的关于广延和思想的真正差别何在的问题，他给出了三个命题：1. 在自然中不能存在两

---

① 斯宾诺莎. 神、人及其幸福简论. 见本书第204页。而且《神、人及其幸福简论》第一次使用了"神或自然"这一术语。

② 斯宾诺莎. 神、人及其幸福简论. 见本书第231页。

③ 斯宾诺莎. 神、人及其幸福简论. 见本书第232页。

④ Christoph Sigwart. *Spinoza's Neuentdeckter Tractat von Gott, dem Menschen und dessen Glückseligkeit*. Gotta：Verlag von Rud. Besser，1866：144.

⑤ 弗洛伊登塔尔也主张斯宾诺莎是在1658—1660年写成《神、人及其幸福简论》的。

⑥ B. Spinoza. *The Correspondence of Spinoza*. Translated and edited by A. Wolf. London，1928：73.

个实体，除非它们的整个本质是有区别的；2. 任何一个实体是不能被产生的，存在属于它的本质；3. 每个实体是无限的，或者在其自类中是无上圆满的。如果我们把这些论点与《神、人及其幸福简论》加以比较，很显然这些论点都是从《神、人及其幸福简论》一书中摘出的，而且在该信中斯宾诺莎还附上了一些用几何学方法证明的命题，而这些命题与《神、人及其幸福简论》一书的附录是基本一致的①。由此可见，《神、人及其幸福简论》在1661年7月以前肯定已完成了。但是从1661年8月奥尔登堡写给斯宾诺莎的信以及同年9月斯宾诺莎写给奥尔登堡的复信中，我们可以看出当时斯宾诺莎正从事于研究培根和笛卡尔的认识论，探讨知性的方法和改进的问题，因此很可能斯宾诺莎在1661年主要撰写《知性改进论》。这是因为斯宾诺莎在写完《神、人及其幸福简论》这部代表他整个哲学体系的著作之后，感到有必要为此书写一导论，以提示一些探讨的方法和原则，便于人们理解他的哲学。按照1662年春那封信，斯宾诺莎似乎在当时已经撰写好了这样一部关于认识论和方法论的著作，所以1661年只能看作《知性改进论》的撰写时间。至少我们可以说，这一年斯宾诺莎是用主要精力来写《知性改进论》的，因而《神、人及其幸福简论》一定是在1660年，最多在1661年初就完成了。不过，我们绝不能认为该书是在1660年以前就完成了，即在斯宾诺莎移居莱茵斯堡以前就完成了。因为该书结束的那一段话，无论在语气或内容上都暗示它是写给远处的朋友的："在结束这一切之前，我还要向那些我为之而写的朋友们说：不要为这里所阐发的新观点感到惊讶，因为你们完全知道，事物并不因为它没有为许多人所接受就不是真理，并且你们也不会不知道我们生活的时代的特征，因此我极其真诚地恳求你们，把这些观点告诉他人时，务必要十分谨慎。我的意思并不是说，我们对这些观点应该严守秘密，而只是说，当你们要告知某人时，除了为你们的邻人的幸福外，你们就不应有任何其他的动机。"这些朋友不难推测，就是指巴林、耶勒士、梅耶尔等这些斯宾诺莎在阿姆斯特丹的朋友，由于当时斯宾诺莎已迁居到莱茵斯堡，所以他才写了这段结束语以作为对阿姆斯特丹的朋友们的告诫。而且从这段话的

---

① 例如书信中所附的四个公理非常类似《神、人及其幸福简论》附录中的前五个公理，书信中所附的三个命题和附释与《神、人及其幸福简论》附录中的四个命题几乎完全一样。当然，由于当时斯宾诺莎思想已有发展，正酝酿写《伦理学》，书信里的一些表述与《神、人及其幸福简论》也有所不同，特别是书信里包含了一些类似《伦理学》里的关于实体和样态的定义。

内容我们可以看出斯宾诺莎当时一定经历了一场坎坷过程，深深体验到了他"生活的时代的特征"，所以这部书一定是在斯宾诺莎被逐出犹太教公会并离开阿姆斯特丹到莱茵斯堡之后的产物，也就是说，它是在 1660 年写成的。

我们说《神、人及其幸福简论》在 1660 年之前不可能完成，并不等于说它在 1660 年之前没有被撰写，情况正相反，我们认为该书很可能是在 1660 年之前就开始撰写的。它的多数章节包含了斯宾诺莎当时从近郊奥威尔克村回阿姆斯特丹（这发生在 1658—1660 年）向他的朋友进行口授的内容，例如在该书结束那段话的旁边，斯宾诺莎的一位朋友加上了这样一个注："作者曾经应他们的请求，向他们口授了这篇论文"①。这就表明斯宾诺莎实际上是在 1660 年以前就开始撰写这部著作，而且是在他已在他的哲学小组的朋友们中获得了某种权威的时候撰写的。阿芬那留斯曾经根据《神、人及其幸福简论》里插入的两篇文体似乎不一致的对话，推测该书可能成于 1654—1655 年，这是没有根据的。因为一方面他的推测是基于他关于《神学政治论》成于 1661 年这个错误的假设上，另一方面斯宾诺莎绝不可能在他被犹太教公会逐出教门之前就撰写了这部著作。《神、人及其幸福简论》第二部分最后结束的那段话的语气表明，斯宾诺莎当时已在他的朋友们中获得了最高威信，而且他所说的"时代的特征"也似乎只能指他被逐出教会这件过去的事。此外，书中对于特殊的基督教教义及其重新解释（如"神子""复活""罪""神恩"等）所表现的兴趣也表明斯宾诺莎在基督教的环境里已经过了一段时间的颠簸，这些都只能证明《神、人及其幸福简论》一书是 1658—1660 年的产物。当然，我们这样说，也并不否认书中某些附加的文字可能写于 1660 年之后，例如该书中的两篇对话、某些注释以及后面的两个附录很可能是 1661 年的作品。《神、人及其幸福简论》一书的注释实际上就是对相应的正文做出新解释，而这部分正文斯宾诺莎显然是想加以改进的，它们在思想上常常表现出一种明显的进展。两篇对话虽然文体比较笨拙，但正如弗洛伊登塔尔所指出的，它们乃是在《神、人及其幸福简论》的其他部分中已经阐明了的东西的基础上详细叙述了一些特殊的论点，因此它们只能写于《神、人及其幸福简论》之后。两篇附录，特别是第一篇论神的附录，像是要在《神、人及其幸福简论》和《伦理学》之间的悬隔上架起一座过渡的桥梁。第一篇附录显然是斯宾诺莎在意识到他的陈述形式既不是柏拉图那种对话录形式

---

① 斯宾诺莎. 神、人及其幸福简论. 见本书第 317 页。

又不是普通的论说形式之后，而在说明形式方面的一种试验，而第二篇"论人的心灵"的附录则是与详细说明某些特殊论点相关的，这些论点乃是斯宾诺莎之后两年内发展的观点。

既然我们说《神、人及其幸福简论》是斯宾诺莎写于1658—1660年的著作，那么为什么斯宾诺莎在1662年春写给奥尔登堡的信中说他"正忙于抄写和修改这部著作"呢？我们知道，新发现的《神、人及其幸福简论》的两个抄本，无论是A本还是B本都是荷兰文，而按A本的书名页序，此书原系斯宾诺莎用拉丁文所撰，只是"为满足热爱真理及美德者之需，今移译成荷兰文"。由此可见，斯宾诺莎在1660年写就的《神、人及其幸福简论》是拉丁文本，它只是为了"供其专攻道德学和真哲学的诸弟子之用"①，而非为了出版。以后很可能他的朋友请求他译成荷兰文并建议该书最好能出版②，他在1661年底将此书译成荷兰文，并增加了一些注释以及对话。当1662年春写那封信时，他可能正忙于抄写和修改这部著作的荷兰文译本。但不久他放弃了出版这部著作的计划，这可能如他在信中所说的，他已感到了当时神学家对此书的憎恶，因此他认为需要用另一种方式即几何学方法来阐述他的整个哲学，因而不久后他就开始了《伦理学》的撰写。

在很长时期里，人们把《神、人及其幸福简论》看成是《伦理学》的一部早期手稿，只不过它不是用几何学方法阐述的。这种看法可能会使人忽略了《神、人及其幸福简论》这部早期著作和《伦理学》这部重要代表作之间的明显差别，从而对《伦理学》里所表述的斯宾诺莎最后确立的哲学观点产生误解。实际上，《神、人及其幸福简论》无论从形式上还是从内容上都不能说是《伦理学》的早期草稿，而是斯宾诺莎的一部代表他在1660年前思想发展的独立的早期哲学著作。一个很明显的例证是，斯宾诺莎在这部早期著作里还没有明确区分实体和属性，因而没有达到"神或实体"的结论。他这时只是处于"神或自然"的阶段，要完全达到他所谓"神或自然或实体"这种三位一体的结论，只能在他后期的代表作《伦理学》里完成。因此我们在《神、人及其幸福简论》一书中可以明显看到笛卡尔思想的影响，第一篇关于神存在的证明基本上是按照笛卡尔的《第一哲学沉思集》给出的，第二篇关于心灵和肉体的关系的论述

---

① 斯宾诺莎. 神、人及其幸福简论. 见本书第193页。
② 这位朋友很可能是耶勒士，因为他不懂拉丁文。他曾经说服了巴林把斯宾诺莎的《笛卡尔哲学原理》译成荷兰文，并且他还准备出版斯宾诺莎的《神学政治论》荷兰文译本。

也是紧跟笛卡尔，关于心灵不产生生命精气的运动，而只能改变其方向的说法也是笛卡尔的，只有根据笛卡尔的物理学才能理解。特别是在关于情感的学说里，他几乎完全依靠笛卡尔的《论心灵的情感》一书，正如波麦和雪格瓦特指出的，甚至列举情感的次序也基本遵照笛卡尔该书中的次序①。如：

笛卡尔的《论心灵的情感》（拉丁文版）	斯宾诺莎的《神、人及其幸福简论》
Ⅱ 第 69 – 148 页，论惊异	第 3 章和第 4 章论惊异
论爱	第 5 章论爱
论恨	第 6 章论恨
论欲望	第 7 章论欲望
论快乐	论快乐
论痛苦	论痛苦
Ⅲ 第 149 – 152 页，论尊敬和轻蔑	第 8 章论尊敬和轻蔑
第 153 – 156 页，论自尊和卑谦	论自尊和卑谦
第 157 – 161 页，论骄傲和自卑	论骄傲和自卑
第 165 页，论希望和恐惧	第 9 章论希望和恐惧
第 166 页，论确信和绝望	论确信和绝望
第 170 页，论犹豫	论犹豫
第 171 页，论担忧和大胆	论勇敢和大胆
第 172 页，论好胜	论好胜
第 174 – 176 页，论怯懦和猜忌	论怯懦和猜忌
	论惶恐
第 177 页，论惋惜、懊悔	第 10 章论惋惜和懊悔
第 178 – 181 页，论讥讽和嘲笑	第 11 章论讥讽和嘲笑
第 182 – 184 页，论笑	论笑
第 186 – 189 页，论荣誉	第 14 章论荣誉
第 192 页，论嘉奖	第 13 章论嘉奖
第 193 – 194 页，论谢忱和忘恩	论谢忱和忘恩
第 195 – 203 页，论悲伤和愤怒	论愤怒、悲伤

---

① Christoph Sigwart. *Spinoza's Neuentdeckter Tractat von Gott, dem Menschen und dessen Glückseligkeit*. Gotta：Verlag von Rud. Besser, 1866：97 – 98.

第 204－206 页，论光荣和耻辱　　第 12 章论荣誉、耻辱
第 207 页，论无耻　　　　　　　　论无耻

　　但是我们这样说，是否就表示《神、人及其幸福简论》一书不重要呢？正相反，我们认为，正因为《神、人及其幸福简论》是一部代表斯宾诺莎早期思想的独立著作，所以它对我们研究斯宾诺莎哲学思想的发展将起着重要的作用。也就是说，虽然《神、人及其幸福简论》并没有给予我们犹如《伦理学》那样完整代表斯宾诺莎最后思想的正当形式，但它却给我们提供了有关他的思想发展的引论。因为我们在这本书里看到的不是这种思想的最后完成的系统的形式，而是它的处于发展和生成过程的非完整的形式，在《伦理学》里我们只能看到一幢已经竣工的宏伟大厦，而在《神、人及其幸福简论》里我们却看到了这幢大厦所奠基的砖瓦以及它的具体施工步骤。从这方面说，《神、人及其幸福简论》一书在研究斯宾诺莎哲学思想的形成中无疑具有极其珍贵的历史价值。

　　首先，我们在《神、人及其幸福简论》里可以看到，斯宾诺莎的哲学思想的发展除了受笛卡尔的新哲学的影响外，还有两个重要源泉，即希伯来的神秘主义（Kabbala）和文艺复兴时期的自然哲学。斯宾诺莎从小深受犹太教和希伯来神秘主义的熏陶，这是毫无疑问的，斯宾诺莎即使在他成熟的思想里也保留了这种在他心灵里已成了永久沉淀物的传统。在 1675 年底写给奥尔登堡的信中，斯宾诺莎写道："我也像保罗，或者甚至像一切古代哲学家一样，主张一切事物都存在于神内，并且在神内运动，我甚至敢说，就古代希伯来人的传说所能推测到的来说，我也和所有古代希伯来人一致，即使这些传说已经变得讹误百出。"① 在《伦理学》里，当他讲到思想的实体和广延的实体无非是那唯一的同一的实体，不过以不同的属性表现出来时，他回忆道，这个道理"有些希伯来人似乎隐约见到，因为他们说：神、神的理智和神所知的事物都是同一的东西"②。也正是因为这种关系，在斯宾诺莎死后不久，一些很精通希伯来神秘主义的人试图证明《伦理学》与希伯来教义的一致性，如约翰·瓦赫特（J. G. Wachter）在他的《犹太教里的斯宾诺莎主义》（1699）和《希伯来神秘主义解

---

　　① B. Spinoza. *The Correspondence of Spinoza*. Translated and edited by A. Wolf. London, 1928：343.

　　② Baruch de Spinoza. *Die Ethik nach geometrischer Methode dargestellt*. Hamburg：Felix Meiner Verlag, PhB 92, 1976：55.

释》（1706）里就做了这种尝试，他在后一部著作中援引了斯宾诺莎著作中的二十多个论点以证明斯宾诺莎的学说在主要方面是与希伯来神秘主义一致的。之后黎曼在其《神学史导论》（1717）里更明确地说："希伯来神秘主义者实际上具有斯宾诺莎的基本命题，他们的差别仅在于斯宾诺莎使用了某种艺术形式撰写，并采用了几何学方式的论述。"①

在《神、人及其幸福简论》这部早期著作里，我们的确可以明显发现斯宾诺莎深受希伯来神秘主义的影响。例如，在该书第一篇第九章中，无限理智被斯宾诺莎说成是神的"**儿子、作品**或者**神的直接创造物**"，它"永恒地为神所创造，并且将永恒地保持不变"②，无限理智一方面作为永恒的直接的样态在神内占据一个位置，另一方面又与神所创造的个别样态发生联系，它在自身中可以以永恒不变的方式认识一切事物，并由此不变地产生一个无限的或最圆满的满足。这些思想都使我们清楚地回忆起希伯来早期神秘主义者亚当·卡德蒙（Adam Kadmon），这人同样把理智称为神的儿子、一切观念的总体、神的唯一的直接的产物。当斯宾诺莎说一部伟大的作品总来自它的作者的伟大性，只要我们仔细研究一下希伯来文献，我们将发现一系列类似的说法。再如，在《神、人及其幸福简论》第一篇对话中，讲到神的观念"使我们与神合一，并不让我们去爱在神之外的任何事物"③，这种认为理智是人和神之间的纽带的思想显然是出自中世纪犹太神秘主义哲学家迈蒙尼德。迈蒙尼德曾在他的《迷途指津》一书第三章中说过："除非通过借以认识上帝的知识，否则就不会爱上帝。人对上帝的爱与对上帝的知识是成正比例的，知识愈少，爱愈少，反之，知识愈多，爱愈多。"④ 斯宾诺莎使用了迈蒙尼德"对上帝的理智崇拜"这一用语，正如我们之后在《伦理学》里所看到的，斯宾诺莎把这一用语改写成"对神的理智的爱"⑤。

文艺复兴时期的自然哲学家和泛神论者布鲁诺虽然在斯宾诺莎的著作中没有被提到，但是斯宾诺莎肯定受过他的极大影响。布鲁诺的《论原因、本原与

---

① Christoph Sigwart. *Spinoza's Neuentdeckter Tractat von Gott, dem Menschen und dessen Glückseligkeit*. Gotta：Verlag von Rud. Besser，1866：101.

② 斯宾诺莎. 神、人及其幸福简论. 见本书第 237 页。

③ 斯宾诺莎. 神、人及其幸福简论. 见本书第 217 页。

④ *A Critical History of Western Philosophy*. Edited by D. J. O'Connor. The Free Press of Glencoe, A Division of the Macmillan Company，1964：190.

⑤ Baruch de Spinoza. *Die Ethik nach geometrischer Methode dargestellt*. Hamburg：Felix Meiner Verlag，PhB 92，1976：287-289.

太一》和《论无限宇宙和世界》出版于1584年，《论贵族的热情》出版于1585年，这些著作是用意大利文写的，出版地是英国伦敦。当时在英国和法国曾被许多哲学家阅读，并且很早就从英国传到了荷兰，我们知道斯宾诺莎是懂得意大利文的。布鲁诺的根本思想是强调万有的统一性，他认为哲学的任务就是认识这种统一性，他把这种统一性称为自然。在他看来，神不在自然之外，而是在自然本身之中，是自然的内在固有的原则。世界被分成广延实体和思想实体，而这两个实体在根源上却是一个，它们组成一个实在，即神或自然，观念的世界并不大于事物的世界，每一种潜能都是现实。斯宾诺莎对自然的统一性和无限性的强调，主张神是世界的内在因而不是超越因，很可能都是受到布鲁诺的影响。在《神、人及其幸福简论》第一篇对话里，斯宾诺莎把自然描述为神的谓词——如永恒性、无限性、圆满性、包罗万象的统一性——的承担者，认为自然是出自自身而不是出自其他原因的，它通过自身而被认识，它是唯一的实体。他借"理性"的嘴说道："自然是**一个永恒的统一体，它是通过其自身而存在的、无限的、万能的**等等，那就是：自然是无限的并且在其中统摄了一切，而它的否定我们称之为无。"① 这种关于自然的观点显然与布鲁诺《关于自然和世界论集》里的观点相一致，布鲁诺在第一篇和第二篇论文中确信真正知识的对象只可能是那种本身是永恒、不变、真实、常在、简单的太一，这种对象就是整体自然。

但是，如果认为《神、人及其幸福简论》一书的意义仅在于揭示了斯宾诺莎哲学思想发展的根源，这是不够的，事实上在《神、人及其幸福简论》里我们已窥见了斯宾诺莎初次构思他自己体系的草图。正如斯宾诺莎的朋友路德维希·梅耶尔在其《哲学是〈圣经〉的解释者》一书的后记里所说的："我们完全有理由可以期望，在这个时代——即在那位勒奈·笛卡尔哲学的伟大的革新者和推广者在科学世界高举火炬以身作则走在前头的时代，哲学的领域将大大地被其他想步其后尘的人加以扩张了，并且有关神、理性灵魂、人的最高幸福的同样的论点，以及关于其他旨在获得永恒生活的同样论点也将被阐明。"斯宾诺莎的这种哲学革新体系的根本结构就是神、理性灵魂（即人的知性）和人的最高幸福，即本体论、认识论和伦理学的最高统一。正如我们在斯宾诺莎最后的代表作《伦理学》里所看到的，斯宾诺莎整个哲学体系是一个由最高存在范

---

① 斯宾诺莎. 神、人及其幸福简论. 见本书第211页。

畴开始按照逻辑规则推出一切其他观念的演绎系统，作为这个系统的最高存在范畴的是"神"、"自然"或"实体"，而作为这个系统的最后归宿的则是人的最高境界，即人的自由和幸福，本体论最终落脚在伦理学，求真和至善达到最高统一。我们可以说，他的体系是一个以知神、认识自然为开始，以知人、爱神达到人的最高圆满为结束的从本体论到伦理学的自成其始终的自足系统。这样一种体系的构思最早就反映在《神、人及其幸福简论》一书中，此书的书名就明显表明他的论神、论人和论人的幸福这三大块结构。全书分为两部分，第一部分论神，第二部分论人及其幸福。它从神的存在和性质开始，进而研讨人的本质和情感，最后阐明以理性达到神人统一，取得最高幸福。也正是因为这一明显与《伦理学》雷同的体系构思，很长时期它一直被人们视为《伦理学》的一部早期手稿。

正是由于有了这种关于自己体系的初步构思，所以我们看到斯宾诺莎虽然受到希伯来神秘主义者、布鲁诺和笛卡尔的强烈影响，但他初步构造出的大厦却是与他们相对立的，最多我们只能说采用了他们的一些砖瓦或基石。希伯来神秘主义者虽然强调神是唯一的，"听啊！以色列人，主是我们的上帝，主是一个"，并认为上帝是宇宙的创造者和统治者，永久的幸福只能来自对上帝的无私的爱，"听啊！以色列人，主是一个，你们应以你们全部心灵、全部灵魂和全部能力爱吾主上帝"，但他们的上帝却不是与自然相等同、同样受制于必然性的具有广延的东西，而是一个超出自然的精神主宰，可以凭借自由意志任意创造万物。与此相反，《神、人及其幸福简论》论述的神却是自然的同义词，神作为自由因，"并不是一个能去做或能不去做任何事情的原因，而仅仅是一个不依赖于其他任何事物的原因"①，"除了事物现在为神所决定并且永恒存在的这种方式外，神绝不能在任何其他方式里预先决定事物，而且在这些决定之前或没有这些决定神都不能存在"②。在斯宾诺莎改变了的神的概念中，神既有物质的性质，又有精神的性质，神属于世界，不离开世界。神的自由不在于它可以以另外一种方式创造世界，而是在于它必然以这种方式这样创造世界，人对神的爱并不要求神对人的爱，斯宾诺莎用沉思的快乐观念代替了对神和人尽本分的无私的爱的观念。他使用的词语和格式虽然来自希伯来传统，但他的上帝是新的上帝，他的拯救是新的拯救。声音可能是雅可比的声音，但手却更多的是斯宾

---

① 斯宾诺莎. 神、人及其幸福简论. 见本书第225页。
② 斯宾诺莎. 神、人及其幸福简论. 见本书第223页。

诺莎自己的手。

斯宾诺莎对自然的统一性和无限性的强调，对神的内在性的强调虽然来自文艺复兴时期的自然哲学家布鲁诺，但他却没有保留布鲁诺那种折中主义（Eklektizismus）。正如我们在布鲁诺的《论原因、本原与太一》里所看到的，除了神内在于世界之中外，还出现了一个新柏拉图主义的超越概念，在这个概念里，太一超越于一切范畴之外，它是超实体的超存在，这就是"世界灵魂"，它是"普遍的世界形式"①。在布鲁诺的体系里，作为世界的彼岸根据与作为结果的世界相对立，宇宙一方面被布鲁诺说成是绝对的太一，一切存在，另一方面又被他说成是神的统一和无限性的映像。这样一种摇摆于精神和物质之间的二元论，无论如何，我们在斯宾诺莎的《神、人及其幸福简论》一书中是看不到的。他反对这种世界灵魂的存在，"**无限的广延和无限的思想这两者连同所有其他种种无限的属性**（或者按照你的说法，其他种种实体）都只是那个**唯一的、永恒的、无限的、通过其自身而存在的存在物**的种种样态"②，也就是说，是自然的样态。除了自然之外，并不存在超于自然的世界灵魂。布鲁诺从亚里士多德的形式和质料的对立而发展来的潜能和现实、致动因和目的因的对立，《神、人及其幸福简论》里只谈到了致动因，而在致动因里强调神是内因而不是外因，神是自由因（即必然因）而不是偶然因，布鲁诺的观念在斯宾诺莎这里只剩了抽象的实体和因果性概念。我们说斯宾诺莎在《神、人及其幸福简论》里把神与自然等同，但这个自然并不是布鲁诺那种受世界灵魂支配的充满神秘性的自然，而是按照严格机械决定论受制于绝对必然性的自然。

即使就笛卡尔的强烈影响来说，《神、人及其幸福简论》也不是像《笛卡尔哲学原理》那样是一部关于笛卡尔思想的复述或改写著作。虽然在这里斯宾诺莎没有区分实体和属性，只承认神与自然的等同，而没有承认神与实体的等同，但他的神的观念绝不是笛卡尔的那种具有自由意志能秉行公正的全知、全能、全善的人格神的观念。在他看来，把全知、全能、仁慈、正义和至善等看成神的属性，乃是对神的真正属性的无知。当笛卡尔主张人的意志不同于人的理智、意志力大于理解力时，斯宾诺莎却说："意志只是一个我们意愿这个或那个的观念，因而仅仅是一个思想的样态、一个思想存在物，而不是实在存在物，所以什么也不能由意志所产生，因为无中不能生有（nam ex nihilo nihil fit）。既然我

---

① 布鲁诺. 论原因、本原与太一. 汤侠声，译. 北京：商务印书馆，1984：43.
② 斯宾诺莎. 神、人及其幸福简论. 见本书第212页.

们已经指出，意志并不是存在于自然之中的事物，而只是一种虚构，那么我就认为，没有必要去追问意志究竟是自由的还是不自由的这个问题了。"① 虽然斯宾诺莎在《神、人及其幸福简论》里接受了笛卡尔的心灵和身体相互影响的交感说，但是我们也看到他在这时已具有了他后来的身心同一论思想，即观念与对象之间必然存在一种结合或同一关系，"一个离开另一个就不能存在，一个事物的观念如果在能思的事物中没有存在，那么该事物是不会存在的；同样，如果事物不存在，该事物的观念也绝不会存在；再者，观念如果不发生变化，对象也不可能发生变化，反之亦然。因此使身体与心灵相结合在这里无须引进第三者"②。这里不仅否定了笛卡尔的身心二元论，而且也反对了后来笛卡尔学派的平行说和偶因论。

总之，《神、人及其幸福简论》一书虽然是斯宾诺莎的一部早期手稿，但它却给我们提供了研究斯宾诺莎思想发展的极其宝贵的资料。从这里我们可以看到，当斯宾诺莎初次登上哲学舞台时，他已有了建立自己哲学体系的新构思，这种构思无论在哪一种意义上都不是希伯来神秘主义、布鲁诺泛神论或笛卡尔哲学的翻版。虽然他受惠于希伯来神秘主义、布鲁诺和笛卡尔很多，但他不是他们的忠实追随者，这不仅表现在他反对了犹太传统中的神秘主义，而且也表现在他对布鲁诺和笛卡尔的二元论的摈弃。他一开始就是他自己哲学大厦的建筑师，虽然这幢大厦的砖瓦是从这许多不同领域内取得的。

《知性改进论》
(*Tractatus de intellectus emendatione*)

《知性改进论》在 1677 年出版的《遗著》里作为斯宾诺莎的第三篇著作第一次公开问世。《遗著》的编者在序言中说，这部著作无论在格式方面还是在内容方面都是我们的哲学家的一部早期著作，是"著者在许多年以前就已经写下的"，并且编者还指出这里只是一个残篇，"虽然著者常常想要完成这部著作，但是他为许多别的工作所阻挠，而后来他就死了，以致他一直未能如愿完成他的著作。我们考虑到这部未完成的著作包含着很多很好的和有益的思想，这些思想无疑地对于每个认真追求真理的人都有不少的用处，我们不愿意剥夺读者阅读这书的机会。也是由于这些原因，书中还包含着许多困难费解、缺乏充分

---

① 斯宾诺莎. 神、人及其幸福简论. 见本书第 284 页。
② 斯宾诺莎. 神、人及其幸福简论. 见本书第 299 页。

发挥和加工整理的地方，我们愿意把这些情况预先告诉读者，还望读者谅解"①。

在《斯宾诺莎书信集》中，最早提到这部著作的就是斯宾诺莎在1662年春写给奥尔登堡的那封信，在那里他说他正忙于抄写和修改一部"完整的小册子"，这本小册子是论述"事物是怎样开始存在的，以及它们是怎样依赖于第一原因的"，以及"知性的改进"②。正如我们前面考证的，这部完整的小册子是指《神、人及其幸福简论》，但是这部著作显然并没有论述知性的改进这一部分内容，所以很可能斯宾诺莎当时想把《知性改进论》和《神、人及其幸福简论》加以合并，以使《知性改进论》作为《神、人及其幸福简论》一书的方法论导论③。可是由于他在《知性改进论》里提出的问题相当困难，以及不久后他放弃了出版《神、人及其幸福简论》一书的计划，这部著作一直未能完成。如果我们的这种推测是正确的，《知性改进论》一书的著述时间只能是1661年，最晚也不能超过1662年春④。

我们的这种推测是可以找到旁证的，因为在斯宾诺莎和奥尔登堡于1661年的书信交往中，我们可以看到斯宾诺莎当时正从事于认识论的研究，特别是对培根和笛卡尔的认识论的研究。斯宾诺莎在1661年9月给奥尔登堡的信中写道："您问我，在笛卡尔和培根的哲学里，我发现了哪些错误。虽然我不习惯于揭露别人的短处，然而我仍准备满足您的要求。第一个和最大的错误就在于他们两人对于一切事物的第一原因和根源的认识迷途太远；第二，他们没有认识

---

① *The Collected Works of Spinoza.* Ed and trans. by E. M. Curley. Princeton University Press, 1985: 6. 也可参见：C. Gebhardt. *Spinozas Abhandlung über die Verbesserung des Verstandes, Eine entwicklungsgeschichtliche Untersuchung.* Carl Winter's Universitätsbuchhandlung, Heidelberg, 1905: 1。

② B. Spinoza. *The Correspondence of Spinoza.* Translated and edited by A. Wolf. London, 1928: 98。

③ 例如，格布哈特就提出过这种看法。他认为1662年春那封信提到的完整小册子是指一部分为两部分的著作，其中《知性改进论》作为更为系统的《神、人及其幸福简论》的方法论导论，参见格布哈特的《斯宾诺莎的〈知性改进论〉》（C. Gebhardt. *Spinozas Abhandlung über die Verbesserung des Verstandes, Eine entwicklungsgeschichtliche Untersuchung.* Carl Winter's Universitätsbuchhandlung, Heidelberg, 1905），第10页。

④ 阿万那留斯认为《知性改进论》写于1655—1656年，这是不正确的，因为正如我们前面所说，他这种推测是基于他关于《神学政治论》撰写时间的错误假设，请参见：R. Avenarius. *Über die beiden ersten Phasen des Spinozischen Pantheismus und das Verhältnis der zweiten zur dritten phase.* Eduard Avenarius. Leipzig, 1868: 105。

到人的心灵的真正本性；第三，他们根本没有认识到错误的真正原因。……关于培根，我不想多说什么，因为他关于这个问题说得非常混乱，并且不加任何证明，只一味地下判断。首先他假定，除感官的欺骗外，人的理智按其固有的本性也是易于受骗的，因为人的理智都是按照它自己本性的尺度，而不是按照宇宙的尺度来想象一切事物的，它仿佛是一面凹凸不平的镜子，在反射事物的光线的时候，把它自己的本性和事物的本性混杂在一起了，等等。其次他又假定，人的理智按其本性天生倾向于抽象思考，并把飘忽不定的事物想象为固定的，等等。再次，他假定人的理智是不安静的，它既不能停顿，也不能栖息。至于他所假定的其他原因，完全可以容易地归到笛卡尔说的那个原因上去，也就是人的意志是自由的，比起理智更广阔，或者用费罗拉姆先生（即培根——引者注）自己更为混乱的话来说（《新工具》箴言49），就是理智并不是干燥的光，而是有意志灌输在里面。"① 这样一种全面而又深刻地对培根和笛卡尔的认识论的批判，特别是对培根关于理智本性看法的批判，不难使我们推测当时斯宾诺莎已做了深入的关于认识论问题，特别是知性本性问题的研究，而这种研究的结晶就是《知性改进论》。事实上，《知性改进论》这一书名也来源于培根的《新工具》，培根在那里常常提到"校正知性"、"净化知性"或"医治和净化知性的方式"。但与培根不同，斯宾诺莎不认为知性本身有病，须加医治或校正，而是认为知性是自然之光，本身无病，只需改进和扩充。因此我们可以认为《知性改进论》是斯宾诺莎在1661年研究的成果，也就是说，它是斯宾诺莎紧接《神、人及其幸福简论》这样一部简明完整地论述整个哲学体系的著作之后专门论述认识论和方法论问题的专著②。

最近荷兰学者米格尼尼（F. Mignini）和美国学者柯莱关于《知性改进论》的著述时间提出了另一种新的看法。他们认为斯宾诺莎于1662年春写的那封信所提到的那部已经撰写了的完整小册子不应包括《知性改进论》，因为《知性改进论》当时并不是一部已经撰写好的完整著作。他们认为，无论从撰写的形式

---

① B. Spinoza. *The Correspondence of Spinoza*. Translated and edited by A. Wolf. London，1928：76-77.

② 我们的这一看法与库诺·费舍（Kuno Fischer）和格布哈特的看法是一致的。例如库诺·费舍在其《新哲学史》里认为《知性改进论》是紧接着《神、人及其幸福简论》而产生的，并且通过《知性改进论》斯宾诺莎转到了对《伦理学》的撰写（参见该书第2卷第291页）。同样，格布哈特在其《斯宾诺莎的〈知性改进论〉》里也认为《知性改进论》写于1660—1661年，而此时《神、人及其幸福简论》已写就。

上说,还是从它所表现的斯宾诺莎思想发展上说,《知性改进论》是一部还比《神、人及其幸福简论》更早的著作,因此他们认为《知性改进论》应当写于《神、人及其幸福简论》之前,或者是与它同时写成的①。按照这种看法,《知性改进论》的撰写时间应当是在 1660 年之前,最晚也只能是 1660 年。

这种看法的根据是基于这样一种观点,即就所表述的论点来说,《神、人及其幸福简论》比《知性改进论》更接近于《伦理学》。按照米格尼尼的看法,《知性改进论》在关于知性的性质和方法的学说、知识种类理论方面,以及在虚构的性质、意志和知性的区别等方面的论述,不仅与《伦理学》有很大的不同,而且与《神、人及其幸福简论》也有一段距离,因此它不能是介于《神、人及其幸福简论》和《伦理学》之间的产物,而只能是在《神、人及其幸福简论》之前的作品。我们不能同意这种看法。我们认为,虽然《知性改进论》作为一部早期著作是与他的后期代表作《伦理学》有区别的,但这并不一定说明它与《神、人及其幸福简论》有距离,非要把它划在比《神、人及其幸福简论》更早的阶段。就拿米格尼尼所举的知识种类理论来说,《知性改进论》的确提出了四种知识的划分,与《伦理学》的三种知识划分的说法不同,但我们只要仔细阅读一下《神、人及其幸福简论》,我们也可看见在那里并不是只有三种知识的划分,它有时也有四种知识的划分。例如在该书第二篇第二十二章论真知识、再生等中,他说:"我们仍须探究能否通过第四种知识,即最后的一种知识去达到我们的幸福。"② 可见《知性改进论》的四种知识划分并不一定是《神、人及其幸福简论》以前的观点,《神、人及其幸福简论》里同样也有四种知识理论。另外,《知性改进论》关于意志和理智的区别问题的确与《伦理学》不同,这表明他当时深受笛卡尔的影响,但《神、人及其幸福简论》正如我们前面指出的,同样也保留了笛卡尔的很多思想影响。即使我们说《神、人及其幸福简论》里已有了对笛卡尔学说的批判,难道《知性改进论》里就没有对笛卡尔学说的批判吗? 在《知性改进论》第 78 节中,斯宾诺莎实际批评了笛卡尔关于感觉判断的学说,他在这里论述的感觉错误理论实际上是与《伦理学》一致的。因此,我们不能认为《知性改进论》一定是《神、人及其幸福简论》之前的作品。

如果我们仔细考察一些证据,我们就可以知道斯宾诺莎即使在他思想成熟

---

① *The Collected Works of Spinoza*. Ed. and trans. by E. M. Curley. Princeton University Press,1985:3 – 4.

② 斯宾诺莎. 神、人及其幸福简论. 见本书第 304 页。

时期也并未完全抛弃《知性改进论》一书里的认识论和方法论观点,它的一些主要论点即使在许多年之后斯宾诺莎似乎还是满意的。例如,在 1666 年,当时斯宾诺莎已完成了《伦理学》三个部分,他在写给鲍麦斯特(Bouwmeester)的信中说道:"必然有一种我们可借以指导和联结我们清楚而且明晰的概念的方法,并且知性与身体不同,它不受制于偶然性。这的确可以单独从下面这一点看出来,即一个清楚而且明晰的概念,或几个清楚而且明晰的概念,可以绝对是另一个清楚而且明晰的概念的原因。或者更正确地说,我们所形成的所有清楚而且明晰的概念只出自我们自身所有的其他清楚而且清晰的概念,它们绝不承认在我们之外的任何其他原因。从这里可推知,我们所形成的任何清楚而且明晰的概念只依赖于我们的本性以及它的确实固定的规律,也就是说,它们只依赖于我们绝对的力量,而不依赖于偶然性,即不依赖于那些我们所不知道的和对我们本性与力量来说是陌生的原因。……因此,很清楚,真方法……仅在于纯粹知性的知识,以及它的本性和规律的知识。为了获得这种知识,我们必须首先区分知性和想象,或区分真观念和其余观念,即虚构观念、错误观念、可疑观念以及所有那些只绝对依赖于记忆的观念。为了理解这一点,至少就方法论的要求而言,我们不需要通过心灵的第一原因来知道心灵的本性。"① 如果我们把这里的观点与《知性改进论》里的观点比较一下,就可以看出它们是非常一致的。例如在《知性改进论》里,斯宾诺莎也主张很好的方法就是心灵"以一个真观念作为规范,依照一定的次序"② 去进行推导的方法,真思想的形式"必定在思想自身内而不依赖别的东西,并且不承认所知的对象为原因,而必须依靠知性自身的力量和性质"③,而且真方法在于"将真观念与别的表象加以区别或分开,保持心灵不致将错误的、虚构的和可疑的观念与真观念混淆起来",并且作为方法论的研究也"无须根据表象的最近因来解释每个表象的本质,因为这种工作属于哲学范围"④。由此可见,斯宾诺莎在后期仍保留了《知性改进论》里的观点,甚至我们可以说,斯宾诺莎在他临死前一两年内也并未忘记他早期这部方法论著作。在 1675 年与谢恩豪斯的书信和交往中,斯宾诺莎

---

① B. Spinoza. *The Correspondence of Spinoza*. Translated and edited by A. Wolf. London, 1928: 227 - 228.

② Baruch de Spinoza. *Abhandlung über die Verbesserung des Uerstandes*, *Abhandlung vom Staate*. Leipzig: Felix Meiner Verlag, PhB 95, 1922: 21.

③ 同②33.

④ 同②22.

仍回忆起他以前所熟悉的东西，并给谢恩豪斯以理由期望他能出版他的方法论著作。谢恩豪斯写道："我们何时才能得到您的那种正确指导理性去获得未知真理的方法呢？……当我们在一起时，您向我指出过您在探究未知真理时所使用的方法。我从经验发现，这种方法是极其卓越的，而且就我所理解的而言，它还是很容易的。我可以说，靠了您的这一方法的帮助，我在数学方面取得了很大进步。因此我希望您能给我关于正确观念、真观念、假观念、虚构观念和可疑观念的真正界说。"① 斯宾诺莎在回信中解答了谢恩豪斯的一些疑问，但对于另外一些问题，他说他"尚未用适当的次序写出"②，显然这是指未完成的《知性改进论》。另外，在《伦理学》里，斯宾诺莎也曾提到过《知性改进论》这本书，希望读者同时加以参阅，如讲到了什么概念更为有用，什么概念全无用处，什么概念是共同的，什么概念仅对于未为成见所囿的人们才是清楚明晰的，什么概念是根据薄弱的，以及第二级概念和公则是如何起源的。斯宾诺莎说："但是我既然已经划出这些问题归于我的另外一种著作中去讨论，不欲过于冗长致惹厌烦，所以决意在这里不加论述。"③ 也可能还是因为这些原因，《遗著》的编者才说《知性改进论》这部未完成的著作"包含着很多很好的和有益的思想，这些思想无疑地对于每个认真追求真理的人都有不少的用处"，而且斯宾诺莎生前"常常想要完成这部著作，但是他为许多别的工作所阻挠，而后来他就死了，以致他一直未能如愿完成他的著作"。

　　长期以来，《知性改进论》被认为是一部导论性的著作，但究竟是斯宾诺莎的一部什么著作的导论，在斯宾诺莎的研究者中有不同的看法。大部分学者认为《知性改进论》是斯宾诺莎主要代表作《伦理学》的导论，例如格布哈特在其《知性改进论》德译本导言中说："《伦理学》预先以《知性改进论》作为它的导论，如果说斯宾诺莎在他的主要代表作中是如此直截了当地和不加证明地提出他的学说的基本概念，那么他之所以这样做，是因为他认为他的读者已通过这篇导论性的论文做了充分的准备。"④ 但是也有些学者认为《知性改进论》

---

① B. Spinoza. *The Correspondence of Spinoza*. Translated and edited by A. Wolf. London, 1928：298–299.

② 同①301.

③ Baruch de Spinoza. *Die Ethik nach geometrischer Methode dargestellt*. Hamburg：Felix Meiner Verlag, PhB 92, 1976：87.

④ Baruch De Spinoza. *Abhandlung über die Verbesserung des Verstandes*，*Abhandlung vom Staate*. Leipzig：Felix Meiner Verlag, PhB 95, 1922：Ⅺ.

就是《神、人及其幸福简论》的导论,因为斯宾诺莎在 1662 年春写的那封信明确把《知性改进论》与《神、人及其幸福简论》放在一起准备出版,而《神、人及其幸福简论》又可看作斯宾诺莎阐述他的整个哲学体系的一部早期主要著作。

我们首先必须研究一下为什么《知性改进论》要被认为是一部导论性的著作,这主要来自斯宾诺莎自己在《知性改进论》里的看法。根据我们的考证,在该书中我们至少可以发现有 16 处地方斯宾诺莎暗示了此书是他的一部哲学著作的导论,其中正文有 8 处,注释有 8 处①:(1)在第 4 节里,当斯宾诺莎讲到把荣誉与财富当作目的而追求时,他注释说:"这点可更加详细地解释。可以将财富认作本身目的而追求,与将财富认作增进荣誉、满足肉欲或补助健康、促进科学与艺术而追求加以区别。俟于适当的地方再加以讨论,这里可无须探究。"(2)在第 7 节里,当讲到占有财富、荣誉和肉体快乐会招致毁灭时,斯宾诺莎注释说:"此点将做更详细的证明。"(3)在第 11 节里,当斯宾诺莎讲到如果认财富、荣誉和快乐只为手段而非目的,则对我们非但没有妨害而且还有很大帮助时,他说:"这一点我得便将加以适当的说明。"(4)在第 13 节里,当斯宾诺莎讲到至善乃是人人都可分享的品格时说:"至于这种品格是什么性质,我将于适当的地方指出,简单说来,它是人的心灵与整个自然相一致的知识。"(5)在同节里他又注释说:"关于这点,别处我另有详细的解释。"(6)在第 31 节里,当斯宾诺莎讲到知性凭借天赋的力量时,他注释说:"天赋的力量是指非由外因所支配的力量而言,以后将于我的哲学中加以解释。"(7)在同一节里讲到知性凭借天赋力量自己制造理智工具,再凭借这种工具来从事别的新的理智作品时,斯宾诺莎又注释说:"这里我称之为作品,至于这些作品是什么,我将于我的哲学中说明之。"(8)在第 34 节里讲到客观本质时,斯宾诺莎注释说:"注意,我们在这里并没有研究这最初的客观本质如何天赋给我们,因为这个问题属于自然研究的范围。在自然研究里,更当充分解释这一点,同时并当指出,假如没有观念,则不可能有肯定、否定或意志。"(9)在第 36 节里,当斯宾诺

---

① 按照格布哈特的考证,《知性改进论》有 17 处地方暗示他的哲学著作,其中正文 10 处,注释 7 处。但我认为,他引的两个例证是不对的,而且还有一个明显例证他未引,所以我们只举出 16 个例证。参见:C. Gebhardt. *Spinozas Abhandlung über die Verbesserung des Verstandes*, *Eine entwicklungsgeschichteliche Untersuchung*. Carl Winter's Universitätsbuchhandlung. Heidelberg, 1905: 31-34。

莎讲到真的方法乃是教人依适当次序去寻求真理或真观念的一种途径时，他注释说："至于什么是'在心中寻求'，我将于我的哲学中加以解释。"（10）在第45节里，当斯宾诺莎讲到人们囿于成见故不能循适当次序研究自然时说："至于成见的起因，以后在我的哲学中再加以说明。"（11）在第51节里斯宾诺莎说："同时我必须声明，我将不在这里根据表象的最近因来解释每个表象的本质，因为这种工作属于哲学范围。"（12）在第76节里，当斯宾诺莎讲到自然的本源乃是唯一无限的存在时注释说："这种存在并不是表示神的本质的属性，我将于我的哲学中指出。"（13）在第83节里，斯宾诺莎说："但究竟观念本身是不是会由于记忆而受到歪曲，在我的哲学中将可看见。"（14）在第87节里，斯宾诺莎讲到对于理智和想象不加精确区别的人是如何容易陷入极大的错误时说："我将于适当的地方另加阐明。"（15）在第102节里，斯宾诺莎在讲到认识永恒之物及其法则时说："我们必须另外寻找别的辅助方法。"（16）在第103节里，当斯宾诺莎讲到辅助方法可以有助于我们规定事物生存的规律以及了解事物的最内在的本质时说："所有这些我将于适当的地方加以说明。"

按这16处的暗示或说明，有7处明确提到"我的哲学"，1处提到"自然研究"，可见斯宾诺莎的确把《知性改进论》看成是他的一部哲学著作的导论，但这部哲学著作至少应当满足两个必要条件：一是它必须是当时未完成的著作，因为斯宾诺莎屡次说"我将于适当地方指出"、"我将于我的哲学中说明"和"以后将于我的哲学中加以解释"；二是该著作至少应当包括如下几个重要方面的内容：（1）形而上学或本体论问题，即有关神的存在和属性的问题（如12）；（2）认识论和方法论问题，即有关知性的天赋力量、理智作品、客观本质、心中寻求、成见的起源、理智和想象的区分以及正确完善的认识方法等的问题（如6、7、8、9、10、11、13、14、15、16）；（3）伦理学问题，即有关财富的两种使用，财富、荣誉和肉体快乐的价值和恶果，以及人的至善的理想诸问题（如1、2、3、4、5）。这部哲学著作是否就是指《神、人及其幸福简论》呢？看来似乎不是。因为，首先正如我们前面所考证的，《神、人及其幸福简论》在他撰写《知性改进论》之前就已完成了。如果斯宾诺莎是指这部著作，他就无须说"我将怎么怎么"，而可以明确告诉我们"请参阅该书第几篇第几章第几节"。其次，就《知性改进论》这些说明要详尽解释的内容来说，虽然有些在《神、人及其幸福简论》里有了论述，但大部分特别是有关伦理学、认识论的内容在该书里是没有论述的，因此《知性改进论》暗示的哲学著作绝不可能是指

《神、人及其幸福简论》。那么，这部哲学著作是否就是指我们现在所拥有的《伦理学》呢？看来似乎也不是。我们知道，《伦理学》作为书名第一次是出现在 1665 年 3 月 13 日斯宾诺莎致布林堡的书信中。如果是指《伦理学》，那么至少在 1665 年 3 月以后斯宾诺莎应当把《知性改进论》与《伦理学》加以合并，可是直到 1675 年与谢恩豪斯的通信中，斯宾诺莎从未说明《知性改进论》是《伦理学》的导论。而且，如果我们考察一下现存的《伦理学》一书的形式和内容，我们也不能得出这个结论，因为一方面，《伦理学》是用几何学形式写的，它怎么可以用一篇不是用几何学形式写的著作作为它的导论呢？另一方面，在《伦理学》里也并没有完全解释《知性改进论》所提出的要进一步加以解释的东西，如什么是知性的天赋力量、理智作品和心中寻求。因此，我们至少可以说，《知性改进论》的暗示不能是指现存的《伦理学》。

既然《知性改进论》的作者向读者所许诺的要详加解释他的一些观点的哲学著作既不是指《神、人及其幸福简论》，又不是指现存的《伦理学》，那么它究竟是指什么著作呢？在《遗著》的编者序言里有一句话值得我们注意，就是"我们的作者在完成了《伦理学》之后还计划撰写一部包括他的全部哲学的著作"[1]。《遗著》的编者之所以有这种推测，可能主要是根据《知性改进论》里的暗示，因为既然《伦理学》不是《知性改进论》里所暗示的那部哲学著作，那么作者一定还有另一个撰写全部哲学的大计划。不过，《遗著》的编者的这种认为斯宾诺莎在完成《伦理学》之后还有一个撰写另一部哲学著作的计划的推测显然是不能成立的，因为我们不可能想象斯宾诺莎在写完《伦理学》之后还会有另一个计划，即撰写一部不是用几何学形式表述的哲学著作。而且《遗著》的编者甚至还犯了时间的错误，即斯宾诺莎在写《知性改进论》时，他还没有开始撰写《伦理学》，因此《知性改进论》里暗示要写的哲学著作的计划绝不可能一直延续到完成《伦理学》之后。事实上斯宾诺莎在写完《伦理学》之后已经感到他的哲学工作完成了，进而只计划写《政治论》等一般应用学科的著作，所以斯宾诺莎计划要写一部以《知性改进论》作为其导论的哲学著作的计划只能在写《伦理学》之前出现。这样就有可能使我们推测：斯宾诺莎在写《知性改进论》时可能有一个打算，即撰写一部表现他的全部哲学观点的著作，但这部著作既不是已经写就的《神、人及其幸福简论》，也不是当时根本还未开

---

[1] C. Gebhardt. *Spinozas Abhandlung über die Verbesserung des Verstandes，Eine entwicklungsgeschichteliche Untersuchung*. Carl Winter's Universitätsbuchhandlung. Heidelberg, 1905：37.

始的《伦理学》，而是另一部哲学著作。这部著作不采用几何学方式，而是与《知性改进论》一样采用普通论述形式，这部著作至少要包括上述形而上学、认识论和伦理学等全部内容。如果我们的这种推测是正确的，那么斯宾诺莎在1660年底至1661年前半年——当时正在写《知性改进论》——有一个打算，就是在已有的《神、人及其幸福简论》的基础上重新写一部系统性的哲学著作，并以《知性改进论》作为它的导论。可是一方面由于《知性改进论》未能完成，另一方面由于他在撰写《知性改进论》的过程中已经深感普通论述的方法不适用于表达他的哲学，因而在1661年7月或8月他断然放弃了这一计划，而决定采用几何学证明方式重新阐述他的哲学，这样，不久后他就开始了《伦理学》的撰写。1661年9月寄给奥尔登堡的几何学命题可能就是这种新决定的第一次尝试。

《知性改进论》一书的副标题是"论最足以指导人达到对事物的真知识的途径"，这就揭示了这部著作的中心内容是认识论和方法论，而不是一般的形而上学。可是，正如斯宾诺莎哲学体系所揭示的，认识论只是他的整个体系的中介环节，其最终的目的需落脚在人的至善上，因此这部著作的第一章导论是论哲学的目的，中心的问题是何为人的至善。斯宾诺莎以他个人的深切经验首先提出了这样的问题："当我亲受经验的教训之后，我才深悟到日常生活中所习见的一切东西，乃是虚幻的、无谓的，因为我的确见到，凡是令我担忧或眩骇的东西，本身既无所谓善，也无所谓恶，只不过觉得心灵为它所动罢了。因此最后我就决意探究世界上是否有人人都可以分享的真正的善，可以摈绝其他的东西而单独地支配心灵。这就是说，我要探究世界上究竟有没有一种东西，一经发现和获得之后，我便可以永远享受连续无上的快乐。"① 这可能就是斯宾诺莎从事哲学探究的真正目的，即探讨那种我们可以永远享有连续无上的快乐的"至善"。什么是至善呢？斯宾诺莎说："至善乃是这样一种东西，人一经获得之后，凡是具有这种品格的其他个人也都可以同样分享。至于这种品格是什么性质，我将于适当的地方指出，简单说来，它是人的心灵与整个自然相一致的知识。"② 因此，哲学，对于斯宾诺莎来说，就是寻求人的心灵与整个自然相一致的知识，哲学的最终目的就是培养一种人与自然相统一的人性理想状态，达到

---

① Baruch de Spinoza. *Abhandlung über die Verbesserung des Verstandes*, *Abhandlung vom Staate*. Leipzig: Felix Meiner Verlag, PhB 95, 1922: 3.

② 同①7.

人与自然相统一的"天人合一"境界。斯宾诺莎说，我们的一切努力，包括一切科学，都应集中于这个最终目的，都应达到这种"人的最高的完善境界"①。

认识论和方法论就是培养或改进人的知性，以使人获得这种完善知识，达到这种完善境界。斯宾诺莎说，我们"必须尽力寻求一种方法来医治知性，并且尽可能于开始时纯化知性，以便知性可以成功地、无误地并尽可能完善地认识事物"②。

柏拉图曾经在他的《曼诺篇》里对求知问题提出了这样一种悖论："我们既不能研究我们知道的东西，又不能研究我们不知道的东西，因为如果我们知道，那么我们就没有必要去研究；如果我们不知道，那么我们就不能去研究，因为我们不知道我们所要研究的东西。"③ 对于这种求知悖论，斯宾诺莎以他有名的炼铁和铁锤的事例，说明求知过程绝不是从无知到有知，而是从简单知识到复杂知识，从较少知识到较多知识的渐进过程，他说，正如"由最简单的动作进而为工具的制造，由工具的制造进而为比较复杂的工具、比较新颖的器具的制造，一直达到费最少的劳动完成大量复杂的器具，同样，知性凭借天赋的力量，自己制造理智的工具，再凭借这种工具以获得新的力量来从事别的新的理智的作品，再由这种理智的作品又获得新的工具或新的力量向前探究，如此一步一步地进展，直到达到智慧的顶峰为止"④。

因此，在斯宾诺莎看来，求知方法乃是一种知识的扩充或知识的反思，他说："方法不是别的，只是反思的知识或观念的观念。因为如果不先有一个观念，就不会有观念的观念，所以如果不先有一个观念，也就会没有方法而言。所以好的方法在于指示我们如何指导心灵依照一个真观念的规范去进行认识。"⑤ 不过真观念和真观念之间存在差别，有些真观念表示的是最完善存在即

---

① Baruch de Spinoza. *Abhandlung über die Verbesserung des Verstandes*, *Abhandlung vom Staate*. Leipzig：Felix Meiner Verlag，PhB 95，1922：8. 在《伦理学》里，斯宾诺莎把这种完善境界概括为知人、知神（自然）、知物，他说："凡是一个可以真正认作智人的人，他的灵魂是不受激动的，而且依某种永恒的必然性能自知其自身，能知神，也能知物，他绝不会停止存在，而且永远享受着真正的灵魂的满足。"（Baruch de Spinoza. *Die Ethik nach geometrischer Methode dargestellt*. Hamburg：Felix Meiner Verlag，PhB 92，1976：296.）

② Baruch de Spinoza. *Abhandlung über die Verbesserung des Verstandes*, *Abhandlung vom Staate*. Leipzig：Felix Meiner Verlag，PhB 95，1922：8.

③ 柏拉图．曼诺篇．80C.

④ 同②14 – 15.

⑤ 同②17.

自因、自决的存在第一因,有些真观念则表示的是从最完善存在而来的附属存在,我们应当从哪些真观念出发呢？斯宾诺莎说:"为了使心灵能够充分反映自然的原样起见,心灵的一切观念都必须从那个能够表示自然全体的根源和源泉的观念推绎出来,因而这个观念本身也可作为其他观念的源泉。"① 因此我们需要以最完善存在的真观念为规范去进行反思,从而才能获得对自然的全面认识。所以斯宾诺莎在谈到方法是观念、反思知识时继续说:"能表示最完善存在的观念的反思知识要比表示其他事物的观念的反思知识更为完善。换言之,凡是能指示我们如何指导心灵依照一个最完善存在的观念为规范去进行认识的方法,就是最完善的方法。"② 因此,真正的自然知识乃是一个从最初、最全面、最根本的真观念开始的观念演绎系统。

知识是由真观念组成的观念演绎系统,因此知识的真理性就在于真观念本身的真理性以及观念演绎或推导关系的真理性。对于知识真理性的这两个必要条件,斯宾诺莎毫无疑问地加以肯定。首先,他利用中世纪关于客观本质和形式本质相同一的学说,认为真观念"必定完全与它的形式的本质符合"③。因为某物的真观念并非其他的东西,乃是该物的客观本质,而客观本质既然必然与其形式本质相符合,那么真观念本身的真理性就是毋庸置疑的,例如彼得的真观念就是彼得的客观本质,本身即真的东西。斯宾诺莎说:"确定性不是别的,只是客观本质本身,换言之,我们认识形式本质的方式即是确定性本身……因为确定性与客观本质是同一的东西",因此"要达到真理的确定性,除了我们具有真观念外,更无须别的标记"。对于斯宾诺莎来说,真理本身、事物的客观本质和事物的真观念乃是同一个东西④。

知识真理性的第二个必要条件是观念的演绎或推导关系的真理性。在斯宾诺莎看来,观念的演绎系统和逻辑推导关系是与实在世界的自然生成系统和事物的因果必然关系相一致的。他说:"观念之客观地在思想世界与它的对象之在实在世界的关系是一样的。假如自然界中有一件事物与其他事物绝无交涉或关

---

① Baruch de Spinoza. *Abhandlung über die Verbesserung des Verstandes*, *Abhandlung vom Staate*. Leipzig: Felix Meiner Verlag, PhB 95, 1922: 19.

② 同①17.

③ 同①18. 这里所谓形式本质和客观本质是中世纪经院哲学的名词,所谓形式本质指事物在实在世界的本质,所谓客观本质指事物在思想世界的本质,对于中世纪经院哲学家来说,事物的客观本质必然符合它的形式本质。

④ 同①16.

联，则它的客观本质——即完全与它的形式本质相符合的客观本质，将与任何别的观念无丝毫交涉或关联，换言之，我们将不能由它做出任何推论。相反，凡是与他物有关系的东西——因为自然万物没有不是互相关联的——都是可以认识的，而这些事物的客观本质之间也都具有同样的关联，换言之，我们可以由它们推出别的观念，而这些观念又与另一些观念相关联。"① 因此我们毫不怀疑我们的观念演绎系统和逻辑推导关系的真理性，观念演绎系统和逻辑推导关系的真理性是自明的。我们用不着在真理和正确推理本身以外寻求方法或工具以证明真理和正确推理，真理和正确推理本身就完全能证明真理和正确推理。

认识和方法均开始于作为本原的真观念，因此探求本原的真观念乃是认识论和方法论的第一项任务，斯宾诺莎告诉我们说："为了达到这种目的，我们必须充分了解自然"②，因为"心灵对于自然的了解愈多，则它对于它自身的认识也必定愈加完善，这自然是不用说的。所以心灵认识的事物愈多，则这一部分的方法将必愈为完善，而且当心灵能达到或反思到最完善存在的知识时，则这一部分的方法亦最为完善"③。认识论和方法论的第二项任务，就是从我们所掌握的最初的真观念按照一定的秩序进行逻辑推演。斯宾诺莎教导我们说，在观念的推论中我们绝不能以想象的秩序或法则代替理智的秩序或法则，他说："这万分必须：把我们的一切观念都从自然事物或真实存在推出，尽量依照由此一实在到另一实在的因果系列，这样就可以不致过渡到抽象的和一般的概念：既不由抽象概念推论出真实事物，也不由真实事物推论出抽象概念。因为两者都足以扰乱理智正确的进展。"④ 概括说来，斯宾诺莎所阐明的认识论和方法论的这两项任务就是：第一，正确地寻找一个最完善的真观念作为规范，即"据界说而思维"；第二，正确地按照理智的适当秩序进行推演，即"据逻辑而演绎"。

为了正确地完成这种认识论和方法论的任务，斯宾诺莎提出我们的方法必须满足下列三个必要条件：（1）必须将真观念与其余表象辨别清楚，使心灵不要为后者所占据；（2）必须建立规则，以便拿真观念作为规范去认识未知的东西；（3）必须确定适当的秩序，以免枉耗精神于无用的东西⑤。对于这三个必

---

① Baruch de Spinoza. *Abhandlung über die Verbesserung des Verstandes*, *Abhandlung vom Staate*. Leipzig: Felix Meiner Verlag, PhB 95, 1922: 18.
② 同①7.
③ 同①.
④ 同①46-47.
⑤ 同①21.

要条件，斯宾诺莎概括说："正确的方法就在于认识什么是真观念，将真观念从其余的表象中区分出来；又在于研究真观念的性质使人知道自己的知性的力量，从而指导心灵依这个规范来认识一切必须认识的东西；并且在于建立一些规则以作为求知的补助，以免枉费心思于无益的东西。"①

关于方法的第一个必要条件，斯宾诺莎是在《知性改进论》第50节到第90节里论述的，中心的问题是将真观念与别的表象加以区别，以使心灵不致将错误的、虚构的和可疑的观念与真观念混淆起来。按照斯宾诺莎的看法，真观念与错误观念、虚构观念、可疑观念的区别是明显的，因为（1）真观念是简单的或由简单观念构成的，因而是清楚明晰的，相反，上述其余表象则是混淆的，因而不是清楚明晰的；（2）真观念能表示一物怎样和为什么存在或产生，相反，其余表象不能做出这样的表示；（3）真观念的客观效果在心灵中，与其对象的形式本身相符合，这样真观念永远是真的，相反，其余表象皆起源于想象，因而不是真的②。

《知性改进论》第91节至第99节论述了方法的第二个必要条件，即建立推理规则，以便拿真观念作为规范去认识其他未知的东西。按照斯宾诺莎的看法，最好的推理必须从一个肯定的特殊的本质，或从一个真实的正确的界说里推论出来，他说："最好的推理必须从一个特殊的肯定的本质推演而出，因为一个观念愈特殊，便愈明晰，从而也就愈是清楚。因此我们必须尽量寻求关于特殊事物的知识。"③

关于方法的第三个必要条件，是在《知性改进论》第99节一直到最后第110节里论述的。首先，斯宾诺莎强调了推理的次序应是从一个最初的、最全的本原观念出发。他说："就推演的次序而论，为了使我们所有的观念都可以按次序排列并连贯起来起见，我们必须尽先依理性的要求去探讨是否有一个存在——如果有，它的本性如何——它是万物的原因。这样一来，则它的客观的本质又可为我们一切观念的原因。于是犹如前面所说的，我们的心灵可以尽量完全地反映自然，因此心灵可以客观地包含自然的本质、秩序和联系。"④ 其

---

① Baruch de Spinoza. *Abhandlung über die Verbesserung des Verstandes*, *Abhandlung vom Staate*. Leipzig: Felix Meiner Verlag, PhB 95, 1922: 17.

② 同①41.

③ 同①46.

④ 同①46.

次，斯宾诺莎强调了推理次序应当按照固定的和永恒的事物的系列，而不应按照变幻无常的和偶然的事物的系列。他说："我们也没有了解这些变幻无常的个别事物的系列的必要，因为它们的本质并不是从它们的存在的系列或次序推出，而它们的存在的次序，充其量只能供给我们以它们外表的迹象、关系或次要情况，所有这些都和它们的内在本质相隔甚远。而内在本质只可以在固定的永恒的事物中去寻求，并且也可以在好像深深刻印在事物里面而为一切个别事物的发生和次序所必遵循的规律中去寻求。"① 正是从这种寻求固定和永恒的事物次序出发，斯宾诺莎认为，知性观察事物不应从时间和数量的观点出发，而应从永恒的和无限的观点出发，他说："知性理解事物并不注意它们所占的时间，亦不注意它们的数量。"② 这就是他以后在《伦理学》里阐发的所谓"从永恒的形式下观认事物"的观点。

在哲学史上，人们一般把斯宾诺莎的方法称为几何学方法，如果说几何学方法只是指一种综合的方法的话，那么，这是不正确的。斯宾诺莎真正的哲学方法应当是《知性改进论》里所阐述的真观念推演方法。这是一种分析方法，而不是综合方法。如果我们理解了斯宾诺莎的《知性改进论》，那么我们就可找到一条正确理解《伦理学》的途径。正是在这个意义上，我们可以说《知性改进论》是《伦理学》的认识论和方法论的导言。

《笛卡尔哲学原理附形而上学思想》
(*Renati des Cartes Principia Philosophiae, accesserunt eiusdem Cogitata Metaphysica*)

《笛卡尔哲学原理附形而上学思想》一书 1663 年出版于阿姆斯特丹。斯宾诺莎生前只出版了两部著作，一部是后来匿名出版的《神学政治论》，另一部就是以他自己名字公开发表的《笛卡尔哲学原理附形而上学思想》。关于这部著作的写作和出版的经过，在《斯宾诺莎书信集》里保存了几封有关的书信（第 8、9、13、15 封信），尤其是 1663 年 7 月斯宾诺莎从伏尔堡寄给友人奥尔登堡的一封信（第 13 封信）：

---

① Baruch de Spinoza. *Abhandlung über die Verbesserung des Verstandes*, *Abhandlung vom Staate*. Leipzig: Felix Meiner Verlag, PhB 95, 1922: 47.

② 同①50－51.

高贵的先生：

盼望已久的信终于收到了。在开始答复您之前，我想简略地告诉您，为什么我没有立即给您回信。

当我四月份搬到这里后，我就动身到阿姆斯特丹去了，因为在那里有一些朋友请我把一部依几何学方式证明的《笛卡尔哲学原理》第二篇和阐述某些重要形而上学问题的著作提供给他们，这部著作是我以前在向一个青年人讲授哲学时，由于不愿向他公开讲解自己的观点而撰写成的。他们又进而请求我，一有机会就把《哲学原理》第一篇同样也用几何学证明方式写出来。为了不辜负我的朋友们的愿望，我立即开始了这项工作，两个星期就把这个任务完成了，并亲手交付给他们。接着他们又恳求我让它出版。不过我提出了一个条件，要他们当中哪一位朋友为我这本著作的文字做一番润饰功夫，并且加上一个短序，向读者声明：我并不承认这本著作所阐发的全部观点是我自己的，甚至我自己的看法正与写在这本著作中的许多观点相反。而且他还应当列举一两个例子来证明这点。所有这些由一位负责经管这部著作的朋友允诺去做了。这就是我在阿姆斯特丹耽搁的缘由。

……亲爱的朋友，终于到了这个时机，我可以向您说明所发生的这一切，并且告诉您为什么我会让这本著作问世。原因可能是这样：我想趁此机会，使得那些在我们国家身居要职的大人物中，有人可能极想看到我的其他著作，而这些著作我承认确实是表达了我自己的见解的，那时他们将会使我出版它们而不致有触犯国家法律的任何危险。如果事情正是这样，那么我就会毫不犹豫地立即付印，但如果事情并非这样，那么我宁可沉默而不冒昧强加己见于人，以至拂逆国人，遭人敌视。①

情况是这样，大约在 1662—1663 年，莱顿大学一个青年学生名叫约翰尼斯·卡则阿留斯来莱茵斯堡向斯宾诺莎求教哲学，不过这个学生在斯宾诺莎看来"还太年轻，性情未定，并且贪爱新奇胜于追求真理"②，因而他不愿向他讲授自己的哲学，而改授以笛卡尔哲学。在讲授的过程中，斯宾诺莎用几何学方法撰写了《笛卡尔哲学原理》第二篇和第三篇一部分。1663 年 4 月斯宾诺莎刚

---

① B. Spinoza. *The Correspondence of Spinoza*. Translated and edited by A. Wolf. London, 1928：122-124.

② 同①105.

从莱茵斯堡搬到伏尔堡时,他想再次探望一下他的老朋友,去了阿姆斯特丹,在那里他大约逗留了两个月。在这次访问阿姆斯特丹时,他给他的朋友看了他用欧几里得几何学方法对笛卡尔《哲学原理》第二篇的证明。雅里希·耶勒士、路德维希·梅耶尔以及其他一些信仰笛卡尔哲学的朋友立即说服他对笛卡尔《哲学原理》的第一篇也做出同样的阐释。他就在逗留于阿姆斯特丹期间(大约五月份),花了两个星期完成了这项工作,并且又汇集了他以前在笛卡尔思想的影响下对一些形而上学问题进行讨论和思索的结果,写成了《形而上学思想》,一并交付给了他们。可是他的朋友们希望他能允许他们将这部著作出版,不过斯宾诺莎提出一个条件,即他的朋友应当为此书写一序言,声明它不是阐发他自己的观点,而是阐发他并不赞同的笛卡尔的观点。在友人梅耶尔按照他的要求写了序言并做了一些文字润饰之后,这部《笛卡尔哲学原理附形而上学思想》拉丁文原本就于1663年秋天在阿姆斯特丹问世了。出版者是他的朋友利乌魏特茨。书前还有一首作为题辞的诗,它是由梅耶尔"最老最好的朋友"医学博士鲍麦斯特作的。一年之后斯宾诺莎的另一位朋友巴林将此书译成荷兰文出版。

  理解这部著作的一个关键地方,就是这部著作并不像斯宾诺莎其他著作那样是阐发他自己的观点,而是用几何学方法陈述他自己并不赞成的笛卡尔的观点,正如斯宾诺莎在上面所引的信中所说的:"我并不承认这本著作所阐发的全部观点是我自己的,甚至我自己的看法正与写在这本著作中的许多观点相反。"① 但是斯

---

① B. Spinoza. *The Correspondence of Spinoza*. Translated and edited by A. Wolf. London, 1928: 123. 另可参考梅耶尔为斯宾诺莎这部书所写的序言,在那里梅耶尔写道:"不要认为他(指斯宾诺莎)这里所讲的就是他本人的观点,或者只是笛卡尔学说中他所赞同的那些观点……这里有许多原理被作者当作错误的思想予以否定,他对这些原理有着完全不同的看法。"(Baruch de Spinoza. *Descartes' Prinzipien der Philosophie auf Geometrische Weise Begründet*. Leipzig: Felix Meiner Verlag, PhB 94, 1922: 7) 令人惊异的是,像叔本华这样的大哲学家对这一点也未能知晓,他在他的《论意志自由》这部书中,误认为斯宾诺莎在《笛卡尔哲学原理附形而上学思想》里所阐发的观点乃是斯宾诺莎自己的观点。他在摘引了斯宾诺莎在《伦理学》《斯宾诺莎书信集》中的关于意志不是自由的而是必然的论述后写道:"值得注意的情况是,斯宾诺莎是在他最后年代(即40岁)才达到这种见解,而在此以前,即1665年,当他还是笛卡尔的学生时,在他的《形而上学思想》里主张并且极力维护与此相反的观点,甚至对同样一个例子,即布里丹的驴子也得出与《伦理学》里完全相矛盾的结论:如果在这种均衡状态中的不是驴子而是人,如果这人也因饥渴而死去,那么他就绝不是一个能思的事物,而是最愚蠢的驴子。"[《叔本华著作集》(Arthur Schopenhauer. *Zurcher Ausgabe*, *Werke in Zehn Bänden*. Diogenes, 1977) 第6卷, 118页] 由此可见,叔本华当时根本没有了解斯宾诺莎的思想发展,也根本没有读过《笛卡尔哲学原理》一书的序言以及《斯宾诺莎书信集》。事实上,关于意志自由问题,斯宾诺莎在1663年就已确立了他以后在《伦理学》里所表述的观点。

宾诺莎为什么用自己的名字出版不是阐发自己的观点，而是阐述另一位哲学家的且又是自己所不赞同的观点的著作呢？要理解这点，我们必须深入到斯宾诺莎当时所处的历史背景和生活环境中去。

斯宾诺莎第一批哲学著作的形成是在17世纪后半叶。这一时期尼德兰共和国正处于内政外交的严重紧急关头。在国外，不甘心失去自己领地的西班牙国王与天主教结成联盟，妄图卷土重来消灭这个新教共和国，而克伦威尔为建立"全欧新教徒联盟"也试图再次发动英荷战争，以便吞并尼德兰。在国内，以奥伦治皇族为代表的君主派伙同加尔文教牧师为夺取统治权向以德·维特为代表的共和派展开了疯狂的斗争，他们利用共和派的暂时困难，煽动说这是来自上天的对不信神的统治者的惩罚，为了尼德兰的安宁，应当树立年轻的奥伦治公爵的最高权威。他们喊道："摩西与亚伦、君权与《圣经》"必须永远结合在一起。政治上的斗争必然反映在意识形态上，君主派的奥伦治皇族和加尔文教牧师为了维护他们的统治和正统的基督教教义极力反对新思想，甚至笛卡尔哲学也遭到他们的仇视。乌特莱希特大学评议会和莱顿高等学院董事会早在1642年和1648年就禁止新哲学（如笛卡尔哲学）在大学讲授，1656年荷兰还颁布一条敕令，禁止所有荷兰大学开设笛卡尔哲学课程。在这样一个新思想遭到严密控制的时代，像斯宾诺莎这样一位刚刚遭到犹太教公会"永远开除教籍"和"诅咒"的自由思想家，当然就不能不谨慎考虑是否让自己的著作出版。他在前一年写给奥尔登堡的信中就已经对他的《神、人及其幸福简论》一书是否出版感到担心，他说："的确，我害怕当代的神学家们会憎恶这部著作，会以他们平素的积怨攻击我，我是极端厌恶他们的争论的。"[①] 尽管奥尔登堡多次劝他打消顾虑，但他终于未能让它出版。因此斯宾诺莎当时已清楚地意识到独自出版自己的著作的困难性，他不得已暂时放弃了出版自己著作的计划。

但是，这只是一种权宜之计。作为一位正直的著作家，总希望有一天能使自己的著作问世，以使自己的思想能为读者所理解并接受。斯宾诺莎这时可能有这样一种打算，即借助某些执掌政权的大人物的支持来出版自己的著作。要做到这一点，对于他来说，最有效的办法无非是出版一部不是阐述自己观点的学术著作，以引起那些身居国家要职的大人物的兴趣，所以他在上面致奥尔登堡的信中说道："我想趁此机会，使得那些在我们国家身居要职的大人物中，有人可

---

① B. Spinoza. *The Correspondence of Spinoza*. Translated and edited by A. Wolf. London, 1928: 98.

能极想看到我的其他著作，而这些著作我承认确实是表达了我自己的见解的，那时他们将会使我出版它们而不致有触犯国家法律的任何危险。"这就是斯宾诺莎当时要出版《笛卡尔哲学原理》这部书的目的。不过，正如以后的事实所证明的，斯宾诺莎这种期望是落空的，他的绝大部分著作在他生前都未能得到出版，后来唯一出版的一部书，即《神学政治论》，还是匿名发表的。

由上述情况可见，《笛卡尔哲学原理》一书乃是斯宾诺莎在1662年底至1663年上半年于莱茵斯堡撰写的，其最初的动机是作为对学生讲解笛卡尔哲学的讲稿，而当时他自己的哲学观点已明显地与笛卡尔的观点分道扬镳了。

困难的问题在于附录《形而上学思想》的撰写时间。从该书的形式和内容上看，该书显然不属于1662—1663年的产物，它的论述形式不像《笛卡尔哲学原理》那样采用几何学证明方式，而是普通的分篇、章、节的论说体。更重要的是，它的内容似乎并不是单纯陈述别人的观点，而是阐明作者自己的观点，因此一些斯宾诺莎的研究者认为这篇著作乃是斯宾诺莎在写作《笛卡尔哲学原理》之前的作品。例如弗洛伊登塔尔（J. Freudenthal）在其《斯宾诺莎和经院哲学》里就认为，在《笛卡尔哲学原理》写作之前，斯宾诺莎就编成了《形而上学思想》，这次为了同《笛卡尔哲学原理》一起发表，哲学家重新修订了一下，其基本内容不是反对笛卡尔主义，而是反对经院哲学①。我们基本上同意这种看法，即《形而上学思想》的著述时间一定在《笛卡尔哲学原理》的写作之前，斯宾诺莎在著述《形而上学思想》时，尚未有这样一种思想，即他是在撰写一部他自己本不赞同的别人的观点的著作。

但《形而上学思想》究竟是斯宾诺莎在何时撰写的呢？或者说，《形而上学思想》与《神、人及其幸福简论》相比是更早期的著作，还是继这部早期著作之后的作品呢？根据我们的探究，《形而上学思想》绝不能是在《神、人及其幸福简论》完成之后撰写的，我们的理由有两点：第一，从这两部著作的内容来看，《形而上学思想》的观点似乎比《神、人及其幸福简论》更在先，我们有两个明显的证据：首先，斯宾诺莎在《形而上学思想》里和笛卡尔一样，只承认神是万物的卓越因，而不承认神是万物的内在因，而在《神、人及其幸福简论》里斯宾诺莎已抛弃了这种神为万物卓越因的笛卡尔的观点，并且明确地提出"神是一个唯一的内在因"②。其次，在《形而上学思想》里，斯宾诺莎和笛

---

① Jacob Freudenthal. *Spinoza und Schlastik*. Leipzig, 1997: 94.
② 斯宾诺莎. 神、人及其幸福简论. 见本书第316页。

卡尔一样，明确主张人的心灵具有自由意志，而在《神、人及其幸福简论》中，斯宾诺莎显然否定了这种笛卡尔观点，主张人的心灵没有意志自由。因此，如果我们说《神、人及其幸福简论》一书表现了斯宾诺莎自己的哲学思想已基本形成的话，那么《形而上学思想》一书则似乎表现出斯宾诺莎尚未达到这一阶段，在它里面还基本上保留了笛卡尔思想影响的痕迹，因此它只能说是一部斯宾诺莎尚未基本摆脱笛卡尔哲学影响的更早期著作。第二，斯宾诺莎在1663年（当时他的哲学体系已基本形成）决定要把《形而上学思想》作为他自己并不赞成其观点的《笛卡尔哲学原理》一书的附录放在一起发表，这一事实就明确证明他自己当时已对《形而上学思想》的内容持某种批判的否定的态度，也就是说，他当时已把《形而上学思想》看成是自己思想不成熟时期的模仿笛卡尔的著作。一个很明显的理由就是他当时根本未想把他当时已写就的并曾经竭力准备出版的《神、人及其幸福简论》与《笛卡尔哲学原理》合并一起出版，原因就是《神、人及其幸福简论》乃是表述他自己观点的著作，这也就反证了《形而上学思想》乃是比《神、人及其幸福简论》更早期的著作。如果我们的这种推测是正确，那么《形而上学思想》一定是斯宾诺莎在开始写作《神、人及其幸福简论》之前撰写的。既然《神、人及其幸福简论》一书的撰写时间是在1658—1660年，那么我们可以确定《形而上学思想》大约是斯宾诺莎在1656—1658年的作品，也就是他在被犹太教公会开除教籍后一两年的作品[①]。

《笛卡尔哲学原理附形而上学思想》一书的结构，正如书名所示，包括两个部分：《笛卡尔哲学原理》和作为附录的《形而上学思想》。前者是采取几何学方法讲述笛卡尔哲学原理，后者则是对一重要形而上学问题和概念分析说明的札记。

《笛卡尔哲学原理》第一篇阐述笛卡尔哲学的一般形而上学原理，主要取材于笛卡尔的《第一哲学沉思集》和《哲学原理》第一章"论人类知识原理"。在本篇绪论里，斯宾诺莎首先揭示了笛卡尔的怀疑方法和知识基本原则，虽然他自己对这种方法和基本原则保持批判的态度，但是由于这是向学生讲授笛卡尔哲学，所以他完全按照笛卡尔原来的表述来呈现，十个界说全部引自笛卡尔

[①] 当然，我们这种推测也不排除《形而上学思想》是更早期的作品，即在他被犹太教公会开除教籍前的作品，如1654—1656年的作品，从其中所讨论的一些经院哲学概念来看，很有可能是这一时期的产物。

《第一哲学沉思集》附录里的界说。一个值得注意的地方是斯宾诺莎对笛卡尔哲学命题体系的处理。在笛卡尔的附录里，第一个命题是"简单地考察神的本性就可以认识神的存在"，而这个命题在斯宾诺莎的《笛卡尔哲学原理》里列入了第五个命题，前面四个命题是根据散见在《第一哲学沉思集》和《哲学原理》中的观点构成的，它们的中心思想即"我思故我在"。斯宾诺莎这样的处理会使我们更清楚地理解笛卡尔哲学的本质，因为笛卡尔哲学的出发点和基本前提是"我思故我在"，这是他的知识的基本原则，一切结论都从"我思"这第一义谛推导而出，因此神的一切性质也应该从这一前提出发。笛卡尔在其《第一哲学沉思集》的附录里，把神的存在列为第一命题，这是和他的知识基本原则矛盾的。所以，斯宾诺莎需要对笛卡尔命题体系做一番重新编排和改造，只有这样才能更符合笛卡尔的观点。自命题五之后的十七个命题都是讨论神的存在及其性质。这里神的观念基本上是笛卡尔的神的观念，例如，"所谓神，是指我们所认识的、绝对圆满的实体，对于这种实体我们绝对无法设想有任何缺点或任何不圆满的地方"（界说），"神的存在可以根据我们心中有神的观念后天地加以证明"（命题六），"神是全知的"（命题九），"神不是根据他物产生一切，而是完全根据它自己的意志直接创造一切，并且创造活动除了致动因（efficientem causam）之外不允许有其他原因，这个致动因就是神"（命题十二绎理二），"神是十分公正的，绝不可能是骗子"（命题十三），等等。

《笛卡尔哲学原理》第二篇阐述的是笛卡尔物理学的一般力学原理，主要取材于笛卡尔《哲学原理》第二章"论物质事物的原理"。梅耶尔告诉我们，本篇是斯宾诺莎讲授笛卡尔哲学的主要内容。关于斯宾诺莎对本篇阐述的笛卡尔物理学观点的态度，我们可以从在本书出版两年后斯宾诺莎写给奥尔登堡的一封信里得到说明。在那封信里，斯宾诺莎告诉他的朋友，除了笛卡尔的第六条运动原则外，他是同意笛卡尔的全部运动原则的。虽然惠更斯认为笛卡尔这些运动原则都是错误的，但他不能同意惠更斯的观点，他反对的只是第六条运动原则，即便是这条原则，他对惠更斯的看法也有所保留[①]。当然，后来斯宾诺莎的这种态度有了改变，但在1663年，无论如何他是同意笛卡尔运动原则这一部分的。也正是这个理由，他把它作为自己讲授笛卡尔哲学的主要课题。本篇包括九个界说、二十一个公理、三十七个命题，这一部分都是一些古典力学的内

---

① 参见《斯宾诺莎书信集》（*The Correspondence of Spinoza*）第32封信。

容，从中我们可以看到我们的哲学家对于当时科学相当熟悉，这是我们研究斯宾诺莎认识论时应当注意的。他的唯理主义认识论并没有妨碍他进行大量的科学研究和实验①。

《笛卡尔哲学原理》第三篇只是一篇残文，取材于笛卡尔的《哲学原理》第三章"论可见的世界"。正如作者自己告诉我们的，他企图在这里根据"自然事物最一般的基本原理""推出全部自然现象"。

附录《形而上学思想》分为两部分：第一篇主要阐明一般存在物及其性质的一些形而上学问题，第二篇主要阐明神及其属性以及人的心灵诸问题。梅耶尔在序里说《笛卡尔哲学原理》包括了"笛卡尔还没有解决的某些重要和困难的形而上学问题"，主要就是指《形而上学思想》这篇附录。德国哲学史家库诺·费舍（Kuno Fischer）在其《近代哲学史》里，曾经认为斯宾诺莎写《形而上学思想》的目的，首先在于同笛卡尔进行辩论，如果不是直接辩论，就是间接辩论，因而他认为《形而上学思想》乃是《笛卡尔哲学原理》的反对篇，是斯宾诺莎为了澄清梅耶尔在序里所指明的他与笛卡尔的差别而补充的。但是，根据上面我们关于《形而上学思想》一书的撰写时间的考证，库诺·费舍的这种看法是不对的，因为《形而上学思想》乃是斯宾诺莎一部尚未摆脱笛卡尔哲学基本影响的早期著作，它不可能作为《笛卡尔哲学原理》的反对篇，即使它里面有一些与笛卡尔不同的思想，也只能说明斯宾诺莎当时处于正在逐渐摆脱笛卡尔思想的影响而形成自己独立思想的过程中。

关于《笛卡尔哲学原理附形而上学思想》一书的意义，历来的斯宾诺莎研究者都采取了一种贬低的看法，认为这本书只是复述笛卡尔的观点，因而对斯宾诺莎自己思想的研究并不重要。例如沃尔夫森（H. A. Wolfson）在其《斯宾

---

① 在《斯宾诺莎书信集》里有大量关于当时科学及其实验方法的讨论，涉及力学、光学、物理学、天体观察和动物学，他曾经和科学家惠更斯进行学术交往，通过奥尔登堡同英国化学家波义耳展开了学术争论，并且他自己就进行大量的科学实验。斯宾诺莎传记作家科勒鲁斯告诉我们，斯宾诺莎非常感兴趣昆虫的研究，并用显微镜进行了多次的观察（J. Freudenthal. *Lebensgeschictte Spinoza's in Quellen-Schriften Urkunden und Nichtamtlichen Nachrichten*. Leipzig, 1899; Heidelberg, 1927: 61–62）。鲁卡斯告诉我们，斯宾诺莎关于显微镜和望远镜的著作将会向他揭示了"光学的最美丽的秘密"，如果不是死阻止他的话（参见上书，14页）。科学家胡德和耶勒士也曾经把他们在透镜计算中所遇到的困难以及望远镜的构造问题请教过斯宾诺莎（参见《斯宾诺莎书信集》第36、39封信）。莱布尼茨也把他的光学论文寄赠斯宾诺莎请予批评（参见《斯宾诺莎书信集》第65、66封信）。斯宾诺莎也写过《论虹的代数测算》《机遇的计算》等科学论文。

诺莎的哲学》一书中说："即使这两部著作不完全被《伦理学》的学习者所忽视，它们也只可能作为研讨《伦理学》的入门。"① 按照沃尔夫森的看法，《笛卡尔哲学原理》完全是笛卡尔的《哲学原理》的复述，而《形而上学思想》乃是某些经院哲学观点的翻版。我们认为这种看法是不能接受的。这两部著作虽然从表面上看来是复述笛卡尔思想，但它们也明显地暗示了斯宾诺莎自己的思想，《笛卡尔哲学原理》是有意识的暗示，而《形而上学思想》则是斯宾诺莎在形成自己思想过程中无意识的暗示，这本由两部著作构成的书的意义正在于通过复述笛卡尔思想而有意或无意地揭示了斯宾诺莎对笛卡尔的批判。

首先让我们仔细研究一下梅耶尔为该书所写的序言，这是我们现在所能拥有的最早的证据。梅耶尔在叙述了该书的出版经过和内容之后，慎重地要求读者注意："不要认为他（指斯宾诺莎）这里所讲的就是他本人的观点，或者只是笛卡尔学说中他所赞同的那些观点。虽然他承认笛卡尔这些观点中有些是真的，但有些则如他公开宣布的，是和他正相反的。这里有许多原理被作者当作错误的思想予以否定，他对这些原理有着完全不同的看法。"② 按照梅耶尔的看法，斯宾诺莎的观点和笛卡尔的观点的差别，当时至少在下述两个问题上表现了出来：首先，关于意志自由问题，笛卡尔主张人的意志是自由的，他认为人们之所以在判断时犯错误，并不是因为我们的理解犯了错误，而是因为我们的意志超出了理解的范围，他说："意志比理解的范围大，这就是我们错误的来源。"③ 然而，斯宾诺莎反对这一看法，他认为意志并不是与理智不同的，意志和理智乃是同一的，因此"意志远没有笛卡尔赋予它的那种自由"④。其次，关于人的心灵问题，笛卡尔认为人的心灵是绝对能思想的实体，然而，斯宾诺莎虽然也承认世界上存在着能思想的实体，但是他否认这个能思想的实体构成人的心灵的本质，他坚持这样的观点："正如广延不为任何界限所限制一样，思想也不为任何界限所限制，因此，正如人的身体不是绝对的，而是以某种方式按照广延自然的规律为运动和静止所限制的一样，人的心灵或灵魂也不是绝对的，而是

---

① H. A. Wolfson. *The Philosophy of Spinoza*. 2 vols. Combridge，1934；New York，1969：32.

② Baruch de Spinoza. *Descartes' Prinzipien der Philosophie auf Geometrische Weise Begründet, Anhang Metaphysische Gedanken*. neu übersetzt und herausgegeben von Dr. Artur Buchenau，Leipzig，1922：7.

③ 笛卡尔. 哲学原理. 关文运，译. 北京：商务印书馆，1960：13.

④ 同②.

以某种方式按照思想自然的规律为观念所限制。"① 所以，心灵的存在只有在人的身体开始存在的时候才是必然的，因而人的心灵不是绝对的能思想的实体。

这两个差别，正如我们以后在论述斯宾诺莎哲学思想的形成中会说到的，乃是斯宾诺莎最终摆脱笛卡尔思想影响而形成自己独立哲学体系的主要标志。因此，《笛卡尔哲学原理附形而上学思想》虽然是一本阐述笛卡尔哲学原理的著作，但在斯宾诺莎的思想发展史上却具有重要的意义，它标志着斯宾诺莎自己独立的思想体系的形成。事实上，正如我们以后要论述的，斯宾诺莎的两部早期著作，无论是《神、人及其幸福简论》还是《知性改进论》，都没有彻底摆脱笛卡尔思想的束缚，而只有到了撰写和出版《笛卡尔哲学原理附形而上学思想》这一时期，即1662年底至1663年，斯宾诺莎才完全摆脱了笛卡尔思想的影响而走上独立发展自己哲学思想的道路。正是在这一意义上，《笛卡尔哲学原理附形而上学思想》一书的出版在斯宾诺莎思想发展史上具有里程碑式的重要价值。

《神学政治论》
(*Tractatus Theologico-Politicus*)

《神学政治论》出版于1670年初，它是斯宾诺莎生前公开出版的第二部同时也是最后一部著作。当时该书是匿名发表的，无作者的名字，出版者署名为亨利希·库拉特，出版地为汉堡，而其实是在阿姆斯特丹。不过，这种情况并没有维持多久，几个星期后作者的名字就被一些人知道了。

这部著作大概是斯宾诺莎在1665年开始写作的，因为奥尔登堡在1665年9月写给斯宾诺莎的一封信中讲道："我觉得，假如我可以这么说的话，与其说您是在进行哲学家的思考，还不如说您是在做神学家的工作，因为您现在正在撰写您关于天使、预言和奇迹的想法。"② 随后斯宾诺莎在回信中明确承认，他"现正撰写一本解释《圣经》的论著"③，因此，斯宾诺莎可能是在1665年夏秋之际着手撰写《神学政治论》的。

---

① Baruch de Spinoza. *Descartes' Prinzipien der Philosophie auf Geometrische Weise Begründet, Anhang Metaphysische Gedanken.* neu übersetzt und herausgegeben von Dr. Artur Buchenau, Leipzig, 1922: 7-8.

② B. Spinoza. *The Correspondence of Spinoza.* Translated and edited by A. Wolf. London, 1928: 205.

③ 同②206.

这里首先有一个问题需要我们弄清楚。正如我们前面所言，斯宾诺莎在1665年上半年正紧张埋头于他的《伦理学》的撰写，他在1665年6月给鲍麦斯特的信中告知他的《伦理学》已写至第三部分（按当时计划，即最后一部分），并且说如果鲍麦斯特想翻译它，他可以把前80个命题先寄给他①。那么，在《伦理学》即将一气呵成之际，斯宾诺莎为什么要放弃《伦理学》的写作而转向撰写《神学政治论》呢？

这一点只有从当时荷兰的政治斗争形势来理解。正如我们在"斯宾诺莎的时代"中所说过的，当时荷兰正围绕着政体问题展开了相当严重的两派之争：一派是以奥伦治皇族为代表的君主派，他们利用加尔文教，鼓吹建立一个高度中央集权的君主制国家；一派是以德·维特兄弟为代表的共和派，他们主张最大限度的地方自治，加强贸易和反对战争，在宗教信仰方面执行开明的宽容政策。德·维特当时是荷兰州的州长，事实上也是联省共和国的首脑，因此他的一系列政治措施，特别是关于政教分离、思想自由、信仰自由的主张都受到奥伦治家族和加尔文教派的反对。1665年在英国同瑞典的战争期间，当时荷兰陷于极大的困境，加尔文教派立即利用这一有利时机，造谣说这些困难乃是上天对这个国家的统治者的不信神的行为进行的惩罚，并且大声叫嚷说，为了使这个国家更加敬神，应该树立年轻的奥伦治公爵的最高权威，他们喊道："摩西与亚伦、君权与《圣经》"必须永远结合在一起。为了反驳反对派的攻击和造谣，德·维特除了自己撰述文章发表政见外，还鼓励他的朋友斯宾诺莎著书讨论政教问题，以支持自己的主张。在这危急的时刻，作为"杰出的共和主义者"的斯宾诺莎深感有必要在反对宗教偏执和不容异说的战斗中尽到他应尽的责任，并向公众公开表明自己的宗教立场。为此，他暂把《伦理学》放置一边，这似乎是十分自然的。他当时首先要揭露加尔文教牧师的偏见、专横和权欲。但是，对于广大群众来说，如果只是简单地增加一本政治性的小册子，这没有什么用处。在这类小册子里，思想和言论自由的原则早就根据一般哲学上的以及人道主义的道理做过适当的辩护了。对于这类论证，宗教上的狂热分子既是聋子又是瞎子，对于他们，哲学就意味着异端邪说，人道主义就意味着无神论。牧师们的大本营是《圣经》，他们依据《圣经》推导出他们的全部论证，因此斯宾诺莎决心把他的注意力转向这个大本营，而对其他的东西只是进行一些小的论

---

① B. Spinoza. *The Correspondence of Spinoza*. Translated and edited by A. Wolf. London, 1928: 202.

战。他将阐明：被这些专横的神学家作为根据的《圣经》丝毫也不能证明他们所持的整个立场，他们之所以需要宗教和《圣经》仅仅是一种借口，仅仅是为了满足他们自己无耻的、想站在其他人之上的权欲。这样，斯宾诺莎从 1665 年夏季开始就转向了以《圣经》历史批判为中心的《神学政治论》，谁知这部书竟耗费了我们的哲学家四年多的时间，直至 1670 年才问世。

《神学政治论》一出版，就引起了一场极大的轰动。一方面赞成它的人到处奔走相告，认为这本书给他们带来了宗教和政治的福音，以至在短短四年之内连续出了五版，而且有英译本、法译本在欧洲其他国家问世，致使斯宾诺莎名声远扬国外；另一方面反对它的人四处密谋策划，攻击这部书中的无神论和所谓不道德的原则，说这部书乃"一个叛逆的犹太人和魔鬼在地狱里炼就而成"，"值得给他带上镣铐和加以鞭笞"，以至在 1674 年，此书与霍布斯的《利维坦》和梅耶尔的《哲学是〈圣经〉的解释者》同被荷兰总督奥伦治三世以"侮蔑宗教和宣传无神论"的罪名禁止发售和传播①。

按照斯宾诺莎最初的打算，此书至少应当包括三方面的内容：（1）揭露神学家的偏见；（2）反驳加在他头上的无神论罪名；（3）维护哲学思考和言论的自由。1665 年 9—10 月斯宾诺莎在给奥尔登堡的信中这样写道："我现正撰写一本解释《圣经》的论著。我这样做有下列几个理由：（1）神学家的偏见。因为我认为这些偏见是阻碍人们的思想通往哲学的主要障碍，所以我全力揭露它们，在比较谨慎的人们的思想中肃清它们的影响。（2）普通群众对于我的意见，他们不断错误地谴责我在搞无神论，只要有可能的话，我也不得不反驳这种责难。（3）哲学思考的自由，以及我们想什么就说什么的自由。我要全力为这种自由辩护，因为在我们这里，由于传教士的淫威和无耻，这种自由常常是被禁止的。"② 奇怪的是，在《神学政治论》最后定稿时，似乎第二项内容被取消了，这很可能是因为匿名出

---

① 在《斯宾诺莎书信集》里保留了一封斯宾诺莎在 1671 年 2 月 17 日写给耶勒士的信，在信中斯宾诺莎已预感到他的这本书将会遭到禁止，因此劝他的朋友暂不要将该书译成荷兰文，以免适得其反。他写道："当某某教授最近来我这里告诉我，他听说我的《神学政治论》已译成荷兰文，而且有一个他不知道是谁的人答应将它出版。我恳请您打听一下，如果真有其事，请您尽可能不让它出版。这不仅是我的请求，而且也是我的许多好朋友的请求，这些朋友不愿看到这本书遭到禁止，因为如果这本书用荷兰文出版的话，这无疑是会发生的。我坚信您会为我和我们的事业这样做的。"（B. Spinoza. *The Correspondence of Spinoza*. Translated and edited by A. Wolf. London, 1928：260)

② 同①206.

版无法对神学家加给他的无神论罪名进行反驳。不过，即使这样，我们在《神学政治论》里还是可以找出这方面的一些蛛丝马迹，例如在第十二章中斯宾诺莎就说过："人人都可以断定我既没说任何反对《圣经》的话，也没提出任何立脚点可以成为不敬神的根据。"① 因此，《神学政治论》一书的根本观点可以归为两点：一是正确解释《圣经》，消除神学家的偏见；二是阐明和维护思想自由和言论自由。前者属于神学内容，后者属于政治内容，两者合起来就构成了名副其实的《神学政治论》。

斯宾诺莎为解释《圣经》立下了一条普遍法则，这就是"据《圣经》的历史以研究《圣经》"②。他说解释《圣经》的方法应当与解释自然的方法一样，解释自然既然在于解释自然的来历，且由此根据某些不变的公理以推出自然现象的释义，所以解释《圣经》也应当根据《圣经》的历史进行科学的研究，并根据其中根本的原理以推出适当的结论。由此，斯宾诺莎提出了他的非常著名的、历史的、批判的《圣经》解释三原则：（1）根据《圣经》作者所使用的语言的性质和特征以解释《圣经》的语句。《旧约》和《新约》的作者都是希伯来人，所以了解希伯来文极为必要，我们必须把原文的句法与现代通行的语法加以比较研究，这样才能正确理解《圣经》。（2）将《圣经》中每篇内容分门别类，把对同一问题的论述合并归类，分清字面的意思和比喻的意思。（3）考证《圣经》每篇作者的生平、行为、学历，以及该篇的写作年代和使用语言。斯宾诺莎认为，我们对《圣经》各篇著作的研究既要联系其时代背景、写作原因，又要研究其之后所经历的遭遇，最初受到欢迎与否，落在什么人手中，有多少不同的版本，是谁的主意把它归入《圣经》中，等等。

这就是著名的《圣经》的历史批判学。斯宾诺莎第一次用科学的、历史的方法重新解释了《圣经》，驳倒了神学家们对《圣经》的各种歪曲和捏造，为之后科学地解释和批判《圣经》奠定了基础。正如我们所知的，后来以施特劳斯、鲍威尔为代表的青年黑格尔派以及鲍威尔所创立的蒂宾根学派，都是按照斯宾诺莎所开创的这种科学—历史的方法研究《圣经》的，并取得了许多成就。恩格斯说："从历史学和语言学的角度来批判圣经，研究构成新旧约的各种著作

---

① Baruch de Spinoza. *Theologisch-Politischer Traktat*. Hamburg：Felix Meiner Verlag, PhB 93，1976：197.

② 同①113.

的年代、起源和历史意义等问题，是一门科学"①。20世纪兴起的哲学诠释学（die philosophische Hermeneutik）也把斯宾诺莎的《圣经》批判列为历史诠释学的前史，按照伽达默尔的看法，斯宾诺莎为此提供了一个"卓越的例证"②。

不过，《神学政治论》在当时更为重要的意义在于它倡导了社会契约论、天赋人权说，主张人民应当有信仰自由和言论自由。在《神学政治论》的序言中，斯宾诺莎开宗明义地指出这部书所要得出的主要结论是"自由比任何事物都为珍贵。……欲证明容纳自由，不但于社会的治安没有妨害，而且，若无此自由，则敬神之心无由而兴，社会治安也不巩固"③。

为了论证这一点，斯宾诺莎首先论述了天赋人权说。他说："为证明我的论点，我从个人的天赋的权利出发，个人的天赋权利是与个人的欲望和力量同其广大的。我尚有一出发点，即任何人不应别人让他怎么样就怎么样，他是他自己的自由权的监护人，我指出我们只能把此等权利转交给我们所委托保护我们的人，他们除了有保护我们的义务之外，还有安排我们的生活的权利。"④ 由此，斯宾诺莎认为只有民主政治才是最好的、与个人自由最相符合的政治。他写道："在所有政体之中，民主政治是最自然、与个人自由最相合的政体。在民主政治中，没人把他的天赋之权绝对地转付于人，以致对于事务他再也不能表示意见。他只是把天赋之权交付给一个社会的大多数。他是那个社会的一分子。这样，所有的人仍然是平等的，与他们在自然状态之中无异。只有这种政体我说得很详尽，因为这与我说明在一个国家之中享受自由的利益这个目的最为相近。"⑤

斯诺宾莎接着还论证说，如果国家强迫人民按照统治者的意思去规定他们的生活，按照统治者的命令以评定一件事的真或假、好或坏、公道或不公道，按照统治者的命令以接受某种信仰等等，乃是误用统治权与篡夺人民之权。他写道："人的思想是不可能完全由别一个人处置安排的，因为没有人会愿意或被迫把他的天赋的自由思考判断之权转让于人的。因为这个道理，想法子控制人

---

① 马克思恩格斯全集：第21卷. 北京：人民出版社，1965：10.
② 伽达默尔. 诠解学Ⅰ：真理与方法. 洪汉鼎，译. 北京：商务印书馆，2013：261.
③ Baruch de Spinoza. *Theologisch-Politischer Traktat*. Hamburg：Felix Meiner Verlag，PhB 93，1976：6.
④ 同③11.
⑤ 同③240.

的思想的政府，可以说是暴虐的政府，而且规定什么是真的要接受，什么是不真的不要接受，或者规定什么信仰以激发人民崇拜上帝，这可算是误用统治权与篡夺人民之权。"① 由此，斯宾诺莎进一步得出这样的结论："政府最终的目的不是用恐怖来统治或约束，也不是强制使人服从，恰恰相反，而是使人免于恐惧，这样他的生活才能极有保障；换句话说，加强他生存与工作的天赋之权，而于他个人或别人无损。政治的目的绝不是把人从有理性的动物变成畜生或傀儡，而是使人有保障地发展他们的心身，没有拘束地运用他们的理智，既不表示憎恨、愤怒或欺骗，也不用嫉妒、不公正的眼加以监视。实在说来，政治的真正目的是自由。"② 最后斯宾诺莎高喊道："让人人自由思想，说他心中的话，这是统治者保留这种权利和维护国家安全的最好的办法。"③《神学政治论》在哲学史上不愧为一部伟大的著作，正是这部著作的影响，斯宾诺莎被推崇为西方自由民主主义的伟大战士。

最后，我们还需要说明一个问题。现存的《神学政治论》包括了一些斯宾诺莎自己所做的注释，这些注释中有一些原是斯宾诺莎在撰写《神学政治论》过程中所写的，但有一些，而且是大部分，乃是在《神学政治论》出版之后好几年，也就是在1675年底和1676年初，斯宾诺莎为了反击神学家们对《神学政治论》的攻击而在自己所藏的样书上补加的。在1675年9月写给奥尔登堡的一封信中，斯宾诺莎曾因奥尔登堡在前一封信中劝告他"不要有任何对当今宗教道德实践的触犯"而说了这样一段话："另外，除非您感到不合适，我想请您能指出《神学政治论》里有哪些章节对于有学问的人是不易理解的，因为我想用一些注释来解释这部著作，以便有可能的话，扫除那些被认为是反对它的偏见。"④ 现在我们已知道，自那以后斯宾诺莎曾在他的手稿本以及一部属于一个名叫克莱夫曼（J. S. Klefmann）的人的样书上做了这些注释。后面这部样书共有5则注释，1835年由W. 杜诺夫（W. Dorow）加以发表。斯宾诺莎手稿本上的那些注释曾在1678年由圣·格兰（Gabriel de Saint Glain）翻译的法译本《神学政治论》（法译本书名是《庇护之钥》）里以31则发表，而在1693年由柯恩

---

① Baruch de Spinoza. *Theologisch-Politischer Traktat*. Hamburg：Felix Meiner Verlag, PhB 93, 1976：299.

② 同①301.

③ 同①12.

④ B. Spinoza. *The Correspondence of Spinoza*. Translated and edited by A. Wolf. London, 1928：335.

拉特（H. Koenraad）翻译的荷兰文译本里则以 34 则问世。1704 年，德国学者哈尔曼博士赴荷兰实地考察，在斯宾诺莎出版者利乌魏特茨的儿子那里发现了一部斯宾诺莎自己曾使用过的《神学政治论》样书，并看到了斯宾诺莎在那部样书上所写的一些简短的注释，不幸这部样书以后就找不到了，但它上面的那些注释却流传下来两个抄本，一个抄本上有注释 35 则，由波麦在 1852 年发表；另一个抄本上有注释 33 则，在 1802 年由冯·莫尔（Ch. G. von Murr）刊印问世。

《伦理学》
(*Ethica ordine geometrico*)

《伦理学》第一次发表在斯宾诺莎死后不久由他的朋友编辑出版的《遗著》中。这是斯诺宾莎一生中最重要的一部哲学代表作。

从我们现在所掌握的材料来看，这部著作乃是斯宾诺莎一生中著述时间最长和用力最勤的。我们上面已经说过，斯宾诺莎在 1661 年撰写《知性改进论》时就已经有一个打算，想著述一部全面而系统地阐述他的哲学的著作，不过当时他可能并未想采用几何学的陈述方式，因为他曾经想把用非几何学方式陈述的《知性改进论》作为该著作的导论。但是，有证据表明，斯宾诺莎在 1661 年秋似乎决定了他要用几何学方法论述他的哲学思想，而且已经用几何学方法撰写了一部分界说、公理和命题。第一个证据是《神、人及其幸福简论》一书的附录——《论神》，根据我们关于其内容的考察，这篇附录应当写于《神、人及其幸福简论》一书正文之后，即 1661 年 7 月或 8 月。这是我们现在所拥有的斯宾诺莎用几何学证明方式撰写著作的最早形式，它共包括 7 个公理、4 个命题和 1 个绎理。第二个证据是斯宾诺莎在 1661 年 9 月写给奥尔登堡的一封信。在这封信中，斯宾诺莎说，为了清楚而简洁地证明他的哲学观点，他认为"最好的方法是把它们用几何学证明的方式呈现出来"，并且告知奥尔登堡他已写出了这样一部分，并把这部分作为该信的附件寄给了他，请他予以评判[1]。虽然这个附件现已阙失，但一些斯宾诺莎的研究者根据这一年的几封书信重构了这个附件，它包括 3 个界说、4 个公理、3 个命题和 1 个附释[2]。尽管这些界说、公理、命

---

[1] B. Spinoza. *The Correspondence of Spinoza*. Translated and edited by A. Wolf. London, 1928: 76.

[2] 同[1]371–373.

题和附释并不完全等同于现存的《伦理学》开头部分，但主要观点还是一致的，而且《遗著》的编者在这封信的注释中也指明这些界说、公理和命题乃是"《伦理学》第一部分开始至命题四"的内容①。因此，我们有理由认为《伦理学》的撰写最早是从1661年8月或9月开始的。当然，由于当时斯宾诺莎正忙于《知性改进论》的写作以及《神、人及其幸福简论》的抄写和准备出版，差不多有一年的时间他未再回到这项工作上来。不过，在1663年2月24日德·福里给斯宾诺莎的信中，我们发现斯宾诺莎在1662年冬尽管有向一个青年人讲授笛卡尔哲学的任务，但他又继续在撰写《伦理学》了，并且给他在阿姆斯特丹的朋友寄去了至少相当于现存《伦理学》第一部分前19个命题的手稿。从这以后，斯宾诺莎似乎就一直在集中精力撰写《伦理学》，直至1665年。

斯宾诺莎第一次提到《伦理学》这个书名是在1665年3月13日给布林堡的信中，在那里他公开地引证了他的《伦理学》，并且还说"此书还未出版"②。更为重要的是，他在同年6月写给鲍麦斯特的信中还明确告知了此书的进展情况："关于我的哲学第三部分，如果您要翻译它的话，我将立即寄一些给您或我的朋友德·福里，虽然我曾打算在完稿之前不再寄给你们，但是时间之长超过了我的预料，我不想让你们期待太久，我将把大约前80个命题先寄给你们。"③从这里我们至少可以看出两点：首先，《伦理学》一书此时不仅书名已确定了，而且撰写也接近了尾声，因为斯宾诺莎说他本想完稿后一次寄给他的朋友。其次，此时《伦理学》仍不是终极的形式，因为他说他已把第三部分前80个命题写出来了，而现存的《伦理学》第三部分实际上只有59个命题，可见斯宾诺莎当时把现存《伦理学》第四部分的内容也放进了第三部分。这一点并不奇怪，因为斯宾诺莎很早就确定了他的哲学体系是由三大部分组成的，即论神、论人的心灵和论人的幸福，正如他的早期著作《神、人及其幸福简论》一书书名所表明的，而且他的朋友梅耶尔也明确告知我们，《伦理学》的原名乃是《论神、理性灵魂和最高幸福》。

但是，正如我们前面所说的，正当斯宾诺莎在1665年即将完成《伦理学》的时候，由于荷兰政治形势的急剧恶化以及应他的朋友、共和国领导人德·维

---

① B. Spinoza. *The Correspondence of Spinoza*. Translated and edited by A. Wolf. London, 1928: 76.

② 同①192.

③ 同①202.

特的要求，斯宾诺莎不得不暂时中断《伦理学》的撰写，为配合共和派对君主派的斗争而集中全力著述《神学政治论》。这样，《伦理学》的撰写工作至少停顿了四年之久，直至1670年《神学政治论》出版之后才重新开始。

1670年以后的情况，我们就不太清楚了，但至少可以肯定，斯宾诺莎对他的《伦理学》做了一个极大的变更：一方面是形式上的变更，即把原来的三部分扩大为五部分；另一方面是内容上的变更，例如第四部分显著地反映了霍布斯自然权利学说的影响，这在他1665年写给布林堡的信中是看不到的。可能正是由于这种形式和内容上的极大变更，本来要在1665年完成的《伦理学》似乎在1674年尚未全部完稿。因为从1674年10月谢恩豪斯和斯宾诺莎的通信中可以看出，当时谢恩豪斯尚未读过《伦理学》全稿，他谈的斯宾诺莎的自由定义，并不是从《伦理学》最后部分得知的，正如斯宾诺莎本人说的："这个定义，他说是我的，但我不知道他是怎样得知的。"① 实际上，只有到了1675年7月我们才得知《伦理学》最后完成的消息，因为7月22日奥尔登堡给斯宾诺莎的信中说："从您7月5日的复信中，我知悉了您要出版您那五部分的论著，为不辜负您对我的忠厚情谊，请允许我劝告您，其中不要有任何对当今宗教道德实践的触犯。"② 由此可见，五部分的《伦理学》最后一定是在1675年前半年完成的，下半年斯宾诺莎正在筹备它的出版。

这样，《伦理学》从1661年开始，直至1675年才完成，其中断断续续共经历14年之久。而这14年正是斯宾诺莎短暂一生中从事哲学活动的主要时期，可见《伦理学》在斯宾诺莎哲学发展中所占据的重要地位，它是斯宾诺莎留给后世的一份最宝贵的哲学遗产。

以几何学方法陈述自己的哲学观点，这可能是《伦理学》最初撰写的动机。斯宾诺莎为什么想用几何学方法来撰写自己的哲学著作呢？这需要了解当时的哲学背景。17世纪，随着近代自然科学的形成，发展出了两门独立的科学方法，即数学的演绎方法和经验科学的归纳方法。虽然培根在其《新工具》中提出归纳法代替亚里士多德的三段论式演绎法，但对于大陆哲学家来说，获得确实可靠知识的方法乃是数学的演绎法，例如笛卡尔就曾经这样说过："几何学家为了完成极其复杂的证明而使用的那种长段推理链锁的方式，是那样的简明和易解，

---

① B. Spinoza. *The Correspondence of Spinoza*. Translated and edited by A. Wolf. London, 1928：294.

② 同①303.

以致使我想象所有那些我们需求的知识都可以按照同样的方式进行。"① 并且他还表示遗憾,这种基础既稳固又牢靠的数学方法当时只用于机械技术上,而没有在它上面建造起更高大的建筑物。即使对于当时的英国经验论哲学家来说,数学的证明方式也是知识的一种典范,例如霍布斯就曾经迷上了几何学,认为那是最好的证明方式,并且还要求用几何学方法来处理伦理学②。因此,斯宾诺莎的挚友梅耶尔当时曾经给我们描绘了这样一幅思想界对数学方法倾迷的图画:"凡是想在学识方面超群绝伦的人都一致认为,在研究和传授学问时,数学方法,即从界说、公设和公理推出结论的方法,乃是发现和传授真理最好的和最可靠的方法。……他们由于同情哲学的不幸命运,放弃了叙述科学的那种通常的大家习用的方法,踏上了新的然而困难重重的道路,期望运用数学那样的可靠性来论证哲学的其他部门,使这些部门同数学一样繁荣昌盛。"③ 不过,无论是笛卡尔还是霍布斯,他们都未能真正把数学方法应用于哲学,笛卡尔虽然在他的《第一哲学沉思集》里做了一个简短的尝试,但也仅此而已。唯有斯宾诺莎凭他那锲而不舍的精神,试图把这种方法用到哲学的各个部门,以便在这个基础上建立人类知识的大厦。在斯宾诺莎看来,几何学方法既然在几何学和物理学中获得了成功,那么这种方法也一定能够在形而上学、人的心灵学说以及伦理学中获得同样的成功,因为对于他来说,物理世界的因果关系与精神世界的因果关系是一致的,既然一种方法能对物理领域内的因果关系加以表述,那么它一定也会对精神领域内的因果关系加以表述。换言之,如果几何学方法能很好地解释广延的宇宙,那么它一定也能很好地解释思想的宇宙。所以斯宾诺莎在《伦理学》中宣称:"我将要考察人类的行为和欲望,如同我考察线、面和体积一样。"④

---

① Descartes. *Philosophical Work of Descartes*. Trans. E. S, Haldane and G. R. T. Ross, Cambridge, 1955: 92.

② 据霍布斯的朋友约翰·奥布列(J. Aubrey)的记载,霍布斯有一天偶然在一个私人图书馆里发现一本摊开的欧几里得抄本,在那页上有毕达哥拉斯定理,于是他研读那一命题,又继续研读那一命题的证明,又回头去查看那一命题,直到最后他根据证明相信那个真理为止。"这使他爱上了几何学",并使他对柏拉图的思辨进行了批判(威廉·涅尔,玛莎·涅尔. 逻辑学的发展. 张家龙,洪汉鼎,译. 北京:商务印书馆,1985:400-401)。

③ Baruch de Spinoza. *Descartes' Prinzipien der Philosophie auf Geometrische Weise Begründet*, herausgegeben von Carl Gebhardt. Leipzig: Felix Meiner Verlag, PhB 94, 1922: 1-2.

④ Baruch de Spinoza. *Die Ethik nach geometrischer Methode dargestellt*. Hamburg: Felix Meiner Verlag, PhB 92, 1976: 109.

如果我们对斯宾诺莎于1661年用几何学方法撰写的《伦理学》最初手稿和1675年完成的《伦理学》最终形式做一个仔细考察，那么我们将清楚地看到，《伦理学》一书的撰写至少经历了三个阶段，即1661年最初的不成熟形式，1663年初至1665年的三大部分形式，1670年至1675年的最终五部分形式。这三个阶段反映了斯宾诺莎从笛卡尔思想的影响中逐渐摆脱出来一直到最后形成自己独立的哲学体系的发展过程。

《神、人及其幸福简论》的附录一和1661年9月寄给奥尔登堡的按几何学撰写的附件，可以说是斯宾诺莎《伦理学》的最早形式。附录一只有公理和命题，而没有界说，很可能就是1661年附件的一部分，因为现存的《斯宾诺莎书信集》所载的这篇附件乃是根据几封书信重构出来的，因而它的表述形式不一定完全可靠，而内容基本上与附录一一致。从这两份材料中我们可以看出，斯宾诺莎此时虽然已经初步形成了自己独特的哲学思想，但仍保留着笛卡尔思想影响的痕迹，其中最明显的是他没有区分实体和属性。正如这年他写的几封信一样，他在1661年的附件里把实体和属性看成一个东西，例如界说二说："所谓属性（或实体），我理解为通过自身并在自身中被设想的东西，所以它的概念不包含任何其他事物的概念，譬如，广延就是通过自身并在自身中被设想的，相反，运动就不是这样。"这一界说显然与《伦理学》里关于实体和属性的两个界说是不同的，在《伦理学》里，实体才是在自身内并通过自身而被认识的东西，它的概念不包含任何其他事物的概念，而属性乃定义为"由知性看来构成实体的本质的东西"。由于实体等同于属性，就必然推出实体不是唯一的，因此斯宾诺莎说"每个实体在其自类中是圆满的"，而不是像他在《伦理学》中所说的实体是绝对圆满的，说实体在自类中是圆满的就意味着有多数实体，其结果必然是笛卡尔的观点，即广延和思想乃是在神之外的两个有限实体，这显然是与《伦理学》的后期形式相矛盾的。因此我们可以说，《伦理学》撰写的第一阶段，乃是一种最早的不成熟的阶段，这里保留了笛卡尔思想影响的痕迹，可以说斯宾诺莎只达到"神或（即）自然"阶段，尚未达到"神或（即）实体"阶段。

1662年底或1663年初，《伦理学》的撰写似乎进入了第二阶段。我们从1663年2月24日德·福里给斯宾诺莎的信中得知，此时斯宾诺莎又重新撰写了《伦理学》开头一部分的界说、公理、命题和附释，而且他将这一部分交给了他在阿姆斯特丹的哲学小组，让他们研读和讨论。这一阶段写的《伦理学》的一个明显的不同是对于实体等同于属性的看法有了改变。我们有两个证据。一个就是这封德·福里致斯宾诺莎的信，在此信中，德·福里引用了斯宾诺莎《伦理学》初稿命题八附释三：“由此推知：虽然两种属性被认为有着真实的区别，然而它们却不能因此就成为两种事物，或者两种不同的实体，因为实体具有这样一种性质，它的一切属性都应当通过实体自身来理解，因为实体的一切属性，都同时存在于实体之中。”从这个附释我们可以看出，当时斯宾诺莎已认为实体不能等同于属性，两个不同的属性可以属于同一个实体。怪不得德·福里辩解说：“相反，如果我认为，每种实体只有一种属性，而我有了两种属性的观念，那么我就能够正确地得出结论说，凡是具有两种不同属性的地方，也就存在着两种不同的实体。"① 德·福里显然还是坚持笛卡尔关于两种实体的二元论看法。另一个证据是同年3月斯宾诺莎致德·福里的信，在此信中，斯宾诺莎明确地区分了实体和属性：“所谓实体，我理解为存在于自身中的并通过自身而被设想的东西，也就是说，它的概念并不包含任何其他事物的概念。所谓属性，我理解为同样的东西，而它之所以称为属性，是因为与知性有关，知性将这样一种性质归属于实体。"② 这个关于实体和属性的定义显然与我们现在所拥有的《伦理学》的定义基本上是一致的，即属性乃是在知性看来构成实体的本质的东西③。实体从属性中区分出来，表现了斯宾诺莎自己哲学思想的真正形成，即达到了"神或（即）实体"的阶段。

《伦理学》撰写的第二种形式似乎一直延续到1665年，此时不仅《伦理学》一书的书名已确定下来了，而且还写到了第三部分第八十个命题。根据我们上面的考证，《伦理学》的第二种形式乃是三大部分的形式，因此它的命题排列次序必与现存的《伦理学》有所不同。1665年3月13日斯宾诺莎在给布林堡的信中所引证的《伦理学》那一段话，即"敬神的人的这种欲望必然是从他关于他们自身和神的清晰知识而来"④，显然是现存的《伦理学》第四部分命题三十七

---

① B. Spinoza. *The Correspondence of Spinoza*. Translated and edited by A. Wolf. London，1928：104.

② 同①108.

③ 我们这里说"基本上是一致的"，是因为此时斯宾诺莎虽然在定义上对实体和属性做了区分，但在理解上似乎还有两者等同的迹象。例如他在定义了实体和属性之后举了两个例子，来说明它们乃是"同样的东西"：一是我们既可以称爱尔兹瓦特三世为以色拉尔，又可称他为雅various各伯；二是我们可以用平面和白色来表示同样的东西。显然这里还保留了前一阶段的思想影响。

④ 同①192.

附释一的内容，即"当我们具有神的观念或当我们认识神的时候，我们一切的欲望和行为，皆以我们自己为原因，我认为这就算是宗教"①。由此我们可以说，斯宾诺莎在这一时期所撰写的《伦理学》尚不是他最后完成的终极形式。

《伦理学》的最终形式乃是在 1670—1675 年完成的，这也就是我们现在所看到的《伦理学》一书。这一阶段的《伦理学》最大的变更是从三大块结构变成了五部分形式，即（1）论神；（2）论心灵的性质和起源；（3）论情感的起源和性质；（4）论人的奴役或情感的力量；（5）论理智的力量或人的自由。从分量上看，显然大大增加了人的实际问题或伦理学的研究，本体论问题仅占全书很小一部分，这表明斯宾诺莎更接近了他在《知性改进论》中提出的哲学目标，即力求获得"人的心灵与整个自然相一致的知识"。斯宾诺莎在书中指出他的学说对于我们的实际生活至少有如下四种功效：（1）使我们认识到我们的一切行为唯以神的意志为依归，我们愈益知神，我们的行为愈益完善，我们参与神性也愈多；（2）使我们正确应付命运中的事情，不至于被突然来到的不幸所压倒；（3）使我们不怨憎人，不轻蔑人，不嘲笑人，不愤怒人，不嫉视人，而是满腔热情帮助人，与人为善；（4）对于政治的公共生活也不无裨益，因为它足以教导我们依什么方式来治理并指导公民，才可使人民不为奴隶，而能自由自愿地做最善之事。

从本体论上看，斯宾诺莎此时不仅把神和自然加以等同，重述"神或自然"，而且通过实体和属性的明确区分，把实体和神加以等同，提出"神或实体或自然"这种三位一体的命题。他说："神是唯一的，这就是说，宇宙间只有一个实体，而且这个实体是绝对无限的。"② 他把广延和思想明确规定为实体或神的属性，他说："广延的东西与思维的东西如果不是神的属性，必定是神的属性的分殊。"③ 以至最后他得出这样的结论："神必然存在，神是唯一的，神只是由它的本性的必然性而存在和动作；神是万物的自由因，以及神在什么方式下是万物的自由因；万物都在神之内，都依靠神，因而没有神就既不能存在，也不能被理解；最后，万物都预先为神所决定——并不是为神的自由意志或绝对

---

① Baruch de Spinoza. *Die Ethik nach geometrischer Methode dargestellt*. Hamburg：Felix Meiner Verlag，PhB 92，1976：220.

② 同①16.

③ 同①.

任性所决定，而是为神的绝对本性或无限力量所决定。"① 这样一种神的观念显然已与早先的泛神论观点大相径庭了，它已属于我们现在所说的科学的自然或宇宙观点。

这里我们首先要提到"自因"（causa sui）这个概念。无论是《伦理学》的初期形式（即第一阶段），还是《伦理学》的中期形式（即第二阶段），斯宾诺莎都未明确提出"自因"的概念。虽然他早在《神、人及其幸福简论》里讲到过"神因为是万物的第一因，并且也是其自身的原因（causa sui），故神能通过它自身来认识自己"②，但他从未把这概念引入他的《伦理学》前两期形式中。现在在《伦理学》的最后形式中，斯宾诺莎不仅大胆地启用了这一概念，而且把它作为《伦理学》的第一个界说："自因，我理解为这样的东西，它的本质（essentia）即包含存在（existentia），或者它的本性只能设想为存在着。"③ 这也就是说，实体（即神或自然）是自己存在的，实体自身就是自身的原因，而没有其他任何东西作为它的原因，实体在时间上和空间上都是无限的，这样一种概念使他的唯物主义的实体一元论得到了更彻底的表现。

正如我们前面说过的，后期《伦理学》显然增加了自然权利和社会契约论的内容，这一方面是由于霍布斯的影响，另一方面则是他写了《神学政治论》，这一部分内容仍在他思想里占有很大比重。增加的这部分关于自然权利的内容，我们很容易在《伦理学》第四部分命题十八附释之后分辨出来。在这个附释里，斯宾诺莎说他已说明了人的软弱无力和动摇不定，以及人们为什么不遵守理性的命令的原因，本应继续指出什么是理性给我们规定的，哪些情感符合理性的规律，以及哪些情感违反理性的规律，"但在我还没有开始依照详密的几何程序证明这几点以前，我愿意先简单地在这里说明理性的命令的性质，以便使我的想法更易于为每一个人所明了"④。这部分不依几何学程序证明的补充说明实际上就是关于自然权利和社会契约论的学说，在这里斯宾诺莎提出："理性既然不要求任何违反自然的事物，所以理性所真正要求的，在于每个人都爱他自己，都寻求自己的利益——寻求对自己真正有利益的东西，并且人人都力求一切足

---

① Baruch de Spinoza. *Die Ethik nach geometrischer Methode dargestellt*. Hamburg: Felix Meiner Verlag, PhB 92, 1976: 39.
② 斯宾诺莎. 神、人及其幸福简论. 见本书第 199 页.
③ 同①3.
④ 同①204.

以引导人达到较大圆满性的东西，并且一般讲来每个人都应尽最大的努力保持他自己的存在"①，并确定"德性的基础即在于保持自我存在的努力，而一个人的幸福即在于他能够保持他自己的存在"②。最后在命题三十七附释里——在这一附释里斯宾诺莎明确说这就是他在命题十八附释里答应要证明的内容——区分了人的自然状态和社会状态：在自然状态下，无所谓人人共同一致承认的善或恶，因为在自然状态下，每一个人皆各自寻求自己的利益，只依照自己的意思，纯以自己的利益为前提去判断什么是善，什么是恶，并且除了服从自己外，并不受任何法律的约束，不服从任何别人；相反，在社会状态下，善与恶皆为公共的契约所决定，每一个人皆受法律的约束，必须服从政府。最后斯宾诺莎得出这样的结论："一个受理性指导的人，遵从公共法令在国家中生活，较之他只服从他自己在孤独中生活更为自由。"③

《伦理学》最后所取得的完成形式表现了斯宾诺莎已实现他在《知性改进论》里所提出的完善方法的要求。在《知性改进论》中，斯宾诺莎说："为了使心灵能够充分反映自然的原样起见，心灵的一切观念都必须从那个能够表示自然全体的根源和源泉的观念推绎出来，因而这个观念本身也可作为其他观念的源泉。"换言之，"凡是能指出我们如何指导心灵依照一个最完善存在的观念为规范去进行认识的方法，就是最完善的方法"④。现在斯宾诺莎不仅找到了这个最完善存在的观念，即他的"神"或"实体"或"自然"，而且严格遵照欧几里得几何学的形式构造了一个相当严密的形而上学演绎系统，这在哲学史上可以说是一次空前绝后的伟大尝试。说它是空前的，因为在此之前从未有哲学家做过这样的努力；说它是绝后的，因为以后可能再没有哲学家会做这一尝试。

尽管斯宾诺莎在1675年下半年忙于《伦理学》的出版，但他的出版计划终遭失败。1675年9月斯宾诺莎给奥尔登堡写了这样一封信，当他到阿姆斯特丹准备刊印《伦理学》的时候，"一种谣言在各处传开了，说我有一本论神的书要出版，在书中我力图证明神不存在。许多人听信了这种谣言。因此一些神学家们（或许就是这个谣言的炮制者）就乘机在公爵和地方长官面前诽谤我，而且

---

① Baruch de Spinoza. *Die Ethik nach geometrischer Methode dargestellt*. Hamburg: Felix Meiner Verlag, PhB 92, 1976: 204-205.

② 同①205.

③ 同①251.

④ Baruch de Spinoza. *Abhandlung über die Verbesserung des Verstandes*, *Abhandlung vom Staate*. Leipzig: Felix Meiner Verlag, PhB 95, 1922: 19.

愚笨的笛卡尔学派的人因为有人认为他们支持我,为了摆脱这种嫌疑,甚至到现在还一直在各处攻击我的观点和论著。当我从一些可信赖的人那里得悉了这整个情况,他们还告诉我神学家们正在各处密谋策划反对我,于是我决定直到我了解情况将如何发展之前暂停出版"①。事实上是,斯宾诺莎直到他去世时,此书也未被出版,只有他的手稿流传在他的朋友们手中。

《简明希伯来语语法》
(*Compendium Grammatices Linguae Hebraeae*)

《简明希伯来语语法》第一次发表于斯宾诺莎死后出版的《遗著》中,《遗著》的编者关于这部书有这样一段"告读者":"亲爱的读者,这里提供给你们的《简明希伯来语语法》乃是作者应他的一些热切研究《圣经》语言的朋友的请求而撰写的,因为这些朋友正确地认识到,作者从他少年时代开始就受教于这种语言,并且在以后的许多年中又勤勉地钻研这种语言,以至对这种语言的最内在的本质有一个完全的理解。所有那些熟识这位伟大人物的人将珍爱和崇敬这部著作,虽然它正如作者的许多其他著作一样,也由于作者的过早谢世而是未完成的残篇。亲爱的读者,我们之所以把这部不完整的著作呈现给你们,是因为我们相信作者和我们的努力将会对你们有很大裨益,而且完全值得你们研究。"②

我们现在很难确定《简明希伯来语语法》一书的具体撰写时间,因为我们无论是从传记里还是从书信集里均找不出有关这本书撰写时间的资料。不过有一点是可以肯定的,即这部书应当是紧接着《神学政治论》出版之后撰写的,因为哲学家并非语言学家,他之所以要撰写一部单纯语言学的著作,一定有某种哲学的目的。我们从《神学政治论》中可以看到,斯宾诺莎曾经提出的历史的、批评的《圣经》解释的第一个原则,就是根据《圣经》作者所使用的语言的性质和特征来解释《圣经》的语句。在那里他曾经写道:"《旧约》和《新约》的作者都是希伯来人。所以,了解希伯来文是极其必要的,不但为了解用希伯来文写的《旧约》是如此,为了解《新约》也是如此,因为,虽然《新

---

① B. Spinoza. *The Correspondence of Spinoza*. Translated and edited by A. Wolf. London, 1928: 334.

② Baruch de Spinoza. *Hebrew Grammar: A Concise Compendium*. Maurice J. Bloom, 1962: 1-2.

约》是用别的语言发表的，但其特点是属于希伯来文的。"① 因此，斯宾诺莎很可能在撰写《神学政治论》的时候，就感到他应当撰写一部论述希伯来语言词汇构成和句法规则的书，以便使人对《圣经》有正确的解释，特别是当时他已深深感到这种语言由于在古代希伯来的各种教派之间普遍使用而造成种种歧义，已经使人对《圣经》无法正确地理解并进行解释了，他曾经这样悲叹地说道："古时说希伯来语的人没有把这种语言的任何原则基础留给后世。他们没有传给我们任何东西，字典、文法、修辞学，一无所有。现在希伯来国已把它的优美之点都丧失净尽，只保留了希伯来语的一些零碎的片段和少数的几本书。差不多所有关于果实、禽鸟、鱼类的名字以及许多别的字，代久年湮，都一无所存了。并且，见于《圣经》的许多名词与动词的意思，不是完全丧失了，就是难以确定。不但这些已经遗失无余，而且我们也欠缺关于希伯来语句法的知识。时光不留情，差不多把所有的希伯来语特有的短语、习语都给磨灭了，所以我们对于这些是一无所知了。有此原因，我们虽欲借希伯来语的惯例以研究一句话的意思，而不可能。并且有许多短语，意思暧昧，完全不可索解，虽然其中每个字的意思是至为清楚的。"② 他的这种想法可能立即得到了他的那些热切研究《圣经》的朋友的赞同和支持，因此他们请求他赶快写一本希伯来语言的书，以便对《圣经》的语言有一个正确的理解。正如《遗著》编者所说，他们这一要求也是合理的，因为斯宾诺莎自己就是一个犹太人，从小谙熟希伯来文，他有条件和能力胜任此项工作。如果我们这种推测是正确的，那么《简明希伯来语语法》应当是在1670年以后开始撰写的，不过由于在此期间他的著述任务太繁重，既要完成《伦理学》，又要撰写《政治论》，以致直到他死前尚未完稿。

斯宾诺莎的第一个出版者曾经告诉我们，斯宾诺莎本来的打算是想按照几何学规则写一部希伯来语语法，目的是指明希伯来语言的主要规则，特别是那些在语法学家之间有争论的规则。现存的《简明希伯来语语法》残篇似乎证明了这位出版者的说法。现存的《简明希伯来语语法》只是斯宾诺莎打算要写的著作的第一部分，即希伯来语言词源学规则、词汇构成、动词变化和词尾变格表，至于第二部分即希伯来语言的句法规则，正如《遗著》编者所说的，"由于作者的过早谢世"而没有写就。

---

① Baruch de Spinoza. *Theologisch-Politischer Traktat*. Hamburg：Felix Meiner Verlag，PhB 93，1976：116.

② 同①124.

据斯宾诺莎早期传记作家说,斯宾诺莎在著述《简明希伯来语语法》时,还想根据他对希伯来语性质的理解和解释重新用荷兰文翻译《旧约圣经》,而且在他死前,这样一部《圣经》的荷兰文新译本似乎已存在了,只是由于他对自己的译文感到不满意,最后把它烧毁了。

《政治论》
(*Tractatus Politicus*)

《政治论》也是第一次发表在斯宾诺莎去世后不久由他的朋友编辑出版的《遗著》中。这也不是一部完整的著作,作者写到第十一章就不幸去世了。

关于《政治论》的主要内容、撰写时间和写作进度,《斯宾诺莎书信集》里保存了一封1676年斯宾诺莎从海牙写给一位不熟识的朋友的信,这封信被《遗著》的编者作为序言放在《政治论》的前面:

亲爱的朋友,您那使人高兴的来信我昨天收到了,衷心感谢您对我的幸福所给予的亲切关怀。如果我不是忙于某种我认为更为有益的、我相信也会使您更为高兴的事情,即不久之前在您的敦促下我开始撰写《政治论》,那么我不会错过这个机会等等。这部论著有六章已经完成。第一章可以说是全书本身的导论,第二章论述自然权利,第三章论述最高统治权,第四章论述归最高政权管辖的政治事务,第五章论述一个社会所能考虑的最终和最高的目的,第六章论述一个君主制政府应以何种方式组织才不致陷于暴政。目前,我正在写第七章,在这一章里,我循序论证前六章中有关组织一个完善的君主政体的所有部分。之后,我将转而论述贵族政体和民主政体,最后论述法律和有关政治的其他专门问题。再见。①

斯宾诺莎这封写于1676年的信说他是在"不久之前"在朋友的敦促下开始撰写《政治论》的,但由于该信未注明月份,这"不久之前"究竟是指1676年还是指1675年,我们是搞不清楚的。但该信中说当时已写完六章,而《政治论》直至1677年2月斯宾诺莎逝世为止共完成了十一章,可见在写这封信后斯宾诺莎还有一段时间撰写之后的五章。如果我们以斯宾诺莎死前一个月还在撰

---

① B. Spinoza. *The Correspondence of Spinoza*. Translated and edited by A. Wolf. London, 1928: 366.

写《政治论》计算，那么这最后的五章至少要在 1676 年 6 月或 7 月开始。如果我们的这种推算正确，《政治论》前六章的撰写最早也只能是在 1675 年，即在他完成《伦理学》一书之后。我们这样说还有一个特别的旁证。现存《政治论》第一章第五节在论述人必然受制于情感，人生来就怜悯不幸之人而忌妒幸运之人，而且报复之心胜过同情之心时，斯宾诺莎加上一句："在我的《伦理学》中也证明确是如此。"①《伦理学》的完成时间是 1675 年上半年，因此我们有理由认为斯宾诺莎大约是在 1675 年下半年，最迟也是 1676 年初开始撰写《政治论》的，直至 1677 年初他去世之前，他一直埋头于《政治论》的撰写。

斯宾诺莎究竟何时开始感到有必要撰写一部纯政治论著，我们没有确切的证据，但有一点至少是可以肯定的，即这种想法一定始于《神学政治论》出版之后。因为在这以前，不管是在斯宾诺莎的著作里，还是在他的通信里，他从未提到过他在研究或著述单纯政治理论的著作。只是到 1671 年 2 月，此时《神学政治论》已出版，他在给耶勒士的一封信中提到有位朋友送给他一本名为《政治人》的小册子，发现这本书是一本很有害的书，"写这本书的人的最高目的是金钱和荣誉。他使他的学说适应于这一目的，并且指出达到这一目的的途径"。他说："当我读过这本书后，我就想写一本小册子来间接反驳它，其中我将首先探讨最高的目的，然后论述那些乞求金钱妄想荣誉的人的无穷的悲惨境况，最后用清晰的论据和许多例证来指明由于这种不知足的渴求荣誉和金钱，国家势必会被毁灭或已经被毁灭。"② 从这里我们可以看到，虽然斯宾诺莎这时想写一本关于政治的小册子，但它还不是纯粹政治理论性的。

在《斯宾诺莎书信集》里，最早提到霍布斯的地方是在 1674 年 6 月 2 日他给耶勒士的信中。在那里他写道："关于您问的，我的政治学说和霍布斯的政治学说有何差别，我可以回答如下：我要永远让自然权利不受侵犯，因而国家的最高权力只有与它超出臣民的力量相适应的权利，此外对臣民没有更多的权利。这就是自然状态里常有的情况。"③

我们知道，霍布斯的主要著作《利维坦》拉丁文本虽然早在 1651 年就已出

---

① Baruch de Spinoza. *Abhandlung über die Verbesserung des Verstandes*, *Abhandlung vom Staate*. Leipzig：Felix Meiner Verlag, 1922：57.

② B. Spinoza. *The Correspondence of Spinoza*. Translated and edited by A. Wolf. London, 1928：260.

③ 同②269.

版，但荷兰文译本却是在 1667 年于阿姆斯特丹问世的。这本书无疑在荷兰知识界和政治界引起了一场轰动，因为该书所主张的自然权利学说对荷兰当时究竟是建立君主制还是民主制具有现实的意义。我们可以想象，斯宾诺莎在当时，特别是在《神学政治论》撰写和出版后，一定有一段时间研讨过霍布斯的《利维坦》。在荷兰斯宾诺莎档案馆保存的斯宾诺莎遗留图书里就有一本荷兰文本的《利维坦》，说明斯宾诺莎当时不仅拥有这本书，而且还仔细研究过。现存的《神学政治论》第 16 章还有一个注释——现在我们已知，《神学政治论》里的注释乃是 1676 年斯宾诺莎为了反击神学家对该书的攻击而后增补的——明确提到霍布斯，而且还以"虽然霍布斯的想法不同"这句话来说明他与霍布斯关于人的理智是否有助于和平有不同的看法①。上面所引的 1674 年斯宾诺莎给耶勒士的信同样也证明了当时他已对霍布斯的政治学说做了深入的批判性研究，因而很明确地表明了自己的政治学说和霍布斯的政治学说的根本差别。而更重要的，在 1675 年完成的《伦理学》第四部分显然明确地增添了霍布斯自然权利学说的内容。

1672 年，德·维特兄弟在海牙被一些因加尔文教的宣传而不明真相的民众在奥伦治党徒的直接纵容下杀死，这场政治悲剧不能不在我们的哲学家的思想里引起极大的震动。这场震动不仅使他不顾个人生命安危要出去张贴标语，伸张正义，而且有可能使我们的哲学家重新考虑荷兰究竟应当建立一个什么样的政治制度，特别是经过这场政治悲剧后，荷兰君主派势力占据了明显的优势，荷兰已出现了一种为君主制而背弃共和政体的明确倾向。这一段时间应该说是斯宾诺莎政治思想发展的最宝贵的时间，因为政治思想已不再是束之高阁的空洞理论思维，而是与当前政治形势密切相关。我们可以确信，正是荷兰当时政治形势的急剧变化，促使我们的哲学家要撰写一部纯粹政治理论的著作，以表明他对荷兰政治未来的发展和前途所持的立场。

因此我们可以肯定，虽然斯宾诺莎是在 1675 年下半年开始撰写《政治论》的，但他要撰写这样一本纯粹政治理论著作的想法却是在《神学政治论》出版之后，特别是 1672 年之后就产生了，这不仅是因为这一时期他深入研究了霍布斯的政治学说，需要表明他自己的政治学说与霍布斯的政治学说的差别，而且也是因为 1672 年荷兰政治局势的急剧发展，使他有必要对荷兰政治的未来发展

---

① Baruch de Spinoza. *Theologisch-Politischer Traktat*. Hamburg：Felix Meiner Verlag，PhB 93，1976：139.

表明自己的立场。

正因为《政治论》是在荷兰君主派战胜共和派,并已经使荷兰处于应选择其政治去向的交叉路口之时撰写的,所以我们看到斯宾诺莎在《政治论》一书中主张的政治观点与他以前在《神学政治论》里主张的观点存在着一种明显的差别。在《神学政治论》里,斯宾诺莎的主要攻击目标是君主派和加尔文教,强调思想自由和政教分离,在国家政治学说上他向往的是共和制度,特别是民主制的政体。他说:

我想我已把一个民主政体的基础讲得十分清楚,我特别是立意在此,因为我相信,在所有政体之中,民主政治是最自然、与个人自由最相合的政体。在民主政治中,没人把他的天赋之权绝对地转付于人,以致对于事务他再也不能表示意见。他只是把天赋之权交付给一个社会的大多数。他是那个社会的一分子。这样,所有的人仍然是平等的,与他们在自然状态之中无异。①

对民主政体的这种赞扬甚至使斯宾诺莎忘记了这种政体有可能出现的弊病,他甚至天真地相信"在一个民主政体中,不合理的命令更不要怕,因为一个民族的大多数,特别是如果这个民族很大,竟会对于一个不合理的策划加以首肯,这几乎是不可能的。还有一层,民主政体的基础与目的在于避免不合理的欲求,竭力使人受理智的控制,这样大家才能和睦协调相处。若是把这个基础撤除了,全部构造就要倒塌"②。相反,对于专制的君主政体,斯宾诺莎却表示了坚决的反对,他说:

一个君主的权力无论是多么没有限制,无论大家心中是多么信赖君主之权是法律与宗教的代表,此权却永远无法使人不依自己的智力以下判断,或不为某种情绪所影响……我承认他有权极其暴戾地来统治,因极其无足重轻的缘故把人民处死,但是有正确判断力的人是不会承认他能这样做的。③

---

① Baruch de Spinoza. *Theologisch-Politischer Traktat*. Hamburg:Felix Meiner Verlag, PhB 93,1976:240.

② 同①239.

③ 同①300.

但是1672年发生的荷兰政治悲剧却使斯宾诺莎从这种政治美梦中清醒过来,当时荷兰不是典型的自由共和国家吗?德·维特不是民主共和制度的拥护者和领导者吗?怎么在民主共和制度下的民众会对民主共和制度的领导人做出那种残暴的行动呢?政治的现实不得不使我们的哲学家重新考察他的政治观点,因此我们在《政治论》里再也看不到那种对民主制度的热情鼓吹,我们所看到的乃是一种哲学家的冷静分析:

哲学家总是把折磨我们的激情看作我们由于自己的过失而陷入的邪恶。因此他们惯于嘲笑、哀叹、咒骂这些激情,或者他们为了显得比别人更虔诚,就以神的名义斥责它们。他们认为这样做就是神圣的行为,并且一旦他们学会赞美人类根本就没有的本性而奚落人类确实有的本性,他们就自认为已经达到了智慧的顶峰。实际上,他们没有按照人们本来的面目来看待人,而是按照他们所希望的样子来想象人。因此他们通常写的是讽刺作品,而不是伦理学著作,而且他们从来就没有设想出一个可以实际运用的政治体系,他们设想出的政治体系或者是一种显而易见的幻想,或者是只能在乌托邦或诗人讴歌的黄金时代才能实行的模式,而在那样的时代就根本不需要它们。这样,由于在一切应用科学中,尤其在政治学中存在着理论与实践不一致的现象,因此人们认为理论家和哲学家比任何人都更不适于治理国家。①

正是针对荷兰当时正在朝向君主制发展的政治趋势,《政治论》一书的主要目的就是探讨一个专制国家,不管是君主制还是贵族制,如何不至于蜕变为暴政国家,正如该书扉页上所指出的:"本书欲证明君主政体和贵族政体如何组建才不会蜕变为暴政,公民的和平和自由才不会受到损害。"② 按照斯宾诺莎的看法,一个最好的国家很容易从其政治状态的目标中发现,这个目标"只在于和平和生命安全,因而最好的国家是人民在其中和睦相处和法律不受破坏"③。相反,反叛、战争和蔑视法律只能被看作最坏国家的标志。正是按照这一标准,斯宾诺莎论述了三种政治制度,即君主政体、贵族政体和民主政体各自的优劣。

---

① Baruch de Spinoza. *Abhandlung über die Verbesserung des Verstandes*, *Abhandlung vom Staate*. Leipzig: Felix Meiner Verlag, 1922: 55.
② 同①53.
③ 同①87–88.

君主政体显然是一个不符合人类政治理想的政体，因为它把国家的权力完全移交给一个人，以使人民毫无任何权力。斯宾诺莎首先驳斥这样一种论调，即经验好像告诉我们，如果全部权力授予一个人，就会导致和平与和睦，因为没有一个国家像土耳其国家那样天长地久而没有显著变化。斯宾诺莎指出，假如我们把奴役、野蛮和孤独也称为和平的话，那么和平就是人们所能遭受的最大的不幸，因为"把全部权力移交给一个人所助长的是奴隶状态，而不是和平，因为像我已经说过的，和平不只是没有战争，而且是精神的统一或一致"①。另外，斯宾诺莎指出，相信一个人独自能够掌握国家的最高权力，这是极其错误的，因为一个人的能力是不可能肩负如此重任的，结果常是国王寻找他的代理人如将军、参议或朋友来帮助他，把他自身的安全和所有人的安全都委托给他们，而自己成了一个虚君。由此斯宾诺莎得出结论说："越是把国家的权利安全移交给一个人，国家就越是没有自己的权利，它的臣民的状况就越是可怜。因此，要真正建立一个君主政体，就必须把它建立在一个为国王保障安全、为人民提供和平的牢固基础上，这样就会确保国王在全力以赴致力于人民的幸福时，最充分地拥有自己的权利。"② 按照斯宾诺莎的分析，君主政体最好采取立宪制，即制定一个宪章（根本法），组织一个参议会，以辅助国王执政。参议会应当有各个地区的人参加，而且不是终身任职。另外，为了伸张正义，还必须建立另外一个由法官组成的委员会，它的任务是确保国王的统治是否按法律行事，并裁决诉讼和惩办罪犯。斯宾诺莎说，只有这样一种君主政体才是一个"由自由的人民建立的君主政体"，只有这种开明的民主政体才能产生出十分稳定的国家。

贵族政体，按照斯宾诺莎的定义，是"由较大数量的贵族组成，它是比君主政体更好或更绝对的政府形式，因此它更适合于维护自由"。贵族政体与君主政体的区别在于它的权力不是由一个人来掌握，而是由从国民中选出的某一些人即贵族来掌握，而贵族政体与民主政体的差别则在于"在一个贵族政体里，统治的权利完全依赖于相互荐举，而在民主政体里，它主要依赖于一种天赋的权利，或者由于财产而取得的权利"③。为了保证贵族政体的稳定，斯宾诺莎认为，贵族的数量一定不要低于一定的限度，因此它同样需要组织参议会（包括

---

① Baruch de Spinoza. *Abhandlung über die Verbesserung des Verstandes*, *Abhandlung vom Staate*. Leipzig: Felix Meiner Verlag, 1922: 92-93.

② 同①94.

③ 同①130.

最高参议会和元老院），以便可以确保统治权不会逐渐落入极少数几个贵族寡头手中；另外还要组织一个由监督官组成的监督委员会，以监督国家法律是否遭到侵犯。按照斯宾诺莎的看法，贵族应当与平民有所区别，他们穿着不同的服装，平民要给他们让路。但是，如果有人证明某个贵族由于吃喝嫖赌而挥霍掉自己的钱财，或者债台高筑，那么就应剥夺他的贵族头衔，使他不再有资格接受任何官职或任命，"因为一个不能管理自己和自己的私有财产的人是根本不配筹谋公务的"①。最后斯宾诺莎得出结论说，由于贵族政体把最高统治权授予足够大的参议会，那么"这类国家无论如何将像君主政体一样稳固。实际上，就这种国家政体比君主制更绝对而又不危及和平与自由而言，它是更加稳定的，其状况是更好的。因为主权者的权力越大，这种国家形式就越符合理性的命令，因此它就越适于维护和平与自由"②。

《政治论》第十一章是论民主政体，遗憾的是斯宾诺莎写至这章第四节就不幸去世了。斯宾诺莎说：

> 我终于达到第三种和完全绝对的国家，我们把它称为民主政体。这种国家与贵族政体的主要区别在于，在贵族政体里，使个别人成为贵族仅取决于最高参议会的意志和自由选择，因此表决权和从事国务的权利绝对不是世袭的所有权，而且也没有人根据法律为自己要求那种权利。但是在我现在讨论的国家里，相反的情形则确实存在，因为在这里所有那些出身于公民血统的，或者诞生于本国领土上的，或者对国家做出贡献的人，或者那些根据法律所承认的其他理由取得公民权的人，都可以合法地要求在最高参议会中的表决权和从事国务的权利。除非他们是罪犯或名声不好的人，否则是不能把他们拒之门外的。③

从这个关于民主政体的非形式的定义中我们可以看出，斯宾诺莎仍与他在《神学政治论》里的观点一样，把民主政体看成最高和最绝对的政体，因为正如他在论述贵族政体时所说的："授予足够大的参议会的最高统治权是绝对的，或者近乎绝对的，因为如果有任何绝对的统治权的话，那么它就是真正由全体国

---

① Baruch de Spinoza. *Abhandlung über die Verbesserung des Verstandes*, *Abhandlung vom Staate*. Leipzig: Felix Meiner Verlag, 1922: 160.
② 同①184－185.
③ 同①178.

民掌握的统治权。"① 斯宾诺莎以参议会选举为例,在民主政体里,选举是通过法律而任命的,不像贵族政体那样选举最好的人,因此从表面上看,似乎民主政体不如贵族政体;但是,斯宾诺莎说,因为贵族没有对手,他们的意志完全不受法律的束缚,所以有可能采取各种防范手段阻止最好的人进入参议会,反而把那些唯命是听的人选作他们的同僚,这样一来,"这类国家实际上是处于一种比民主政体还更坏的状态,因为贵族的选择取决于少数人的任意挑选,也就是取决于不受法律约束的意志"②。另外,斯宾诺莎也谈及民主政体能保障和平,他说:"的确,如果最高统治权为了纯粹军事的目的转让给一个人,在那个国家就绝不会有任何和平,因为只有在战争中,那个人才能最好地表露他的本领,显示出他唯一是他们所有人的宝贵,而民主政体最显著的特征则是它为和平的功绩远大于为战争的功绩。"③

不过,尽管斯宾诺莎在《政治论》里对民主政体还是持赞成的态度,但我们也看到他还有一种客观的、冷静的分析态度,只是由于这部分未写完,我们不能全面了解他的观点。在现存的《政治论》中至少有两个地方斯宾诺莎指出了民主制度的缺陷:首先,当他说到经验好像告诉我们,如果全部权力授予一个人,对和平与和睦有利,因为没有一个国家像土耳其人的国家那样没有任何显著变化地存在那么长久时,他立即加了一句:"相反地,没有一个国家像平民的或民主的国家那样短命和容易发生公民之间的持续不断的争斗。"④ 这虽然是指像威尼斯、热那亚共和国那样的短暂国家,但我们也不难想到斯宾诺莎在这里是影射不久之前尼德兰共和国的失败。其次,当斯宾诺莎谈到人的天性就是敌人时说:"因此,当他们联合起来并受法律的制约时,仍然保持了自己的天性。我认为,这正是民主政体转化为贵族政体,贵族政体最后又转化为君主政体的原因。我深信:多数贵族政体原来曾是民主政体。"⑤ 这些论述在《神学政治论》里是找不到的,这显然是 1672 年以后荷兰的政治现实给予斯宾诺莎的影响。

---

① Baruch de Spinoza. *Abhandlung über die Verbesserung des Verstandes*, *Abhandlung vom Staate*. Leipzig: Felix Meiner Verlag, 1922: 183.

② 同①179.

③ 同①111.

④ 同①92.

⑤ 同①137-138.

《论虹的代数测算》和《机遇的计算》
(*Stelkonstige Reeckening van den Regenboog* und *Reeckening van Kanssen*)

《论虹的代数测算》和《机遇的计算》最早是在 1687 年即斯宾诺莎去世后十年，由海牙市政府一个名叫列维·范·狄克（Levyn van Dyck）的印刷者匿名出版的，当时只有《论虹的代数测算》的书名，《机遇的计算》只是作为附录补在后面。同一年，狄克还出版了 J. F. 海尔维修（Helvetius）的一部反驳斯宾诺莎哲学的著作。当时似乎谁也不知道这两篇荷兰文写的自然科学论文是斯宾诺莎的著作，直到 19 世纪 50 年代，阿姆斯特丹书商缪勒才认定《论虹的代数测算》乃是斯宾诺莎那篇过去认为被烧毁或失传了的著作。这篇著作后面的附录《机遇的计算》由于内容和写法与《斯宾诺莎书信集》中的第 38 封信雷同，之后也被斯宾诺莎的研究者确定为他的著作。1862 年范·弗洛顿把这两篇论文及其拉丁文译文先收录在《别涅狄克特·德·斯宾诺莎著作补遗》中，之后又收录在他于 1882—1883 年编辑出版的《斯宾诺莎著作集》标准版第 2 卷中。

很长时期里人们就知道斯宾诺莎写过一篇论虹的短篇文章，不过在他死前被他烧毁了。例如斯宾诺莎早期传记作家卢卡斯在其《已故斯宾诺莎先生传》（此书大约撰于斯宾诺莎死前一年）中说，斯宾诺莎曾经"把一篇论虹的文章付之一炬"[1]。另一个早期传记作家科勒鲁斯也在其《斯宾诺莎的生平》中说，斯宾诺莎在他去世那年烧毁了许多著作，而且还引证斯宾诺莎在海牙的一个房东的话说："我认识许多看到或读过这篇著作的人，他们曾经劝阻他不要发表，最后，他终于在他死前半年闷闷不乐地把它烧毁了。"[2]

虽然《遗著》的编者并没有肯定说这篇著作是被斯宾诺莎烧毁了，但他们也说我们不会再找到它了，他们在编者序言里写道："虽然可以相信，我们的哲学家也可能有某些尚未收录在此集中的著作仍留存在这个人或那个人手中，然而可以断定，在那里绝不会发现在这些著作中没有被反复论述过的东西。另外可能还有一篇论虹的短文，正如许多人知道的，它是作者在几年前撰写的，这篇著作即使没有被烧毁，也很可能不会再找到了。"[3]

---

[1] *Spinoza-Lebensbeschreibungen und Gespräche*. Einleitung, Übersetzung und Anmerkungen von Carl Gebhardt. Hamburg：Felix Meiner Verlag, 1977：37.
[2] 同[1]84.
[3] 同[1]5.

从现在的情况看来，这些话都不怎么可靠。实际的情况可能是，斯宾诺莎当时并未烧毁这篇论文，而是把这篇论文的手稿交给了一个朋友，这个朋友一直把它保存了一二十年，直至1687年才把它拿出来付印。那么这个朋友究竟是谁呢？我们推测可能是约翰·范·登·迈尔（Jan van der Meer），此人据说最初是一个商人，以后做了莱顿市政府收税人，在1678年舒勒向莱布尼茨告知斯宾诺莎通信者名字时，他还活着。1666年10月1日斯宾诺莎曾从伏尔堡给迈尔写过一封信，信的内容是关于掷骰子中的概率计算问题，这封信不仅同1687年出版的那篇《机遇的计算》内容相似，而且从斯宾诺莎在信一开头所说的"当我寂寞地生活在这个乡村的时候，我反复思索您所向我提出的那一问题"①，也可以知道他同斯宾诺莎有过一段时间的交往，并且都是感兴趣于概率计算问题的研究。因此我们推测，斯宾诺莎大约是在1667年把上述两篇关于数学计算问题的论文交给了迈尔，请他提出批评意见，正如他以前把他的《伦理学》中的一些章节交给他的朋友去讨论一样。迈尔可能一直保存着这两篇论文，一二十年后由于荷兰知识界对于伽利略、牛顿的光学和数学理论发生了极大兴趣，他也把它们拿出来供大家讨论。

如果情况是这样，那么我们不难推测这两篇论文是斯宾诺莎在1666—1667年撰写的。我们这种推测还有另一个根据，即在这几年间斯宾诺莎除写《神学政治论》外，还积极参与了当时有关光学、颜色和掷骰子中的概率计算问题的讨论。我们知道，笛卡尔关于光和颜色的理论在斯宾诺莎死前十年就被人超过了。例如，笛卡尔曾假定光传播只有三种形式，即直线传播、折射传播和反射传播，并认为直线传播是光的主要规律，但在1665年，格里马尔迪（Grimaldis）发表了他的《发光、颜色和彩虹的物理—数学》，其中对奇异的衍射（diffractio）现象进行解释，并提出了光的衍射理论。这种理论之后引起了惠更斯的注意，惠更斯在1679年提出了他的著名的光的波动学说。罗伯特·胡克（Robert Hooke）在1665年也试图用云母薄片来从根本上解释颜色的产生，并把光理解为一种振动现象。不久牛顿就进行了他的著名的棱镜折射实验，这些实验使他把白光理解为不同成分的组合，而这些成分通过折射可以分离出来，最后提出光的微粒—振动说。同样，在17世纪60年代，掷骰子中的概率计算问题也是一个荷兰知识界里的热门话题，惠更斯于1657年出

---

① B. Spinoza. *The Correspondence of Spinoza*. Translated and edited by A. Wolf. London, 1928：228.

版的《玩骰子时的计算》(*Ratiociniis in aleae Ludo*),其荷兰文译本出版于 1660 年,这自然引起荷兰科学家继续深入讨论概率计算问题。1665 年惠更斯与胡德就这个问题进行了书信讨论,在他的一篇论文里以赌注为例讨论了五种概率计算问题。

正是在这样一种理智气候的影响下——正如我们从斯宾诺莎的书信中所看到的——斯宾诺莎在 1665 年春夏之交至 1667 年春一直非常感兴趣于理论光学和概率计算问题的研究。例如,1665 年 4 月奥尔登堡曾写信告诉斯宾诺莎,波义耳在 1663 年出版了一部《关于颜色的实验和思考》的著作,斯宾诺莎不久就与惠更斯讨论过这部著作,而且很可能他在这一时期得到了詹姆士·格雷戈里(James Gregory)的《光学进程》(*Optica promota*)样书。1666 年 6 月斯宾诺莎与胡德讨论了透镜,直至 1667 年 3 月还与耶勒士讨论了笛卡尔的屈光学和望远镜。特别是格雷戈里的《光学进程》一书很可能引起斯宾诺莎要用几何学分析方式撰写一篇关于笛卡尔虹的解释的说明,因为格雷戈里的书似乎不知道笛卡尔的研究成果,它把折射原理看作他自己的发明。1666 年 10 月斯宾诺莎写给迈尔的那封信,实际上是试图解决惠更斯提出的掷骰子的概率计算问题,而他的《机遇的计算》一文乃是对惠更斯提出的五个概率计算问题中的第一个问题的解答,很可能它是作为一个附件随信寄给了迈尔。因此,《遗著》编者说《论虹的代数测算》是作者"在几年前"撰写的,我们应当理解为就是指这几年。

《书信集》
(*Epistolae*)

斯宾诺莎与友人的通信第一次是在斯宾诺莎死后不久于 1677 年出版的《遗著》中以《书信集》为名问世的。当时共收集了 1661—1676 年斯宾诺莎与友人的往来书信 75 封,其中有一封还收在他的《政治论》里作为序言。根据当时编者的口气,斯宾诺莎与友人的通信除已发表的这些外,似乎还有一些,但由于各种各样的原因被他们删掉或销毁了。编者的谨慎态度是可以理解的,因为在 1672 年德·维特兄弟惨遭杀害和 1674 年《神学政治论》被查禁之后,一些与斯宾诺莎和德·维特有着友谊关系的人的名字出现在斯宾诺莎书信里,无疑对这些人来说是危险的。斯宾诺莎最早的传记作家卢卡斯就曾经这样说过,他为了替这位伟人写传，"他自己不得不躲藏起来，好像他在从事一项犯罪活动似的"①。我们可以想象，当时一些斯宾诺莎的亲密朋友在阿姆斯特丹一所社友会孤儿院里筹备出版斯宾诺莎遗著，是冒着多大的风险。在这种情况下，一些明确表示政见和宗教观点的书信自然要被删掉或销毁。一个明显的事实是，在斯宾诺莎的书信里我们找不到一封德·维特或与德·维特有关系的人的书信，甚至在当时所发表的书信里，斯宾诺莎的荷兰通信者的名字也被全部删掉了。

其他的一些斯宾诺莎的书信之所以被删去，也可能还有另一个原因，即《遗著》编者的取材范围。按照《遗著》中《书信集》书名页的告示，编者之所以选取"一些博学的人物给斯宾诺莎的信以及作者的复信"，是因为这些信"对于解释作者的其他著作不无裨益"②。因此我们可以说，《遗著》编者编选书信的目的是解释斯宾诺莎的学说，而对他个人的历史和生活不感兴趣，这样，他们势必有意地删去了一些有关斯宾诺莎私人生活的书信以及书信中一些有关他个人利害的段落。正如他们在《遗著》中没有收录斯宾诺莎的《自辩书》（据说是斯宾诺莎在1656年被逐出犹太教公会时所写）和《神、人及其幸福简论》一样，从他们的观点看来，这些著作对于阐明斯宾诺莎学说意义不大，而且已分别被《神学政治论》和《伦理学》代替了。

自《遗著》出版以来200多年内，由于一些斯宾诺莎研究者的苦心收集，终于新发现了斯宾诺莎的书信11封，其中1882年以前新发现9封，1882年以后新发现2封，它们是第15、28、29、30、49、69、70、72、79封和第48A、67A封，因此在1882年范·弗洛顿和兰德的《斯宾诺莎著作集》海牙版本里，《书信集》不再是75封，而是84封，而在1895年以后出版的《斯宾诺莎著作集》标准版里又增加为86封。1899—1977年，我们又新发现了斯宾诺莎书信4封，即第12A、30（2）、48A和48B$_1$封，因此现在我们拥有斯宾诺莎与友人的往返书信共90封，由于最后发现的这4封信中有2封（即第30（2）和48B$_1$封）是1928年以后发现的，所以在1928年出版的由A.沃尔夫翻译的《斯宾诺莎书信集》英译本里只有88封，而在1977年出版的格布哈特和瓦尔特翻译的

---

① *The Oldest Biography of Spinoza*. Edited by A. Wolf. Port Washington, N. Y./London：Kennikat Press, 1927：41. *Spinoza-Lebensbeschreibungen und Gespräche*. Einleitung, Übersetzung und Anmerkungen von Carl Gebhardt. Hamburg：Felix Meiner Verlag, 1977：11.

② B. Spinoza. *The Correspondence of Spinoza*. Translated and edited by A. Wolf. London, 1928：71.

《斯宾诺莎书信集》德译本里则是 90 封。在这 90 封书信中，有 52 封是斯宾诺莎写给别人的，38 封则是别人写给斯宾诺莎的。在斯宾诺莎所写的 52 封信中，有 13 封斯宾诺莎自己的亲笔手书或复制品保存至今，它们是第 6、9、15、23、27、28、32、43、46、49、69、72 封以及 1975 年新发现的一封。前 12 封信 1903 年曾由已故的 W. 迈耶尔博士以影印本出版，并加上了译文和注释。

研究《斯宾诺莎书信集》一个值得注意的地方是关于书信序号的问题。在最早的《遗著》版本里，书信的序号主要是以通信者为单元进行排列的，例如，所有斯宾诺莎和奥尔登堡的书信，包括奥尔登堡写给斯宾诺莎的信和斯宾诺莎答复奥尔登堡的信，全都放在一起，然后按照时间顺序再对它们加以编排，这样一种编排无疑要以全部占有斯宾诺莎书信为前提。后来由于发现了新的书信，无法再保持这种顺序，于是范·弗洛顿和兰德在 1882 年出版的《斯宾诺莎著作集》海牙版本里，决定严格按照时间顺序对书信重新加以编排，由于当时只发现了 9 封信，因此该版本共编了 84 封信。自此以后，这一编排序号成为世界各国学者引用斯宾诺莎书信的标准序号。但 1882 年以后又新发现了几封信，为了避免打乱这一标准序号，各国学者统一决定，只在同一时间的书信序号后面加上 A、B 字样，如 12A、48A、48B$_1$、67A。为了便于读者查寻，我们把现在我们所用的标准序号与《遗著》的原书信序号列一对照表（见下）。

现在所用标准序号	《遗著》原序号	现在所用标准序号	《遗著》原序号	现在所用标准序号	《遗著》原序号
1	1	30（1）	—	56	60
2	2	30（2）	—	57	61
3	3	31	14	58	62
4	4	32	15	59	63
5	5	33	16	60	64
6	6	34	39	61	17
7	7	35	40	62	18
8	26	36	41	63	65
9	27	37	42	64	66
10	28	38	43	65	67
11	8	39	44	66	68
12	29	40	45	67	73
12A	—	41	46	67A	—
13	9	42	48	68	19
14	10	43	49	69	—
15	—	44	47	70	—
16	11	45	51	71	20

续表

现在所用标准序号	《遗著》原序号	现在所用标准序号	《遗著》原序号	现在所用标准序号	《遗著》原序号
17	30	46	52	72	—
18	31	47	53	73	21
19	32	48	54	74	22
20	33	48A	—	75	23
21	34	48B	—	76	74
22	35	48B$_1$	—	77	24
23	36	49	—	78	25
24	37	50	50	79	—
25	12	51	55	80	69
26	13	52	56	81	70
27	38	53	57	82	71
28	—	54	58	83	72
29	—	55	59	84	《政治论》序

斯宾诺莎的通信者共20人，我们可以将这些人大致分为三类：第一类通信者是他的知己好友，如德·福里、梅耶尔、巴林、鲍麦斯特、耶勒士和舒勒。这些人大多是商人、医生或其他自由职业者，他们是门诺派和社友会成员，坚决反对加尔文教派的不容异己的宗教门户政策，在政治理想上带有朦胧的乌托邦色彩。他们在阿姆斯特丹建立了一个以斯宾诺莎为中心的哲学小组，经常聚集在一起讨论科学、哲学和神学问题，即使在斯宾诺莎被革出犹太教公会后，他们仍与他保持密切的联系。斯宾诺莎一生受惠于他们之处颇多，不仅在生活上得到他们资助，而且他的著作（无论是生前出版的，还是死后发表的）都是在他们的帮助和支持下才得以问世的。斯宾诺莎与他们之间的通信可以说是学习理解斯宾诺莎哲学的入门书，这些人原来都是笛卡尔派的信徒，看他们的书信就可以了解笛卡尔哲学和斯宾诺莎哲学的异同，以及斯宾诺莎是如何继承、发展和改造笛卡尔哲学的。

第二类通信者是当时的政治要人和世界著名科学家、哲学家，如阿姆斯特丹市长和光学研究者胡德、英国皇家学会首任秘书奥尔登堡、英国著名化学家和物理学家波义耳、海德堡大学哲学和神学教授法布里奇乌斯、德国著名哲学家和数学家莱布尼茨、荷兰共和派政治要人兼科库姆市行政秘书博克赛尔（Hugo Boxel）、德国伯爵和哲学家谢恩豪斯等。这批人大都敬佩斯宾诺莎的学问和人品，以与斯宾诺莎相结识为荣。他们有的把自己的学术著作寄赠斯宾诺莎请其给予批评指正，有的推荐斯宾诺莎去大学担任哲学教授，有的直接向斯宾诺莎请教一些有关他的哲学的问题。当然这些人并不完全是斯宾诺莎的知己，例如奥尔登堡由于害怕被牵涉，曾经与斯宾诺莎中断了十年通信往来，而莱布尼茨虽然在信中高度评价了斯宾诺莎的学识，并且研读过斯宾诺莎的《伦理学》草稿，但在他与其他人的通信中以及他自己的著作中却只字不提斯宾诺莎的名字，并且因为自己的名字出现在斯宾诺莎《遗著》书信集里而感到很恼火。

第三类通信者可以说是斯宾诺莎的论敌，如布林堡（William van Blyenbergh）、凡尔底赛（Lambert van Velthuysen）、斯蒂诺（Nicholas Steno）、博许（Albert Burgh）等。这些人中有些人原是斯宾诺莎的学生，如博许和斯蒂诺，年轻时向斯宾诺莎学习过哲学，可是后来改信了天主教，并秉承罗马教会的指示，写信来恶毒攻击斯宾诺莎，企图要斯宾诺莎"改邪归正"，皈依天主教。有一些人一开始就站在对立的立场，对斯宾诺莎的观点进行反驳，如布林堡。他本是一个狂热的宗教信徒，按照他自己的说法，指导他思想的有两个基本原则，一是神学原则，二是理性原则，当这两个原则发生矛盾时，他宁愿采取神学原则而放弃理性原则。他在1674年写过一本捍卫基督教和《圣经》权威的名为《驳斥一本叫作〈神学政治论〉的渎神著作》的书，以后又撰文反驳斯宾诺莎的《伦理学》。不幸斯宾诺莎最初未识破此人的伪装，以至花了不少时间和精力同他进行冗长而烦琐的讨论，直到最后才深感这种通信不能再继续下去。再如凡尔底赛，《神学政治论》一出版，他就撰文公开攻击斯宾诺莎是无神论者，并在斯宾诺莎死后写过一部《论自然宗教和道德起源》的书攻击斯宾诺莎的《伦理学》，这些人实际上与当时的神学家合演了一场疯狂反对斯宾诺莎的大合唱。

哲学家的书信对于理解哲学家的思想无疑是非常重要的，但相对来说斯宾诺莎的书信对于理解他的哲学思想更为重要，究其原因可能有如下几点：（1）斯宾诺莎自己的哲学代表作《伦理学》是用几何学方法陈述的，虽然这种方法在他看来是最明白清楚的，但对我们现代读者来说，却不免晦涩难懂，因此要正确全面理解他的真正思想，我们还得借助于他的书信，他的书信在这方面似乎起了一个钥匙的作用。（2）在17世纪，学者们之间的通信与后来的生活通信不同，大多是进行学术的讨论——这可能是由于当时并没有像现代这样品种繁多的学术杂志和新闻报刊作为学术论文发表的园地——我们可以说当时的书信实际上就是一篇篇学术论文，例如洛克给斯蒂林弗利特的信，莱布尼茨致克拉克和阿尔诺等人的信，都是这样。当然斯宾诺莎的书信也大部分是这样，所以斯宾诺莎的书信就等于斯宾诺莎在其正式的、大部头的著作之外又给我们提供了另一些宝贵的学术论著。(3) 由于斯宾诺莎的书信大部分是针对友人或论敌对他的哲学思想提出的疑问进行回答，所以对于深入地了解他的思想无疑具有很重要的意义，我们可以毫不夸张地说，如果不读斯宾诺莎的书信，要了解他的真正哲学思想可能是非常困难的。(4) 在哲学史上，斯宾诺莎是强调认识论和伦理学、世界观和人生观、求真和至善之统一的伟大哲学家之一，专门的著作可能是从理论上阐明这种统一，而书信则可能具体而生动地表现这种统一，《斯宾诺莎书信集》特别提供了这位伟大哲学家如何把哲学理论和生活实践结合起来的宝贵材料。(5) 斯宾诺莎的书信展现了一幅17世纪有关社会政治事件、科学研究和发现以及人们精神面貌的画面，我们从中既可以了解到斯宾诺莎个人生活、性格和著述的具体情况，又可以得知当时的时代背景、社会状况和人们普遍的思想倾向。因此我们可以说，《斯宾诺莎书信集》不仅是了解斯宾诺莎个人传记和哲学思想的重要材料，而且也是了解当时社会政治、科学研究和宗教思想的宝贵历史资料。正因为如此，歌德曾说："斯宾诺莎的书信是我们在正直和人道的世界里所能读到的一本最有趣的书。"① 总之，《斯宾诺莎书信集》的价值绝不低于他的其他一些专门哲学著作。

下面我们就斯宾诺莎哲学的几个重要问题谈谈他的《书信集》对我们理解斯宾诺莎哲学的重要意义。

首先，实体是斯宾诺莎哲学体系的最根本范畴，理解这一范畴是我们正确理解斯宾诺莎的关键。《书信集》保存了一封极珍贵的信件，使我们犹如在黑暗摸索中瞥见了一线光明。斯宾诺莎在第32封信中说，我们人类生活在宇宙中，就如同寄生虫生活在血液里一样，如果我们想要正确认识和理解我们周围的事物，我们就绝不能像那个短视的寄生虫那样，把围绕在我们四周的物体看成彼此独立的整体，而应当把它们看成一个整体的部分，而这个整体又是另一个更大整体的部分。他说："每一个物体，就它以某种限定的方式存在而言，必定被认为是整个宇宙的一部分，与宇宙的整体相一致，并且与其他的部分相联系。"② 实体在斯宾诺莎看来就是无限的宇宙整体，而个别事物（他称之为样态）乃是这整体的部分，部分的性质是由整体的一般性质决定的，离开了整体，

---

① Johann Peter Eckermann. *Gespräche mit Goethe*. 1909: 35.

② B. Spinoza. *The Correspondence of Spinoza*. Translated and edited by A. Wolf, London, 1928: 211.

部分既不能存在也不能被理解。由此可见，斯宾诺莎哲学的根本出发点是一种我们现在可以称为系统论的认识论观点，它不是以个别对象或个别现象作为研究的中心，而是以个别对象或个别现象所隶属的整体或系统作为认识的中心。它否认那种对个别事物或个别现象本身进行孤立研究和认识的实物中心论观点，而主张把个别事物或个别现象当成它们所隶属的整体的体现者来认识，把事物当作它们所隶属的那个系统的一个部分来加以揭示的系统中心论观点。它认为只有把一种现象和所有其他与之相关的现象的共同性质弄清楚，把该现象所隶属的那一系统的根本规律弄清楚，我们才能真正认识这一现象的个别性和特殊性。正因为如此，斯宾诺莎才主张最完善的认识方法乃是那种从能够表示自然全体的根源和源泉的观念（即他所谓神、实体或自然）进行推导的方法，也就是他所谓从实体到样态、从神到万物的理性演绎方法。这样，我们在读《伦理学》时就有了一盏明灯，使我们在那些抽象晦涩的数学形式中把握住了作者内心真正的思想。

其次，实体和属性的关系问题也是斯宾诺莎哲学中的重要问题。在19世纪，康德批判哲学普遍流行，它对一切哲学问题甚至哲学体系做认识论解释的倾向，导致一种对斯宾诺莎实体和属性关系问题的康德式解释。也就是说，在当时的研究者和注释者看来，斯宾诺莎的属性只是一种主观的思想形式，是我们认识实体的主观方式，而不是实体自身固有的客观性质。他们认为，斯宾诺莎的实体是自在之物（noumenon），而属性则是现象（phenomena）。这种解释最早是由 J. E. 爱尔德曼（J. E. Erdmann）在其《哲学史大纲》第2卷里提出的，理由是斯宾诺莎在《伦理学》里把属性定义为"在知性看来是构成实体的本质的东西"。既然是"在知性看来"，就必然是在知性之内的，因而属性被知性所知觉，不是被知性所发现，而是被知性所发明。但我们从斯宾诺莎的书信（第2、4、9封）中清楚地看到，这种康德式的解释是错误的，因为斯宾诺莎认为属性具有像实体一样的客观实在性，实体本身就是无限多属性的统一整体，如果属性是主观的，那么实体也就必然是主观的了。实体和属性的差别唯一在于每一属性可以分别加以设想，而作为实体，其无限多个属性则是不可分开地结合在一起的。而且，按照斯宾诺莎的看法，知性给予我们的是实在的知识，而不只是现象的知识，因此那种认为实体是客观的而属性是主观的看法是不正确的。

再次，斯宾诺莎哲学体系究竟是一个纯粹的逻辑构造，还是具有实在的因果关系。一种相当普遍的看法是，在斯宾诺莎的体系里，只有纯粹的逻辑关系，而不存在实在的因果关系,其理由是他使用了几何学表述方式和"原因或理由"(causa seu ratio)这一术语,以理由代替原因,以数学推理代替实在的因果关系。这表明在他看来,宇宙里只有一种纯粹逻辑—数学的关系,因而像 W. 文德尔班这样的哲学史家在其《近代哲学史》和《哲学导论》里就把斯宾诺莎哲学称为"数学泛神论"。显然,这样一种观点是不符合斯宾诺莎哲学的性质的,我们从书信中只举出一个例证就可看得很清楚。斯宾诺莎在第 60 封信中说:"为了我可以知道从事物的许多观念中找出什么观念能推知对象的一切性质,我只注意一点,即该事物的观念或界说应当表现它的致动因(causa efficienti)。"① 在斯宾诺莎看来,最好的观念或界说一定是表现致动因的观念或界说,如圆就应当被定义为"由一端固定另一端旋转的直线所描绘的空间",这里的致动因就是最近因。只有从事物的最近因才能推知该事物其他一切性质,这表明推导关系绝不只是纯粹的数学—逻辑关系,而且也是实在的因果关系。如果我们借助斯宾诺莎在《笛卡尔哲学原理》第三篇开始所讲的话,我们会更深刻地理解这一点。在那里,斯宾诺莎写道:"认识事物本性的最好方法乃是观察这些事物如何从某些原胚中逐渐产生和发展的,我们应当设想一些基本原理,使得能从这些基本原理,如同从原胚中一样,推出星球、大地以及世界上万事万物的起源。"② 他认为用这种方法比起对事物现状做简单描述要好得多。很明显,斯宾诺莎之所以采用几何学陈述方式,只是为了更深刻地揭示客观世界的因果关系。在斯宾诺莎那里,逻辑必然性和因果必然性是统一的。

最后,关于斯宾诺莎体系的动态(动力学)解释和静态(静力学)解释问题。很长时期里,哲学史上对斯宾诺莎哲学体系保持一种静态解释,认为他的实体和属性概念类似于爱利亚学派的"存在"或柏拉图的"理念"。实际上这种解释忽视了斯宾诺莎哲学体系里的两个非常重要的概念,即主动性(activity)和力量(power)。斯宾诺莎在《伦理学》中说:"一物具有圆满性愈多,那它就愈是主动,愈少被动;反之,一物愈能主动,那它就愈是圆满"③;"神的力量不是别的,只是神的主动的本质,所以认神不动作与认神不存在,在我们是同

---

① B. Spinoza. *The Correspondence of Spinoza*. Translated and edited by A. Wolf. London,1928:300-301.

② Baruch de Spinoza. *Descartes' Prinzipien der Philosophie auf Geometrische Weise Begründet*. Leipzig:Felix Meiner Verlag, PhB 94, 1922:99-100.

③ Baruch de Spinoza. *Die Ethik nach geometrischer Methode dargestellt*. Hamburg:Felix Meiner Verlag, PhB 92, 1976:293.

样不可能设想的"①。因此，正确的解释应当是动力学解释，而这种解释在斯宾诺莎的书信里可以得到进一步证实。斯宾诺莎在答复谢恩豪斯提出的笛卡尔的物质概念是否能推知一切自然现象这一问题时说，笛卡尔的物质概念只是惰性广延，从这样的物质和广延概念是不可能推知一切自然现象的（参见第 81、83 封信）。对于斯宾诺莎来说，广延或物质本质上是一种物理能力，它表现在运动和静止的无限样态里，运动和静止不是从外面引入的，而是物质自身所具有的。因此，虽然斯宾诺莎和笛卡尔都使用了同一个广延概念，但他们两人对这一概念的理解有根本的区别，应当说，斯宾诺莎更接近于正确地解决这一问题。

当然，《斯宾诺莎书信集》在消除一些对斯宾诺莎哲学观点过分夸大的理解方面也起了明显的纠正作用。一个最明显的例子是对其"规定就是否定"的理解。众所周知，黑格尔对斯宾诺莎的这一命题做了很高的评价，认为它是"一个伟大的命题：一切规定都是否定。规定的东西就是有限的东西；对于任何东西，包括思想（与广延相对立）在内，都可以说，这是一个规定的东西，所以自身中包含着否定，它的本质是建立在否定上的"②。哲学史上往往有这样一种现象，当一个哲学家提出一个重要的命题，当时这个哲学家对这个命题的理解往往与后人赋予这个命题的意义是不一样的，这也就是现代诠释学所谓读者对某一作品的理解可能比作者自己的理解来得更好。其实，斯宾诺莎的这一命题（参见第 50 封信，同时可参见第 36 封信）是作为说明一个绝对无限的东西不可能是受规定的理由提出来的，因为规定（determinatio）在他看来只是表示事物限制或局限在一个有限的范围，因而它不是什么肯定的东西，而只是一种否定。在这里，"规定"一词很少有黑格尔所谓的辩证规定的意思，因此我们与其说斯宾诺莎辩证地理解了这一命题，还不如说他仍是在形而上学意义上提出了这一命题。当然我们这样说，并不否定这一命题本身的辩证性质，我们只是说对斯宾诺莎本人的思想应当实事求是地加以历史的评价。

× × ×

综上所述，如果我们严格按照著作形成的时间次序，那么斯宾诺莎的全部

---

① Baruch de Spinoza. *Die Ethik nach geometrischer Methode dargestellt*. Hamburg：Felix Meiner Verlag, PhB 92, 1976：52.

② 黑格尔.哲学史讲演录：第 4 卷.贺麟，王太庆，泽.北京：商务印书馆，1981：100.

著作可以排列为这样一个发展顺序：《形而上学思想》（1656—1658年）、《神、人及其幸福简论》正文部分（1658—1660年）、《神、人及其幸福简论》里的两篇对话和两篇附录（1660—1661年）、《知性改进论》（1661年）、附于给奥尔登堡信中的《伦理学》第一次手稿（1661年秋）、《斯宾诺莎书信集》（1661—1662年）、与德·福里通信中给出的《伦理学》第二次手稿（1662年底—1663年初）、《笛卡尔哲学原理》（1663年）、《伦理学》第二次手稿续（1663—1665年）、《斯宾诺莎书信集》（1663—1665年）、《论虹的代数测算》和《机遇的计算》（1666—1667年）、《神学政治论》（1665—1670年）、《斯宾诺莎书信集》（1665—1670年）、《简明希伯来语语法》（1670年以后）、《伦理学》最后稿（1670—1675年）、《斯宾诺莎书信集》（1670—1676年）、《政治论》（1675—1677年）。

按照这样一种顺序，我们基本上可以确定，斯宾诺莎是在1656年，即在他被犹太教公会逐出教门之后开始了他的哲学活动的。他的《形而上学思想》一书可以说是他的哲学活动的第一次结晶。继后在1658年至1663年写了《神、人及其幸福简论》、《知性改进论》和《笛卡尔哲学原理》，但自1665年开始，由于宗教与政治斗争的需要，他开始撰写了《神学政治论》和《简明希伯来语语法》，并有趣于当时新兴科学，写了《论虹的代数测算》和《机遇的计算》。他的代表作《伦理学》尽管最先开始于1661年，但最终完稿于1675年，而最后一部著作《政治论》直到他逝世也未全部完成。

（洪汉鼎　撰）

《斯宾诺莎古老传记》

龚重林　曹忠来　王宏健　译

一 雅里希·耶勒士[①]： 论斯宾诺莎[*]

（《斯宾诺莎遗著》前言，1677）[②]

在一本所有东西用数学加以证明的书里，即便关键之处并不在于知道其作者的父母是什么样的人，选择了何种生活方式（从这些遗著文章中会充分显露出来）[③]，但简短地讲述一下它的作者的人生，似乎并非毫无用处。

斯宾诺莎从青年时代起[④]，就在科学的氛围中被培育着，而且在青年时期，多年透彻地操练神学。他成年以后[⑤]，当理性变得成熟，并足以能够研究事物的本性时，他便完全地投入哲学中去。但是因为这门科学中的教师和作者都不能完全满足他的愿望，而他的内心充满了燃烧着的求知欲，于是他决定查明精神的力量在这一点上到底能做出什么来[⑥]。在这一决心的实施过程中，十分有名的大哲学家勒内·笛卡尔的哲学著作帮了他很大的

[①] 雅里希·耶勒士（Jarig Jelles,? —1683），斯宾诺莎生前的友人，《斯宾诺莎遗著》的编辑者。——中译者注

[*] 本文译自卡尔·格布哈特翻译的《斯宾诺莎的传记与文献》(Sämtliche Werke, Band 7, *Lebensbeschreibungen und Dokumente*. übersetzt von Carl Gebhardt. herausgegeben von Manfred Walther. Hamburg: Meiner, 1998)。

[②] 来源：Praefatio, In: B. D. S. : Opera Posthuma, quorum serie post praefationem exhibetur. O. O. (Amsterdam: Jan Rieuwertsz), 1677。荷兰语版的不同之处依照 De Nagelate Schristen van B. D. S. O. O. (Amsterdam: Jan Rieuwertsz), 1677。

[③] 荷兰语版的前言这样写道："他的人生是怎样的（他遵循着什么样的生活规则，从他的著作中会充分地显露出来）"。

[④] 参见 Dok. 41 和 42。荷兰语版的前言这样写道："从小时候起"。

[⑤] 参见 Dok. 57。

[⑥] 荷兰语版的前言这样写道："他在这一点上到底能做出什么来"。

忙①。当他从所有的工作活动和事务担忧②——这些东西过去在很大程度上阻碍着对真理的研究——中解脱出来以后，并且为了让自己在沉思中不受朋友们的打扰，他离开了他出生和接受教育的城市阿姆斯特丹③，先迁往④莱茵斯堡，然后到沃尔堡，最后搬到海牙，于1677年2月21日因肺结核去世。他并非完全献身于对真理的彻底研究，而是把很多时间和精力用于打磨能够用于望远镜和显微镜上的光学镜片，要不是死亡过早地将他卷走，本可从他那里期待优秀的研究成果，因为他早已充分地证明了他在这件事上所能取得的成就。虽然他逃离俗世⑤并保持隐居，但是许多凭借丰富学识和荣誉职位而杰出显赫的⑥人物，都因斯宾诺莎全面的教养和他伟大的洞察力而与他相熟，正如我们从写给他的诸多书信和他所给予的回答中所观察到的那样。

他把大部分时间用于研究自然和事物，把已发现的东西带入秩序当中，并将它们告知朋友⑦，只把最少的时间用于休养精神⑧。的确，一份如此燃烧着的热情鼓舞着他探究真理⑨，以至于据那些与他住在一起的人的见证，他曾经接连三个月没踏出家门一步。甚至为了在研究真理的过程中不被打扰，并在其中取得进展，他以朴素的方式拒绝了由最为尊贵的普法尔茨选帝侯提供的在海德堡的教授职位，正如我们从第53和54封信（现在是第47和48封信）中看到的那样⑩。

从这种对待真理的热情与勤奋之中，1664年诞生了《笛卡尔哲学原理依几何学方式证明：第一部与第二部》(*René Descartes' Prinzipien der Philosophie, Teil I und II, auf geometrische Art*)，斯宾诺莎的"形而上学思想"正是接续着它，而

---

① 荷兰语版的前言这样写道："他在这段时间内拿到的著名的勒内·笛卡尔先生的著作帮了他很大的忙"。勒内·笛卡尔（1596—1650），法国哲学家，被视为近代哲学（唯理论）的奠基人。从1628年起长期居住在荷兰，直到他去世前半年被瑞典克里斯蒂娜女王召唤到斯德哥尔摩去。

② 荷兰语版的前言这样写道："所有的俗世辛劳和担忧"。参见Dok. 44-47, 50-52。

③ 荷兰语版的前言这样写道："他出生的城市阿姆斯特丹"，没有接下来的从句。

④ 荷兰语版的前言这样写道："远离他的熟人，先迁往"。

⑤ 荷兰语版的前言这样写道："虽然他可以说是逃离俗世"。

⑥ 荷兰语版的前言没有这句话。

⑦ 荷兰语版的前言这样写道："并将它们告诉其他人"。

⑧ 荷兰语版的前言这样写道："只把最少的时间用于放松"。

⑨ 荷兰语版的前言这样写道："他燃烧着的发现真理的热情是如此不同寻常的巨大"。

⑩ 也可参见Dok. 65和66。

1670 年的《神学政治论》(*Theologisch-Politischer Traktat*) 处理了与神学、《圣经》和国家最真实坚固之根基等主题相关的最精致的，而且对研究来说最有价值的诸多事物。

从同一个来源①中产生了我们在《斯宾诺莎遗著》(*B. D. S. Nachgelassene Werke*) 这个标题之下所能告知读者的那些东西，它正是以前不为其朋友和熟人所知悉的、来自他自己的草稿和一些副本的所能够编排起来的一切②材料。如果下面的情况是可信的，即由我们的哲学家起草的稿子藏在某人那里，而这里又没有编排进来的话，那么我们必须假定，人们找不出一处没有在这些遗著中经常被谈论的主题，除了一篇谈论彩虹的小论文③，正如有些人所知道的那样④，那是他在几年前撰写的，而如果他确实没有将之付诸一炬的话，这篇论文可能还藏在某处⑤。

作者的名字写在书的扉页上，而在其他的地方只通过首字母标示出来，这只是由于⑥，斯宾诺莎在他逝世⑦前就明确地要求，他的名字不能放到《伦理学》(*Ethik*) 的前面去，这本书的印刷是斯宾诺莎亲自安排的。他之所以会禁止这样做，看起来无非是，他不想使这门学说以他的名字命名。他在《伦理学》的第四部的附录二十五节中说："谁的目标在于用建议或者行动来帮助他人，以便他们同时能够享受至善，他就绝不会致力于将这门学说以他自己的名字来命名。"他在《伦理学》的第三部，解释野心的本质，谈论情感的第四十四条定义之处，谴责那些经常做一些明显沽名钓誉之事的人。

他的这些著作现在涉及的东西，正是伦理学，即使缺少第一部分的前言，所有其他的部分都至为超前，并且可以被看作一本已经终结并且完成了的著作……

---

① 荷兰语版的前言这样写道："从同一种热情和勤奋"。
② 荷兰语版添加了"有价值的"。
③ 对于 1680 年与《机遇的计算》(*Berechnung von Wahrscheinlichkeiten*) 首次一起出版的《论虹的代数测算》(*Algebraische Berechung des Regenbogens*) 来说，斯宾诺莎的作者身份存疑，更可以说是绝不可能的。
④ 荷兰语版的前言这样写道："正如我们知道的那样"。
⑤ 荷兰语版的前言这样结束这个句子："如果他没有将它烧掉的话，那么像人们想的那样，它可能不为人所知地在某人那里。"
⑥ 荷兰语版的前言这样写道："斯宾诺莎没有给明理由，但按照我们的意见，无非是"。
⑦ 荷兰语版的前言写道"死亡"，并在后面加上"死亡阻碍了著作的完成"。

关于国家的著作是我们的作者在逝世前不久撰写的。他的思想已经成熟，他的风格十分清晰。在那里，他根据充足地阐明自己的意见，而不去探讨许多政治家的观点，并且他到处都完全合乎逻辑地把它们从前提中推导出来。前五章他一般地处理国家学说，第六和第七章讨论君主制，第八、九、十章讨论贵族制，最后第十一章讨论民主政府的开始。可惜他过早地死亡了，导致他没有完成这本著作，他既没有探讨法律，也没有探讨国家学说涉及的诸多不同的问题，正如我们能从作者给他的朋友的那封放在国家学说的著作前头的信①中看到的那样。

关于知性改进的论著属于我们的哲学家的早期著作，它的风格和思想都证实了这一点。探究对象的意义与他自己树立的目标的巨大收益，为知性铺展了一条通往真知识的最简单、最平坦的道路，鼓舞着斯宾诺莎完成这本著作。困难的工作、深刻的沉思、全面的专门知识等这些完成这本著作所必需的东西，都令该著作的撰写只能缓慢地向前推进，这正是它最终没有完成而且一些地方还没有完善的原因②。因为在作者本人添加的注释中，他经常提示到，他刚才所探讨的东西要么在他的哲学中，要么在其他地方得到了更准确的阐释，或者更详细的分析。

但是因为我们的意图在于将我们的哲学家的全部遗著提交给合适的读者，如此就不能不提到他的希伯来语法概要。作者看起来把语法分成了两部分：第一部分处理词源学或者名词与动词的屈折变化，斯宾诺莎已经差不多完成了这部分。第二部分本来应该处理句法或者名词与动词的构造，但他几乎没有开始。他一直打算出版一本按照几何学方式来证明的希伯来语法书，在它的前言中斯宾诺莎会首先揭示，这门语言的真正发音方式早已丢失了；然后他就会证明，诸元音是被更晚近的犹太人通过下面的方式在《圣经》中添加上去的，就是给不常用的词语加上常用的元音；之后，他会阐释，字母ו（读音 vau）有着字母 u 的功能，因为א经常会转变成ו；再之后，他会证明，《圣经》中的方言被混淆了；最后他会说明，我们应该被允许任意地改写音节，即当אשמורה③与אשמורת

---

① 按照通常的计数是第 84 封信。

② 荷兰语版的前言写得更加详细："它也没有完成的原因是什么，不仅是考虑到它没有达到终点，而且考虑到这儿一块、那儿一块都残缺不全。"段落的结尾也同样更加详细："要么这些东西在他的哲学或者别的地方已经被讲过了，要么它尚且应该被讲述。"

③ 意为"晨更"。——中译者注

处于属格关联（status constructus）中时，我们可以把它正确地写成אשמורת，等等①。

所有真挚地热爱真理，并且追求事物的有充分根据的、无可置疑的知识的人，毫无疑问都会感受到巨大的伤痛，因为我们的哲学家②的这些著作大部分都没有完成。死亡如此早地、不合时宜地③降临在他的头上——他已经为真理的知识的进步做了许多事，而且为了它的进展，已然获取了如此卓越能力——真是叫人惋惜。本来我们能够从他身上期待的不仅仅是这些著作的完成，而且还有一套完整的哲学，正如斯宾诺莎在《知性改进论》的许多地方提到的那样，无疑他本能够证明"运动的真正本性"和"物质中诸多差异的先天推导的可能性"，正如他在第63和64封信（现在是第59和60封信）中提到过的那样。

他也计划撰写一本按照一种更简短易懂的方式呈现的代数学以及许多其他著作，正如他的朋友们多次从他那里听到的那样。但是死亡在我们的敏锐的哲学家身上④又一次展示了，人们的计划极少能够实现。

（曹忠来　译）

---

① 这一段只存在于拉丁语版中。荷兰语版则写道："我们的作者在提到的著作之外还以拉丁语的形式留下了一份希伯来语语法的未完成的手稿。尽管它被许多有教养的人极力赞扬，他们手中有着不同的抄本，但我们还是认为不适合以荷兰语出版，而是建议会拉丁文的人以拉丁文的形式印刷，因为人们在掌握拉丁语之前，很少会去学习希伯来语。"
② 荷兰语版前言写道："我们的作家"。
③ 荷兰语版则写道："被从世界中抢走"。
④ 荷兰语版前言写道："在他那里"。

二　让-麦克米连·卢卡斯[①]：《已故斯宾诺莎先生传》[*]

哲人虽已渺，世间犹未识，
洞烛若晨星，文章万古存。[②]

1719

我们这个时代或许是个启蒙的时代，但许多伟大的思想家却未必蒙其利。虽然这个时代的不少真知灼见来自这些思想家，然而，不管是出于嫉妒还是无知，世人竟不能容忍对他们的赞美。为了写他们的生平，竟然还必须躲躲藏藏，好像这样做是犯罪一样。特别是当这些思想家的观点对大众而言极为不寻常，且后者对其一无所知的时候，尤为如此。在以一般俗见是尚的影响下，不管这些意见有多荒谬和离谱，他们也总是捍卫自己的无知，而不惜牺牲高贵的理性之光，亦即真理本身。一个人做出这样反其道而行的选择是要冒风险的，但如果我害怕而不去做，即不去撰写斯宾诺莎的生平与言行，那么我就无法从他的哲学那里得到益处。我有幸生活在一个拥有言论自由的共和国里，假如这里的人们都能对有着高尚节操的人不抱偏见，那么确实无须担心什么，但人们对他的看法究竟如何，我仍有所疑虑。即便我在这本书中描绘一位好友的生平行谊，却也未必能被每一位读者所接受，但是对于热爱真理和厌恶无知暴众的人来说，至少应该是能被认可的。

巴鲁赫·德·斯宾诺莎出生于阿姆斯特丹——欧洲最美丽的城市，他的家庭背景中等。他的父亲是一位有宗教信仰和具有葡萄牙国籍的犹太人，没有足够的钱帮他从商，因此决定让他去研读希伯来文学。这种研读涉及整个希伯来

[①]　让-麦克米连·卢卡斯（Jean-Maximillien Lucas，1636/1646？—1679），斯宾诺莎的友人，内科医生。——中译者注

[*]　本文译自 A. 沃尔夫的《已故斯宾诺莎先生传》（A. Wolf. *The Oldest Biography of Spinoza*. Port Washington, N. Y. /London: Kennikat Press, 1927）。

[②]　本段非出自 A 抄本，未见于 1719 年的《新编文集》（*Nouvelles Litteraries*）版本，亦未见于 1735 年的版本，但见于 1719 年的第四版（Le Vier edition）的首页。

文化知识的领域，但这也无法完全满足像斯宾诺莎这样的杰出心灵。他在 15 岁的时候，便提出了令当时最有知识的犹太长老们难以回答的问题。尽管这个年轻人远未到达知识成熟的年纪，但他仍足够聪明地察觉到了这些问题，使他的老师们下不了台。由于害怕激怒后者，他假装满足于其回答，继而把这些答案写下来，以便在适当的时机加以利用。由于只把《圣经》当作唯一的研读材料，因此他没多久便决定不再需要教导者的帮助。他对拉比们的评论是公允的，他认为这些人答复他的方式很愚蠢，每当词穷，便严厉抨击那些提出与其宗教信仰意见相左的提问者。这类令人不愉快的过程使他了解到，在这种情况下要追求真理是白费力气的。"人们一点也不了解真理，此外，即便是最正确的书，如果盲目相信它，"他说，"也与接受旧的错误没什么区别。"由于这一点，他决定不去求助于别人，而是只靠自己，只是先不对这个问题做出任何结论。在 20 岁之前，要产生这样一种重大的想法，无疑需要一颗伟大的心灵和坚毅的力量。事实上，他很快就决定不鲁莽从事了。就这样，他独自展开对《圣经》的彻底研读，他驱散层层迷雾，揭开其神秘面纱，如同光线穿透云层，直探隐藏其后的真理。

研读《圣经》之后，他又以同样严谨的态度重读《塔木德》（Talmud）。在当时阿姆斯特丹的犹太人圈子里，他的希伯来语知识已经无人可比，虽然他感到没有任何困难，但这些终究不能满足他更多的求知欲。他对自己的认识是公允的，亦即在得到确证之前，知识的成熟需要时间。

同时，当地一位知名的犹太人摩台勒（Morteira），堪称当时最明智的拉比，对这位年轻人的行为举止和天分十分欣赏。他难以理解何以这位有着非凡洞察力的年轻人竟还能同时保持谦逊之心。他对斯宾诺莎进行了各种考察，以便更深入地了解这位早慧的青年，但正如其所说，后者在道德与心灵方面的优越简直无可挑剔。摩台勒对斯宾诺莎的肯定，尽管强化了人们对他的这位门徒的好感，但并未使得斯宾诺莎骄夸自持。虽然斯宾诺莎当时还很年轻，但行为举止并不骄矜张扬，因此并未大肆与人结交，企求名声。更由于他对真理的热爱无比强烈，致使他几乎不见任何人。但不管他有多么谨慎，有些事情对他来说是很危险的，而他也恰恰无法避开。

在那些最想与他交游的人里面，有两位自称是他最亲密的朋友的年轻人，渴望斯宾诺莎能表达其真正的观点。他们向斯宾诺莎表示，无论他的观点为何，在他们面前都无须害怕，因为他们只是怀有好奇心，唯一的目的只是澄清自己的疑惑。年轻的斯宾诺莎对两人突如其来的言词感到惊讶，沉默了一会儿，但受不住他们的连番逼问，只好微笑地告诉他们，摩西和众先知们都是真正的以色列人，他们早已回答了这些问题，两位提问者如果也是以色列人，那就应该追随这些先知所给的答案。"如果要我相信他们，"一位提问者说道，"那么我不明白诸如非物质的存在、上帝没有形体或是灵魂不灭、天使是实体等等的说法。你怎么看这些事情？"他又继续问道："上帝有形体吗？天使存在吗？灵魂不灭吗？"斯宾诺莎说道："我承认，既然《圣经》里没有说过这些话，那么说上帝是物体并无抵触《圣经》之处①。古往今来，众先知们都说上帝†至大，既然讲大小，那就必然包含广延，必然包含物体。至于精灵云云，《圣经》里确实没说它们是真实永恒的实体，只说它们是幻影，之所以称其为天使是因其为上帝所用，以便宣达他的意旨；天使和其他类的精灵都是不可见的，那完全是因为其构成物过于轻微细小，因此只能像我们在镜子里、梦里、夜里看到的幻影；如同约伯梦里见到天使在梯子上爬上爬下那样。这也是为什么我们不理解以下说法的理由，即犹太人将萨都西（Sadducees）派驱逐出教，这派不相信天使的存在，因为《旧约》里并未提到这件事。至于灵魂，《圣经》里只提到，'灵魂'一词指的就是生命，或任何有生命的东西。要在《圣经》里找到灵魂不灭的说法，概属徒然之举。至于相反的观点，在《圣经》中或许有百处以上，但要论证它并不容易：因此我们在此处不拟讨论这个问题。"——"对于这个问题，你虽说得不多，"其中一个提问者回复道，"应该可以说服那些不相信的人，但是还需要更充足的证据才能够说服我们；此外，这个问题太重要了，但却没人认真探讨。我们现在不继续追问了，但希望下次有时间你能再加以深究。"斯宾诺莎只想脱身，于是答应了他们的要求，但之后能避则避，以免他们又问起同样的事情；考虑到人们的好奇心背后少有好心眼，他研究了两位朋友的行为后，发现的确有许多可疑之处，因此他决定不再跟他们谈话。

当这两位年轻人知道斯宾诺莎不想再理他们时，两人议论了一番，认为这只是斯宾诺莎对他们的测试，然而他们最终发现已根本无法改变前者的决定，于是便决定报复。为了能更好地达到这个目的，他们先从破坏斯宾诺莎在人们心中的印象开始。这两个人在犹太群体中散布传言，说大家认为斯宾诺莎这个年轻人是未来犹太圣堂的传人，但那是在欺骗自己；他更有可能是这个传统的

---

① 参见《诗篇》(*Psalm* xiviii, I)。

† A：一个被创造的物体。(†表示抄本的不同之处。——中译者注)

破坏者，因为他对摩西的律法充满了憎恨和轻蔑；这两个人声称，他们在摩台勒的推荐下曾多次往斯宾诺莎处讨教，但最终发现他是个不虔诚的人，拉比们也认为他根本是错的；这个年轻人的思想令他们感到可怕。

这一谣言不久便传遍各处，眼见时机成熟，这两个人便跑去报告犹太圣堂的评议会，这一举动在后者群体间造成了一种气氛，即他们觉得必须先谴责斯宾诺莎，且不必给他申辩的机会。随着第一波席卷整个社区的对斯宾诺莎的怒火的发起（连圣堂的主事者都免不了被牵连），他们决定将斯宾诺莎叫来询问。斯宾诺莎一点也不觉得自己良心有亏，于是便毫无芥蒂地只身前往。刚开始，他如同一般的虔诚信徒一样，评议会的仲裁者们也和颜悦色地跟他说话，他们向来对斯宾诺莎的虔诚感到满意，对他抱着很大的期望，所以不相信坊间流传的对于斯宾诺莎的恶毒抨击，他们特地将他叫来询问，并解释这些问题。然而圣堂的仲裁者们心里却很沉重；这个年轻人被控犯下最严重的罪行，换言之，斯宾诺莎对犹太律法不敬；圣堂的仲裁者们衷心希望斯宾诺莎能对这些事情做一个澄清，但如果他真的被判有罪，那么世间恐怕也没有一种刑罚能够惩罚他的过错。他们劝告斯宾诺莎，如果真有其事一定要认错，然而后者却否认。他那两位不安好心的朋友，这时也出现在会场，激烈地指责并陈述他们亲耳听到的斯宾诺莎对犹太人的抨击，说他们是"迷信的民族，生养于无知之中，根本不知道上帝是什么，竟然还厚颜声称只有自己的民族才是上帝所拣选的，其他的民族都是不够格的。至于犹太律法则是由一个人所创立的，对此人的记述言过其实，其实他不如许多在政治领域的人，而论及智思，则远不如那些在物理学或神学领域的人；任何人只要有正常的理智，就可以揭穿这些骗局，谁要是相信那些事情，就和古代的犹太人一样愚蠢"。

这两个无赖对斯宾诺莎有关上帝、天使、灵魂等的言论添油加醋般地予以扭曲，劲头大到径直在斯宾诺莎面前大声诅咒他，后者则连申辩的余地都没有。

圣堂的仲裁者们在信仰热情的驱使下，要求处罚他那些冒犯信仰的言论，不断地质疑他，压迫他，威胁他。然而斯宾诺莎反驳说，他们的扭曲面容令他感到可悲，如果这两个人所说的话可以不用理性支持的话，那么他就承认他们在这里对自己的言论所做的指证。

与此同时，摩台勒听到了这个消息，他得知其门徒正面临着一场危险，便急忙赶去会场，在那里，他和其他仲裁者坐在一起，对斯宾诺莎提出了要求：斯宾诺莎是否在乎摩台勒所教导的那些良好模范？他的反叛是不是他在过去的教育中所遭遇的痛苦的结果†？他是否不怕堕入上帝的手中？丑闻已经非常严重了，但斯宾诺莎还可以有时间悔改。

摩台勒说完了他的大道理，但并未撼动斯宾诺莎的决心，作为圣堂的主事者，他用最严重的威胁性的语言要求他悔改，否则就要面对处罚。摩台勒发誓说，如果斯宾诺莎不愿意立刻表示悔意，那么他就要将斯宾诺莎驱逐出教。斯宾诺莎并未为之所动，他说道，他当然知道事情的严重性，他很愿意让摩台勒展示如何将一个人驱逐出教，以偿还摩台勒教导自己希伯来语所造成的麻烦。

斯宾诺莎的这番话让拉比们火冒三丈。在一番冷峻的训斥之后，他离开了批判会场，并在心中暗自发誓，除非用闪电将这地方砸碎，他永远不会再回到此处。然而，不管斯宾诺莎发下了什么样的重誓，他的老师们都不相信他真有勇气接受如此严重的惩罚。摩台勒的臆测错了，后来的发展证明，他虽然了解这个弟子非凡的心智，但却低估了他的意志的坚决程度。这段时间里，圣堂的执事们仍留下一些余地，目的是想让斯宾诺莎了解未来所面临的惩罚有多可怕，但斯宾诺莎依旧故我，于是前者决定选择某一天公开宣布将他驱逐出教门。斯宾诺莎听到这个消息后，便开始准备退出与圣堂相关的一切事物，他不以为意地对告知通知他的人说："这也很好，若我并不在意他们对我的指控，那么如此做也算是成全我了；不过既然他们非要这样做不可，我就坦然接受吧，值得慰藉的是，我的离去比犹太人早年出埃及更加无辜。即便我未来的生存状况将远逊于这些人①，但我没有从任何人那里拿走任何东西，不管对我有多不公平，我敢说人们没有什么可以批评我的。"

此后有段时间，他罕与犹太人有任何交谈，但却因此结交了不少新教朋友，这些人不乏智识分子，他们告诉他，不懂拉丁文和古希腊文是一件很可惜的事情。斯宾诺莎熟知希伯来语、意大利语、西班牙语，更不用说德语、佛兰芒语、葡萄牙语是其母语。虽然斯宾诺莎出身并不富裕，也没有什么具有影响力的朋友可以帮助他，但他完全了解精通古希腊语和拉丁语的重要性。

他心里常放着这件事，逢人便提起此事，后来终于有一位范·丹·恩德（van den Enden）††先生愿意帮助他，并安排他住在自己家中，没有任何其他要

---

† A：报答、报应。
① 在《旧约》第十二章《出埃及记》35、36页中记载，犹太人在摩西的指示下，从埃及人那里拿走了华服和银器。
†† T：Hebden.

求，唯一的报偿就是偶尔让斯宾诺莎代他指导一下学生。

与此同时，由于被斯宾诺莎对他和对犹太律法的蔑视所激怒，摩台勒对其由友好转为憎恨，他从对斯宾诺莎的打击中得到了复仇的快感，一如卑鄙小人所做的那样。

犹太教的逐出教门在其他宗教中也存在，并非特别之事，但为了便于读者理解，笔者在这里介绍一下逐出教门仪式大致的状况。人们先到圣堂聚集，然后开始所谓的驱逐（Herim）① 仪式，同时点亮很多黑色的蜡烛，打开放在祭坛前约柜中的书。这时，领唱人站在一个稍微高一点的平台上，念出开除教门的判决，声音阴沉而低落，另一个领唱人则吹起号角②，并且把烛台上的蜡烛都倒过来，让它们一滴一滴地滴进一个盛满血的容器中。旁观群众被眼前的场景所影响，不断地发出"阿门"的祝祷声，声调中带着愤怒，目睹这个场面，他们无不深信，若有机会将判教者千刀万剐，无人不愿为之效劳；若在当场看到他便会杀了他，离开圣堂看到他也会如此。在这个场景中，吹号角、倒过来的蜡烛、盛满血的容器，都是只有在惩罚触犯渎神罪的人时才可以看到的器物，但斯宾诺莎所触犯的并不是这个罪，而是对先知摩西和犹太律法不敬之罪，然而却也用相同方法处理。

被驱逐出教门，在犹太人社群中是一件很可怕的事情，即便先前最亲密的朋友也不可对判教之人伸出任何援手，不能跟他讲话，否则就要受到与后者一样的惩罚。承受自己人的孤立和恶毒的指控，确实令人恐惧，任何刑法也比这样的诅咒好。

斯宾诺莎倒是找到了一个避难所，他在那里可以专心致志地研究人文科学，撇开来自犹太人社区的扰乱。同时，他运用自己非凡的天分，完全能够在短时间内获致相当大的进步。

与此同时，由于斯宾诺莎离开了犹太社群，致使后者失去了一个好靶子，因为在犹太社区以外没有人能拿他怎么样，对斯宾诺莎的指控，事实上仅止于犹太社群之内。我在这里所指的是一般的犹太人，而摩台勒和圣堂诸执事是否是斯宾诺莎最大的敌人，并不确定，尽管那些人对他记恨很深。斯宾诺莎不理睬他们的判决，也不接受他们的协助谋生，致使他们认为他的做法不可饶恕。摩台勒特别不能原谅这个当着他的面让他难堪的弟子，而这个弟子竟然还跟他

---

① 希伯来语 Herim 是分开之意。
② 号角在希伯来文中为 Sephar（Shophar）。

住在同一个城市。然而他又能怎样呢？他不是阿姆斯特丹的市长，只是个犹太圣堂的主事。但是一种极具感染性的敌意之力量随之强大，以致摩台勒非达到对斯宾诺莎落井下石的目的不可，而且他也真的达到了。他找了一个跟他一样同仇敌忾的拉比，一起到市长那边告状，说斯宾诺莎是因极其严重的渎神罪而被开除教籍的，他诋毁了摩西和上帝。他把斯宾诺莎的辩驳视为某种由对上帝的怨恨而引发的谬误，并且说前者死不悔改，最后建议市长放逐斯宾诺莎。从摩台勒及其同僚的行为以及其欲置斯宾诺莎于万劫不复的心态来看，阿姆斯特丹的法庭可以很容易察觉到这两人欲报一己私怨远甚于斯宾诺莎之渎神不敬。法庭在了解了这事情之后，为了免于摩台勒等人的持续纠缠，遂把案子送到教会。在审问之后，教会认为摩台勒的指控大有问题，因为他们没有发现斯宾诺莎的辩驳中有任何渎神不敬的地方。但是，指控者是个拉比，他本身是个神职人员，这也让审判的教会意识到都是吃同一碗饭的人。因此，考虑到以上因素，教会不得不想，如果对这样无视神职人员意见的人毫无惩罚，恐怕连教会本身都会遭到人们的非议，不管这理由是否得当。教会最后还是支持了拉比们的意见。审判的结果是，谴责斯宾诺莎，并且放逐他几个月的时间，可想而知，这样的决定市长也多半不敢说什么。

　　拉比们通过这种方式达到了目的，但这个审判结果与其说是为了驱逐斯宾诺莎，不如说是为了平息众人对此事的不满和骚动。撇开这一点，离开扰攘不安的阿姆斯特丹，对斯宾诺莎而言可说无任何损失，正好遂其所愿。作为一个如此深思熟虑的哲学家，他很明白，当思绪受到众人干扰之时，便要考虑离开大城市的喧嚣。所以对他而言，被放逐并不是一种处罚，因为他需要独处以便发现真理，他对这点毫不怀疑。这种对真理的热情使得他一点也闲不下来，他带着愉快的心情离开阿姆斯特丹，前往一个叫作莱茵斯堡的地方，在这里，他得以避开一切障碍，思想自由地翱翔，完全沉浸于哲学的研读中。由于没什么人有和他一样的兴趣，他得以专心于沉思之中，一心想要将之推到极限。斯宾诺莎在其探究领域所展现出来的心灵高度，鲜有人企及，委实令人印象深刻。

　　他在家里待了整整两年时间，虽然他极力避免与朋友们见面，但朋友们仍经常来拜访他，这使得他感到苦恼。来找他的人大部分是笛卡尔主义者，他们向他提出了许多问题，认为只有斯宾诺莎这位大师才能予以解答。他提供了某些与之前完全不同的论证方法，使原先被错误所迷惑的人得以厘清他们的疑点，并得到满足。但是我总是惊异于人们的执拗和偏见的力量：这些朋友回到阿姆斯特丹后，对公众宣称，笛卡尔不是唯一值得尊崇的哲学家，这一做法被众人嗤之以鼻。大部分受到笛卡尔哲学影响的神职人员，对于其拥有的话语权不做怀疑，但也绝不松手，他们完全否定前述说法的正确性，尤其不忘尽一切可能将这些论述彻底扼杀于襁褓之中。此事逐渐发酵，影响越来越大，几乎演变成一场知识界的战争，最后众人要求斯宾诺莎对有关笛卡尔哲学的这些问题提出他的看法，否则绝不罢休。斯宾诺莎只想要平静的生活，但他还是花了一些时间对此给出了答复，并在1663†年将之发表。

在这篇文章中，他以几何学的方式证明了《笛卡尔哲学原理》① 一书最前面的两个部分，他在该书的序言中做了解释，前两个部分系由一位朋友所代笔。然而，不管他在书中怎样评述笛卡尔，后者的支持者们——尽管他们也被一般人指控为无神论者——仍然对斯宾诺莎发动了极其猛烈的攻击。

斯宾诺莎终其一生都在面对这些迫害，但这从未动摇过他的心志，反而坚定了他追求真理的决心。他把人们的恶行归诸理智所犯的错误，为了自己不犯相同的错误，他将自己置于更加孤独的境地，他离开了住处，前往沃尔堡定居，认为这样可以使自己得到更平静的生活。

有些智识分子很快就发现斯宾诺莎不见了，他们没花多少时间就又找到了他，于是经常到他家去拜访，就像以前那样。后来他的朋友们建议他搬到一个比较方便见面的地方，斯宾诺莎实在拗不过朋友们的盛情，于是决定再搬到海牙去居住，但其实他自己比较希望住在阿姆斯特丹，因为该处空气较好，对其健康也有助益。结果斯宾诺莎一直居住在海牙，直到他去世。

一开始，只是少数人会去拜访他，叨扰还不算大。但由于求见的人始终不断，而来访的人又总是特别好奇，不论他们持什么态度，都什么也想看一看。这些人当中有些聪明人会想，大老远过来，如果没见到斯宾诺莎，岂不白跑一趟。随着其声名鹊起，当时的智识分子无不写信给他，以求指点迷津，大量往来的书信见于《斯宾诺莎遗著》② 中，这些内容直到他死后才被出版。前来请教斯宾诺莎的人不断，他回复给来自各方学者的信也很多，但其伟大的心灵并

---

† A 本和 T 本：1664.

① 本书名为《笛卡尔哲学原理》（*Renatus Descartes's Principles of Philosophy*），以几何学方式说明的第一部分和第二部分系由 D. S. 先生所撰写。

② 这本书中包含了斯宾诺莎最后的几本著作，直至他死后才出版，书名为《斯宾诺莎遗著》（*B. D. S. Posthumous Works*）。

未仅只停留在这些给我们带来了许多知识乐趣的书信中。斯宾诺莎每天都花几个小时打磨显微镜和望远镜的镜片，这门技艺他是如此在行，以至于我们有理由相信，如果他不是死得这么早，他应该会在光学方面有重大的发现和创见。

斯宾诺莎对真理孜孜以求，即便身体不好，需要休息，他也很少休息，甚至曾经有连续三个月都不出门的纪录。他对真理的热诚如此之大，以致他竟然拒绝了来自海德堡的教席邀请，以免妨碍了他对真理的思考和平静的生活。

对这些痛苦的忍受，伴随而来的是在思考上的进境。斯宾诺莎的哲学创见正出自这样坚毅的性格，而这是常人难以企及的，了解了这一点，我们对他的所作所为也就不会感到意外了。在他那个时代，《圣经》是个不可碰触的禁地。任何想研究它的人都得独自摸索。斯宾诺莎凭一己之力对其进行研究，他的《神学政治论》[1] 即为明证，当时没有哪个人像他一样对古希伯来文有如此渊博的知识。

虽然没有什么事比时人的毁谤对他的伤害更大，也更为难以忍受，但他从未表现出对这些人的憎恨。许多人对他的书尖酸刻薄地大肆抨击，然其始终未返诸恶声，他只是耐心地[2]申明何以他们的意见是错的，担心他们这样的恶意批评有害于真理的追求。此书为他招来了许多迫害。伟大思想家的思想常被同时代的人所误解，这在历史上屡见不鲜，对思想家本身而言，伟大的思想往往比不伟大的思想更为危险。

斯宾诺莎对金钱财富没什么兴趣，德·维特（de Witt）死后给他留下了一笔钱——一年200法郎的年金。但当德·维特的后代们面对遗嘱中白纸黑字写的馈赠斯宾诺莎年金一事时，感到有点为难，然而斯宾诺莎索性直接将遗嘱交给他们，其表情如此平静，仿佛他不缺什么一样。没想到他的这种态度反使得德·维特的后代改变了想法，最后很高兴地同意了这件事。斯宾诺莎便靠这笔钱维持其大部分生计，他也从父亲那里继承了一些生意，但那些与他打交道的犹太人看到他并不热衷于此，便纷纷对其落井下石，使得斯宾诺莎心灰意冷。他宁愿逃脱一切，也不愿将平静的生活寄望于这些行当之上。

斯宾诺莎有一种旁人所不及的禀性，亦即他的行为举止从不取决于人们的赞美或仰慕，在临终前他甚至交代朋友，《伦理学》一书不要用他的名字署名，认为一个哲学家不需要如此的虚名。

---

[1] 本书法文版的书名为《庇护之钥》(*The Key of the Sanctuary*)。

[2] 卢卡斯此处对该书的评论亦可见于法文版结尾之处。

他名声远扬，广泛流传于高层圈子中。恭德王子（Prince Condé）1672 年驻军于乌特勒支（Utrecht），曾邀请他前来一晤，并保证其安全。斯宾诺莎头脑聪明，他很清楚身为一介平民，能收到这样一个大人物邀请，岂能有所推托。但是他仍一秉初衷，随后便回复这位王子，费时数周的旅程令他有所迟疑。虽然拖延了一些时日，但最后在他的朋友的劝说下，他决定前往一晤。不巧的是，当时王子奉国王召令，前往他处，卢森堡伯爵（M. de Luxembourg）代为接见，后者对斯宾诺莎致以十二万分的热忱接待，并向其表达了王子对他的敬意。宫廷的排场并没有吓住这位哲学家。斯宾诺莎表现出从容自在的态度，完全没有来自商业城市里的市侩气，一点也看不出神色间有何异样。尽管这种场合与其生活格格不入，但他仍然充分配合，没有显露出任何不快。王子不断派人送信，要斯宾诺莎等他，前者实在很想见他一面。宫廷中的人也很喜欢他，总觉得在这个人身上能发觉许多令人感兴趣的事，他们对王子挽留斯宾诺莎之举感到很高兴。然而几星期之后，王子来信说暂时无法回到乌特勒支。宫廷里的所有廷臣都感到很可惜，因为这位哲学家心意已决，即便卢森堡伯爵提出了许多优厚条件，也没有改变斯宾诺莎立刻打道回府的决定。

斯宾诺莎身上有种一般哲学家少有的品质。他的外表总是极其整洁端正，不管去哪里，他的衣着都显示出其彬彬有礼的绅士风度，而非一般吹嘘之辈那样的气息。"邋里邋遢并不能使你成为学者，相反，"斯宾诺莎说，"那种风格是驽钝者的标记，在那里是找不到智慧的，反而只能使科学变得不纯粹和堕落。"

财富不能诱惑他，贫穷也不能改变他的心志。其品行至高，不受世间俗物的影响，虽然时遭横逆，但不怀忧，不丧志，对命运的试炼处之淡然。斯宾诺莎一生在物质上堪堪得过，然其精神世界却丰富得多，此其成一代宗师之所由也。斯宾诺莎身边长物无多，但他对朋友却十分慷慨，只要他们需要，他便毫不迟疑地馈赠其所有，仿佛自己不缺钱一样。有一次，他听说欠他两百块法郎的一位朋友破产了，他不仅一点也不难过，还打趣说，"我可得每天少花点钱了，好来弥补这点小损失。这个价码，"他补充道，"可以买到坚毅。"这些事情并没什么大不了，只不过这些小事可以从侧面反映出这位天才的风格，既然如此，我就不能随意地忽略掉，而应该记上一笔。

斯宾诺莎一生健康不佳，从年轻时代起就受此折磨，没人比他对此体会更深了。然而，他从不寻求外在的慰藉，若说他对哀伤有所动摇，那也是由于体恤别人的哀伤所致。他常说："当我们自己也像许多为恶的人那样做，并且以为这么做的结果并没有那么严重,全无羞耻之心,这就是一种极大的无知。如此必然对别人的苦难毫无所感,一点也不怜悯他们。"这正是他眼见尼德兰共和国之父①被其子民剁成肉酱时,为之伤心落泪的缘故。虽然斯宾诺莎比任何人都了解暴民能做出什么样的事,但当他目睹德·维特横遭屠戮时,也不禁为之惊骇。一方面,他从未见过这种弑父之举,而且株连众人;另一方面,他也失去了一位伟大的赞助人,德·维特是当时唯一支持他的人。这种事情不仅一般人受不了,就连这位习于经受各种内在磨难的大哲学家也无法避免为之掬泪。毕竟斯宾诺莎长于自我克制,没多久他就度过了这个可怕的事件。有位常在他身边的朋友对此表示了惊诧,这位哲学家答道:"如果不能依凭己力自拔于情绪的旋涡之中,则智慧又有何用?"

斯宾诺莎不结党成群,他对哪个团体都没有兴趣,不过他却能容忍他们的偏见,且不忘提醒他们这些偏见是真理的大敌。如果人们忽略了理性的用途,或者应当做此选择时却被禁止使用理性,那么即使拥有理性也是徒然。"人们有两种最常见的并且也是最严重的错误,"斯宾诺莎说道,"那就是怠惰和自以为是。"一些愚蠢的人耽执于无知,致使他们降到禽兽不如的境地;其他一些人将自己抬高到暴君的位置,任意蹂躏一般人的心志,灌输他们错误的观念和想法,仿佛这些东西是永恒的神谕一样。这些正是那些充斥于人脑子里的荒谬信念的来源,也正是这个原因,使得人与人之间分裂对立,反自然之道而行,以至于每个人都差不多,就像是同一个母亲所生的孩子一样。"这就是为什么,"斯宾诺莎说道,"只有那些愿意与童年无知状态决裂的人,才能达到真理,并且必须付出极大的努力,才能克服习惯加诸我们的影响。也能够在做出独立判断之前,防止错误的观念对心灵的肆虐。"能够摆脱这个俗见的深渊,对斯宾诺莎来说,就好像从混乱中找出秩序一样,堪与奇迹比拟。

斯宾诺莎一生与迷信势不两立,我们理应不感到讶异。他自幼受到犹太教的洗礼,这主要来自他父亲的影响,后者是个虔诚的教徒,也是个理智的人。他教导斯宾诺莎不可将迷信与真正的虔诚混淆,有一次为了测验他的心性,特地要他去阿姆斯特丹一个妇人那里收欠款,那时他才十岁。他到了该妇人家里,发现她正在读《圣经》,妇人让他等一下,好将祈祷词念完。当她念完后,斯宾诺莎表明来意,这和蔼的妇人把钱数完,然后准备交给他,她指着桌子上的钱

---

① 这里指的是德·维特。

说道："这是我欠你父亲的钱，希望你以后也能像他一样是个正直的人；你父亲从未背离摩西的律法，上帝庇佑你像令尊一样。"说完，这女人将钱拿起来要放进斯宾诺莎的口袋里，但是斯宾诺莎冷眼旁观这女人的所作所为，发现无一处符合父亲关于虔诚的教导，尽管这女人极不乐意，斯宾诺莎还是要求由自己再清点一次钱的数目。清点的结果发现少两块钱荷兰盾，原来是这个看起来很虔诚的女人把钱放在桌上的时候，偷偷地将这两块钱摸进桌边上的抽屉里，这证实了斯宾诺莎之前的怀疑。基于这次成功的经验以及父亲的赞赏，他对这类人比以前更加提防，他捉弄这些人的方式让大家都觉得很惊奇。

他最关心的事情是德性（virtue），他并不是模仿斯多葛学派，也没把这个思想当成什么令人畏惧的东西，对于追求质朴的快乐，他并不反对。精神的快乐是他研究的重点，肉体的快乐并没有引起他太多的关注。他了解肉体所引致的许多情状是无法根绝的，于是决定在不妨碍心灵平静的前提下，任之由之，在这样的情况下，他乐于去想象各种事物。而我最欣赏他的地方即在于，虽然斯宾诺莎在一个迷信如此浓厚的环境中成长，但他并未浸染到这种恶习，而且他还能够将这些充满在俗人脑袋里的错误信条从自己的心灵中涤除。

他完全不相信一般犹太人愚夫愚妇所说的那种上帝。按我们这时代最明智的人所说的那样，一个知道哲学的正途并且将其彻底践行的人，他所想的上帝绝非一般人所想的上帝。

摩西和其他先知为了适应人们的知识水平所说的那些话，斯宾诺莎并不把它们当真理看待，这难道是谴责他的理由吗？我读过大多数哲学家的著作，我敢说，没有谁能像斯宾诺莎先生一样写出如此美妙的上帝的概念。他说，我们越了解上帝，就越能够掌控自己的情感；经由此一知识，我们获得真正的心灵安定，在其中，我们对上帝的爱通往救赎之路，最后达到至福与自由的境界。

斯宾诺莎关于有意义的生活和作为一个追求至善的人的教诲，乃是依据理性所得出的结论，这也是其哲学的重点。我们若将之与《新约》的要旨做比较，会发现两者几乎雷同。基督的律法要我们爱上帝，爱自己的邻人，按照斯宾诺莎先生的看法，也正是理性所要求之事。这就不难进一步理解为什么圣保罗说[1]，基督教是合于理性的宗教，因为理性指导着宗教，并且是后者的基础[2]。

---

[1] 《罗马书》（Rom）第 12 章第 1 节。
[2] 伊拉斯摩斯（Erasmus）在这段经文上的注记。

所谓理性的宗教，若按奥利金（Origen）的说法，就是一切行为举止依理性而定①。这位古代教父告诉我们，人应该听从理性的规则来过生活。

斯宾诺莎所遵循的原则与教父们的说法，乃至《圣经》的教诲并无扞格之处；不过他仍然被谴责，谴责他的大多是那些出于自己的利益而违背理性的人，或是根本没有理性可言的人。我顺便提到这些事情，是希望让一般人不要受到那些满怀嫉妒之心与错误观念的学究的影响，他们无法容忍有识之人的意见，并且诋毁后者，说他所持的意见抵触真理。

我们再回到斯宾诺莎本人，他的言谈使人感到真诚，他对事物的比较恰如其分，以至于听者几乎都不自觉地赞同他。他的言语虽然没有夸张漂亮的措词，但总焕发着一种说服力。他是如此睿智，他的论述充满了洞见，听过他说话的人无不从他那里得到满足。

这样的禀赋吸引了所有崇尚理性的人们，而且不管在什么处境下，人们发现斯宾诺莎都带着一种不变的、令人愉悦的幽默感。

所有常遇到他的人无不与他保持着友好的关系，但是人心隔肚皮，时间一久，大部分这类友谊就不可靠了，那些受斯宾诺莎帮助最多的人，其忘恩负义的行径，简直令人难以想象，他们这么做根本缺乏合理的缘由。

这类所谓的朋友，表面吹捧，背后插刀，有时在有权势者面前通过批评斯宾诺莎这种智识分子来投其所好；有时通过批评斯宾诺莎，来迎合俗见以换取名声。有一次，他听说某个极其仰慕他的人，正在煽动群众和市长对他不利，他坦然地说道："追求真理一向代价惊人，这种毁谤不会使我望而却步。"我倒是很想知道，有谁比斯宾诺莎具备更大的毅力，或是更纯正的德行，他的敌人中有哪一个人的言行举止的修养达到了他的高度？

他的心地太过善良，太过清朗明澈，这却成了他诸厄运的源头，这一点，我十分了解。他把某些人恪守的不可告人之密公之于世，他在《庇护之钥》②一书中指出，人们沉迷于无用的神迹，根本什么也看不到。这就是为什么像斯宾诺莎这样一个好人，却无法活得安全自在的原因。

虽然斯宾诺莎不像某些卫道之士把婚姻看作思想的阻碍，但或许因为他害怕女人的坏脾气，也或许因为他全神投注于哲学思考之中，他一生都没有走进

---

① 出自提奥夫拉斯图斯（Theophrastus or Theophylaktos）所言。
② 此指斯宾诺莎以拉丁文所写作之《神学政治论》，此书翻译成法文，书名改为《庇护之钥》。

婚姻的殿堂。

斯宾诺莎的身体并不强健，长年以来持续的脑力付出使他的健康逐渐恶化。晚上熬夜读书尤其耗费精力，辛苦思索之余还伴随着慢性轻微的发烧症状，到了生命末期，症状更是严重，终于在不惑之年油尽灯枯。

斯宾诺莎活到大约 45 岁，他出生于 1632 年，死于 1677 年 2 月 21 日†。

关于他的长相和容貌，我们知道斯宾诺莎个子中等，总是带着和蔼的神情，听者们常常在不经意间对他产生很深刻的印象。

他有一颗伟大并且深刻的心灵，禀性笃厚。其智慧足以包融不同的性格倾向，从最温和到最严厉的人，都能在他这里找到感兴趣的东西。

他活得不长，但我们可以说他活得很充实，因为他过的是一种充满着善和光辉的生活，这也是一种追求完满德行的生活。斯宾诺莎所求莫过于对真知灼见的获得，除此无多。冷静、有耐性、热爱真理††是他比较次要的美德。或许他是幸运的，因为他死在其生命光辉的顶点，还没有被其他缺点玷污，他的逝去，使得世界上伟大的学者们不禁叹息，对他们来说，有如失去了一个和太阳一样绽放光明的思想家。他没能活到看见那些战争的结束，之后荷兰国会（State General）重新取得政权，但此时已因军事用度过多，或者是因一些错误的政策，整个国家呈中落之势，也正因为这样，斯宾诺莎得以避开风暴。可想而知，若非如此，他的敌人们是肯定不会放过他的。

斯宾诺莎教导人们区别伪善和真正的虔敬，并极力倡导破除迷信。他的敌人们因此对他恨之入骨，不惜全力毁谤其名声。

我们的哲学家不仅不枉其光荣的一生†††，也可谓死得其时，尤其是对于死亡，他看得云淡风轻，就如同他还在世的朋友所说的那样，仿佛他的死洗净了敌人的罪，使得后者不必背负杀父之名。我们真可怜：易言之，这些接受斯宾诺莎教诲的人，以及希望从斯宾诺莎本人那里直接得到真理指引的人，才是最可怜的。

斯宾诺莎不能逃过生死无常，我们无法亲炙其教导，但我们可以尝试追寻他的脚步，或至少对这样的人心生孺慕赞叹之情。这是我对心志坚定者的建议：遵循他的教导和智慧，时时将其谨记在心，以作为行动的指导原则。

---

† 22 日。

†† 充满生命力（vivacity）。

††† 美德（virtue）。

我们对伟大思想家的尊崇与敬爱仍一如初衷，并将永续不懈。那些生活在默默无闻光彩中的人大部分将永远埋葬在黑暗和忘却中，巴鲁赫·德·斯宾诺莎，将活在真正学者的记忆中以及他们的著作中，这些著作是不朽的庙宇。

附录 A. 沃尔夫：关于《已故斯宾诺莎先生传》一书

前 言

2月21日，我们将纪念斯宾诺莎逝世250周年，而斯宾诺莎的最早传记，到今天可能已有250年了。关于这些传记，我们接下来将略述一二。时值250周年纪念，若把这本书（指卢卡斯的《已故斯宾诺莎先生传》）的出版看成国际对这位罕有的伟大哲学家的致敬，或许也并不为过。无论如何，这一传记是到目前为止关于斯宾诺莎生平最古老的记载，该书作者在斯宾诺莎生前即与他熟识，且非常敬爱这位哲人——虽然当时这样做并不见得明智，凡此皆为本书独一无二之处。现在我们出版此一信实可靠的传记，以便让大家有机会得见哲人风范，想来也应是恰当的时机。但为了广大英语读者的阅读便利，我特地增加了传记文本的翻译、导读、附注和一些与传记有关的新增材料，这些材料的年代比另一本由约翰·科勒鲁斯（J. Colerus）在1705年出版的《斯宾诺莎的生平》要更早。关于斯宾诺莎传记最重要的来源之一是他的书信集，我们也会在今年将其出版，并附上导读与评论。

如果可能的话，我们也计划在不久的将来，将科勒鲁斯所写的斯宾诺莎传记直接从荷兰文翻译成英文，并附上关于斯宾诺莎生平重要的相关资料，另出一本书。

没有过去这个领域中相关研究者的努力，本书无法以这样的形式出现，特别是已故的弗洛伊登塔尔（J. Freudenthal）教授和迈耶尔（W. Meyer）博士的贡献。

A. 沃尔夫
伦敦大学
1927年1月

导　读

§1. 斯宾诺莎最早的传记

目前所知，仅有两本相互独立的、最早的斯宾诺莎传记，其中较为人知的是科勒鲁斯的版本，它在 1705 年出版。另一本则鲜为人所熟悉，但它出现得更早，且更有价值，大家一般认为它是出自卢卡斯之手，可能在 1677 年就开始撰写，于 1678 年完成，但一直到 1719 年才出版。两个版本的传记难免各有不足，但对于了解斯宾诺莎的生平，均有一定贡献。科勒鲁斯的《斯宾诺莎的生平》(*Life of Spinoza*) 在 1706 年被翻译成法文，并在同年从法文被译成英文。英文译本被再版数次，很容易购得。但所谓卢卡斯的版本却没有被译成英文，甚至连可靠的原文著作也未见一二。下面，我们将针对这个缺陷进行讨论，同时也提出其他有助于理解斯宾诺莎生平的材料以供参考。

在这本最古老的斯宾诺莎传记中，可预料到有许多错误（在这里先不提科勒鲁斯的和其他更晚的传记版本），其实我们只要想一想斯宾诺莎当时的处境和时代气氛，就不难理解这点。他在 1660 年时离开了阿姆斯特丹，自此再不回头，时年 28 岁。他在剩下来的 16 年当中，一部分（1660—1670 年）在靠近莱顿（Leyden）的莱茵斯堡（Rhynsburg）度过，一部分（1670—1677 年）在海牙（Hague）度过。他最好的朋友不是住在阿姆斯特丹城中，就是住在其附近，虽然斯宾诺莎在 1660—1676 年偶尔会去该处拜访他们，并且也和他们通信，但自从搬离阿姆斯特丹之后，遥远的路途使得经常性的见面和聚会成为不可能。因此，当斯宾诺莎在 1677 年 2 月 21 日病逝的时候，大概也没有几个人对他的一生有多么完整的认识。虽然有些在阿姆斯特丹的朋友知道斯宾诺莎早期生活的梗概，有些在海牙的朋友知道他后来的生活情形，然而应该不会有人知道斯宾诺莎一生的全部情况。

此外，那个时候若是以一种同情或尊敬的态度来写斯宾诺莎的传记，恐怕也是危险之举。事实上，应该仍有些人比较清楚斯宾诺莎的生活，但为了避嫌，往往在提到斯宾诺莎时，对其落井下石。其结果就是，我们有关斯宾诺莎的真实生平了解甚少。对于这一点，我们要特别感谢作者匿名的《已故斯宾诺莎先生传》一书，它是由在斯宾诺莎生前与其熟识之人所写，也是一本最早尝试描绘斯宾诺莎完整一生的传记。

§2. 最早传记的写作日期

从最早的这本传记所叙述的内容来看，在斯宾诺莎死后不久，也就是大约1677年，《已故斯宾诺莎先生传》一书的写作就已开始进行，然后在1678年或最晚在1688年便已完成。从这本书的标题（"已故斯宾诺莎先生"）来看，很显然这本书成书的时间离斯宾诺莎的年代较为接近。作者应该是在斯宾诺莎过世不久后写作该书的，例如书中提到恭德王子在"战争一开始时"在乌特勒支的一些事情，然后在书的末尾提到了"他没能活到看见那些战争的结束"之类的话。这里提到的战争是指荷兰1672年到1678年与法国的战争，而荷兰另一场与法国的战争开始于1689年，但传记对此却只字未提。因此，可以推论该书至迟写作于1688年。另外，在某些段落中，作者在写到关于1678年结束的战争和荷兰国会复行视事时，用的时态是现在式（例如，"当荷兰国会重行掌握政府机构"等等，见该书74页、126页），这些记载都指出了该书的末尾部分大约是在上述那些事情发生的年代所写作的，也就是说，写于1678年左右。在书中结束之处，我们也可看到对于斯宾诺莎的追随者所提出的一些恳切呼吁，充满了对斯宾诺莎的缅怀，若是后者对于斯宾诺莎没有及身的经验与记忆，诉诸这样的语气是比较说不通的。

§3. 最早传记的作者

谁是这本最早传记的作者呢？从书中各处对于斯宾诺莎的高度肯定与赞扬来看，作者必定是斯宾诺莎的朋友或仰慕者，虽然可能并不是多优秀的追随者，但至少其热心的程度毋庸置疑。1735年版本的传记标题页（见该书83页注、135页注）以及早期手稿的附注之中都表现出相同的倾向。但作者究竟是谁呢？问题的答案多少有其不确定性，因为手稿是匿名的，而相关证据也并非绝对充分。

有两个人被认为是可能的作者，即圣·格兰（de Saint Glain）和让-麦克米连·卢卡斯。两人都是法国人，当时也都避难于荷兰，而且两人都是记者。在各方的说法当中，认为卢卡斯是作者这一派比较有说服力。一些对此议题最有心得的顶尖的斯宾诺莎研究者，如唐宁-波考斯基（Dunin-Borkowski）、弗洛伊登塔尔、麦斯玛（Meinsma）、迈耶尔等人，都一致认为卢卡斯为《已故斯宾诺莎先生传》的真正作者。

唯一支持该传记作者是圣·格兰的证据，仅仅来自1731年出版的一本书中某处手写的注记，这本书叫作《对斯宾诺莎思想中之错误的反驳意见》(*Refutation des Erreurs de Benoit de Spinosa*)，作者有德·费内隆（M. De Fenelon）、孔黑大主教（Archevêque de Cambray）、拉米（P. Lami）、本内狄克特（Benedictin），以及布纳维勒伯爵（M. le Comte de Boulainvilliers）等人。在一则反驳的意见中，有一些关于斯宾诺莎生平和其哲学的说明——生平的部分显然是最早传记和科勒鲁斯那本传记的混合。在海牙皇家图书馆中有此书当年的版本，书中有一处写到关于斯宾诺莎《神学政治论》于1678年出版的法文译本，其标题是《庇护之钥》，其旁边有处注记："关于此书的译者何人，存在着许多不同的意见。某些人将之归诸已故的圣·格兰先生，即《鹿特丹时事报》（其实是《阿姆斯特丹时事报》）的作者，某些则归诸卢卡斯先生，即《本质》(*Quintessences*) 的作者；但可以确定的是，《已故斯宾诺莎先生传》的作者和这本书的翻译者是同一个人。见参考书目《理性》(Bibl. Raison., t. 7. p. 169)。"这段注记开头所提到的关于《神学政治论》法文译本作者的这些事情，其实只是复述了1719年出版的《已故斯宾诺莎先生传》两个版本中已经说过的东西（见该书84页与136页）。至于该段注记的其他部分则是新撰。如果两本书的作者真是同一人，那么认为圣·格兰是最早传记作者的这种说法就相当有力，因为该传记的两个法文版本都对圣·格兰是《神学政治论》一书的法文译者无所置疑，圣·格兰若是最早传记的作者，那么我们就又多了一个了解该书成书日之谜的参考。据了解，圣·格兰死于1685年1月18日①，那么他必须最晚在1684年写完该书。在该传记的第四版书末中所出现的参考书中（见该书87ff.、139ff.），没有一本是在1684之后的，这点倒是很明显。或者，圣·格兰或许是斯宾诺莎的追随者之一，并由他来完成参考书目的编纂（见传记83页注、135页注），而这种可能性并非没有。又或者，卢卡斯才是《神学政治论》的译者和最早传记的作者。但不论如何，用这一段晚出的简短注记来评断之前其他足以支持圣·格兰是《神学政治论》译者并是最早传记作者的证据，未免有点不太合理。

---

① 比埃尔·培尔：《文集汇编》(*Euvres Diverses*) 第4卷，616页。

支持卢卡斯是最早传记作者的证据，远比支持圣·格兰是作者的证据有说服力，在1719年于阿姆斯特丹出版的两个版本的传记序言中都提到（见该书81f、133f），"作者目前未知，虽然看来他应是[斯宾诺莎的]追随者，如其所说的那样。若是容许臆测，人们或许会说，这本书大概是已故卢卡斯先生的大作无误。他以《本质》(Quintessence) 的作者而为人知，但更以其生活朴素和道德高尚而著称于时。"在一本由海牙的伟斯特林兰书本博物馆（Meer-manus-Westreenianum）所典藏的《已故斯宾诺莎先生传》之手抄稿中，有一处注记"似乎肯定了"这样的意见，它写道："作者是已故的卢卡斯先生，他曾是斯宾诺莎先生的追随者和朋友。"这段注记写于1697年2月22日，恰逢卢卡斯死后不久，离斯宾诺莎离世正好20年。下一节关于卢卡斯的讨论将会提供给我们关于他是最早传记作者这一说法更多的证据。当然，我们欢迎更多确凿的证据。但是若考虑到已知的这些情况，应该说，认为卢卡斯是最早传记作者的主张应该更合理一些。

§4. 卢卡斯

让-麦克米连·卢卡斯大约于1636年或1646年出生于法国的鲁昂（Rouen），于1697年死于海牙。他出生于一个以出版为业的家庭，自己后来也成了一个出版者。他最引人关注的一本书叫《对苏比尔英国之旅的答复》，此书遭到皇家学会会员的嫉恨与抨击，并且他收到该协会历史学研究者托马斯·斯普瑞特（Thomas Sprat）博士的来函还击。我们并不清楚是什么原因导致卢卡斯从法国跑到荷兰，但由他在荷兰的所作所为可推知一二。他把很多心力都放在激烈地反对"太阳王"路易十四的活动上。大概就像笛卡尔或其他从法国出走的有名人士一样，卢卡斯和他的弟弟因为太直言不讳且具有独立思想，以至于在法国可能遭到迫害。而那时的荷兰，尽管有加尔文教派，但已是欧洲最自由的国家了，它庇护了许多来自法国和其他国家的异议人士。然而，即便在当时的荷兰，自由也是受到限制的，荷兰当局必须考虑到法王路易十四的感受，及其动不动就要兴兵与邻国兵戎相见的倾向。所以卢卡斯常常因为发表一些攻击路易十四的言论而被逮捕或被罚款，但他从未停止这样做。他主编了许多刊物——《荷兰时事报》(Gazette de Hollande)、《阿姆斯特丹时事报》(Gazette ordinaire d'Amsterdam)、《新闻特报》(Nouvelles Extraordinaires) 以及《本质》(Quin-

tessence）。其中一些刊物经常被荷兰当局查禁，以便向路易十四交差。甚至有流言说，1672 年法国入侵荷兰的一个重要理由便是荷兰当局纵容卢卡斯对路易十四的攻讦。在 1689 年爆发的荷法战争中，卢卡斯对路易十四的抨击一度达到最高峰。他在《本质》［*Quintessence*，其全称为《新闻、历史、批判与政治之本质》（*La Quintessence des nouvelles, historiques, critiques, politiques*）］中开辟专栏痛骂路易十四，并因此成为路易十四的眼中钉。

卢卡斯肖像

对于《已故斯宾诺莎先生传》一书的研究者来说，相对令他们感兴趣的是，在卢卡斯之后，《新闻、历史、批判与政治之本质》的一个主编把《已故斯宾诺莎先生传》夹带编入《新闻汇编：含文学界近况报道》(*Nouvelles Litteraries contenant ce qui se passe de plus considerable dans la République de littres.* Amsterdam, H. du Sauzet, 1719) 的第十集中将其出版，而他也是这集的编者。这看来似乎是，《已故斯宾诺莎先生传》的草稿经由卢卡斯交给了所有接手《新闻、历史、批判与政治之本质》的主编，而直到其中的一个主编鼓起勇气，才用这种方式将其出版。

卢卡斯是个自由的思考者，他很显然还是罗斯克鲁派（Rosicrucian）门徒［该派实际上是17世纪时在荷兰的共济会（Freemasons）成员］。卢卡斯有时被称为医生（doctor, medicin），这多半只是个敬称。他是个善恶分明的人，因此或许很难从他身上找到一个持平的论断。如果说他是《已故斯宾诺莎先生传》的作者，那么他大概也是《斯宾诺莎精神》的作者。后者以数篇草稿的方式接续在前者之后，亦即出现在1719年《已故斯宾诺莎先生传》两个版本中其中一个（第四版）的后面。《斯宾诺莎精神》乃一肤浅之作，毫无写作策略可言，简直是任意之作，似乎有违卢卡斯的精神，当然也与斯宾诺莎的精神不合拍。该文抨击三大宗教的奠立者，认为他们都是骗子。文中提到斯宾诺莎谈论对基督的景仰之情（虽然斯宾诺莎拒绝神人的观念），以及他对不应以迷信的方式而应以客观研究的方式理解人性本质之论点的坚持，我们似乎可以从中了解卢卡斯从斯宾诺莎那里真正学到的内容。不过文中某些论述也对斯宾诺莎有所诋毁，而当伟大的老师碰到不肖的弟子，这种结局倒也不令人意外。如果卢卡斯不写这些东西，那么应该会得到更好的评价。然而《已故斯宾诺莎先生传》还是比较重要的，我们不妨把《斯宾诺莎精神》先抛诸脑后。

在我们离开卢卡斯的讨论之前，还有一件值得注意的事情，即根据已故迈耶尔博士的研究，在同一时间内，《阿姆斯特丹时事报》的编者就有狄·拉芳（De la Fond）、凡·思沃（Van Swol）和卢卡斯（Lucas）等不同的署名。看来这似乎是因为卢卡斯迫于当时荷兰政府的监控，为避人耳目所采用的不同的化名，而狄·拉芳是其中一个名字确实无误。尽管如此，我们仍可以看到卢卡斯的庐山真面目，因为一幅署名为狄·拉芳的版画肖像至今仍存在于世（见前《卢卡斯肖像》）。

§5. 最早出版的版本

我们前面已经提到由卢卡斯所写的《已故斯宾诺莎先生传》，它最早在 1719 年付印，并于同一年以两种形式出版。它以一篇文章的形态出现在《新闻汇编》(*Nouvelles Litteraries*, vol. x, pp. 40 - 47) 中，又和《斯宾诺莎精神》这篇文章一起出现在一本独立的册子里。此篇文章的标题是《斯宾诺莎生平》(*La Vie de Spinosa*)，书名叫作《斯宾诺莎先生生平与其精神》(*La Vie et l'Esprit de Mr. Benoit de Spinosa*)，两者皆未署名，后面那本书甚至未说明出版者或出版地，不过现在我们知道这本书是由阿姆斯特丹的查尔斯·勒菲（Charles le Vier）所出版。《斯宾诺莎精神》这篇文章中所涉及的对基督教的抨击惹怒了一干人等，因此这两个版本一经出版就被禁止，其中只有少数几本躲过了这个禁令。在莱顿的哥廷根大学图书馆（Göttingen University Library）、巴黎的国立图书馆（Bibliothèque Nationale）都藏有《新闻汇编》当中的那个版本，这是该版本目前已知的仅存的收藏。海利赛尔大学（University at Hallesaale）图书馆则藏有一本由勒菲所出版的完整的全书，另一本则在伦敦某处，除此之外不见有其他收藏。不过 1735 年在汉堡单独出版过一些数量的《斯宾诺莎的生平》，它是勒菲那本书的第一个部分，以新的封面、修改过的前言重新出版面世，但缺少章节目录，也没有《斯宾诺莎精神》，而勒菲出版的原书中的章节目录主要是指涉后面那部分。在汉堡出版的那本书中的第一个部分，出现了一个新标题:《斯宾诺莎生平与其学生》(*La Vie de Spinosa par un de ses Disciples*)，这本书在大英博物馆、莱比锡、慕尼黑、巴黎、维也纳等地皆有收藏。

卢卡斯的这个版本数量的稀少造成的结果是，长期以来，人们将科勒鲁斯于 1705 年出版的《斯宾诺莎的生平》（1706 年出版英文和法文版本）认为是关于斯宾诺莎生平最早和最真实的记述，对于这点，我们需要花点力气厘清这整件事是怎么回事，接下来将讨论之。

§6. 科勒鲁斯

约翰·科勒鲁斯（Johann Köhler，拉丁文写法为 Colerus）是德国人，于 1647 年生于杜塞尔多夫（Düsseldorf）。1679 年他前往阿姆斯特丹担任路德教派的总教牧。1693 年他被调往海牙的教区服务，1707 年逝世于该地。有一件很碰巧的事，即科勒鲁斯在海牙位于史提勒·维尔凯第（Stille Veerkade）的住居，正是斯宾诺莎在1670—1671年所住过的房子，当时还保留着原貌。就在附近，也就是葛莱希特凉亭街（Pavilioengracht）那里，有一位与斯宾诺莎生前最后几年一起居住过的名叫范·德·史派克（Van der Spycks）的人仍然在世。很显然，史派克和其他一些认识斯宾诺莎的人必定经常在科勒鲁斯面前提起斯宾诺莎的种种事情，这引起了后者的兴趣。斯宾诺莎对《圣经》的评论和他的整个哲学体系不太可能兼容于科勒鲁斯的信仰，后者［按照斯多尔（Stolle）所说，只是当时一位普通的德国人］并非是个有多深刻见解的人，他热衷于自己的宗教信仰，如果他能接受斯宾诺莎关于上帝的观点，那可就逾越了其本分，甚至比成为一个新的先知（Elijah）还不可被其宗教所接受。但是科勒鲁斯还是有一些见地的，也受到这些过去认识斯宾诺莎的人的喜爱。1705年，他以荷兰文出版了一篇论文：《论基督的死后复临——对斯宾诺莎及其追随者的批驳，并附上一篇由其死后出版的文章，和其朋友的可信赖证言所编辑而成的斯宾诺莎的真实传记》（"On the True Resurrection of Jesus Christ from the Dead, defended against Spinosa and his followers. Together with a precise biography of the same famous philosopher compiled from his posthumous writings and the oral testimony of trustworthy persons who are still living"）。虽说科勒鲁斯的目的是批驳斯宾诺莎，但他并不至于无视于后者在性格上的过人之处。总的来说，科勒鲁斯这本传记仍有可取之处。此外，由于科勒鲁斯的身份，这本传记并没有遭受到如同卢卡斯的那本《已故斯宾诺莎先生传》的下场，相反，它受到相当的欢迎，这可以从它一出版就被翻译成法文和英文得到证明。当然，这本传记是在斯宾诺莎死后近三十年才出版的，况且多半是仰赖一些受过教育的老年人的口述记忆，许多错误自是无法避免的。

卢卡斯写的传记，大多时候只能以少量手稿的方式秘密流传于一小群人中间，甚至科勒鲁斯也不知道有这本书。于是对于那些知道这两本书存在的人来说，自然便想到把二者合而为一。1719年《已故斯宾诺莎先生传》第四版中即已出现一大段从科勒鲁斯写的传记中抄来的内容（见pp. 85f., 137f.）；布兰维利尔斯（Boulainwilliers）伯爵在前述1731年出版的传记中，甚至把这种剪贴工作发挥得更淋漓尽致。这种剪贴拼凑的结果就是，当学者们最终看到了卢卡斯写的传记，他们发现卢卡斯所写的内容夹带有许多科勒鲁斯书中的叙述，因此这些学者认为，卢卡斯撰写的传记要晚于科勒鲁斯所写的传记，前者显然从后者那里抄了不少东西。当卢卡斯的原始手稿被发现后，遂使学者们认定，卢卡斯的这本传记确实独立于科勒鲁斯的传记，其不但更为古老，并且也更为正确。

§7. 卢卡斯的手稿

过去的三十年，斯宾诺莎的研究者搜尽欧洲各图书馆，得到了相当多的收获。在许多被发现的相关资料中，也找到了不少卢卡斯所写的传记抄本。哥廷根、德累斯顿（Dresden）、巴黎的图书馆各有两本，海牙、海勒莎里（Halle-Saale）、慕尼黑、维也纳的图书馆各有一本。弗洛伊登塔尔教授和唐宁-波考斯基教授在不同协助者的帮助下，已经仔细地检查过了这些抄本的内容，而笔者则对其中最重要的部分进行过检核。对于所搜集到的这些不同抄本最完整和最可靠的解释，业经唐宁-波考斯基教授结集出版于《哲学史档案资料》[Archiv für Geschichte der Philosophie.（vol. xviii, 1904）]中，在其 1910 年出版的《青年斯宾诺莎》（Der junge De Spinoza）一书中，也有一篇关于这些抄本的摘要。主要结论是，抄本中最好的一本，及其内容最像卢卡斯的原始传记的一本，是在阿森那图书馆（Bibliothèque de l'Arsenal）发现的巴黎抄本，抄本编号为 2235。在同一个图书馆里发现的另一本编号为 2236 的抄本，其内容十分接近，但年代稍晚。两个抄本的标题都是《斯宾诺莎的形上学和伦理学，他的精神与生平》（La Metaphysique et l'Ethique de Spinosa, son Esprit et sa Vie）。除了卢卡斯的《斯宾诺莎的精神与生平》（La Vie et L'Esprit de Spinosa）以外，这两个抄本还另外附有布兰维尔斯在 1712 年写的一篇文章，此文曾出现在前述出版的《批驳》（Refutation）一书中，时间为 1731 年。此两抄本一般被称为 A 抄本（Codex A）和 A^1 抄本（Codex A^1）。

唐宁-波考斯基的研究结果发表以后，另一个重要的卢卡斯的本子在伦敦被发现。为了便于解释，我们暂且将之称为汤尼利抄本（Codex Towneley）或 T 抄本（Codex T）。

§8. 汤尼利抄本

这是一本四开小本的抄本，一共 191 页，笔迹工整易读。前面的 51 页包含了《已故斯宾诺莎先生传》的内容，接下来是三页空白，再下来有 140 页相同的笔迹，但是这部分属于另一个编页次序，并以《斯宾诺莎精神》为题。在两个部分的最前面，有一幅墨水笔画的潦草图画，其中一只手从云端伸出来指向一本书，书名为《斯宾诺莎的精神和生平》(*B. D. S. Ces Paroles sont Espirit et Vie*)，在图的下方，还有一些对斯宾诺莎作品永垂不朽的赞美词句。第二部分并未以《斯宾诺莎精神》作为标题，而是直接进入第一章主题，即神（De Dieu）。

这个版本是迄今为止我认为最古老和保存质量最好的一个抄本，它几乎包含了 A 抄本和其他抄本的所有重点内容，尽管它包含一处错误［赫布登（Hebden）写给恩德的信，见 pp. 52n.，104n.］。

在这本书中，《已故斯宾诺莎先生传》出于 T 抄本，并与 A 抄本进行对照，是现存诸抄本中最重要的一本。

汤尼利抄本的身份尚未完全确定。其中有一个最重要的线索是扉页内页的版刻文字，上面注记着约翰·汤尼利绅士（John Towneley Esq）和坦斯·拉夫勒（Tense le Vraye）几个字，以及汤尼利家族位于兰开夏庄园的武器徽记（三条鲱鱼等）。按照《国人传记字典》（*Dictionary of National Biography*）的记载，汤尼利［是兰开夏汤尼利庄园查理斯·汤尼利（Charles Towneley）之子］出生于 1697 年，死于 1782 年。他于 1728 年住在巴黎，于 1731 年开始加入罗斯的法兰西—爱尔兰步兵团（Rothes's Franco-Irish Infantry Regiment），并担任军官，1734 年他在飞利浦堡（Philippsburg）围城战役中表现出众。1746 年，任职于法国公使团的狄吉尔（d'Eguilles）伯爵曾盛赞他的聪明才智。他曾将《胡笛布拉斯》（*Hudibras*）① 这本书引入法国，可见此人知识上有广泛的兴趣。他很可能是在法国或低地国的时候得到了抄本。在他的图书馆图书出售目录（1814—1815）中，显示他既收藏书也收藏抄本。比较可惜的是，我在其中并未发现任何卢卡斯抄本的记录。但是从他开始出售书籍到他最后去世，也是一段很长的时间，这期间也许就有卢卡斯抄本辗转易手的可能，或许是夹杂在一堆的抄本中被整批卖掉也不无可能。

§9. 斯宾诺莎传记相关文献选辑

我们下面所选的这些传记，是意欲了解斯宾诺莎为人与生平的学生们的初级入门材料。虽然对于斯宾诺莎哲学深入而正确的了解远比对他生平的了解更为重要，但是对于斯宾诺莎来说，他的生活和个性与其思想是不能分开的，比起其他哲学家，这一点或许更为真确，若是离开了后者，便有可能冒着完全误解其人思想的巨大风险。

---

① 一本讽刺英国内战时期圆头党、清教徒、长老教会等党派群体的论战性质的书，分别出版于 1663、1664、1678 年，出版地点是伦敦。——中译者注

Baltzer (A): *Spinozas Entwicklungsgang, besonder nach seinen Briefen geschildert*, 1888.

Dunin-Brokowski (S. von): *Der junge De Spinoza. Leben und Werdegang im Lichte der Weltphilosophie*, 1910.

Zur Textgeschiechte und Textkritik der ältesten Lebensbeschreibung Benedikt Despionzas, in the *Archiv für Geschichte der Philosophie*, vol. xviii, 1904.

Freudenthal (J.): *Die Lebensgeschichte Spinozas in Quellenschriften, Urkunden und Nichtamtilichen Nachrichten*, 1899.

Spinoza, sein Leben und seine Lehre, Erster Band, *Das Leben Spinozas*, 1904.

Ueber den Text der Lucasschen Biographie Spinozas in Zeitschrift für Philosophie, vol. 126, 1905.

Gebhardt (C.): *Spinoza, Lebensbeschreibungen und Gespräche*, 1914.

Meinsma (K. O.): *Spinoza en zijn Kring*, 1896, or *Spinoza und sein Kreis*, 1909.

Meyer (W.): *De Strijd der Refugiës in Holland tegen het Staatsbeleid van Lodewijk XIV* in the *Tijdspiegel*, 1904.

Jean Maximilien Lucas in the *Tijdschrift voor Boek-en Bibliotheekwezen*, 1906.

Archiv für Geschichte der Philosophie, 1898, 1902, 1903.

Wolf (A.): *Spinoza, His Life and Treatise on God and Man*, 1910.

§10. 关于传记内容和翻译的一些说明

此处所收录的《已故斯宾诺莎先生传》系出于 T 抄本。由于 A 抄本在诸不同抄本中的重要性和价值最高，因此我们只采用了这个抄本与 T 抄本的互相详细对照。除了两个抄本中所录互有抵触的地方以外，我们基本上完全参照这两个抄本的内容。当两个抄本出现不同的记载时，英文翻译的内文中采用其中一种（一般用 T 抄本，但并非都如此），脚注中则会列出另一抄本的记载以供对照（一般用 A 抄本，但并非都如此）。在少数例子中，当两个抄本的记载都有误时，我们会将已知的正确记载写在方形括号中，而把两个抄本的相应记载放在脚注之中。如有字句遗漏，我们以写在方形括号内的方式补入该处，不另做说明。这里的英文翻译本，若有因抄本不同而带来的差异，我们只补录诸抄本中最重要的记载，尤其是当其他版本的不同之处并不构成理解上的差异时（关于这些不同抄本的差异之处，法语版本中有详细的注记）。内文中的脚注标号及其翻译皆来自T抄本。

考虑到不同传记抄本的字句上存在差异，因此英文翻译中许多词语无法采取完全一致的写法，但这基本不影响读者的理解。

（龚重林　译）

三　塞巴斯蒂安·科尔霍特[①]：　斯宾诺莎[*]

（《论三个欺骗者》前言，汉堡，1700）

　　著名的比埃尔·培尔终于在我的父亲之后讲了些关于斯宾诺莎的事[②]。比起《斯宾诺莎遗著》的出版者[③]只是简短地论及了他的生活方式，比埃尔·培尔更加详细地报道了斯宾诺莎的生平、著作和对手们。如果我要接着他来讲一些鲜为人知的事和尚未出版的著作，我相信我只能给你们这些善良仁慈的读者带来一些不尽完美之事。但是，我无非想补充一些我本人数年前逗留海牙期间，从数位受过良好教育而且完全诚实可靠的先生之处亲身体验之事，尤其是斯宾诺莎的管家夫妇和他的房东亨德里克·范·德·史派克（Hendrick van der Spijck），他是一位可信的先生和充满艺术细胞的画家，而且也有着无神论者的样貌。按照他的说法，斯宾诺莎是一位犹太商人的儿子，生于阿姆斯特丹，原先被命名为巴鲁赫。青年时，他便唤起父亲对他的巨大厌恶，因为他本应成为一名商人，但他却完全投身于科学。他和来自汉堡的迪尔克·寇克林克（Dirck Kerckrinck）先生一起在一位富有学识的年轻女子的指导下掌握了拉丁语，寇克

[①]　克里斯蒂安·科尔霍特（Christian Kortholt，1633—1694）于1680年出版了一本反对斯宾诺莎的书《论三个欺骗者》（*De tribus impostoribus magnis liber*）。之后他的儿子塞巴斯蒂安·科尔霍特（Sebastian Kortholt）又将此书再版，并写了一个简短的前言。——中译者注

[*]　本文译自卡尔·格布哈特翻译的《斯宾诺莎的传记与文献》（Sämtliche Werke, Band 7, *Lebensbeschreibungen und Dokumente*. übersetzt von Carl Gebhardt. herausgegeben von Manfred Walther. Hamburg: Meiner, 1998）。

[②]　指比埃尔·培尔的《历史与批判辞典》（*Historisches und Kristisches Wörterbuch*, Rotterdam, 1697, Band II）第1083至1100页。

[③]　这里所说的是雅里希·耶勒士，但出版者是扬·利乌魏特茨（J. Rieuwertsz）。

林克后来与这位女教师喜结连理①。他的父亲去世之后，斯宾诺莎离开了他出生的城市，并把全部的遗产（除却一张床以外）转让给他的亲戚。可是他从未离开荷兰，他先搬到莱茵斯堡，之后是沃尔堡，最后他隐居在海牙，史派克照料着他的家境起居，而他完全孤单地度过了他的一生。我们在这个无神论者的遗著出版人的报告中读到，他整个月都坐在家中，这完全是真的。他太过勤奋地工作直至深夜，沉醉于研究之中，他那些幽暗晦涩的著作大部分完成于晚上十点到白天三点之间，白天他大多逃避与人打交道，不浪费任何时间，在这段时间里他致力于研究自己与他人的堕落。克里斯蒂安·冯·格雷芬克朗茨（Christ. Nic. von Greiffencrantz）②是最为尊贵的荷尔施坦因公爵的顾问，在1672年经常与斯宾诺莎有所来往，他在1681年4月7日从瑞典霍尔姆（Holm）写给其父的信中所说的话，可以证实上述记录的可靠。他说："他看起来只为自己而活着，总是孤单一人，仿佛埋在他的书房里。"塞涅卡（Seneca）③理应也会对斯宾诺莎说出相同的话，正如他对总像藏在一个坟墓里一样隐居在自己的别墅中的塞尔维利乌斯·梵蒂亚（Servilius Vatia）所说的："梵蒂亚埋于此处。"但有时候斯宾诺莎也会通过打磨镜片来使思虑得到休整，正如他的房东亲自把这些镜片作为十分值得一看的东西，连同他自己画的一些画，向我展示的一样。在这段时间里，斯宾诺莎也投身于富有教养而又高雅的人中间去，当然留给自己的时间要多于同他们见面的时间，斯宾诺莎同他们参与到有关国家事务的对话中去。他追求着一位政治家的名声，并且在他的精神和思想中尖锐地预见未来的事情，正如他经常向他的房东所预言的那样。他也并非总是将犹太人排除在他的家际交往以外④，并且坦白承认他无偿地用他的学说中的糟糕之处传染了他那个时代

---

① 寇克林克（1639—1693），1671年2月在阿姆斯特丹迎娶了范·丹·恩德的女儿，参照麦斯玛，1909，第403页以下。寇克林克与斯宾诺莎在范·丹·恩德的拉丁语学校中相遇，并在1657—1659年彼此相熟。寇克林克从1659年在莱顿开始学习文学，但后来转向医学。从1661年起，他发表了诸多医学著作，并不断地被看作这个领域的权威（同上，第227页以下）。

② 他是荷尔施坦因公爵在维也纳宫殿1688年的公使，1704年驻茨魏布吕肯（Zweibrücken）的瑞典首相，与莱布尼茨是好朋友。

③ 塞涅卡（大约公元前5—公元65），罗马哲学家，在他给鲁基里乌斯（Lucilius）的第55封信中，以梵蒂亚这个前执政官为例，试图展示隐居并不能保障灵魂的安息。

④ 此外，莫雷利（Morelli）医生属于斯宾诺莎在被革除教籍之后仍与他交往的犹太人。（参见培尔对生平经历描述的第23条注释。）

的许多学生，因为他是一个无偿付出的、糟糕的无神论者。可是他拥护基督徒的信仰①，他不仅自己出席部分改革宗的，部分路德宗的集会，而且经常促使和提醒他人拜访教会，而且向他的管家夫妇极力推荐一些传递上帝话语的传道者。从斯宾诺莎的嘴中从未流出朝向上帝的起誓或者轻率的话语，而且他也有节制地享用葡萄酒，并过着相当艰苦的生活。如此，他每个季度向他的房东支付80个荷兰盾，每年最高支付400个荷兰盾。他的人生意义不在于追求金钱。另外，假如他是一个渴求声望和充满野心的人，他不会多次拒绝为他提供的教授职位②，这通常是骄傲自大者所欲求的，他们和自己的朋友们残忍地相互撕咬，即使在短暂的一生中有少许声望划过的痕迹。当这位哲学家跨过44岁，在前面提到的画家家里度过将近6年时，由于夜间工作的劳累，他开始经常生小毛病了。但他总是思考人生，毫不顾虑即将降临的死亡，在1677年2月21日的下午时刻，他对想要聆听他这位宗教演说家的房东说："如果上帝意愿，在布道之后，您可以回来继续这场对话。"但在他的房东回来之前，斯宾诺莎在一位阿姆斯特丹医生③的在场陪护下呼出了他的不纯净的灵魂和他的最后一口气息。这样的谢世是否适合一位无神论者，不久前学者们对此加以谈论。斯宾诺莎逝世以后，许多学者热心地渴望接管他的书籍中的遗著，其中就有科尔内留斯·邦特克（Cornelius Bontekoe）④。但是斯宾诺莎像霍布斯（Thomas Hobbes）一样，并不珍视这些大量存储下来的书籍⑤，他只留下不到40本书，而学者们却花了大价钱购买它们。而且在这里面，没有找到一篇斯宾诺莎花费过巨大精力撰写的关于彩虹的论著，正如他的遗著出版人⑥所说的那样，出版地点也被隐藏了⑦。但是我从确切的来源得知，他在自己去世的那一年，有一本书并未呈献给公众，而是付之一炬。那一天，海牙几乎所有的街道正散发着节日的火光，而他通过

---

① 此为误解，应当从斯宾诺莎只是应合于时代，而有智慧地参与基督教礼拜得到解释。

② 也许，科尔霍特想到的是除却海德堡的聘请，法国人在乌特勒支提供的教职。参见全集资料卷 Dok. 67。下面是科勒鲁斯在第92页报道的误解，也可参照 Dok. 65 和 66。

③ 这里谈论的是格奥尔格·赫尔曼·舒勒（Georg Hermann Schuller, 1651—1697），参见 Dok. 71 的注释。

④ 科尔内留斯·邦特克（1647—1685），著名的笛卡尔主义医生，最后在奥得河畔的法兰克福担任教授。

⑤ 参见 Dok. 75 的目录。

⑥ 这里所说的是雅里希·耶勒士，但出版者是扬·利乌魏特茨。

⑦ 该书只写 S. B. D.《遗著》，1677年4月，出版者前言。

下面的方式加以嘲弄，在自己的周围模仿那场喜悦的焰火，并在家中欢呼升起的火焰，并且补充道："我为这部著作的拟定和撰写投入过长期和热情的研究，现在人们一定永远读不到它了。"如果斯宾诺莎把他剩余的著作也以同样的方式通过复仇的火焰加以消灭，把最为清澈的真理之光导入幽暗，并把它们看作超出常规的幻想的产品，是长满茧子的愚人的丑恶幽魂，而将它们驱入其所来自的死神亡神星（Orcus）之所，那么这也是为了在火焰熄灭以后，让这些著作不会拐骗它们的读者哪怕一次。但是斯宾诺莎为了在他死后也不停止造成损害，在去世前的那一天，把亲手撰写的书籍交付给那位提醒他可能有死到来的房东，以便这些书籍会被转交给一位阿姆斯特丹的书商扬·利乌魏特茨。之后，遗著在同一年被送到人们的手中，并在人们中间收到了不同的评判，但所有的理解者都把它们解释为过度刺耳和无神的。因此，出版者徒劳地推荐遗著的有用之处和作者掩盖起来的、放错位置的虔敬。因为，我们从荆棘丛①中采摘不出无花果与葡萄。当斯宾诺莎滥用上帝之文字的见证和天堂之教诲的案例时，救世主的那句话似乎正适合他："有落在荆棘丛里的，荆棘长起来，把他挤住了。"②因此，在《圣经》这件事上的最终结果是正当的。斯宾诺莎曾开始把《圣经》翻译成拉丁文③，但他这位骇人听闻的意见的始作俑者，并没有完成此事，并没有把被他扭曲的上帝的著作公布出来。我对这位臭名昭著的无神论者就说这么多，我不再补充更多的东西，为了不再更久地耽搁我父亲著作的读者们。培尔向我提供了把这些新东西纳入工作中的动机，他要求我做这件事④，此外，英格兰的荣耀，托马斯·博涅提乌斯（Thomas Burnetius）⑤甚至多次向我如此要求。

（曹忠来　译）

---

① Espinos 等于荆棘丛的语言游戏，参见 Dok. 49，也参见卢卡斯，第22页。
② 马太福音 13: 7。——中译者注
③ 按照科勒鲁斯在102页的报道，是翻译成荷兰语。
④ 第64页。
⑤ 托马斯·博涅提乌斯（1635—1715），是剑桥卡莱尔学堂（Clare Hall）的主任（卡尔特修道院院长），神学家、哲学家与著名的东方学家。

四 比埃尔·培尔： 斯宾诺莎[*]

(《历史与批判辞典》，1702，Bd. Ⅲ，S. 2767)

斯宾诺莎，生来是犹太人，后来背离了犹太教，最后成为一个无神论者。他来自阿姆斯特丹。他是一个支持全新体系和全新方法的无神论者，尽管其学说的根基与某些或古老或新近的、或欧洲或东方的哲学家相一致。涉及东方哲学家的东西，人们只需查阅我在注释D下关于日本的文章中所报道的东西，以及我在以下涉及一个中国教派的神学所说的东西。我无法得知关于斯宾诺莎家庭的特殊情况，但人们有理由相信，这个家庭是贫穷的，并不那么有名望[①]。他跟从一位在阿姆斯特丹的医生学习拉丁文，并且很早就转向了神学研究，在其上花费了几年时间。此后他完全投入哲学研究之中。由于他拥有某种几何学的精神，且他首先想要用理性得到回报，因此他马上理解了犹太教拉比的学说不是他的事业。人们很容易注意到，他在很多点上拒斥犹太教，因为他是一个不喜爱压迫良知的人，是伪装的大敌。因此他自由地阐明了他的怀疑和意见。人们说，犹太人或许会宽容他，假如他能调整自己去适应其外在仪式；犹太人甚至许诺了他一份年金，但他无法做出这种虚伪之事。尽管如此，他只是缓慢地疏离了犹太教公会，并且倘若他没有经历有一次在演出入口处被一个犹太人狡诈地袭击——此人将刀刺向斯宾诺莎——的话，他也许会更长时间地考虑留在犹太教公会。虽然伤很轻，但他认为凶手的意图是杀了他。自此他与犹太人完全决裂，这就是他被逐出教会的原因。我曾想尝试在此搞清状况，但没能发现。他曾用西班牙语写作对他退出犹太教公会的申辩。尽管这个著作没有被印刷，但我们却

---

[*] 本文译自卡尔·格布哈特翻译的《斯宾诺莎传记与谈话》(*Spinoza-Lebensbeschreibungen und Gespräche*. Hamburg：Meiner，1977)。

[①] 我们知道，如果没有他的一位朋友在遗嘱中给他遗留下某些生活物资，那么斯宾诺莎就无法生活下去。而犹太教公会给他提供的年金，也让我们相信，他并不富裕。

知道，在此书中他交代了许多后来在1670年于阿姆斯特丹所印刷的《神学政治论》中出版的东西，后者是一部败坏道德、令人憎恶的著作，其中隐藏着无神论的一切种子，后来在他的遗著中公开出场了。施托佩（Stoupp）先生认为，荷兰教会没有回答《神学政治论》，这种攻击是非常不对的。他对此的讨论并不总是恰当的。当斯宾诺莎转向哲学研究时，他马上丧失了对常见体系的爱好，并且认为笛卡尔先生的考虑是叹为惊人的。他感到了寻求真理的浓厚激情，以至于他有点想放弃这个世界，以便更好地服务于研究。他不满足于从一切此类事务中得以解脱，他甚至离开了阿姆斯特丹，因为访问的朋友太过打扰他的考察。他搬回了乡下，且在此完全按照他的喜好进行沉思。在此他加工显微镜和望远镜。在他于海牙定居之后，他继续着这种生活，他非常乐于提出考察并将其整理出秩序，而且他会将其告诉他的朋友。他仅有少数时间休养精神，有时候会一连三个月不踏出家门一步。这种隐秘的生活却没有阻碍他的名字和名声的远扬。自由精神者从四面八方簇拥而来①。选帝侯的侍从问候了他，并提供给他海德堡的一个哲学教席。他拒绝了，认为这是某种与他的要求——持续不断地专研真理——难以协调的工作。他得了慢性病，并因此在1677年2月21日于海牙去世，还不到44岁。我听说，当1673年恭德王子在乌特勒支时，曾请求会见斯宾诺莎。与斯宾诺莎有关的人，他一度隐居的村里的农民，全都一致保证，

---

① 我在前面提到了一个人［参见关于汉诺特（Henault）的文章］，我跳过其他人而仅仅提及这个人：恭德王子这个既有教养又勇敢的人，他也不憎恨自由精神者的消遣，他想要见斯宾诺莎且为他创造前往乌特勒支旅行的必要通行证。那时他正在那里指挥法国军队。我听人说，恰恰在斯宾诺莎抵达的当天，他必须离开去视察阵地，而在王子回到乌特勒支之前，通行证到期了，就这样，王子并没有见到这位写作了《神学政治论》的哲学家。但他留下了命令，在他不在时热烈欢迎斯宾诺莎，并在后者离开之前必须给他一份礼物。对此，答复《荷兰人的宗教》（Religion der Holländer）的作者是这样说的［布伦（Brun），《荷兰人的真正宗教》（Wahre Religion der Holländer），第164页）："在我结束这一章之前，我必须表达我所感到的惊讶，当我看到，施托佩本来是如此极力地反对这个斯宾诺莎，而他又说到，在我们国家有许多人想要拜见斯宾诺莎，由于他在乌特勒支时，他与斯宾诺莎缔结并维护了如此亲密的友谊。因为人们向我保证说，恭德王子在施托佩的推动下让斯宾诺莎从海牙来到乌特勒支，专门为了和他谈话，而施托佩十分赞扬他，十分信任地与他生活。"在我更详细地了解了事情之后，我得知，在斯宾诺莎离开之前，恭德王子已经回到了乌特勒支，因此，他和这位作家的谈话，是绝对真实的。

他是一个好打交道、友好、惹人爱戴、乐于助人且在道德上极其有序的人①。这是罕见的，但归根结底人们无须再对此惊异，就像我们可以看到有些人尽管完全信教，但在生活作风上却很有问题。有人宣称，斯宾诺莎遵循了以下原理："没有人是出乎意料得完全坏的。"他只是不小心陷入了无神论，而到了1663年，当他出版《笛卡尔原理的几何学证明》时，他又彻底远离了无神论。对此，在关系到上帝的本性时，他和笛卡尔一样是如此正统，但我们必须知道，借此他所说的并非自己的信念。我们的以下思考是不无道理的：斯宾诺莎对笛卡尔的某些原理的误用，导致了他的失足。有人将《神学政治论》当作用笔名写作的著作《论教会的权利》的前身，后者是1665年印刷的。所有反对《神学政治论》的人，都在其中发现了无神论的种子；但没有人像约翰·布兰登堡（John Bredenburg）先生那样做出如此明确的发现。困难的是解决这部著作中的所有难题，而相对容易的是从根底上摧毁在其遗著中现世的体系，因为这是人们所能设想的最令人惊恐的假说，是最为荒谬的，是与我们的精神的最清晰的概念最为相悖的……人们说，斯宾诺莎去世时完全相信了无神论，并且他采取了预防措施，以防止他的这种多变在某些情形下为人所知。如果他的思考是一致的，那么他就不会将地狱恐惧看作一种幻觉。他的朋友宣称，他因为谦虚而不愿将他的名字赋予某个教派。说他有很多追随者，这是不合实情的。很少有人考虑追随他的学说，在有考虑的人之中，又只有少数研究过他的学说，而在这些人中，又只有少数理解了他，没有被其中所遭遇的阻碍和讳莫如深的抽象化所吓退。然而，情况却是这样的：人们第一眼会将所有不信宗教的、没有将其神秘化的人，称作斯宾诺莎主义者。同样，人们在法国将所有被认为不相信福音奥秘的人，称作佐欣②主义者（Socinianer），尽管大多数这样的人从未读过佐欣，

---

① 当我们盘查他基于信任与其亲密的朋友（这些人也想成为他的学生）所进行的讲话，我们发现他在谈话中没有讲过任何让人不虔诚的话。他从不搞阴谋，从不失敬地谈论上帝的高贵，有时他住在牧师那里，他劝诫其他人常去教堂。他不关心酒、好食物与金钱。他支付给他的房东（一个海牙画家）的，是极其低廉的金额。他只想着研究，并为此度过了大半个夜晚。他的生活确实是隐居者的生活。然而他也不拒绝来访者，这些人慕名而来。他有时也拜访重要人士，这也是真的。这并不是为了闲谈小事或者是娱乐性聚会，而是为了谈论国家事务。对此他十分熟悉，尽管没有将其把握在手中，并且他十分正确地预言一般事务的进展。这一切我都得自科尔霍特（Kortholt）先生的一个前言，他在前往荷兰的旅行中尽可能完善地报道了斯宾诺莎的生活。

② 这里所提到的佐欣（Socin），可能是法国的一个反教会者。译者没有查到他的具体信息。——中译者注

或者他的学生的著作……我恰恰听说过十分值得注意的东西，亦即：自从斯宾诺莎放弃犹太教信仰之后，他公开声明信仰了福音书，并且参与了阿姆斯特丹的门诺派①或阿米纽斯派②的集会。他甚至同意了他的一位亲密的朋友转达给他的信仰宣告③。《梅那日掌故录续集》④ 中关于斯宾诺莎所说的东西⑤是如此错误，以至于我很惊讶，梅那日先生的朋友没有注意到这一点。当德·维格纳·马尔维尔（De Vigneul Marville）先生⑥参与编撰这部著作时，他压下了这份材料，因为他必须让公众知道，我们有理由怀疑这一事实是否合乎真相。他为他的怀疑所提供的理由是十分理智的。即便他决定否认这份材料，也不是那么离谱。

---

① 门诺派是当代基督新教中一个福音主义派别，因其创建者是荷兰人门诺·西门斯（Menno Simons，1496—1561）而得名。——中译者注

② 阿米纽斯派基于荷兰人雅各布斯·阿米纽斯（Jacobus Arminius，1560—1609）的神学理念，也被称为抗辩派（Remonstranten）。——中译者注

③ 斯宾诺莎的一个密友，某个叫雅里希·耶勒士的人相信，由于斯宾诺莎处于某些异端的嫌疑之下，他为了给自己辩护，应该发布一个信仰宣告。在他筹划了这个宣告并将其寄给斯宾诺莎之后，他请求斯宾诺莎写下他对此的意见。斯宾诺莎回复了他，他很高兴地读了这个宣告，并且没有发现需要修改的地方。"我的先生，我十分尊敬的朋友：你给我寄的文件，我高兴地通读了，并且我认为，在里面没有什么可以修改的。"这个信仰宣告是用荷兰语写的，且在1684年被印刷（阿姆斯特丹，标题如下："一般的基督教信仰宣告，包含在一封从亚利·杰里斯寄给N.N.的书信中"）。

④ 梅那日（Gilles Menage，1613—1692），博学家，从他的遗稿中编撰了《梅那日掌故录》，亦即对轶事、警句和见闻的收集。——中译者注

⑤ 记载如下（《梅那日掌故录续集》，第15页，荷兰版，阿姆斯特丹，1695年）："我听人说，斯宾诺莎是在对被投入巴士底狱的害怕中去世的。他来到法国，被两个当地的有兴趣见他的人所吸引。迪旁波那（De Pomponne）先生得知了消息。由于这个部长对宗教有着全部的激情，因此他认为允许斯宾诺莎待在法国是不合适的，因为他可能在法国引发许多无序，而为了阻碍斯宾诺莎，部长决定将其投入巴士底狱。斯宾诺莎闻讯，穿上了方济各会的衣服而救了自己，但我不确定最后的情形。确定的是，许多见了他的人向我保证说，他是矮小的、泛黄的，且面部带有黑色，在他的脸庞里带着摒弃的气息。"这一记载的最后部分可以被认为是完全确定的，因为一方面，斯宾诺莎有葡萄牙或西班牙血统，从他的名字中就可以听出；另一方面，我从见过他的人那里也听说了与《梅那日掌故录续集》此处关于他的肤质所宣称的相同的话。但这个记载的前半部分所涉及的东西，却不幸是错误的。人们可以借此判断，这样的社交圈给斯宾诺莎这个人带来了多少谎言，这些社交圈与梅那日先生的议会会议相似，并且在巴黎与其他城市有大量的这种社交圈。

⑥ 德·维格纳·马尔维尔是诺埃尔·阿贡纳（Noël Argonne，1634—1704）的笔名，律师，后来成了修道士，写作了《史文杂录》。——中译者注

摘选自1680年的"有关彗星的不同想法"

也许无神论者只渴望极小的赞扬？但与斯宾诺莎去世前不久因他而发生的事情相比，人们又能做出哪些更多的东西来呢？这里所说的是一些新情况，我是从一个伟大的人那里获知的，而他也是从极佳的渠道得知的。斯宾诺莎是彼时存在过的最伟大的无神论者，他如此痴迷于某些哲学原理，以至于为了更好地思考它们，他投身于孤独之中，放弃了人们通常所说的俗世的愉悦与浮华，只与他的那些费解的考察打交道。当他感觉到自己的终结快要到来之时，他叫来他的房东，并且请求他阻止一切宗教人士在这种情况下拜访他。我们从他的朋友那里得知，他的理由是，不想在争吵中死亡，而且他忧虑会陷入理智的虚弱之中，而留下某些有利于以后人们可以从中找到对抗他的原则的话语。他害怕人们会在世上四处散播，在死亡面前他的良知觉醒了，并且否认了他的勇气，放弃了他的意见。人们能为这种坚定不移想象出更可笑而且更夸张的浮华，为这种错误的观点想象出更为非同寻常的激情吗？

关于在乌特勒支的拜访

因为莫雷利先生①与斯宾诺莎相熟，并且多次告诉我更加具体的情况。我便向他询问关于这件事的实情，这就是他给我的答复："我十分熟悉了解斯宾诺莎先生。他不止一次地向我讲到过，当他在乌特勒支陪伴恭德王子殿下时，王子殿下在谈话的过程中急切地恳求他，跟随他回到巴黎，并且在巴黎待在他的身边，为了打动斯宾诺莎，王子殿下又附上以下的东西，除却斯宾诺莎可以依赖的王子殿下的保护之外，他将在巴黎得到一所住宅，在宫殿中可以参加免费的宴席，并且有数千元杜卡特的退休金。斯宾诺莎这样答复他，他请求殿下认真考虑，他所有的权势其实并不足以保护他对抗宫廷中的假仁假义，因为他因《神学政治论》已经变得声名狼藉，以至于既不可能存在对他而言的安全，也无法令殿下达到满意，因为神父们是所有自由地书写和思考关于宗教话题的人的死敌；但是他已经准备好，在行军中陪伴王子殿下，以便他能从军事活动中抽

---

① 莫雷利，在开罗出生，犹太人，后来改宗天主教，医生、学者，1673年曾逗留于乌特勒支。——中译者注

离出来，设法得到可能的休息。王子殿下赞同他所说的理由，并感谢了他。"我也询问了比伊西埃（Buissière）先生，他是伦敦的一位有名的外科医生，当时作为军队医院的医生驻扎在乌特勒支。他跟我保证，他多次看到斯宾诺莎走进恭德王子的住所。如此便无可怀疑，这位王子殿下确实与这位哲学家进行过谈话。

（王宏健　曹忠来　译）

五 约翰·科勒鲁斯[①]： 斯宾诺莎生平[*]

(《斯宾诺莎的生平》，阿姆斯特丹，1705)

1. 出生与性格

斯宾诺莎，这位名满天下的哲学家，系犹太人。出生之后，父母将其命名为巴鲁赫·德·斯宾诺莎（Baruch de Spinoza）。不过，当他被犹太教放逐后，他舍弃了此名并改了名字，在他的著作和书信中署名为别涅狄克特·德·斯宾诺莎（Benedict de Spinoza），在他写给别人的信中，他提到自己生于1632年11月24日。传言说他很穷，出身于贫困之家[②]，这是错误的。他的父亲乃是一个葡萄牙裔的犹太人，家世背景不错，在阿姆斯特丹经商，并住在葡萄牙犹太人聚居的圣堂附近的布格沃街的一栋舒适的房子里。斯宾诺莎有教养的言行，那些与他常来往并且家境可以的朋友，还有父母给他的教导都证明了他的出身和教育的水平在一般人之上。山姆·卡斯瑞（Samuel Carceris）是个葡萄牙裔的犹太人，娶了斯宾诺莎最小的妹妹米瑞安（Miriam），她的儿子丹尼尔·卡斯瑞（Daniel Carceris），亦即斯宾诺莎的侄子，宣称他是斯宾诺莎的继承人；时当1677年3月30日，他在斯宾诺莎生前居住的房子里，出示了一份由其署名的申请书交给公证人李伯特斯·罗夫（Libertus Loef），并要求递交给范·德·史派克。

[①] 约翰·科勒鲁斯，德国人，1647年生于杜塞尔多夫。1679年他前往阿姆斯特丹担任路德教派的总教牧。1693年他被调往海牙的教区服务，1707年逝世于该地。——中译者注

[*] 本文译自约翰·科勒鲁斯的《斯宾诺莎的生平》(Johann Colerus. *The life of Benedict de Spinosa*. Hague: Martinus Nijhoff, 1906)。

[②] 例如比埃尔·培尔在其《历史与批判辞典》里就说过："这个家庭是贫穷的，并不那么有名望"，而且"如果没有他的一位朋友在遗嘱中给他遗留下某些生活物资，那么斯宾诺莎就无法生活下去。而犹太教公会给他提供的年金，也让我们相信，他并不富裕"。——中译者注

2. 斯宾诺莎最早从事的研究

从童年乃至少年时期，斯宾诺莎就显露了非凡的天分。不难发现，他具有十分敏捷的想象力以及与生俱来的洞察力。由于他学习能力很强，他先向一位德国人学习拉丁文。但没过多久，为了能学得更好，他转向范·丹·恩德，后者那时住在阿姆斯特丹，教授拉丁文和物理学。在当地，此人于这两个领域的教学卓有名声，因此不少很有钱的商人让小孩跟着他学习，然而他们却不知道此人并不只是教学生们一般课程而已。人们发现，他在这些年轻学子心中散播无神论的种子。这是一个确凿的事实，有几位知道这事情的先生至今仍然在世，他们曾任阿姆斯特丹路德会的长老，所言信实可靠，如有任何需要，我可以求诸这些人来证明这一点。还好这些人的父母当年将他们从这个危险且渎神的人身边拉回来，实堪庆幸。

范·丹·恩德有个女儿，她也懂得拉丁文，并通晓音乐，所以在他父亲不在的时候，客串拉丁文教席。斯宾诺莎因此有机会看到她，并与之交谈。没多久，他发觉自己爱上了她，斯宾诺莎曾表示想与之结婚。范·丹·恩德的女儿并非艳光四射的那种类型，但她很聪慧，能力也很强，兼之散发出令人愉悦的幽默气息，凡此种种都给斯宾诺莎留下了深刻的印象。但拜倒裙下的不止斯宾诺莎一人，还有一位来自汉堡，叫作寇克林克（Kerkering）的人，也在那里学习，寇克林克不久即发现有一个情敌，醋意可想而知。于是他加紧对老师女儿的追求，总是与其形影不离，而这招确实还挺奏效。寇克林克再接再厉，将一条价值两到三百西班牙金币的珍珠项链拿到她面前，于是一切搞定。老师的女儿愿意嫁给他，但要求他放弃原先信的路德教派，改宗她所信的天主教。此事可见于科尔霍特的《论三个欺骗者》（*De tribus impostoribus*）第二版的前言中。

后来，范·丹·恩德的名声实在太昭著了，以至于在荷兰根本找不到工作，他不得不前往法国，但最后却悲剧性地死在那里。起初他在法国以教物理学维生，如此经过了几年。他后来以谋刺法国王子的罪名被吊死。但是当地一些与他熟识的人则说，其被处决另有理由。他们说其实是因为范·丹·恩德正策划一起谋叛，起事地点在法国的某个省份，其意在帮助当地人恢复传统权利；他想利用这个计划，在法国制造骚乱，让法王疲于应付，使军队分不开身，以便使荷兰联合自治省有机会推翻法王的统治。为了执行这个计划，有些船只已经准备妥当，以便里应外合，但最终到得太晚，以失败告终。不管如何，范·

丹·恩德被处决了，如果说他真的企图行刺法国王子，死刑也可说是对他过去所犯的罪的另一种处罚方式，只是更为严厉罢了。

3. 最早致力于神学，后来转向哲学

斯宾诺莎的拉丁文很好，他对于神学的研究进行了许多年。与此同时，他的聪慧与判断力与日俱增：他慢慢觉得自己对自然的动力因更感兴趣，他于是不再将研究重点放在神学上，而是转向了自然哲学的研究。他对笛卡尔的著作进行了长时间的研究，后者的思想可能对他的研究起了一定的指导作用。斯宾诺莎从笛卡尔的著作中得到启发，埋头于对它们的阅读；后来他宣称，自己所有的哲学知识都来自这位大师。他极受用于笛卡尔坚持的原则，亦即，除非经过坚实明晰的理性证明，否则不应承认任何事物为真。因此，他做出结论，一个头脑清醒的人绝不能接受拉比们的荒谬的教条，因为这些信条全部是建立在拉比们的权威之上的，其所教者无一来自上帝，而他们却假装如是，一点也没有运用理性的痕迹。

从那时开始，斯宾诺莎就对这群拉比持非常保留的态度，能避则避：他极少出现在犹太教堂，即便去也是循例接受某些质问，这往往激怒了拉比们而一致声讨他。拉比们要求其离开犹太人社群，斯宾诺莎也照办了，没过多久他成了个基督徒。但是老实说，他从未真正地接受基督教，也没接受洗礼。然而斯宾诺莎经常与一些受过教育的门诺派教徒一起讨论，他有时也会与其他有名的基督教派人士进行交流，只是他从未承认自己是其中的一员，也没有从这些教派中得到任何好处。

法兰西斯·哈玛（Francis Halma）在荷兰出版了一本书，其中提到过斯宾诺莎，他说，在斯宾诺莎被驱逐出教会之前，阿姆斯特丹的犹太人社群曾经提出一个建议，亦即提供一笔年金给斯宾诺莎，作为他继续留在圣堂不要出走的条件。此事斯宾诺莎曾数次在他的房东范·德·史派克面前证明确有其事，他也跟其他几个熟识的朋友说过。斯宾诺莎提到，拉比们承诺给他的金额达到1 000佛罗林。但是斯宾诺莎说，即便他们给他十倍的钱，他也不会接受，更不愿意因为这笔钱而必须去参加犹太圣堂的聚会。斯宾诺莎可不是口头说说的伪善者，他一心只追求真理。培尔先生提到，有一天，当斯宾诺莎从剧场看戏出来的时候，有一个犹太人拿着把小刀，慌忙间划过斯宾诺莎的脸颊，斯宾诺莎虽没受到严重伤害，但至此之后，斯宾诺莎知道犹太人社群中有人要杀他。不过，尚在世的斯宾诺莎的房东和太太对这事有另一种说法。他们说，斯宾诺莎告诉他们，有一次他从葡萄牙裔的旧犹太教堂出来的时候，他看见有个人手里拿着把刀，他警觉起来，并且往后退，躲开了这个人的攻击，结果刀尖只划破了他的外套。斯宾诺莎还将这件被划破的外套留下来作为纪念。不久之后，由于考虑到安全问题，他不能继续待在阿姆斯特丹，于是未加迟疑便决定迁到别处。他希望能够在一处僻静的地方继续他的研究和物理学上的探索。

4. 斯宾诺莎被逐出教门

斯宾诺莎不久后便离开了犹太人社群，不再与其往来，但拉比们仍在犹太社群内，按照犹太律法对之加以审判，并将其逐出教门。斯宾诺莎经常提到这一点，既然自己已经被犹太同胞开除教籍，从那一刻开始，就不再与他们有任何情分与联系。我曾访问过一些住在阿姆斯特丹并且熟识斯宾诺莎的犹太人，他们也跟我证实了这个说法，并提到逐出教门令是由一位在犹太社区德高望重的拉比恰肯·亚布（Chacham Abuabh）在众人面前公开宣布的。我曾经去问过这位拉比的儿子，看能不能找到当年这篇宣告。但他们告诉我，父亲过世已久，已经无法找到这文件，不过我觉得这只是个借口，盖其无心也。

我在海牙的时候问过一位颇有阅历的犹太人，逐出教门令是怎么一回事。他跟我说，可能是在众人面前朗读迈蒙尼德（Maimonides）著作中的一段，或读出希留斯版本的塔木德托拉（Treatise Hileoth Thalmud Thorah）第7章第5节第二段。不过一般只念出短短的一小段而已。但是若按照教会对《圣经》的解释，古犹太教的逐出教门方式一般有三种，而不是赛尔登（Selden）先生在他的《犹太教聚会礼仪》（Treatise de Synedriis veterum Hebraorum）第64页中所说的两种。按照正统的解释，第一种是尼都（Niddui），有两个分支。首先，要把待罪之人与众人隔离，并且对其进行严厉惩罚，后要求其真心悔罪，祈求众人的赦免，在这之后禁止其进入圣堂一周。若未能满足这些要求，则延长一个月的忏悔时间。在这期间，他要离开任何人八到十步的距离，除了给他送饭的以外，不准有人和他接触：这种是处罚程度较轻的逐出教门令。霍夫曼（Hofman）在他的《法典》（Lexicon）第2章第213页中则提到，待罪者不准与族人共饮共食共浴，若是他愿意，则可以到圣堂聚会中接受众人对他的批评和教诲。如果恰好他在那个月期间当了爸爸，是个男婴，那么这婴儿不可接受割礼；如果这男婴不幸死了，众人不可为其悲泣。相反，这婴儿的墓地要用石子堆起来，或是用一个大石头压在上面，用以标志他父亲莫大的罪愆。

哥里（Goeree）先生在其《古代犹太人历史》（*Jewish Antiquities*）一书第641页说道，在犹太人的历史中，从没有一个人真正地被判以逐出教门令，因为这律令根本没有实行过。但是研究《圣经》的学者们则提出了不同看法，不管是犹太人自己或是基督徒，恐怕没几个人会赞同他的意见。

第二种形式的逐出教门令叫作恰伦（Cherem），待罪者在圣堂中被众人用恶毒的词语所诅咒，并被判以放逐，这个方式出于《申命记》（*Deuteronomy*）第28章，这也是迪贺鲁斯（Dilherrus）博士对上述《申命记》中第317页的解释。按照赖特佛（Lightfoot）博士对《哥林多前书》（*Corinthians*）第5章第5节（在他的著作第二卷第890页）的解释，放逐确实曾经被正式执行过，一旦三十天悔罪已过，而待罪者仍不承认其罪愆，那么这条放逐令就会被执行：赖特佛博士认为这就是所谓的较轻微的逐出教门令中的第二种形式。对于待罪者的诅咒系源出于《摩西律法》（*Law of Moses*），并且会在某次众人集会时，以庄严神圣的态度公开宣布。他们点起许多蜡烛，并读出逐出教门的宣告，读完以后，拉比们把蜡烛熄灭，用以象征此待罪之人终究不悔改，以至于不可复见象征神的光明。逐出教门令被宣布之后，待罪之人就不被允许参加圣堂的集会，不准他与闻圣堂的事务。不过他仍被允许有一个月的时间，有时也可延长至二到三个月，让他有充分的时间考虑悔改认罪，并乞求恕罪。

然而，如果他还是不认罪，第三种形式的逐出教门令就会被执行，这叫作夏曼沙（Schammatha）。这是一种终极的放逐，待罪者永远不准进入圣堂，并终生被禁止再回到犹太人社群中，这叫作埃佛（Alfo），又叫作大诅咒或大放逐。拉比们宣布了这一敕令之后，全场便会吹起号角，其肃杀之气氛令在场之人无不心中耸然。逐出教门后，该罪人被剥夺一切与其族人的联系，与上帝的恩慈完全绝缘；他要面对上帝最严厉的审判，必定要沦入永世的毁灭和天谴中。许多人认为这就是《哥林多前书》第16章第22节中使徒所说的麦伦那撒（Maranatha）。那里是这样说的：如有人不爱耶稣基督，那么他就要遭受麦伦那撒诅咒（Anathema Maharam Motha），或者说就是麦伦玛撒（*Maranatha*）；易言之，要永远诅咒他，放逐他，或如其他人所说，上帝将要审判并惩罚这个被逐出教门的罪人。犹太人认为蒙上帝恩典的以诺（Enoch）是逐出教门令的始作俑者。犹太人从他那里继承了这个传统，并认为此乃无可争辩的事实。至于为什么要颁行此一敕令，按照赖特佛博士引自犹太教的拉比们的说法，有两个原因，其一是债务，其二是生活放荡。

当一个人欠债不还，并且业经犹太教审判官的谴责而屡劝不听时，就会被判逐出教门。而当一个人生活放荡不检点，或者当他犯了渎神罪、偶像崇拜、不守安息日的规矩，不遵守宗教律法，不服事上帝等，也会被逐出教门。在《塔木德·圣贺德林》第 99 卷（*Talmud-Sanhedrin* fol. 99）中记述道：有一个行为放荡的男子，他蔑视上帝的话语和智者的教诲，并且恶毒地批评他们，嘲笑他们。犹太人社群毫不犹豫将其逐出教门。这个人招来这一严惩，有如五雷轰顶。起初他被要求在每个星期一向犹太圣堂的管事报到，但由于他一直不去报到，管事就将此事报告给上级长老，并写道：奉犹太学院执事长老的规定，特将 N.N. 此人不理召唤、未向圣堂报到一事，如实报告。接下来拉比们拟具逐出教门的缘由，并通知此人，这无疑就是逐出教门令了。社群中每个人都可以去要此敕令的副本，并凭此瓜分待罪之人的钱财。如果后者来到众人聚会之处，仍坚持不悔改，执事者便会当着他的面引用《圣经》中的话来向其宣告逐出教门令，众人则向他指指点点，严厉谴责他的罪行。

除了这两种逐出教门令的形式外，赖特佛博士在论及上述记载中，还提到了从古代犹太人的文献中可找到另外 24 种惩罚方式，但由于这部分的讨论有些离题太远，内容也非常多，故无法在此详述了。

最后，关于逐出教门令所采用的形式，无论是引用《圣经》还是其他犹太古文献，赛尔登先生在其书中第 59 页，都对此有所讨论，其所引用者系来自迈蒙尼德的著作。首先，拉比们宣布待罪者有罪，或他做了哪些不可原谅之事，并对此用以下方式予以简短的诅咒：让 N.N. 接受尼都、恰伦、夏曼沙的惩罚，并将其逐出我们的社群。

我曾经试图从犹太人那里了解逐出教门令的各种形式，但都失败了，因为没有一个犹太人愿意跟我说这些事情。幸好我最后找到了博学的梭伦胡修斯（Surenhusius），他是阿姆斯特丹东方语言学院的一位著名教授，对于犹太人逐出教门令的传统和拉比们实施该敕令时所引用的相关记载之出处，具有渊博的知识。相关的记载来自《卡伯》（*Colbo*），这是涉及犹太人仪礼的一本书，我从梭伦胡修斯那里得到它，并通过他的帮助将其翻译成拉丁文。这部分内容也可以在他的《自然法和民法》（*Treatise de Jure Naturae & Gentium*）第 524 页找到。我们认为把它翻译出来并附录于后，对读者来说应该是必要的。

犹太人常用的逐出教门令之形态

奉圣堂评议会之令，并经圣堂诸贤士的共同决定，我们弃绝、诅咒并予该犯行以逐出教门，此符合教规中所有113条戒律之要求，确属上帝和其属灵教会之意旨无误。这里所谓的逐出教门令系约书亚（Joshua）在耶利哥城（City of Jericho）所使用；亦即以利沙（Elisha）用以诅咒放荡堕落之人及其仆人基哈西（Gehasi）的方式；这也被巴拉克（Barak）用来处罚梅罗斯（Meros）；古代犹太人大议会也使用此刑罚，以西结（Ezekiel）的儿子约书亚用此来处罚他的仆人，事见《塔木德》注释篇葛玛拉（Gemara）第70页之记载。最后，所有的诅咒、敕令、放逐，自摩西时代至今，无一例外地对不可赦之罪人施展其酷刑，我们将之称为阿契撒利尔（Achthariel），也叫作哈里路亚（Jah），亦即上帝之意；或者叫作伟大的麦克尔王子（the great Prince Michael），也可用萨达理奉（Sardaliphon）① 为名，该天使的工作是让前来祈祷的以色列子民戴上鲜花做成的花环，带领他们环列于上主之前，并在上主座前念出一种包含了共42字的祈祷词，等等。

即以上帝之名，在灌木丛中具现于摩西，显其大能使摩西分红海；所谓上帝即上帝，无所增减；以雅威（JEHOVA）之不可思议而彰其名，以上帝刻印于石碑之十诫昭其炯戒；天使赞颂于其上者：以西结所见火球、双轮战车和种种奇禽异兽；立于上主之前，准备执行其律令的众天使们；我们将驱逐任何违反十诫的以色列子民，此戒律当敬谨奉行，毋使丝毫冒犯。凡冒犯之人必遭天谴，此即拉比于赎罪日敬畏祝祷之圣名。凡天涯海角，亦必咒其殃。以麦克尔王子、以近似上主之名的大天使（Metatteron）的名义诅咒之（大天使说出和上主一样的数字，换言之，即314）。以从上帝那里获得统帅之权的阿契泰瑞尔·雅威（Achtariel Jah）为名，以神兽和双轮战车之名，以六翼天使之名，以侍奉上主之圣洁天使为名，当使犯此重罪者受永恒之诅咒。

此待罪者是否生于三月，亦即属于天使乌列尔（Uriel）和其所辖天使的月份？若如是，则让此待罪者受乌列尔和其他天使的诅咒。

待罪者是否生于四月，亦即属于天使查芬尼（Zephaniel）和其所辖天使的

---

① 大天使。——中译者注

月份？若如是，则让此待罪者受其诅咒。

待罪者是否生于五月？亦即属于天使埃母尼尔（Amniel）和其所辖天使的月份？若如是，则让此待罪者受其诅咒。

待罪者是否生于六月？亦即属于天使潘尼尔（Peniel）和其所辖天使的月份？若如是，则让此待罪者受其诅咒。

待罪者是否生于七月？亦即属于天使巴克尔（Barkiel）和其所辖天使的月份？若如是，则让此待罪者受其诅咒。

待罪者是否生于八月？亦即属于天使派瑞尔（Periel）和其所辖天使的月份？若如是，则让此待罪者受其诅咒。

待罪者是否生于九月？亦即属于天使祖瑞尔（Zuriel）和其所辖天使的月份？若如是，则让此待罪者受其诅咒。

待罪者是否生于十月？亦即属于天使查恰瑞尔（Zachariel）和其所辖天使的月份？若如是，则让此待罪者受其诅咒。

待罪者是否生于十一月？亦即属于天使阿多尼尔（Adoniel）和其所辖天使的月份？若如是，则让此待罪者受其诅咒。

待罪者是否生于十二月？亦即属于天使阿那尔（Anael）和其所辖天使的月份？若如是，则让此待罪者受其诅咒。

待罪者是否生于一月？亦即属于天使加百列（Gabriel）和其所辖天使的月份？若如是，则让此待罪者受其诅咒。

待罪者是否生于二月？亦即属于天使卢米尔（Rumiel）和其所辖天使的月份？若如是，则让此待罪者受其诅咒。

让此人受统辖周一到周日的七位天使和其所辖诸天使的诅咒。让此人受四季与其下所统辖诸天使的诅咒。让此人受上主的权柄和律法的诅咒。让此人受上主之大能的诅咒。我们祈求上主使其昏聩，加速其末日的到来。愿上主使其受饥馑之苦，尽一切手段消灭他。愿上主的秘密审判，如同狂风暴雨降临在此渎神不敬之人的头上。不管此人走到哪，唯逢厄运、横逆与诅咒。死后灵魂将会离开他的身体，立刻被带往充满苦难的深渊。他无法超拔，接下来将面临上帝的审判。上帝对他施加最严厉的惩罚。让他遭万剑穿心，身体里面被恶病折磨，恶火自内而发，身体外面遭麻风病和烂疮侵蚀。让他遭受这种惩罚，直到被彻底毁灭为止。让他遭自己的利剑所刺穿，他的弓为之折损，他的身躯有如稻草，风吹则四散。纵使藏身于天涯海角，天使都不会放过他。无论他如何算计，终归将被毁灭。他将陷落于自己挖的坑中，自地表处被驱离，从光明坠落至黑暗的深渊。深重之苦难与折磨将如影随形，他将亲见其现世报。他将饮下上帝之怒，并将彻底诅咒之。地球将生吞他，在离开上帝的庇护之处，他将受其荼毒与不幸，永不停息。此人之罪必不被宽恕，上帝之怒将永远围绕着他，《圣经》中所有的诅咒将降临在他头上，他不在于恩典所及之处，上帝将把他与以色列子民隔离，使其坠落于毁灭的深渊。他的罪有多深重，上帝的怒火惩罚就有多可怕。

余下诸众，尔等侍奉上帝，其庇佑及于亚伯拉罕、以撒、约伯、摩西、艾隆、大卫、所罗门、以色列诸先知，直至散居外邦之以色列子民。祝愿上帝恩典降临此圣堂议会和其他以色列人的议会，乃至于其参与者。上帝庇佑上述诸众（此处遭吾人诅咒之罪人例外，因其罪愆不可饶恕），慈爱泽被其所在，免除一切悲惨压迫。上帝之恩慈万年，使其子民永沐神恩。祝愿上帝应诸众一切所请，恩施于以色列子民，上帝意旨至大至善，所许诺者必臻完美，阿门。

因为斯宾诺莎公开与其同胞决裂，并与拉比们的意见相左，揭穿其骗局，以致触怒了他们，后者毁谤他是渎神者，是上帝律法的敌人、叛教者，认为斯宾诺莎自甘堕落于异教徒的行列。一点也不令人意外的是，拉比们对他施行了最严厉的惩罚，即逐出教门令。我通过一位受过教育的犹太人知道了这件事，他告诉我说斯宾诺莎一旦被宣告判教，那么施行夏曼沙的诅咒（Anathema Schammatha）就是不可避免的了。但是斯宾诺莎并未出席那个宣判仪式，他只接到了书面宣判的副本。斯宾诺莎反驳了该宣判，并用西班牙文予以答复，其后被送至拉比处。至于后者的反应，我将述于后。

5. 斯宾诺莎为自谋生计而学习技能

按照犹太律法和拉比们的说法，一个学生光学习经典是不够的，他还要学一门手艺，以便自己能谋生。戈码利尔拉比（Rabbin Gamaliel）在《塔木德》之《教父圣谕》（*Talmuel Pirke Avoth*）第2章中说道，研习犹太律法很重要，但必须辅以一种技艺的学习：持之以恒地学习这两种东西可以使一个人远离罪恶；任何一个有志于学的人，都不能忽略技能学习的重要，否则就会成为一个懒汉。拉比约书亚（Jehuda）还说，一个父亲若不让小孩子学习一样技能，那就等于把他送上了为非作歹的道路。

斯宾诺莎熟悉犹太律法的研究，对犹太人的古代习俗也有很深的了解，即便被同胞驱逐，他也不至于就抛弃了这些训示。斯宾诺莎不会无视明智的训示，学习一门手艺才能使他有条件过理想中的平静生活，而这也是他决心要做的事情。斯宾诺莎选择打磨望远镜镜片的活儿，另外一些磨镜的活儿他也做，并且做得不错，人们远从巴黎前来购买他的产品，斯宾诺莎以此所赚得的钱足够生活所需。他死后，在其租屋处的阁楼中发现了不少他打磨好的镜片，这些东西后来在公开的斯宾诺莎遗物拍卖目录中可以看见。斯宾诺莎熟习这门手艺之后，又进而学习画画，他可以用墨水笔或炭笔画出人的头像。我手上正好有斯宾诺莎所画的这些画像，总共有一整本，里面的人物都是斯宾诺莎所熟识者，或是常来拜访他的朋友。然而第四幅画像是一位渔夫打扮的人，穿着短衫，右肩上扛着渔网，整个神态酷似有名的那不勒斯叛军首领玛申尼洛（Massanello），这人在历史上可算是知名的人物，如同他众所周知的悲惨下场一样，广为流传。这张画让我不得不多说几句，斯宾诺莎病死在其租屋处时，范·德·史派克先生也在那里，他告诉我，这张渔夫画像的主人公神似斯宾诺莎，应该正是以他自己为蓝本画的。画册里还有许多其他人物的画像，自不待言。

斯宾诺莎磨镜所得足敷其生计，并且也可使他安心做自己决意想做的研究，因此，他也就不需要一直待在阿姆斯特丹，他稍后离开了那里，选择住在一位朋友家里，这个地方位于阿姆斯特丹到奥威尔克（Auwerkerke）的中间地带。他在那里潜心研读，同时展开磨镜片的工作。镜片磨好后，他的朋友们负责将其出售，然后将其交运给顾客，并把收来的钱交给斯宾诺莎。

6. 迁往莱茵斯堡，再迁往沃尔堡，最后停留在海牙

1664年斯宾诺莎迁往原先所住的地方，迁往莱顿附近的莱茵斯堡，他在那里待了一整个冬天，之后他又迁往沃尔堡，离海牙一里格①（league），此事见于他写给彼特·巴林（Peter Balling）的信。之后他在该处住了三四年。在这段时间里，他结识了不少海牙当地有名望的人，其中有许多人出身于公职或是军中要员。他们乐于结交斯宾诺莎，并高度欣赏其言论。斯宾诺莎最后应其所请，搬至海牙，起初住在一个名为维凯（Veerkaay）的寡妇家，此处恰好为我现在落脚的地方。我所在的这个房间，位于房子后面的另一边，楼梯的两边有扶手，

---

① 约5.6公里。——中译者注

当年斯宾诺莎就在这同一个房间读书和工作。他经常在这里待上两三天，足不出户，也不见任何人，饭是送进来吃的。不过或许有时候，他意识到在房里待得太久了，便会到另一个房间去，此处位于凉亭街（Pavilioengracht）上，在这栋房子后面，是范·德·史派克的家，就是我之前常提到的那一位先生，后者给斯宾诺莎提供餐食和酒水，斯宾诺莎在此处过着退隐般的生活，做着自己喜欢的事情。

7. 斯宾诺莎时刻保持理智清明，过着俭朴的生活

斯宾诺莎的理智和俭朴并不令人意外。他并不贫穷，但他也绝不浪费；他有很多好朋友，这些人都愿意提供金钱和各种帮助，然而斯宾诺莎天性淡泊，习于俭朴，他曾接受过朋友们的帮助，但即便只有那么一次，他也根本不在乎这件事为人所知。关于斯宾诺莎的禀性，从斯宾诺莎身后遗留的一些账目记录中可略窥一二。根据这些记录，斯宾诺莎有时只需要一杯三毛钱加了奶油的牛奶汤，外加三毛半一壶的啤酒，就能过上一整天。有时他一天只喝些加了葡萄干和奶油的粥，只花四毛半。在账目记录中我们还发现，斯宾诺莎一个月至多买2.5品脱的酒。他对朋友们绝不吝啬，例如他常被朋友邀请一起聚餐，他会将自己所有的好东西都拿出来与朋友分享，而不愿只是吃人家的或喝人家的。

他在最后一位房东那里度过了五年半，他三个月就清一次账，每年所花费不多不少，大概总是控制在一样的额度内。他跟住在同一处的人说，自己就像一条蛇，嘴巴衔着尾巴，绕成一圈，以此来消遣自己，亦即到了年尾总是一毛不剩。他决定死后的丧礼从简，不花太多钱来办。由于父母没给他留下什么遗产，亲人和朋友们从他那里也别期望能得到多大好处。

8. 他的性格和穿着打扮

关于他的个性、身高、长相，当年在海牙见过他的人仍有不少健在，对之记忆犹新。斯宾诺莎中等身材，面相长得不错，皮肤稍暗，黑色卷发，眉毛很长，也呈黑颜色。从外表上看，很容易看出来他是来自葡萄牙的犹太人。从衣着上看，斯宾诺莎不重视打扮，穿的简直跟最穷的人没两样。有一次一位显贵的国务委员前来拜访，斯宾诺莎当时穿着一件邋邋遢遢的晨袍，以至于前者说了他一通，最后还拿了一件新的送他。而斯宾诺莎却对这位显贵说道，一个人绝不会因为穿了件好袍子就变得更好，他还说："把没价值的东西包装得光鲜亮

丽是一件没道理的事情。"

9. 他的神态、言语和淡泊名利

斯宾诺莎生活很俭朴，他的言语也很轻柔恬淡。斯宾诺莎懂得如何不被激情牵制：他从未在人前表现出一副愁眉苦脸或喜不自胜的样子。他能控制住愤怒的情绪，任何时候心里感到不舒服，他都不显露出来。有时候，在姿态或某些言语上不小心表露出不愉快，他也会立刻收回，以免进一步做出令人难堪的事情。斯宾诺莎很有礼貌，也很为人着想，房东太太每次来的时候，都会跟她聊聊天，当同住在一个屋子里的人生病了或受到打击，他也会与之聊天，安慰他们，鼓励他们要有毅力去忍受这些上天加诸自身的折磨。他教导孩子们要常去教堂，听从父母的教导。同住的人从教堂回来，他也总会问他们这次去教堂有什么感想，还记得牧师都说了些什么。他很尊重在我之前的房客，亦即科德博士（Dr. Cordes），他是个既有学识个性又好的人，且自律甚严，斯宾诺莎常称赞他。斯宾诺莎还常去听他布道，十分欣赏其关于《圣经》的有见地的解释方式，以及所举诸譬喻。斯宾诺莎常跟房东和屋里的人说，一定不要错过了这样一位优秀牧师的布道。

有一天，房东太太问他，是否信奉这个宗教，她便能够得救。斯宾诺莎答道："你信的宗教很好，不必再找另外的宗教，你当然能够得救，只要你真心虔敬地信奉它，你就能过平静安定的生活。"

当他待在屋里时，几乎完全不影响任何人的作息，他的房间简直一无动静。当他研究哲学累了之后，便起身走下楼放松一下，并和屋里的其他人谈谈家常，闲聊一番。有时斯宾诺莎会抽点烟斗乐一乐，偶尔想多休息一会儿，还会抓一些蜘蛛，让它们互斗，以此取乐，看到精彩处甚至会哈哈大笑。他也用显微镜观察一些极小昆虫的不同部位，并将观察结果与他所发现的某些理论相验证。

他对钱不感兴趣，如前所述。斯宾诺莎坚持我手养我口，阿姆斯特丹有位西蒙·德·福里（Simon de Vries）先生，他说自己十分爱戴斯宾诺莎（参见《斯宾诺莎书信集》第26封信），称斯宾诺莎为其挚友。有一天，西蒙来见斯宾诺莎，说要提供给他两千佛罗林，好让他过舒服一点的生活。但是斯宾诺莎习惯于房东这里的生活，不想有所改变，故而婉拒了西蒙的好意，并说如果接受了这一大笔钱，自己可能会因此分心，反而不能致力于其研究和工作了。

西蒙后来快死的时候，由于没有结婚，也没有孩子，因此想把斯宾诺莎列为继承人，但斯宾诺莎不同意，并且告诉他，应该把遗产给他住在斯希丹（Schiedam）的弟弟，后者是西蒙最亲近的亲属，才应该是他的合法继承人。

斯宾诺莎的坚持虽然奏效，但有一个附带条件，即西蒙的弟弟必须每年给付斯宾诺莎一笔足以支付其生活所需的年金，并且此后他也确实一直都这么做。但有一点比较特别，即本来协议要求给斯宾诺莎每年五百佛罗林，但斯宾诺莎觉得不妥，他认为数额太大，因此主动降到三百佛罗林，这笔钱在他生前均固定给付。住在斯希丹的德·福里（de Vries of Schiedam）在斯宾诺莎死后，付清他欠范·德·史派克的钱，这件事见于阿姆斯特丹书商扬·利乌魏特茨（Jan Rieuwertsz）在1678年3月6日写给范·德·史派克的信中。

此外，还有一件事足以显示斯宾诺莎淡泊名利的禀性，这件事发生在他父亲死后。按照法律规定，父亲死后的遗产应由他与姐妹们平分，后者不能排除斯宾诺莎均分财产的资格。然而斯宾诺莎并未实行他的权利，反倒放弃了他应分得的那一份，只留下了父亲的一张好床，以及一些附带的家具。

10. 当时许多有名望的人都知道斯宾诺莎

斯宾诺莎不久之后出版了一些著作，那时他已在上层人物的圈子中享有盛名，后者视其为天才般的人物和伟大的哲学家。施托佩先生是法王麾下史威弗团（Regiment of Swiffers）的中校，1673年在乌特勒支任职指挥官。他也曾在克伦威尔统治下的英国内战期间，参事于伦敦的瓦隆教堂主教之前，并被任命为旅长（Brigadeer），不过在稍后的斯丁克尔克战役（Battle of Steenkirke）中阵亡。当他还在乌特勒支的时候，他写了一本书，书名叫作《荷兰的宗教》（Religion of the Dutch），他抨击了新教诸教派，认为后者忽略了一本极为重要的著作，该书就在他们的眼皮下出版，而各教派竟然对此书的内容既无任何批驳也无回应。这本书就是1670年出版的《神学政治论》，斯宾诺莎在第19封信中承认他就是作者，以上是施托佩先生的说法。但是有名的哥宁根大学的布劳纽斯（Braunius）教授则不赞同这种说法。他在给施托佩的答复中说道：许多已经出版的著作都反驳了斯宾诺莎这本书中的观点，而不是像施托佩所说的那样。那段时间，施托佩给斯宾诺莎写了几封信，也得到了斯宾诺莎的回复，最后干脆邀请他前来乌特勒支。施托佩非常希望斯宾诺莎来访，因为当时恭德王子正驻跸于乌特勒支，负责实际统治事务，他久闻斯宾诺莎大名，极想与其一晤；施托佩也提到王子很有可能向法王推荐斯宾诺莎，并为他争取到一笔年金，但前提是斯宾诺莎要从其著作中挑选一本,且在最前页注明献给法王。按照法兰西斯·哈玛用荷兰文写下的相关记录的记载,斯宾诺莎收到这封邀请信后没多久便出发前往乌特勒支,在那里停留了几天,其间与恭德王子有过多次晤谈,当时旁边还有其他显贵,施托佩也在场。但是按照仍在世的范·德·史派克及其妻子的说法,斯宾诺莎从乌特勒支回来后告诉他们,恭德王子在他到那里之前已经另因要事离开了,所以并没有见到他。斯宾诺莎提到在停留期间曾和施托佩会晤,后者十分乐意玉成年金之事,他相信在其推荐之下,法王将会同意①。斯宾诺莎还提到,因为自己并不想将任何一本著作献给法王,因此十分委婉地拒绝了施托佩的这个提议。

斯宾诺莎回到海牙之后,群众知道了这件事,纷纷表示极大的不满与愤怒,他们将斯宾诺莎看成一个间谍,并且散布谣言说斯宾诺莎公开地与敌人通信,毫无疑问是给敌人泄露国家机密,应该把他杀了。房东紧张得要死,害怕群众冲进家里,甚至进行抢掠,然后再把斯宾诺莎拖出去。斯宾诺莎再三安抚他,尽可能地消除他的惊惧。斯宾诺莎倒是一派安然自在的样子,他跟房东说,很容易就能证明自己的清白:此地有很多德高望重之士,都知道他在乌特勒支做了些什么。但他也了解到,一旦暴徒闯进门来,就会不分青红皂白为所欲为,斯宾诺莎的下场可能会和可怜的德·维特大人一样。然而斯宾诺莎仍然坚定地表示,他是一个荷兰共和主义者,绝不会出卖自己国家的利益。

同一年,巴拉丁选侯查理斯·李维士(Charles Lewis)听闻斯宾诺莎的大名,想让其到海德堡大学教哲学。斯宾诺莎当时并不了解此人心中另有所谋,因此直到事后,才恍然大悟。此选侯透过他的幕僚,即知名的神学教授法布里奇乌斯(Fabritius)博士传话给斯宾诺莎,说要给他提供一个教授职,并赋予他充分的权限做喜欢的研究,让他拥有最大的自由进行哲学思考。但这附带了一个令斯宾诺莎难以接受的条件,那就是绝不可将其哲学思考应用在与国家所尊崇之宗教有关的议题上。此事见于当年2月16日法布里奇乌斯给斯宾诺莎的信中,即《斯宾诺莎生前未刊印著作》中的《斯宾诺莎书信集》第53封信,第561页。在这封信中,法布里奇乌斯尊称斯宾诺莎为当今思想最锐利、最知名的哲学家。

我这样来比喻吧,那就是个地雷,斯宾诺莎很容易发现这是个陷阱。他当

---

① 法国国王那时给予所有学者年金,特别是那些将某些著作敬献给他的陌生人。

然知道，在那种情形下，不可避免地会碰触到宗教禁区。斯宾诺莎在1673年3月30日回复法布里奇乌斯的信中很客气地回绝了巴拉丁选侯的这个邀请，他说教导年轻的学生会分散他的研究精力，因此他从来没想过要这么做。但这只是借口，我们从字里行间都可以看出他真实的忧虑，此外（他跟法布里奇乌斯说）："我认为你并没有告诉我，你要求我的哲学思考不可抵触宗教，但抵触或不抵触的界线在哪里？"（此见第54封信，《斯宾诺莎生前未刊印著作》第563页）

11. 斯宾诺莎的著作与其观点

坊间有些著作号称是斯宾诺莎所作，但我们并不确定是否如此。有些著作已经永久遗失，有些则已印刷出版，至今还能看到。

培尔先生在他的《历史与批判辞典》中提到，斯宾诺莎离开犹太人社群时曾用西班牙文写了一封答辩书，但这封信从未出版。他说斯宾诺莎在这封信中提到了另外一些事情，后来在其《神学政治论》中也提到了这些事。但我从许多熟识斯宾诺莎并且还健在的人那里，并没有听到任何类似的说法。

斯宾诺莎在1664年出版了《笛卡尔哲学原理依几何学方式证明》，稍后又出版了《形而上学思想》。假若他没有再前进一步，也许他从此便只以学究的身份为人们所知了。1665年，有一本总共12章的书出版了，即《反卢修斯论教会固有权利》（*Lucii Antistii Constantis de Jure Ecclesiasticorum. Alethopoli apud Caium Valerium pennatum*），此书的作者意图论证，神职人员们所声称的具有精神与政治上的权威，其实是由别人所赋予的，并不属于他们；他们滥用权力，如果没有统治者，他们的这些权威就如同空中楼阁；因此，不应让教会独霸信仰，并决定信仰的内容，而应该由统治者来统筹这些事情。这些纲领明显来自霍布斯的《利维坦》一书，后者书中的政治理论已将这些纲领当作基本原则来使用了。

培尔先生说，《反卢修斯论教会固有权利》的写作风格和体裁，都类似于斯宾诺莎的《神学政治论》，但我们不能就此证明此书为斯宾诺莎所作。此书出现之时，正当斯宾诺莎开始撰写《神学政治论》之时，斯宾诺莎在不久之后便出版了该书。但这也不能作为证据说后一本书继踵于前一本书。或许可以说，有两个人分别致力于撰写这一类渎神的东西，而大致在差不多的时间出现，但不能就此说两本书是同一个人所著。斯宾诺莎曾被一位有名望的人询问，他是否就是《反卢修斯论教会固有权利》的作者，然而得到的答案是否定的。我手头所保存的这本书的状况还不错。《神学政治论》和《反卢修斯论教会固有权利》都是用拉丁文写的，这两本书的风格和体例貌似接近，但其实不尽相同：《反卢修斯论教会固有权利》每每在提到上帝时都表现出一种崇敬的态度，该作者称之为至高恩慈的上主（Deum ter optimum Maximum），我在斯宾诺莎的著作中并未发现有类似的用语。

有几个学者告诉我，1666 年出版的一本四开大小的书，名为《以哲学方法解释圣经》（Philosophia Sacrae Scripture interpres），和前面所说的《反卢修斯论教会固有权利》是同一个作者，名字都是 L. M.，我认为这是很有可能的。然而，对于这个问题，我想还是留给对它更有研究的人去解答吧。

斯宾诺莎在 1670 年出版《神学政治论》，有人将之翻译成荷兰文，并以《上帝作为政治化身的神学》（The judicious and Political Divine; De Regtzenninge Theologant, of Godgeleer de Staatkunde）为标题。斯宾诺莎在第 19 封给奥尔登堡的信中，很明白地说自己就是该书作者。他在信中提到，希望奥尔登堡能替他在持反对意见的学者面前加以辩护，斯宾诺莎之后也想在重印的时候加入一些对上述反对意见的答复。该书的标题页说，书是在汉堡由亨利·康拉德（Henry Conrad）所刊印。不过我们要知道，当时汉堡的市长和官员们是绝不会准许这种渎神的书在该处刊印和公开贩售的。

毫无疑问，书是由当时在阿姆斯特丹的克里斯多佛·康拉德（Christopher Conrad）所刊印。1679 年，克里斯多佛·康拉德在阿姆斯特丹贩卖该书，他本人还拿了几本给我看，他根本不知道这是本多么恶毒的书。

该书的译者还感谢了不来梅市的大度，容许此书在当地印行。书里注记了出版时间为 1694 年，由汉斯·雍格尔·范德·威尔出版社（Press of Hans Jurgel Vander Weyl）出版。但不管是不来梅或是汉堡，以当时的环境而言，在当地出版或贩售该书无疑都会遭遇很大的困难。在《斐洛彼特生平与其余生》一书的第 231 页，主角斐洛彼特（Philopater）便曾提到，老约翰·汉德立克（old John Hendrikzen）便是该书的翻译者，后者也是我很熟识的一位玻璃匠。而且斐洛彼特还说，这位老约翰先生也是将 1677 年出版的《斯宾诺莎遗著》翻译成荷兰文的译者。在书中，斐洛彼特高度赞扬了斯宾诺莎的《神学政治论》，并称誉他是举世罕见的思想家。《斐洛彼特生平与其余生》一书的作者，或至少是其出版者，系阿德·沃斯格列克（Aard Wolsgryk）。此人是阿姆斯特丹的一个书商，书店位于罗夫马林街（RofmarynSteeg）的角落，后来他因为亵渎信仰而被关了好几年，可以说完全是咎由自取。我由衷希望他在牢里会好好反省自己的罪愆，以后出来重新做人。我去年夏天曾见过其人（在海牙），阿德·沃斯格列克当时的确就是那样的态度，并且在当地印刷斯宾诺莎著作，然后贩售给海牙的其他书商。

我们再回到斯宾诺莎的著作，我将谈一谈两位先生对斯宾诺莎的评论，之后再讨论我对斯宾诺莎观点的看法。这两位先生，一位来自路德教派，一位来自其他新教教派。第一位是史皮兹留斯（Spitzelius），他在其所著《不快乐的作者》（*Infelix Literator*）的第363页说道："这个不敬神的作者，眼睛被骇人的想法所障蔽，是如此的恶毒、渎神，以至于认为先知的预言全是他们的幻想，并说诸先知和使徒们依循自己的理性和知识写出了那些篇章，其中没有任何来自上帝的命令或启示。他们将宗教信仰视为适应于该时代的天才人物所由出的产物，并把它建立在众所周知、无甚神奇的原则之上。斯宾诺莎认为相同的方法应该也可以用在对《圣经》的解释上，他还说，《圣经》问世之时，必须要适应于当时人们的想法，以及他们的智识水平，如此每个人都可以按照其所知，使之符应于自己的理解框架。"

天啊，如果真像他所说，《圣经》还有什么是值得我们尊崇的？还能说这是来自上帝的启示吗？这还会是确信不疑的预言吗？怎么看待那些禀领上帝之命，受上帝启示之后把它写出来或说出来的圣者？怎么去体认《圣经》的正确不疑是真理在我们心中的体现？如何还能相信《圣经》是我们所有思想之规则、信念与生活的终极判准？如果斯宾诺莎所说是真的，那么《圣经》充其量不过是个诸意见的汇编，随便哪一个人都能说上一句，那么它就成了一块玻璃，每个人都可以在上面看到自己喜欢的幻象。有如傻子戴帽子，只要他喜欢，随便怎么翻转怎么戴都可以。上帝绝不允许如此，可恶的撒旦，闭上你的嘴吧！

史皮兹留斯觉得自己对斯宾诺莎的批评还不够，又引了乌特勒支的曼菲佛德（Manfeveld）教授在1674年出版的书中的话。他的结论是，应该让斯宾诺莎这本书永不见天日。菲佛德教授看过这书以后，非常清楚此书想借着否定《圣经》绝不可动摇的、至高无上的权威，从而达到推翻基督教的目的，说出这样的结论堪称允当。

第二位评论者是来自多瑞契的威廉·范·布林堡（William van Blyenbergh）先生，他和斯宾诺莎曾维持了多年的通信，在第31封信中（见《斯宾诺莎遗著》第476页），威廉先生说自己没有专门的技能，主要以经商为生。他在1674

年于莱顿出版的《基督教真理》一书中，对斯宾诺莎的这本书提出了下面的看法。亦即，那是一本充满了奇思异想但却令人厌恶的书，但只有从地狱来的人才会有这种思想，所有的基督徒，任何神志清楚的人，都应该厌恶这本书。该书的作者想要推翻基督教，抹灭教徒所有奠立于此信仰之上的希望。斯宾诺莎着眼于俗世统治者的利益引入无神论，或至多是自然神论。这个邪恶的人只能用惩罚的恐惧来制服他。但这样的一个人，既不怕被处刑也不怕宗教的律法，可能会尽一切方法来达成自己的目的。威廉说，他从头到尾读过斯宾诺莎的这本书，但并未发现任何令人信服的论证，足以撼动他对福音书的信仰。那本书充斥着种种主观的臆想，学者们称之为"乞题"（petitiones principii）。作者把想要支持的论点当作证据，并以此当作论辩对错的依据。他这本书大部分内容无非只是谎言和渎神的言论。难道斯宾诺莎认为，没有充足的理由，缺乏坚实的证据，世人就会相信他这套邪说？

斯宾诺莎的几本著作在 1677 年出版，就在他死后的同一年，这些书被汇编成《斯宾诺莎遗著》，上面曾提到由 B. D. S 署名的三封信就出自这个集子，一共有五本书。第一本是《伦理学》，第二本是《政治论》，第三本是《知性改进论》，第四本是《书信集与其答复》，第五本是《简明希伯来语语法》。出版者和出版地点在书的标题页皆无交代，这表示出版者无意为人所知。但是目前还活着的斯宾诺莎的房东范·德·史派克先生告诉我，斯宾诺莎在生前曾要求他，一旦自己死了，就要把他的桌子以及里面的所有书信和文件，都交给约翰·威尔茨先生处理，他是一位住在阿姆斯特丹的出版商：史派克照做了。威尔茨在注记为 1677 年 3 月 25 日从阿姆斯特丹回复给房东的信中说，他已经收到桌子了。并在信的后半段说，斯宾诺莎的一些朋友可能会以为桌子里藏了钱，而想要知道桌子的去向，他们一定会去问负责运送的船夫桌子的去向。威尔茨又说，既然桌子不是从海牙那里运出来的，那么那些可能对桌子感兴趣的人便不会知道这件事，而他们不知道最好。威尔茨的信以此作为结语，总之，这都是些令人厌恶的东西。

许多学者都已充分指出斯宾诺莎这些著作中的渎神内容，并要求每个人小心这种毒素思想的影响。接下来我将谈一下这些学者的相关评论。《伦理学》一书从上帝的定义开始，初看之下，谁不会认为这是一个基督徒所写的书呢？所有开头的这些定义都很恰当，尤其斯宾诺莎在定义五中说："我理解上帝乃是一个圆满的无限的存有，亦即实体，在其自身中包含无限多的属性，其中每一属性都表现一个永恒无限的存有。"但当我们进一步深究斯宾诺莎的这些想法便可以发现,斯宾诺莎的上帝只是个幽灵,是一个想象出来的东西,他竟把此说成是上帝。《使徒行传》中《提多书》第1章第16节所说的渎神之人的种种丑行,或许正好可用在斯宾诺莎身上。这些人每每言必称上帝,但在他们的著作中却否定他。大卫在《诗篇》(Psalm)第14章第1节提到的不信上帝的人,同样也可用在斯宾诺莎身上:这个愚人在心中说,上帝不存在。不管他怎么自圆其说,这就是斯宾诺莎真实的想法。他自作主张,任意解释上帝,他这种理解方式完全不合于基督徒对此观念的了解。斯宾诺莎自己在第21封致奥尔登堡的信中也承认此事。他说,他所谓上帝和自然一体的观念,与现代基督徒对上帝的理解十分不同。他相信上帝是事物内在的原因(immanent cause),而非外在的原因(transient cause)。为了证明这个想法,他还诉诸《使徒行传》第17章第28节圣保罗说的话:"我们生活、行动、存在都在于他。就如你们的诗人也有人说:'我们也是他所生的。'"

我在这里解释一下斯宾诺莎的意思。所谓外在的原因指的是非出于己身,而是出于外在的原因。例如一个人把石头丢到空中,一个木匠盖了一栋房子。内在的原因就是不依靠外力,而以自身作为原因。当一个人的思想在思考某物或意欲某物时,其观念或欲望皆停留在思想之内,这个思想就是观念和欲望的内在的原因。同样的道理,斯宾诺莎的上帝就是宇宙本身,它是自因,它在宇宙之内,而非之外。这样一来,因为宇宙是有限的,上帝也就成了有限的东西。斯宾诺莎说,上帝是无限的,自身包含无限的完善性。如此说法,简直是在玩弄文字游戏,他无法用"无限"和"永恒"这两个词来代表在时间之前和一切存在物之外的存有者,他所谓"无限"这个概念指的是人类理解无法穷尽之意。斯宾诺莎认为,上帝所生产者数量之巨,即便穷尽人类思想亦无法思议。此外,上帝所生产的事物彼此之间环环相扣,且永存不灭。

斯宾诺莎在第21封信中提到,人们认为他把上帝等同于物质,并且在物质之中展开它的活动,这样的理解并不是他的本意。然而,他却不能不承认,物质至少是上帝的一个重要的组成成分,上帝在物质之中展开活动,这物质指的就是全宇宙。简言之,斯宾诺莎的上帝就是自然,它是无限的,具有物质这个属性,在后者中包含各种分殊(Modifications)。斯宾诺莎主张上帝包含了两种永恒的属性,亦即思想与广延(cogitatio and extensio)。首先,上帝在宇宙之中;其次,上帝就是宇宙自身。两者共构了上帝。

对我而言，斯宾诺莎与我们基督徒关于上帝的观念的差异，其关键在于上帝是不是在宇宙之外的永恒实体，并且不为自然所限。上帝是否透过其自由意志，无中生有地创造世界以及一切物种。是否整个宇宙和其中的一切存有物都属于上帝的本质。它是不是具有广延与思想的实体，且在这两方面来说都是无限的。而斯宾诺莎采取了最后一个立场。维提修斯（L. Vittichius）在其《反斯宾诺莎》（Antispinosa）一文的第18页说得颇有道理。维提修斯认为，虽然斯宾诺莎说上帝是一切事物的总因，但他却说，上帝造物并非透过其自由意志，而是必然地从自身中生产出来的。据此，一切发生在世界中的事物——善与恶、美德与堕落、罪行与事功，都是自上帝那里必然地生产出来的。敢问还有最后的审判、死后的惩罚吗？还有死后复活、救赎、下地狱这些事吗？果真如此，这个他所想象的上帝将会对其所出者惩恶扬善，完全和其所出者做的一样。这样说来，斯宾诺莎难道不是世所仅见的最恶毒的渎神者吗？一位在恩逵岑（Enkhuysen）的牧师布马努斯（Burmanus）先生说得好，斯宾诺莎是在这个地球上最亵渎上帝的无神论者。

我不打算在这里全面地讨论斯宾诺莎那些荒谬的观念，我已经提到当中一些最关键的东西，目的是让基督徒读者能够理解这种想法有多恶毒，从而感到嫌恶与害怕。我还必须说，在《伦理学》的第二部分中，斯宾诺莎很明显地把心灵与物体看作同一个存在，其对应的两个属性分别是思想与广延；他在该书第40页中说："当我说物体，指的是在广延的事物观念下被考虑的分殊模式（Mode），它以一种特定且准确的方式表现了上帝的本质。"至于心灵，则是在物体之中运行的，它只是存在的另一种属性，是自然的产物，被表现为思想（Thought）：心灵不是另一种精神实体，或特殊的物质实体，而是以思想的运作及其内容表现了上帝本质自身。在基督徒的圈子中，有人听过比这个更令人厌恶的说法吗？如果斯宾诺莎所说成立，那么上帝不能惩罚心灵或身体，否则他就是在惩罚自己。在第21封信的末尾，斯宾诺莎推翻了上帝超自然的大能，后者如《提摩太前书》第3章第16节中所说的那样，斯宾诺莎认为，上帝之子的死后复活，只不过代表了一种体现在一切事物之内的，特别是在我们心灵之中的永恒智慧，它最终以某种极为特殊的方式体现在耶稣基督的身上；斯宾诺莎更进一步说，教会加油添醋，把基督说成是上帝的化身；他曾明白地讲过，自己根本不知道这些人在说些什么。

斯宾诺莎还说，这种说法在他看来很奇怪，就如同某人说圆形具有方形或长方形的本质那样。他在第23封信的末尾也提到了相同的事情，主要是讲众所周知的关于圣保罗的章节，即道成肉身（The Word was Made Flesh），事见《约翰福音》第1章第14节。这种说法在东方诸国很常见，亦即上帝以某种最特殊的方式化身为耶稣基督。

我在自己的布道中已经说得很明白，斯宾诺莎在第23和24封信中是如何诋毁上帝让基督复活的超自然大能的，这是我们信仰中不可动摇的信条，也是我们幸福和希望的源头。走笔至此，我就不再用更多篇幅来谈斯宾诺莎其他荒谬的言论了。

12. 斯宾诺莎其他未刊行著作

出版《斯宾诺莎遗著》的人认为，还有一本未刊行的斯宾诺莎遗作，那就是关于彩虹的一篇文章。我听说此地（海牙）有一些名人看过或读过这篇文章，但他们都没有建议斯宾诺莎出版，这也许进一步促使了斯宾诺莎在其死前半年做出将之烧毁的决定。这个说法是我从当时和斯宾诺莎一起住的人那里得知的。斯宾诺莎也曾将《旧约》从希伯来文翻译成荷兰文，他曾经与一些懂希伯来语的学者讨论过相关问题，并对基督徒在某些经文处的解释提出了疑问。他在很早之前就完成了摩西五经的荷兰文翻译，但在他死前不久，他却决定在自己的房间把这成果付之一炬。

13. 几位批驳斯宾诺莎著作的知名人物

斯宾诺莎的著作出版数量不多，幸亏上帝总是不缺乏明智之士出面捍卫他的光荣，彰显他的宗教，这些人士有力地驳斥了斯宾诺莎的邪说谬论。史皮兹留斯博士在其《不快乐的作者》一书中提到了两个人。第一个是住在鹿特丹的法兰西斯·库雅波（Francis Kuyper），他于1676年写了一本叫作《无神论揭秘》（*Arcana Atheismi revelata*）的书。第二个是雷格尼尔·迪·曼斯菲尔德（Regnier de Mansfeld）教授，他于1674年在同一个城市出版了同名著作。

1675年，艾萨克·那雷奴斯（Isaac Naeranus）教授拿出了一篇文章，名为《神学政治论之错误》（*Enervatio Tractatus Theologico-politici*），这篇文章是由约翰·布兰登堡（John Bredenburg）所写，他的父亲——鹿特丹路德派教会的长老乔治·麦修斯·柯宁格（George Mathias Konig）——在其著作《古代与现代作者书目》第770页中十分赞赏约翰·布兰登堡，将他写的书形容成简直有如鹿特丹的织工那般精准。约翰这方面的技能，我确信无人可比，包括他所写的这本书。他以几何学的方式进行了清楚明晰和几乎无可辩驳的解释，他反对斯宾诺莎所讲，并认为自然既不是也不能是上帝自身。约翰的拉丁文不好，只能用荷兰文写作，遂请别人帮他把文章翻译成拉丁文。约翰在文章的前言中提到过这事，斯宾诺莎当时还在世，但他并没有答复这篇文章对他的批驳意见，这有可能是因为他也找不到理由反驳吧。

不过我并不认为约翰所言全部属实，他在某些方面似乎有索西尼主义（Socinianism）的倾向，至少我觉得如此。我将之留给其他学者来判断，但即便是他们看来，应该也会和我的看法差不多吧。然而，库雅波和布兰登堡连续出了几本书，彼此互相批驳，库雅波想说服他的对手，即要后者承认自己的想法其实是无神论。

蓝巴特·凡尔底赛（Lambert Velthuysen）在1676年出版了一本书，名为《自然与人的尊严之道德堕落》（*Tractatus Moralis de Naturali pudore und digintate hominis*）。在书中，他推翻了斯宾诺莎所欲证明的论旨，亦即认为人所为的一切善恶，皆由一绝对的上帝或自然所必然地决定。我之前提到过的威廉·范·布林堡，是个来自多瑞契的商人，他也名列1674年对斯宾诺莎的声讨阵容中，并且批驳了斯宾诺莎的《神学政治论》。我忍不住要将他的作为与《马太福音》第13章第45和46节中所讲的做一比较。布林堡这本书带给我们的，并非如过眼云烟般的世俗财富，而是永恒的、至高价值的宝藏，它将永不消逝。我们深自盼望，阿姆斯特丹和鹿特丹的证券交易所能出现更多这样的商人。

我们所属路德教派的贤者与那些批驳斯宾诺莎的人也有些区别，斯宾诺莎的《神学政治论》虽并不多见，但是前者已经对他口诛笔伐。首先我们要提到耶拿的神学教授穆佛斯（Maufaus）博士，他是一个伟大的天才，这个时代里简直无出其右者。在1674年斯宾诺莎尚在世的时候，穆佛斯写了一篇12页长的文章，叫作《神学政治论之考察：以理智与真理之名》（"Tractatus Theologico-Politicus ad Veritatis Lumen examinatus"）。他在该文第2页和第3页表达了对斯宾诺莎这本书的无比厌恶之情，他是这样说的："我们怀疑，在那些听从魔鬼指挥，肆意诋毁神与人权利的恶徒之中，恐怕没有任何一个比这个骗子更积极为之，此人生来就是要损害教会与国家的权威。"他还在该文第5、6、7页对斯宾诺莎的哲学进行了极为详细的表述，将其文句中模棱两可之处一一做出解释，使读者能了解斯宾诺莎的真正用意，以便更了解他到底想说什么。他在该文第

16 页第 32 节指出，斯宾诺莎主张每个人都有权利和自由去建立自己的宗教信仰，并按照他们的常识来理解之。对于这一点，穆佛斯在该文第 14 页第 28 节已经讲得很明白了，斯宾诺莎在这一点上确实迥异于基督徒们的理解。穆佛斯还批评了斯宾诺莎书中的其他部分，并以坚实的论据驳斥了后者的谬论。毫无疑问，斯宾诺莎生前曾经读过穆佛斯博士的书，这一点可以在其死后被发现的文稿记述中得到证明。

我提到的以上几位作者，都对斯宾诺莎的《神学政治论》提出过严厉的抨击，然而，他们的评论都比不上穆佛斯教授，我的这一观点是有很多人为之佐证的。《无神论始源》(*Origo Atheismi*) 的作者西奥多罗斯·塞库鲁斯 (Theodorus Securus) 在另一本名为《神学之智慧》(*Prudentia Theologica*) 的书中写道："我真惊讶穆佛斯教授的论文竟然在荷兰如此少见，甚至没有几个人知道。这位神学教授写了这么重要的一篇文章，应该值得我们给予更多的重视。"傅勒鲁斯 (Fullerus) 先生是这样提到穆佛斯的："有名的耶拿大学的神学教授以其一贯坚实和博学的论据，有力地驳斥了斯宾诺莎那本恶毒的著作。"

同一个作者还提到了另一个在莱比锡大学的神学教授佛德列克·赖普特斯 (Frederic Rappoltus)，后者在其教授的就职演说中也对斯宾诺莎进行了严厉抨击。我读过这篇演讲内容，但我发现他只是间接地提到了斯宾诺莎，也没讲到他的名字。书名叫作《驳自然神论：1670 年 7 月就职演讲》(*Oatio Contra Naturalistas, habita ipsis Kalendis Junii ann. 1670*)，参见《赖普特斯神学著作集》(*Theological Works of Rappoltus*) 第 1386 页及以下记载，由约翰·卡普邹威斯 (John Carpzovious) 博士出版于 1692 年，地点在莱比锡。阿尔托夫 (Altorf) 大学的康拉德·都瑞斯 (J. Conrad Durrius) 教授在一篇演讲中也提到了相同的事情，但我并没有读过，只知道该文得到了很高的评价。

阿尔伯特·迪·菲瑟 (Aubert de Verse) 先生在 1681 年出版了一本书，名为《渎神者斯宾诺莎：对其无神论基础之批判》(*The Impious Man Convinced, or a Differtation against Spinosa*)。彼得·依文 (Peter Yvon) 在 1687 年写了一篇名为《征服渎神论及其他》(*Impiety vanquished & c.*) 的书，他是拉巴底 (Labadie) 的亲戚和弟子，也在佛里士兰省的威握尔登 (Wiewerden in Friselamd)，是该处教会的牧师。斯宾诺莎在一篇关于《莫瑞字典》(*Moreri's Dictionary*) 补遗的文章中，提到了一本名为《信仰与理性之谐和》(*De Concordia Rationis & Fidei*) 的书，该书是胡威特 (Huet) 先生所写。这本书在 1692 年于莱比锡再版，当地记者们替该书写了一篇很好的摘要［参见《博学作者》（*Acta Erudit*）第 395 页，1695 年出版］，在书中，斯宾诺莎的论点被详细地呈现出来，并予以有理有节的驳斥。西蒙先生和在伦敦萨沃依迪教区的牧师德·拉·莫特先生（de la Motte）各写了一本书，都论及相同的主题。我见过这两本书，但由于我的法语不够好，因此无法判断好坏。此刻住在莱顿边上林斯堡的彼得·波依瑞特（Peter Poiret）先生，写了一篇文章，该文见于他的一本名为《神、灵魂与恶》（*De Deo, Anima, & malo*）的书中，此书已是第二版，文章叫作《推翻无神论基础：以斯宾诺莎五大谬论为例》（"Fundamenta Atheismi eversa, five Absurditatis Spinosianae"）。这本书相当值得读者们仔细阅读。

我要介绍最后一本批驳斯宾诺莎的著作，即莱顿大学的威提曲斯（Wittichius）教授的书，它于 1690 年威提曲斯教授死后出版，书名为《莱顿大学克里斯多福·威提曲斯教授对斯宾诺莎伦理学的考察及驳斥》（*Christophori Wittichii Professoris Leidensis Anti Spinosa sive Examen Ethices B. de Spinosa*）。该书不久之后被翻译成荷兰文，并由威斯博根（Wasbergen）在阿姆斯特丹出版。我们并不诧异，一个大学者，因为这样一本书，其名声在他死后毁于一旦。这本书叫作《斐洛彼特的一生续集》（*Continuation of the Life of Philopater*）。该书说威提曲斯先生是一个杰出的哲学家，他也是斯宾诺莎的好友，常与后者交谈并保持通信。总之，他们对许多事情所见略同。该书还说，威提曲斯批驳斯宾诺莎的《伦理学》，主因是怕自己被说成是斯宾诺莎主义者，该书唯在其死后才能出版，以免其作为一个正统基督徒的名声受辱。以下就是该书作者弄虚作假之处：这些事情不知道是从哪听来的，也不知道为何编了这么多谎言。他怎么知道这两个人之间有如此频繁的联络和通信？我们根本没在已出版的《斯宾诺莎书信集》中发现彼此通信的证据，也没有发现关于二人尚未出版的信件。我们有充分的理由相信，该书关于两者之间通信的说法肯定是骗人的。我确实没有和威提曲斯谈过，但我认识他的侄子齐玛曼（Zimmerman），他目前是英国国教的牧师，威提曲斯教授晚年和他住在一起。他跟我说了关于这件事的一些看法，居然完全与该书的记叙相悖。齐玛曼给我看了一些手稿，是威提曲斯教授交给他的，里面有对斯宾诺莎论点十分清楚的解释和批驳。对于评判威提曲斯的立场，还有什么比这些晚年的手稿更具有说服力的呢？据此，我们可以看到他死前对自己信仰的表白与立场。是否有人具有如此坚定的宗教信仰，还有可能如此大胆，以至于写出的文章全是伪善的东西，这真的只是便于自己可以上教堂时不受指责,不被视为渎神者和堕落者来保护自己的面子吗?

如果这种推论是真的,即两人之间确有通信来往,那么我和很多牧师都会很担心,尤其是当我们不可避免地去和那些没半点信仰的人交往时,是否单凭一面之词,就可以相信他所说的事情是真的。

我还愿意提及阿姆斯特丹的威廉·铎尔豪夫(William Deurhof),我认为此人非常优秀出众。威廉教授致力于批驳斯宾诺莎书中的所有观点,特别是关于上帝的部分。法兰西斯·哈玛对于威廉教授批驳斯宾诺莎的荷兰文著作提出了比较中肯的看法。他说,威廉教授对斯宾诺莎的批评十分有力,当代无人能出其右。他又说,威廉对《斐洛彼特的一生》(*Philopater's Life*)书中的造假部分,其批驳亦当在理,足以让人信服。

我想顺便也提一下两位有名的作者,这两人的观点互相对立。第一位是培尔先生,关于他在学术圈中的名声,我毋庸多说了。第二位是在海牙的法国牧师贾克勒(Jaquelot),他目前是普鲁士国王的牧师。两人都对斯宾诺莎的生平、著作和许多观点进行了有理有节的批判,并且被阿姆斯特丹的书商兼学者法兰西斯·哈玛翻译成荷兰文。他在该翻译中加入了一段序言,并对《斐洛彼特的一生续集》做了一些评论,都值得读者一读。

另外有些作者,直到最近才开始展开对斯宾诺莎论点的批判,其火力主要集中在《地球上的天堂》(*Hemel op Aarden*)一书,此书是由一位支沃(Zwol)地区的新教牧师范·林豪夫(van Leenhoff)所写,他采取的立场与斯宾诺莎相同。这些都是晚近发生的事情,读者应该不难知道。我接下来会讲一讲这位无神论者最后的日子。

14. 斯宾诺莎的疾病、去世以及安葬

坊间流传着许多关于斯宾诺莎最后时日的错误报道,许多明智的人居然在没有查证的情况下就在公众间散布传言,委实令人感到惊讶。其中最典型的例子便是《曼纳基安内嘉言录》(*Menagiana*)一书的记叙,此书出版于1695年,出版地在阿姆斯特丹,作者是这样说的:

我听说斯宾诺莎的死主要是因为害怕被送往巴士底狱。有两个法国显贵想见他,因之邀请他到法国,迪旁波那先生是位牧师,对宗教颇为热衷,他认为斯宾诺莎实不宜留在法国,否则会造成很大的麻烦,为了避免这个结果,他决定要把斯宾诺莎送到巴士底狱。斯宾诺莎得知这一消息,便决定逃往福瑞耶尔

(Fryar)的住处，但我并不确定最后的情况是如此。我听许多人说，斯宾诺莎是个小个子，面色蜡黄，脸上泛着令人厌恶的神色。

以上说的没半句是实话。斯宾诺莎从没去过法国，确实有些法国显贵想邀请他一晤，就如同斯宾诺莎自己跟房东所说的那样。不过他曾经很笃定地表示，他绝不至于傻到去做这种事。读者们可以从以下叙述中，很容易地判断上述故事的真假。

我将忠实记述他最后的日子，并且有凭有据。这并不难做到，因为斯宾诺莎就死在海牙，也埋在这里。

斯宾诺莎身体瘦弱，其状况也不太好，二十年来一直有病，因此在饮食上极为节制，尤其对于肉和酒的摄取更是十分严格。然而，他的房东和近旁的友人都不相信他的死期会这么快到来，即便在他死前没多久，他们都不曾这样想过。2月22日星期六①，嘉年华节日结束前的一星期，房东和他的太太到教堂里听布道，并且按照我们这里的习俗准备去参加隔天的领圣体礼。当天下午四点左右，房东从教堂回来，斯宾诺莎正好下楼，便与他聊了许久，大致内容是关于听布道的事情。斯宾诺莎抽了一管烟斗，然后就回到自己的房间，随后便上床睡觉。第二天早上（即星期日），斯宾诺莎在房东和他太太上教堂之前，还下楼与他们两人聊天。他之前曾去一位来自阿姆斯特丹的医生处看病，这位医生的名字我仅用缩写表示，即L. M.。这位医生交代房东尽快为斯宾诺莎炖一锅老鸡汤，这样后者在星期日中午可以喝到鸡汤，斯宾诺莎也照做了。房东和他太太从教堂回来的时候，他还吃了一点鸡肉，当时的胃口似乎不错。那天下午，L. M. 医生和斯宾诺莎一起待在家里，房东和其他人又去了教堂。

当房东回来的时候，医生跟他们讲斯宾诺莎在下午三点左右没了呼吸，众人为之震惊。那天傍晚，这位医生就撇下了死者，坐夜班船回阿姆斯特丹去了。斯宾诺莎一死，医生拿到了前者留在桌上的一盾银币和一些钱，另外还有一把镶着银柄的短刀。既然银货两讫，大概只急着想脱身吧，于是匆匆忙忙带着战利品跑了。

关于他的病和死亡，坊间有许多流言，也引起了不少争论。主要有以下这些说法：其一，在他病重的时候，他决定不见客，以免这些不必要的会面给他

---

① 此处日期疑有误，为保持文献原貌，不做改动。下文类似日期也保持原样。——中译者注

制造困扰。其二,他不止一次曾说过:"上帝啊,请原谅我这罪孽深重的罪人。"其三,有人曾听到斯宾诺莎提到上帝之名时不住叹气,因此在场的人问他,是否惧怕死后上帝的审判?但他则回答,自己根本不考虑这些问题。其四,斯宾诺莎在死前准备好曼陀缴花汁,并把床前的幕帘拉上,喝下那东西,然后睡了过去,失去了意识,最后死去。其五,他吩咐其他人,他临死前不要让任何人进他的房间。又有一种说法,他临死前向房东老婆交代,不要叫牧师来,他想平静地去,不想制造什么麻烦,等等。

我曾经仔细调查过这些说法的真实性,也问了仍在世的房东和他太太等人,他们都是可靠的证人,然而没有人见过这些事情,一句话,这些全是编造出来的谎言。他没有讲过不让人进他房间,我前面提到的医生在他死时就和他在一起。也没有人曾听到过斯宾诺莎说"上帝啊,原谅我这个可怜的罪人":他并不认为自己就要死了,怎么会说出这些话呢?他身边的人对这点确认无疑。他病重期间也没有特意整理他的床,就在他临死前不久,他还下楼来聊天,我观察到:他所用的床,是当地一般的床,仅只用于躺下睡觉,没有可以拉上幕帘的那种设计。房东太太和亲近的人没听过他说不要牧师来这些话,也没听过他在病重期间呼喊上帝之名。完全不是这样,因为就算是在那段日子里,斯宾诺莎也是经常保持愉快的笑声,对于他承受的身体的痛苦,总是表现出一种真正斯多葛式的淡然。碰到那些在遭遇此折磨时唉声叹气,乃至失去勇气面对或反应过激的人,他也是以如此的态度劝他们。

最后,有人说他喝曼陀缴花汁,说他用这个方式提前结束死前的折磨,与他同住的人更是斥为胡诌:他们照往例替他准备所需要的肉和酒,包括经常要吃的一些药。至于药剂师比尔(Bill)所说的曼陀缴花汁,更是子虚乌有。此人和那位来自阿姆斯特丹的医师,在斯宾诺莎最后的那段日子中,为其提供医疗所需。

斯宾诺莎死后,他的房东操办了他的丧礼。阿姆斯特丹的印书商约翰·威尔茨写信告诉他,这笔开销有人愿意支付。这封信是1678年3月6日从阿姆斯特丹寄出的。他在信中不忘提到那位在斯希丹的朋友,我之前也提到过他,这位朋友对斯宾诺莎怀着深切的记忆,支付了先前斯宾诺莎欠房东的所有开销。这笔钱汇给了威尔茨,后者也收到了这笔钱。

正当他们在准备丧礼的时候,有位叫作施罗德(Schroder)的药剂师出面说斯宾诺莎欠他药钱,总共15佛罗林2潘纳(penee)。清单中有药酒、藏红花、巴撒尔莫香、一些药粉等等。但我并没发现有鸦片或是曼陀缑花汁。施罗德的要求立刻得到回应，房东付了这笔账单。

斯宾诺莎的遗体在 2 月 25 日被运到位于斯普侬的新教堂墓地，后面跟随了几辆马车，许多有名望的人也伴随着灵柩一同前往墓地。丧礼结束以后，随行的朋友和邻居们按照当地习俗，一起在斯宾诺莎生前住的房子里喝了点酒。

另外一件事，是一个理发师在斯宾诺莎死后所出示的一张账单，并说了这些话："蒙上帝恩典的斯宾诺莎先生欠亚伯拉罕·克佛尔（Abraham Kervel）最后一次刮胡子的钱，一共是 1 佛罗林 8 潘纳。"邀请一位铁匠和一位布贩来的那位先生，丧礼时提供了哀悼时用的手套，也在账单上写了类似的宗教赞语。

但如果他们了解斯宾诺莎对宗教的观点，或许就不会用"蒙上帝恩典"这样的词语了：有可能他们只是按照习俗，在罪无可赦或不悔改的人临死前给予这样的慰藉。

斯宾诺莎下葬以后，房东要求制作一张斯宾诺莎所留下的物品清单。此见于一张作为公证用的账单中，而以这样的形式表示：威廉·范·荷夫（William van Hove）公证人，记载了斯宾诺莎先生留下的物品项目和拍卖结果。一共得到 17 佛罗林 8 潘纳，房东先生表示，他于 1677 年 12 月 14 日收到了这笔钱。

蕾贝卡（Rebekka of Spinoza）是斯宾诺莎的妹妹，她宣称自己是斯宾诺莎的继承人。但她拒绝支付丧礼费，以及斯宾诺莎生前的一些债务，因此继承发生问题。范·德·史派克先生给她写了封信寄到阿姆斯特丹，要求她前来，并在罗伯特·席马丁（Robert Schmeding）的协助下办理继承事务，后者有一封由李伯特斯·罗夫律师在 1677 年 3 月 30 日起草和签署的关于斯宾诺莎财产继承的文件。她在清偿上述债务之前，亦即不管她是否处理斯宾诺莎生前的账目，都可以先从斯宾诺莎的遗产中得到一些东西。正当她斤斤计较于此时，范·德·史派克基于法律上的责任，不得不拍卖斯宾诺莎生前遗留下来的物品。拍卖所得的钱存在原来的户头里，斯宾诺莎的妹妹拿走了这笔钱。当她得知清偿斯宾诺莎生前的债务大概不会剩下多少钱，甚至可能一毛也不剩的时候，她打消了继承的念头。罗夫律师负责处理遗产的事情，他交给房东一张 33 佛罗林 16 潘纳的支票，房东的收据日期则写为 1678 年 6 月 1 日。斯宾诺莎遗物的拍卖地点就在此（海牙），在一位宣过誓的公证人李库斯·范·史差伦（Rykus van Stralen）的见证下执行，此见于其当日的拍卖记录中。

我们只要看一下拍卖物品的目录，便可了解一个真正的哲学家的财产清单：

只有为数不多的一些书籍、一些切割工具、研磨工具和打磨好的玻璃等。

　　从他的衣服也可以看出来斯宾诺莎有多么节俭。一件卡马里（Camlet）斗篷，两件马裤（Breeches），共售得 21 佛罗林 14 潘纳。还有一件灰色斗篷售得 12 佛罗林 14 潘纳，4 件床单售得 6 佛罗林 8 潘纳，7 件短衫售得 9 佛罗林 6 潘纳，一张床售得 17 佛罗林，19 条带子售得 1 佛罗林 11 潘纳，5 条手帕售得 12 潘纳，两件红色窗帘、一盒止痛药、一条小毛毯共售得 6 佛罗林。他唯一的金属饰物就是一对银制的皮带扣，售得 2 佛罗林。全部物品共售得 400 佛罗林 13 潘纳，扣除拍卖所需用费，尚余 390 佛罗林 14 潘纳。

　　以上所述便是我所知道的关于斯宾诺莎生前与死亡时的一切。他活了 44 年 2 个月零 27 天，死于 1677 年 2 月 21 日，并于同月 25 日下葬。

（龚重林　译）

《神、人及其幸福简论》

洪汉鼎 译

中译者序言

《神、人及其幸福简论》是斯宾诺莎第一次试图用系统的形式表述自己的哲学体系的早期哲学著作,对我们研究斯宾诺莎哲学思想的形成和发展具有重要的意义。

1677 年,即斯宾诺莎死后不久出版的《遗著》(Opera Posthuma)里只收集了斯宾诺莎五部未发表的著作,即《伦理学》、《政治论》、《知性改进论》、《简明希伯来语语法》和《斯宾诺莎书信集》,按当时编者在序言里的说法,似乎斯宾诺莎的主要著作已囊括无余了,因此在很长时期中斯宾诺莎的《神、人及其幸福简论》不为人们所知。自 1703 年起,一些研究者通过深入荷兰实地考察,得知斯宾诺莎还有一部著作留存于世,不过当时一般认为它是斯宾诺莎《伦理学》的一部早期草稿,只不过不是用几何学方式撰写的。经过一百多年的搜寻,终于在 19 世纪五六十年代找到了这部著作的两个荷兰文译本(A 本和 B 本),从而才得知这部著作并非《伦理学》的早期草稿,而是斯宾诺莎写于 1661 年之前的独立的早期哲学著作。这部著作在 1862 年范·弗洛顿(Van Vloten)的《别涅狄克特·德·斯宾诺莎著作补遗》里刊行问世。

按照《神、人及其幸福简论》荷兰文 A 本书名页序,此书原来是用拉丁文撰写的,为了满足热爱真理和美德者之需,他的朋友乃移译成荷兰文。从斯宾诺莎在 1661 年写给奥尔登堡(Oldenburg)的信(第 6 封)中,我们也得知斯宾诺莎当时已撰写好了这部著作,"正忙于抄写和修改"。按照斯宾诺莎当时的打算,这是一部概述他整个哲学体系的书,既包括形而上学问题,又包括认识论问题,那时他似乎把《知性改进论》也只看作这一著作的一个部分。不过,当时斯宾诺莎并未考虑此书是否出版,他拟定的目的,正如在此书中最后所说的,是为了供朋友们学习哲学之用,所以他告诫他们,把这些观点告诉别人时,务必要十分谨慎。可惜这本著作的拉丁文原稿早已失传,现存的两本荷兰文译本抄本乃是他的朋友或后代人的遗作,因而差错和不相一致之处颇多,虽经许多研究斯宾诺莎的专家校勘,复沓和差池仍在所难免。不过,即使这样,它仍不失为研究斯宾诺莎早期哲学思想的重要著作,对于我们研究斯宾诺莎思想的来源、体系的构成及哲学宗旨具有很高的历史价值。

斯宾诺莎一生共有十一部著作,这些著作的中心思想是研讨人和自然的关系,用他自己的话来说,就是寻求"人的心灵与整个自然相一致的知识"(《知性改进论》§13)。他的整个哲学体系,按照他最后的代表作《伦理学》的结构,包括三个部分,即论神、论人和论人的幸福。整个体系是一个由最高存在范畴开始按照逻辑规则推出一切其他观念的观念演绎系统,这个系统的最高存在范畴是"神"、"自然"或"实体",而这个系统的最后归宿则是人的最高境界,即人的自由和幸福。本体论最终落脚在伦理学,求真和至善达到最高统一。我们可以说,他的体系是一个以知神、认识自然为开始,以爱神、爱自然达到人的最高圆满为结束的从本体论到伦理学的自成其起结的自足系统。这样一种体系的构思最早就反映在《神、人及其幸福简论》一书中,此书的书名就明显表明他的论神、论人和论人的幸福这三大块结构。全书分为两部分:第一部分论神,第二部分论人及其幸福。它从神的存在和性质开始,进而研讨人的本质和情感,最后阐明以理性、知识达到神人统一,获得最高幸福,所以全书仍是以知神为开始,以对神的爱为结束,从而完成一个哲学的圆圈。

正如斯宾诺莎的其他哲学著作一样,斯宾诺莎在《神、人及其幸福简论》里也同样使用了三个概念来表述他的最高存在范畴,这就是"神"、"自然"和"实体"。作为一部早期著作,它有使我们窥探斯宾诺莎这三个概念的来源和各自强调重点的特征。他的"神"的概念,主要来自中世纪犹太哲学家和经院哲学家。斯宾诺莎在青少年时代曾潜心研究过犹太圣法经传,对于犹太哲学和神学有很高的造诣,尤其受中世纪犹太理性主义神学家迈蒙尼德(Maimonides)和葛雷斯卡(Grescas)的影响,很早他就确立了以神为最高统一和本原的思想。他的"自然"的概念,主要来自布鲁诺和文艺复兴时期的其他自然哲学家,正如在本书第一篇对话里所表明的,他从布鲁诺那里吸取了自然神圣性和宇宙无限性的泛神论思想,以自然为最高存在总体和材质。他的"实体"的概念,无疑是得自古希腊哲学和笛卡尔哲学,以实体作为万物的最终支柱和基层。这三个概念明显反映了斯宾诺莎哲学思想的多种渊源和多方面的丰富意义。但所有这些来源在斯宾诺莎的体系中都得到了加工和改造,斯宾诺莎的体系犹如一座熔炉,一切外来的材料在这里都被增添了新的性质和意义,因而,我们在斯宾诺莎那里看到,犹太教失去了赐福降祸、主宰万物的人格上帝性质,布鲁诺的自然失去了那层神圣的灵光，而亚里士多德和笛卡尔的诸多"实体"却成了斯宾诺莎的实体的"样态"和"属性"，斯宾诺莎的唯一实体就是宇宙和自然。

以最完善的知识来制服情感，达到人的最高幸福，是斯宾诺莎哲学的根本宗旨。斯宾诺莎的哲学体系是集本体论、认识论和伦理学为一体的典范，求知和至善、知识和实践在他那里是紧密结合的，哲学研究对于他来说，绝不仅仅是获得知识，更重要的是以这种知识来指导人的行为和道德实践。最完善的知识乃是对于最高存在即神的知识，一切荣誉、财富和感官快乐最终只能使我们毁灭，神的知识和对神的爱才是我们永恒得救和自由幸福的基础，因而与对神的爱相联结的存在和继续存在，才是我们真正的自由和最高的福祉，这就是《神、人及其幸福简论》一书最后所得出的结论。

不难看出，《神、人及其幸福简论》一书的思想与《伦理学》是完全一致的，只不过《伦理学》采用了一种更为抽象生硬的几何学表述方式。相对于这一表述方式，《神、人及其幸福简论》的论说文体却有了它的优点，它使我们能更容易、更亲切地理解和接近斯宾诺莎的思想。正是这一理由，我们认为，现在把这一古老的经典哲学著作翻译出来，绝不是没有意义的事情。

洪汉鼎

北京怡斋

《神、人及其幸福简论》一书的历史*

第一节 抄本的发现

《神、人及其幸福简论》〔以下简称《简论》(Short Treatise)〕在斯宾诺莎生前没有出版，同时也未被收入斯宾诺莎死后不久于1677年11月出版的《遗著》(Opera Posthuma)中。《遗著》序言的作者甚至没有特别地提到它。他只提到《论虹》(On the Rainbow)那篇论文，认为要获得该论文的底稿是不可能的，并相信它已被斯宾诺莎焚毁。至于其余的文稿，他只是这样一般地说了说："虽然可以相信，我们的哲学家〔斯宾诺莎〕的某本著作可能仍为某个人或者其他尚未被我们知道的人所保存，然而可以断定，在那里绝不会发现在这些著作中没有被反复论述过的东西。"也就是说，这位《遗著》序言的作者认为，斯宾诺莎的思想都包含在《伦理学》(Ethics)、《政治论》(Political Treatise)、《知性改进论》(Treatise on the Improvement of the Understanding)、《通信集》(Correspondence)以及《希伯来语法》(Hebrew Grammar)这些共同组成《遗著》的著作中了。《简论》哪怕作为斯宾诺莎的一本可能失散了的著作也根本没有被提到。另外，我们还应当记住，对于《遗著》的编纂者来说，事实上对于斯宾诺莎本人也是如此，《简论》似乎被认为已由《伦理学》所代替了。因此这种对于《简论》的缄默无言是完全不奇怪的，我们不应当太强调这一点。1703年的一份报告（其真实性是毋庸置疑的），有助于证实《遗著》的出版者小利乌魏特茨〔J. Rieuwertsz (junior)①〕确实掌握着现在被称为《简论》的一个手写抄本，但在当时它十分自然地被认为只是《伦理学》的一个早期的草稿。

在1703年，哥特里布·斯多尔（Gottlieb Stolle）——西西里亚人，1717年

---

* 本文译自A. 沃尔夫（A. Wolf）的《斯宾诺莎的神、人及其幸福简论》(Spinoza's Short Treatise on God, Man and His Well-Being, London, Adam and Charles Black, 1910), ciii-cxxviii。

被委任为德国耶拿大学政治学教授——和哈尔曼（Hallmann）博士到荷兰各地游历，在那里他们会见了许多认识斯宾诺莎的人，其中在阿姆斯特丹他们会见了利乌魏特茨。利乌魏特茨把一些人写的斯宾诺莎回忆录给了他们，对于斯宾诺莎（他们这样叙述道）他表现出非同一般的感情，他眼睛里含着泪，祈愿他仍能活在人间，利乌魏特茨还向他们展示了几部斯宾诺莎著作的稿本，其中有一本显然是斯宾诺莎自己的笔迹。这（按照哈尔曼的说法）就是斯宾诺莎的《伦理学》的最初的荷兰文译本，它与已出版的《伦理学》完全不同——不是用几何学方法写的，而用的是普通方法，分为若干章，类似《神学政治论》(Tractatus Theologico-Politicus)。利乌魏特茨使他们确信，已刊印的《伦理学》比这部手抄的译本好得多，虽然后者包括了前者删略了的某些内容，如著名的"论魔鬼"那一章。利乌魏特茨说，斯宾诺莎的几位朋友有这个手稿的抄本，这个手稿之所以未出版，是由于已出版的拉丁文本是十分出色的，并经过精心编辑。这个报道虽然不完全可信，但毫无疑问，它明确地向我们提到了所谓的《简论》。斯多尔和哈尔曼写于1704年的旅行报道在1874年以前始终没有发表[原注1]。但是斯多尔在他于1718年出版的《学术史简明导论》(Brief Introduction to the History of Learning) 中复述了他关于《简论》的报道。黎曼(J. F. Reimmann) 在他于1731年出版的《神学著作概览》(Catalogue of Theological Books) 中，以及米留斯（J. C. Mylius）在他于1740年出版的《无名氏和非真名作者丛书》(Library of Anonymous and Pseudonymous Authors) 中也都复述了关于荷兰文的《伦理学》和"论魔鬼"那一章的报道。但是这些报道似乎并没有引起任何注意。因为在那些值得尊敬的学者中（包括斯多尔和黎曼在内），斯宾诺莎的名声极坏，以致都不急于去发现或寻找他尚未刊印的任何著作，已出版的著作被认为已经够多的了。在18世纪后半叶，我们确实看到了对斯宾诺莎未出版的著作表示出积极兴趣的某些迹象。尼恩具格（Nürnberg）的 C. T. 德·莫尔（C. T. de Murr）为了寻找斯宾诺莎的遗物访问了荷兰。他带回了一本斯宾诺莎对《神学政治论》做了注释的拉丁文手稿的抄本，而且报道了斯宾诺莎的《伦理学》原来是用荷兰文写成的，并且包含"论魔鬼"的一章；还报道说，后来斯宾诺莎把它译成了拉丁文，同时还把它整理成几何学的形式，由于这一点以及其他的改动，雅里希·耶勒士（Jarig Jelles）又把它从拉丁文转译成荷兰

〔原注1〕 摘自弗洛伊登塔尔（Freudenthal）的《斯宾诺莎生活史》(Die Lebensgeschichte Spinozas)（第221页以下）中关于斯多尔和哈尔曼的旅行报道。

文。大约整整一个世纪的情况就是如此。

1851年，哈勒大学的哲学教授爱德华·波麦（Edward Boehmer）也为了搜寻斯宾诺莎的珍品去了荷兰。在阿姆斯特丹，他从一位名叫缪勒（F. Müller）的有名的书商那里购得一本科勒鲁斯（Colerus）写的《斯宾诺莎的生平》（*Life of Spinoza*）的缮本。科勒鲁斯的《斯宾诺莎的生平》的第十二节十分简要地论述了这位哲学家未刊印的著作，对于这一节，波麦的缮本有一个手抄的注释（用荷兰文写的）说到，在某些哲学爱好者中间还以手抄的方式保存了斯宾诺莎的一篇论文，它虽然不是用几何学方法写的，但同已出版的《伦理学》论述的是同样的问题，同时，它的写作形式和总的要旨表明，它应该是斯宾诺莎最早的著作之一，实际上就是《伦理学》最初的草稿，而且正因为它没有采用几何学的形式——除了在"附录"中使用了很少一点这种形式外——所以对于有些人来说它比《伦理学》更易理解。在科勒鲁斯的《斯宾诺莎的生平》的同一缮本的最后，紧接着的实际上就是一篇关于《简论》的相当完整的分析②，一章接一章，像第十二节的那个注释一样，是由同一个笔迹写的。在1852年，波麦出版了他的《别涅狄克特·德·斯宾诺莎论神、人及其幸福的纲要》（*Benedicti de Spinoza Tractatus de Deo et Homine ejusque Felicitate Lineamenta*）一书，它对寻找《简论》起了新的推动作用。此后不久，《简论》的一个手抄本出现了。就是波麦从他那里得到科勒鲁斯缮本的那个书商，在一次拍卖中购得了《简论》的这个抄本。正当范·弗洛顿博士准备把它和在阿姆斯特丹浸礼派孤儿院里发现的某些斯宾诺莎的书信合并在一起予以出版的时候，《简论》的第二个（即较老的）抄本也发现了。它是由鹿特丹③的诗人亚德连·布盖尔斯（Adrian Bogaers）在他的书籍中找到的。这个（较老的）抄本通常被称为A本，另一个则被称为B本。《简论》的第一版于1862年由范·弗洛顿博士在他的《别涅狄克特·德·斯宾诺莎著作补遗》（*Ad Benedicti de Spinoza Opera quae Supersunt Omnia Supplementum*）中刊出。它同时以两个抄本为根据，并附有拉丁文的翻译。A本的一个更完善的版本在1869年由波恩大学的夏尔施密特（C. Schaarschmidt）教授出版，并且也在弗洛顿和兰德（Land）编纂的《斯宾诺莎全集》的版本中刊出（1882，1895）。现在这两个抄本都藏于海牙皇家图书馆。

第二节 抄本的历史

当发现B本的时候，同时发现，它的笔迹同波麦的科勒鲁斯的《斯宾诺莎的生平》缮本中的注释和《纲要》的笔迹是一样的，安东尼·范·德·林特（Antonius van der Linde）博士已经指明，在波麦的科勒鲁斯缮本中的那个笔迹，同我们知道是由约汉尼斯·孟尼克霍夫（Johannes Monnikhoff）所抄写的各种抄本的笔迹是完全一样的。孟尼克霍夫是阿姆斯特丹的一位医生，生于1707年，死于1787年。在B本中，《简论》正文前有一篇注明写于1743年的很长的导言，因此，这个抄本不可能是在此之前抄写的。在这同一个本子的后面，还有一个《神学政治论注释》（Notes to the Tractatus Theologico-Politicus），它们都出自同一手迹。导言似乎是孟尼克霍夫作的，而《简论》及《注释》显然是由他抄的。我们之所以说那个是孟尼克霍夫的笔迹，是根据下述事实确定的：藏于海牙图书馆的那几部完全是用同一笔迹写成的抄本，都有一篇由他署名的导言。拿这些抄本中任何一本由约汉尼斯·孟尼克霍夫署名的一些诗句的真迹同B本一些页上的真迹加以比较，我们就能得出这样的结论。据发现该书的书商缪勒说，《简论》的B本附有一部斯宾诺莎翻译的笛卡尔的《哲学原理》（Principia）的荷兰文的手抄译本。但是，在只包括一篇论述斯宾诺莎生平及其著作的导言、《简论》和《神学政治论注释》的羊皮纸四开本里却没有这部手抄译本，一点痕迹都没有。然而，在该卷书的书脊上，书名明显是不完全的，它成了这样：

别涅狄克特

遗

在这卷书的书脊上应当有整个书名的其余部分，显然缺少了第二卷，即：

别涅狄克特·德·斯宾诺莎

遗著

这是非常可能的，因为在另一部也是由孟尼克霍夫抄写的两卷集的抄本中，著作的书名同样也是分别写在两卷的书脊上的。而缺少的那一卷可能包括了《哲学原理》，或者也许是某一本别的著作，这都是可能的，因为《哲学原理》早已用荷兰文或拉丁文出版了。值得注意的是，B本里的导言还给出了《简论》一书的摘要，这个摘要同波麦的科勒鲁斯缮本中的那个"纲要"实际上是相同的。

　　A本是一卷更厚的四开本，包括《简论》、《神学政治论》以及《神学政治论注释》，全部是荷兰文，但是《注释》并不像该卷的其他著作那样是同一个笔迹。显然，A本较B本早，因为可以从那个笔迹看出来，它属于17世纪，而且很多已经褪色。另外，即使粗略地检查一下也能明显地看出，抄写 B 本的人也勤勉地从事过 A 本的工作，A 本包含许多——虽然多半是不重要的——像 B 本一样的由同一个笔迹添加的东西，例如，在全卷的开端就有用孟尼克霍夫的笔迹写的如下书名页——

别涅狄克特·德·斯宾诺莎的著作，包括

I. 论神、人和他的幸福

II. 神学政治论

该两部著作及作者的注释均根据拉丁文译出

在《神学政治论》和《注释》的前面也有用同样的笔迹写的单独的书名页。另外，在目录之后有一帧斯宾诺莎的肖像，这显然是由孟尼克霍夫插入的，这幅肖像画可能是他从 1677 年编辑的《遗著》版本里得到的，而在肖像的对面（即左边）是几行有关赞美这帧肖像的诗句，从书法到思想都非常像孟尼克霍夫署名的已有真迹的那些诗句，还有许多标题页和章题页以及前后参照也都是孟尼克霍夫的笔迹。偶尔，他还在原文中插入一个字，或者重抄某个已经无法辨读的注释，这可以从对这种注释的相应的复制中看出来。由原笔迹写的已无法辨读的旁注被画上了十字予以抹销，而孟尼克霍夫把它作为一个脚注重新书写。为了比较，我们也将 B 本相应的那段翻印出来。

所以，这是清楚的，A 本较 B 本早，而且抄写 B 本的人知道 A 本并使用了 A 本。但是 A 本是什么时候以及由谁抄写的呢？如上所述，它的笔迹是属于 17 世纪的，但是肯定不是斯宾诺莎本人抄写的。这点从书名页来看是一目了然的，它（是用与大部分抄本同样的笔迹写的）明白地告诉我们，《简论》原作是用拉丁文撰写的，因斯宾诺莎某些门人的缘故而加以翻译，这个书名页（或者序文，我们也可以这样称呼它）的整个语气一点也不像我们应当从斯宾诺莎那里看到的东西。此外，斯宾诺莎自己的手迹〔原注1〕也完全消除了关于这个问题的疑问。有人曾提出：A 本是由一个名叫威廉·铎尔霍夫（William Deurhof）的荷兰神学家和笛卡尔的信徒抄写的。这个意见是根据下面这种颇似真实的事实得来的，即由孟尼克霍夫抄写的相当多的其他抄本全部都是铎尔霍夫的著作——上面提到的由孟尼克霍夫署名的诗句，的确也在一本这样的抄本上被发现，其对面就是铎尔霍夫的一幅肖像。因此，推测孟尼克霍夫是根据 A 本而抄写了 B 本，

〔原注1〕 见英译本第 60 页。

这似乎不是牵强附会的，主要是因为这个 A 本是铎尔霍夫的手迹。但是遗憾的是，要与铎尔霍夫的真正的手迹做一番比较却不可能。至今已经发现的铎尔霍夫的唯一真正的手笔是他在 1685 年写下的那个签名，把它作为验证确实性的依据似乎是不充分的。曾见过该签名的 W. 迈耶尔（W. Meyer）博士认为，它反倒有利于证明 A 本是由铎尔霍夫抄写的这种推测不能成立。而且 A 本书名页上的序文的语气也无助于证明这点，因为铎尔霍夫对斯宾诺莎不会有那种赞美。反之，提出下述这种看法倒可能是有道理的，即 A 本原是铎尔霍夫所有的，孟尼克霍夫是从他那里得到的。

  W. 迈耶尔博士曾经提出过一个有趣的意见，认为 A 本最初是雅里希·耶勒士所有——也许他本人得到的《简论》和《神学政治论》都只是这两书的译本的抄本。耶勒士是斯宾诺莎最老最亲密的朋友之一，他曾支付了刊印斯宾诺莎的《笛卡尔哲学原理》的拉丁文本和荷兰文本的出版费用。耶勒士是一位经营香料的商人，他不认识拉丁文，可能就是因为这个原因他说服了彼特·巴林（Pieter Balling）把斯宾诺莎的《笛卡尔哲学原理》译成荷兰文。显然，他还持有译成荷兰文的《神学政治论》，并且准备在 1671 年将其出版。因为，斯宾诺莎在那年致耶勒士的一封信中曾恳请他不要出版《神学政治论》的荷兰文译本，因为这可能导致连它的拉丁文版本也被禁止。因此直到 1693 年为止，这篇论文的荷兰文译本始终没有问世，而随后在 1694 年出版的则是另一个译本。现在包括在 A 本中的《神学政治论》的荷兰文译本同上述其他两个译本都不一样，它非常可能是比 1694 年的那个译本还要早的本子，因为在其他两个译本已经出版之后再搞一个新译本是不大可能的，况且 A 本有打算出版的迹象。所以，W. 迈耶尔博士提出：包含在 A 本中的荷兰文译本就是准备在 1671 年出版的那个译本，但是由于斯宾诺莎的恳请而未出版。既然《简论》出于同一个手迹，那么根据序文判断，它似乎也是打算出版的。W. 迈耶尔博士认为耶勒士也持有这个已译成荷兰文的译本，并且他准备把它同《神学政治论》合在一起出版。W. 迈耶尔博士甚至推测这两个译本都是由路德维希·迈耶尔（Ludwig Meyer）博士译的，但是这个推测缺乏确实的证据。

  我们想问的是 A 本同 1703 年所报道的利乌魏特茨向斯多尔和哈尔曼展示的那个手稿是否可能不是同一个本子的问题。但是报道的措辞并没有确定那个手稿到底是斯宾诺莎自己的手迹还是那位书商的父亲的手迹。而且，无论如何，在书名页序文中的那个说明，即《简论》原来是用拉丁文写的这点他们是不会视而不见的。再者，既然他们毫不怀疑地报道说斯宾诺莎最初是用荷兰文写那个手稿的，那么就只有这种可能性：他们当时看到的是一个不同的抄本。无论如何，这是没有疑问的：17世纪末，在斯宾诺莎的各种朋友和读者之中还保存着一些《简论》手抄本，而A本很可能就是这些抄本中的一本。

然而，不管是A本还是B本，都声称只是拉丁文的译本，或者是译本的抄本，而绝不是荷兰文原本的抄本。这一点根据对这两个抄本原文的鉴定也可以得到证实。这两个抄本包含着各种各样的错误，而这些错误只能从它们是对拉丁文的误译这种假定得到解释。这些错误中的一些将在注释中予以指出。

Cxviii　此外，A本甚至也不可能是译本的原本，因为它有几处错误只能从它们是对荷兰文字的误读这种假定得到说明，（例如）在行文中凡需要写 aldervrijste（最自由的）的地方均写成了 alderwijste（最有智慧的）。而要把B本看作《简论》的一个独立的译本，就其似真性而言则较A本差得更远。乍看起来似乎最合理的假定是：A本本身是一个较老的抄本的抄本，而B本多半是A本的一个抄本。很多内在的证据在很大程度上也证实了这种假定。

第三节　两个抄本的比较

大体上说，两个抄本实际上对于《简论》做了同样的翻译，虽然有许多小的差别，但这些差别大部分在我们现在这个译本中已予以指明。在外观的整洁和词句的流畅方面，B本则远优于A本。在A本中，我们有时会发现，对于正文的注释和附加的东西④完全书写在一页书的四周——正文的上下左右都是，有时简直难以识别哪个是指正文，哪个是指注释。反之，B本的排列十分清楚、整洁。两个抄本在行文方面也表现出一些类似的差别。A本中的标点有时非常杂乱——整个一连串的冒号和分号把没有真正联系的思想连在一起了，而在另一些时候，句点却把应连接起来的东西割断了。偶尔，对于翻译专门术语费力的地方似乎也都回避了，它们干脆就简单地用拉丁文的形式表示。所有这些或

Cxix　者几乎所有这些不合规范的现象在B本里都没有了——标点是非常标准的，而诸如"先天的"（a priori）、"后天的"（a posteriori）、"属性"（attributum）、"本质"（essentia）、"观念"（idea）等等，一般也均翻译成了荷兰文，而且不是简单地复抄。在A本中，《简论》的第二篇，除了一些解释性的注释外，还有许多页边正文摘要；B本把这些摘要几乎全部删去了，并且还删去了某些注释。

这两个抄本除了这些相对地说仅是外观上的差别之外，还有一些更为重要的差别。A 本常有的某个句子或语词，B 本则省略了；反之，B 本所有的重要的句子或语词，只有在较少的情况下 A 本是没有的。另外，A 本有的许多错误，在 B 本中则没有发现；反之，只有极少数的情况，在 A 本中的某段是正确的，而在 B 本中则是错误的。所有这类实例将会在我们相应的翻译和注释中发现，虽然标点偶尔做了些必要的改动。但是就一般而言，上述这些就是《简论》两个抄本之间的关系。

从上述情况可以合理地得出怎样的结论呢？有些人（例如夏尔施密特⑤）则想尽量地缩小 A 本和 B 本间的差别，并提出孟尼克霍夫在 B 本中对 A 本所做的修改乃是或多或少地擅自搞的，因为在孟尼克霍夫之前除了 A 本之外他没有任何其他的抄本；夏尔施密特还提出，孟尼克霍夫在他自己的抄本里做出这许多更改，很可能是他纯粹以自己的常识或爱好为指导的。用这种方式确实可以解释 A 本和 B 本间的众多差别。然而 Ch. 雪格瓦特（Ch. Sigwart）主张，这种方式要解释所有的差别几乎是不可能的。他倾向于相信（我们认为是正确的）孟尼克霍夫除了 A 本之外还持有某个别的抄本〔原注1〕，这个抄本使他能够对 A 本做出那么多的修改。然而，这是清楚的：这个假设的"别的抄本"（如果孟尼克霍夫确实有另一个可资参考的本子的话）不可能是原来的拉丁文手稿或它的抄本，因为如果是那样的话，那么他的一些错误就不会产生。十之八九，它甚至也不是那个原始的独立的荷兰文译本，因为如果是那种情况的话，那么 B 本同 A 本很可能就不会像现在那样有那么多的共同之处了。孟尼克霍夫可能参考了另一个《简论》的荷兰文译本（除了 A 本之外），这一点从下述事实来看似乎是可能的：例如（像哈尔曼报道的）利乌魏特茨曾拥有这另一个荷兰文抄本，在孟尼克霍夫居住的阿姆斯特丹还可能有其他的抄本。同时，下述情况也是可能的：孟尼克霍夫手边只有那个 A 本，而他本人长于鉴定的见识使他做出了这许多校正和更改。

Cxx

第四节 《简论》的组成

即使粗略地考察一下《简论》，我们也会发现，它显然不是一个单一的整

〔原注1〕 这个假设的第三个抄本一般称为 C 本。

体，而是一个由若干部分组成的复合体。再进一步细读就会发现，各个部分表示了不同发展阶段的思想的不同层次。在《简论》中，比较其外部的差异就足以使我们把它区分为四个独立的部分，即：

(i) 论文的大部分正文（两部分）；

(ii) 所谓脚注或页边附加的文字；

(iii) 在第一部分第二章后面的两篇对话；

(iv) 在论文最后的所谓"附录"。

同时我们可以说，整个《简论》是斯宾诺莎的著作这一点，肯定是没有人怀疑的。对其真实性可能有怀疑的部分只是某些注释。在 A 本中，第二部分的许多注释显然只是页边摘要，而这些摘要不是斯宾诺莎作的，毫无疑问，正因为这个原因孟尼克霍夫几乎把它们全部删去了。《简论》所有已刊印的版本和译文也都删掉了这一部分。有些保留下来的注释（或附加的文字）也可能出自斯宾诺莎以外的其他人之手，A 本书名页上的序文就是这样。然而许多长注肯定是斯宾诺莎自己写的，这点孟尼克霍夫在 A 本中写的那个外加的书名页上（在上面已引用）说得非常清楚⑥，同时，在波麦的科勒鲁斯缮本中的那个"纲要"也明确地说过斯宾诺莎为了进一步解释和阐明他的见解加了些注释。至于《简论》的其余部分都是斯宾诺莎写的则是毋庸置疑的。上述传说的关于他的荷兰文的《伦理学》和"论魔鬼"那一章，以及他的书信中的某些话——在我们试图确定它的写作时间时将对这些话加以讨论——都充分证实了这两个抄本的书名页上所说的斯宾诺莎的著作确实是斯宾诺莎写的。

虽然我们现在得到的整个《简论》（那些可疑的注释除外）是斯宾诺莎写的，但显然不是他在同一时期写的。我们现有的是一个最初的草稿以及想对它不断加以改正、补充或使它的各部分一致起来的东西。大部分正文代表了那个最初的草稿。各章虽然已稍为松散地连贯了起来，但思想或表述的前后不一致仍没有消除。一些所谓的注释和页边附加的文字实际上就是对相应的正文做出的新解释，这部分正文斯宾诺莎显然是想加以改写的。它们在思想上常常表现出一种明显的进展，即要在《简论》和《伦理学》这两部书之间的悬隔上架起过渡的桥梁。两篇对话，在假定了《简论》的其他部分中已经阐明的东西的基础上，详细叙述了一些特殊的论点。像第一个附录一样，它们也是在说明形式方面的一种试验。显然斯宾诺莎很快就意识到他的说明形式不是柏拉图对话录的那种撰写方法。第二个附录是与详细说明某个特殊论点有关的。正如我们上面已经说过的，第一个附录是使用几何学说明形式方面的一种试验，并且和《伦理学》密切相关。《简论》向我们展示了斯宾诺莎在他的工场里为他宏大的知识之厦逐渐加工材料的过程。关于这个问题当然是格外令人感兴趣的。但是要精确地确定《简论》各个部分写作年代的次序实际上是不可能的，有一个时候人们曾推测"对话"是《简论》最早的部分。然而弗洛伊登塔尔却指出它们一定是在《简论》的主要正文写作之后才写的，因为它们采用了在该著作的其他部分中已经做过解释的各种观点的知识。因此，我们完全可以有把握地断言：注释、"对话"以及"附录"较《简论》的其他部分要晚⑦。要确定该著作的哪些部分是最后加的，这也是可能的。在本书的注释里我们会找到有关这些问题的详细说明。但是必须立即予以注意的是，我们现在正在论述的这部著作是一本从未正式准备出版的著作，因为斯宾诺莎后来终于决定用几何学的形式重写他的哲学解释，如我们在《伦理学》中所见到的那种形式。《简论》现在的编排可能是由他的某个门人做的，以其能力很难保证不误置某些部分和删掉另一些部分并保留了一些本来应予废弃的段落。偶尔也由于抄写者缺乏辨别以致把读者的一些评论似乎也插进正文中去了。

第五节 《简论》的来源和性质

Cxxiii

要非常准确地确定《简论》是在什么时候开始写的，这是困难的，但要确定它是在什么时候完成的，则比较容易。大约在1661年底，斯宾诺莎在致奥尔登堡的信中写道："关于你提出的新问题，即事物是怎样开始存在的，以及它们和第一原因之间是什么依赖关系，关于这个问题，还有关于知性的改进问题，我已撰写了一部完整的小册子，现在我正忙于抄写和修改它。然而，有时我却把这项工作置于一边了，因为我还没有确定是否要出版它。我唯恐当代的神学家们会发怒，并以他们平素的积怨攻击我，我极端嫌恶争吵。"从这段话里可以清楚地看出，斯宾诺莎虽然早期曾充分地谈到过考虑《知性改进论》的出版问题，但是它不可能是斯宾诺莎在这里提到的唯一的论文，因为该书没有包含任何关于事物的起源以及它们对第一因的依赖问题，这些问题主要同斯宾诺莎提到的这本小册子有关；同时，《知性改进论》也没有包含任何促使斯宾诺莎唯恐它会激起神学家们积怨的正当理由。在这封信里，斯宾诺莎只能是指《简论》，它的形式和内容证明它是一部比《知性改进论》更早的著作。在斯宾诺莎给奥尔登堡写上述那封信的时候《简论》一定已经完成了，但由于他当时致力于研究培根和哲学方法的问题——他同奥尔登堡也曾讨论过这个问题——他似乎已经开始写《知性改进论》了，打算把该书作为他整个哲学（大部分内容包括在《简论》中）的一个总的导论。上面已经引证过的《知性改进论》的开头几段，如果只是作为认识论的导论就很不恰当了，因为它们涉及整个哲学。斯宾诺莎对几何学方法的日益偏爱和他把这种方法运用到《笛卡尔哲学原理》的成功的试验以及他的某些见解的逐渐修改，不久即导致他开始对他的哲学做一种新的解释，如他最后在《伦理学》中所给出的。而《简论》因此就逐渐被忽视了。但是毫无疑问，它在1661年就已经完成了，很可能还在那一年之前就已经完成了，如果我们计及撰写《知性改进论》——虽然现在是一个残篇甚至可能比当时更加不完整——仍必须占有他一些时间的话。

因此，《简论》的大部分正文在不迟于1661年时就一定写好了。但下面这一点似乎也是同样清楚的，即它也不可能在1660年以前就完成——那就是说，在他移居莱茵斯堡以前。我们提出这种看法的理由可以在《简论》第二部分结束的那一段话里找到〔原注1〕。它实际上是写给他的朋友的一封信，他正要把《简论》（在写"附录"之前）的整个手稿寄给他们。这封信的语气和内容强烈地暗示出它是写给远处的朋友的。这些朋友是谁，这是不难推测的。他们即巴林、耶勒士、梅耶尔以及那个哲学小组的其他成员，其后斯宾诺莎还把《伦理学》手稿中已完成的部分寄给了他们。当时，他的朋友在阿姆斯特丹。假如斯宾诺莎尚住在阿姆斯特丹或其附近的话，那么对他来说写那种劝告就大可不必了。所以，它一定是在斯宾诺莎已经离开阿姆斯特丹及其附近之后到了莱茵斯堡才写的，而这发生在1660年初。

因此我们断言《简论》在1660年之前没有完成。但是，正如上面已经提到的，它可能早在1660年之前就开始写了。它的多数章节或者它的绝大部分章节可能包含了斯宾诺莎当时去阿姆斯特丹向他的门人讲授时口述的注释的内容。关于这点，根据上面所说的《简论》最后结束的那段话旁边的一个页边摘要〔原注2〕似乎多少可以得到证实。这个注释似乎是由斯宾诺莎的一个门人放在那里的，他把《简论》说成是口述的，而正文则说它是写的。很可能，斯宾诺莎在阿姆斯特丹时实际上向他的朋友们口述了《简论》的中心部分，但完整的

〔原注1〕 见《简论》第二编第二十六章的最后一段。
〔原注2〕 见《简论》第二编第二十六章的最后一段的第一个注。

《简论》一定是以手稿的形式从莱茵斯堡寄给他们的。

阿芬那留斯（Avenarius）曾提出，《简论》全然是一部青年时代的著作："对话"大约写于1651年，而大部分正文则写于1654或1655年。这个推测很大程度上是建立在下述假定的基础上的，即《神学政治论》在1661年或更早的时候就已经完成了。但是现在我们知道，斯宾诺莎直到1669年或1670年才完成该书。所以，即使《简论》同它比较起来是相当粗糙的，这一点也未必能迫使我们去臆断在1661年之前很久《简论》就写成了，并且内在的证据也否定了像1655年那样早的日期。第二部分最后结束的那段话的语气表明，斯宾诺莎在撰写该书时在哲学小组的朋友们中已获得了某种权威。他不可能在二十二三岁时就用那种语调说话。另外，他所说的"时代的特征"也似乎是指他自己被逐出教会这件往事。此外，《简论》对于特殊的基督教的教义以及对它们的重新解释（"神子"、"复活"、关于《摩西律法》中的"罪"以及"神恩"）表现了一种兴趣。斯宾诺莎必须在基督教的环境里经过若干时间的颠簸才会对基督教神学问题感到有那样的兴趣。他作为例证举出的人物都是《新约》中的，甚至他还专门写了犹太人很少感兴趣的"论魔鬼"那一章。所有这些都有助于证明下述这种推测，即斯宾诺莎在脱离犹太人侨民团体（1656年）之后几年才开始动手写《简论》。因此，弗洛伊登塔尔主张它一定是在1658年至1660年写成的。我们赞同这种看法，但同时承认：某些附加的文字可能写于1660年以后，而《简论》的某些部分或它的某些见解可能始于斯宾诺莎被开除出教会之前，因为当时控告他的罪状之一就是他声言广延是上帝的一种属性。[cxxvi]

最后，值得注意的是，当斯宾诺莎初次登上著述家舞台时他已经是一个泛神论者了。他的泛神论无论在哪种意义上都不是对笛卡尔主义的一种发展：他从笛卡尔主义出发，立即又从泛神论观点去批判了笛卡尔的二元论。他之所以采用泛神论观点，一部分可能是由于犹太人的神秘主义，摩台勒（Morteira）和本·伊色拉尔拉比（Ben Israel）一定使他熟悉了这些东西，他们两人都强烈地倾向于神秘主义；同时部分可能是由于布鲁诺，正如前面已经提到的，范·丹·恩德（van den Enden）可能曾指点过他注意布鲁诺的著作。像在我们的"注释"中将予以指出的，《简论》还表明他相当熟悉笛卡尔的著作，并颇受其惠。但斯宾诺莎从来就不仅仅是个犹太神秘主义者或布鲁诺或笛卡尔的追随者，[cxxvii]他从一开始就有他自己独特的见地，我们可以打比方说，他从一开始就是他自己的建筑师，虽然他是从许多不同的领域取得他的砖瓦的。

第六节 《简论》的文献

(1) 版本与译本

W. 迈耶尔：《简论》(*Korte Verhandeling*)（现代荷兰文译本，及波麦的《纲要》的新版本），阿姆斯特丹，1899 年。

C. 夏尔施密特：《别涅狄克特·德·斯宾诺莎〈神、人及其幸福简论〉》(*Benedicti de Spinoza "Korte Verhandeling van God de Mensch en Deszelvs Welstand"*)（荷兰文原文及拉丁文导言），阿姆斯特丹，1869 年。

《斯宾诺莎的简论》(*Spinoza's Kurzgefasste Abhandung*)（德文译本）第三版，莱比锡 (Leipzig)，1907 年。

Ch. 雪格瓦特：《斯宾诺莎的简论》(*Spinoza's Kurzer Tractat*)（有导言及注释的德文译本），弗莱堡 (Freiburg)，1870 年。

J. 范·弗洛顿：《别涅狄克特·德·斯宾诺莎著作补遗》(*Ad Benedicti de Spinoza Opera quae Supersunt Omnid Supplementum*)（荷兰文原文及拉丁文翻译），阿姆斯特丹，1862 年。

范·弗洛顿及兰德编纂的《斯宾诺莎全集》。原文收入该全集 1882 年版本的第二卷及 1895 年版本的第三卷。

(2) 其他著作

R. 阿芬那留斯：《关于斯宾诺莎泛神论的头两个阶段》(*Ueber die beiden ersten Phasen des Spinozischen Pantheismus*)，莱比锡，1868 年。

A. 伯尔采 (Baltzer)：《斯宾诺莎的发展过程》(*Spinoza's Entwicklungsgang*)，基尔 (Kiel)，1888 年。

E. 波麦：《别涅狄克特·德·斯宾诺莎论神、人及其幸福的纲要》(*Benedicti de Spinoza Tractatus de Deo et Homine ejusque Felicitate Lineamenta*)，哈勒 (Halle)，1852 年。

L. 培司 (L. Busse)：《斯宾诺莎发展史论文集》(*Beiträge zur Entwickelungsgeschichte Spinozas*)，1888 年。

J. 弗洛伊登塔尔：《斯宾诺莎和经院哲学》(*Spinoza und die Scholastik*)［收

入呈献给泽勒（Zeller）的《哲学论文集》]，莱比锡，1887 年。

——《斯宾诺莎研究》（*Spinozastudien*）（《哲学杂志》108、109 卷），1896 年。

——《斯宾诺莎身心平行论学说的发展》（*Ueber die Entwicklung der Lehre vom psychophysischen Parallelismus bei Spinoza*）（《心理学全集》IX），莱比锡，1907 年。

C. 格布哈特（C. Gebhardt）：《关于斯宾诺莎的知性改进论》（*Spinozas Abhandlung ueber die Verbesserung des Verstandes*），海德堡（Heidelberg），1905 年。

M. 约尔（M. Joel）：《斯宾诺莎学说的起源》（*Zur Genesis der Lehre Spinozas*），布雷斯劳（Breslau），1871 年。

Ch. 雪格瓦特：《斯宾诺莎的新发现论文》（*Spinozas neuentdeckter Tractat*），哥达（Gotha），1866 年。

A. 特兰德伦堡（A. Trendelenburg）：《关于斯宾诺莎著作的补充发现》（*Ueber die aufgefundenen Ergänzungen zu Spinozas Werken*）（载《历史论文集》第三卷），柏林，1867 年。

在下列关于斯宾诺莎生平或哲学的更为一般性的著作中也可以发现各种有关《简论》的情况：

R. A. 浦夫（R. A. Puff）：《斯宾诺莎的政治的与伦理的哲学》（*Spinoza's Political and Ethical Philosophy*），格拉斯哥（Glasgow），1903 年。

K. 费舍（K. Fischer）：《斯宾诺莎》（*Spinoza*），第四版，海德堡，1898 年。

J. 弗洛伊登塔尔：《斯宾诺莎生活史》（*Die Lebensgeschichte Spinozas*），莱比锡，1899 年。

——《斯宾诺莎传》（*Das Leben Spinozas*），斯图加特（Stuttgart），1904 年。

H. H. 约阿金（H. H. Joachim）：《斯宾诺莎伦理学研究》（*A Study of the Ethics of Spinoza*），牛津，1901 年。

J. 马铁努（J. Martineau）：《斯宾诺莎研究》（*A Study of Spinoza*），第三版，伦敦，1895 年。

F. 波洛克（F. Pollock）：《斯宾诺莎》（*Spinoza*），第二版，伦敦，1899 年。

E. E. 波卫尔（E. E. Powell）：《斯宾诺莎与宗教》（*Spinoza and Religion*），芝加哥，1906 年。

A. 里伏德（A. Rivand）：《斯宾诺莎哲学的本质和存在概念》（*Les Notions*

d'Essence et d'Existence dans La Philosophic de Spinoza），巴黎，1906年。

注　释

① 小利乌魏特茨即老利乌魏特茨（斯宾诺莎的朋友，书商）之子。根据斯宾诺莎死前的嘱咐，他未出版著作的手稿委托给老利乌魏特茨。见《斯宾诺莎传》第八章，第91页。

② 即斯宾诺莎的《神、人及其幸福简论》一书的纲要。

③ 鹿特丹，荷兰港口。

④ 所谓"附加的东西"，是指在正文旁边所做的内容摘要，有些是斯宾诺莎自己加的，有些不是，见下面第四章。

⑤ 夏尔施密特即在1869年刊印《简论》A本的人，见第一章。

⑥ 见第二章。A本书名页上说道"该两部著作及作者的注释……"，这句话表明《简论》的有些注释确是斯宾诺莎写的。

⑦ 这是一派斯宾诺莎研究家的意见，另有一派斯宾诺莎研究家根据第一篇对话里的布鲁诺思想，判定该篇对话早于《简论》，是斯宾诺莎最早的哲学论文。

斯宾诺莎《神、人及其幸福简论》一书纲要*①

论文包括两部分及一篇附录

这部论文**第一篇**分为十章。

第一章内，作者指明，他有一个神的观念。根据这一观念，他把神界说为一个由无限多属性所构成的存在，其中每一属性在其自类中皆是无限圆满的；然后，他由此推出：存在属于神的本质，或者神必然存在。

为了进一步说明在神的本性和本质里特别寓有怎样的圆满性，作者在第二章内转而考察实体的本性。作者试图证明，实体必然是无限的，因而只能有一个唯一的实体存在；〔虽说实体可能是有限的或无限的〕一个实体不能为另一个实体所产生，但一切存在的事物都属于这个唯一的实体（作者称之为神）；并且，思想的本性和广延的本性是神的两种无限属性，其中每一属性在其自类中是绝对圆满的和无限的；因此，一切有限的和有限制的个别事物（像他以后要更详尽说明的），譬如人的心灵和身体等，必须被理解为是这些属性的样态，这些属性通过这些样态，以及实体或神又通过这些属性以无限的方式显示出来。而在对话中，这一切得到了更详尽的阐明和更充分的发挥。

由此在第三章中推出，神是在怎样的意义下成为事物的原因，而且是一个固有因（causa immanens），等等。

但是，为了指出根据他的看法，何为神的本质的属性，作者转到第四章，在这一章里，他证明：神是万物的必然的原因；并且万物的本性不能与现在实际存在的本性有所不同，或者为神以另一种形式或秩序所产生，除非神能够获得另一种本性或本质，这种本性或本质不同于那种属于其现有的和无限的存在

---

* 本文根据 C. 格布哈特主编的德文版《斯宾诺莎全集》（Baruch De Spinoza, *Sämtliche Werke in sieben Bänden*, Felix Meiner Verlag, Hamburg, 1965）第 1 卷（*Kurze Abhandlung von Gott, dem Menschen und seinem Glück*, PhB 91）译出。

的本性或本质。这些事物赖以存在和活动的所谓原因或假定的必然性，在这里被称为神的第一性质。

第五章考察了一种作为神的第二性质的冲力（荷兰文 poginge，拉丁文 conatus），据作者看来，这种冲力规定了整个自然特别是每个事物力求去保存其状态和本质。这种冲力就其涉及事物的整体而言，被称为神的普遍的天道（Gottes allgemeine Vorsehung），但就其涉及每一个处于与自然的其他部分的联系之外的个体事物自身而言，这种冲力又被称为神的特殊的天道（Gottes besondere Vorsehung）。

然后，在第六章内，预定（prädestination）或预先规定性（Vorherbestimmung）作为神的第三性质被提出来，这个性质广及整个自然，特别是每个事物，并且排除了一切偶然性。这一理论主要是建基在第四章，因为在那里假定了一个基本原理：宇宙（作者称之为神）按本质和存在来说皆是必然的，凡存在的一切事物都属于它，所以，从这个错误的原理就推出一个不可避免的结论：从中不可能出现任何偶然的东西②。作者为了扫除某些已提出来的反对意见，逐一地陈述了他关于产生恶、罪孽和谬误等的真正原因的思想。如是，结束了对神的基本性质的研究。然后，作者从这里转到第七章，在这章内列举了神的诸种特性，他把这些特性解释为相对的、非本质的，或者干脆就把它们解释为是神的本质属性的一些标志。趁此机会，对逍遥学派③哲学家在关于神的界说的性质和神存在的证明方面所提出与散布的意见予以简单的考察和驳斥。

接着，作者为了使读者明确地理解产生自然的自然（Natura Naturans）和被自然产生的自然（Natura Naturata）之间的区别，他在第八章和第九章内，对这个问题做了简要的叙述。

然后，在第十章内，与第六章一样，证明了人们在形成某些一般概念（Gemeinbegriffe）并用来与事物加以联系和比较之后，才形成了善与恶的概念；他们把与一般概念相符合的事物称为善，而把与一般概念有所区别的、不相符合的事物称为恶；所以，善和恶不是别的，而只是思想存在物（Ens rationis）或思维的样态。

这样就结束了这部论文的第一篇。

在**第二篇**里，作者陈述了他对人的存在状态（Zustand）的看法。首先，人如何陷溺于激情，并为其所奴役；其次，人的理性作用能达到何种范围；最后，人通过怎样的方式才能获得他的幸福，并达到他的圆满的自由。

他在这一篇的序言中,对人的本性做了简短的说明,然后,在第一章内,讨论了各种不同种类的认识或概念,并且讨论了这些种类的认识或概念是如何在人身上以四种方式出现或产生的。这四种方式是:

1. 通过传闻,通过某个故事或其他符号;
2. 通过单纯的经验;
3. 通过正直的纯粹的理性或真信仰;
4. 通过内在的享受和对事物本身的明晰的直观。

所有这一切都是通过由三数法则(Regula de tri)引出的例子④得到阐明和解释的。

现在,为了对这四种认识方式的功效有一清楚而且明晰的认识,在第二章里首先提出了它们的界说,然后特别讨论了每一种认识方式的后果:第一种、第二种认识方式的后果⑤是被动性或激情,这些情感与正直的理性是抵牾的;第三种认识方式的后果是善良的欲望;第四种认识方式的后果是真正的爱及其一切结果。

在第三章内,首先讨论了激情,这些情感起源于第一种和第二种认识方式,即起源于意见,像惊异、爱、恨和欲望。

然后,在第四章内,指出了第三种认识方式对于人具有何种效用,这种方式教导人如何在真正的理性指导之下生活,并鼓励他们去追求唯一值得爱的事物;指导人鉴别并舍弃从意见中产生的激情,并给他们指出,他们应当如何追求或回避激情。为了更具体地指出理性在这方面的效用,我们的作者讨论了:

第五章,爱

第六章,恨和厌恶

第七章,欲望、快乐和痛苦

第八章,尊敬和轻蔑,卑谦和自尊,骄傲和自卑

第九章,希望和恐惧,确信和绝望,犹豫、勇敢、大胆和好胜,怯懦和惶恐,以及最后是猜忌

第十章,惋惜和懊悔

第十一章,讥讽和嘲笑

第十二章,荣誉、耻辱和无耻

第十三章,嘉奖、谢忱和忘恩

最后第十四章,悲伤

当作者把他认为对于激情应当说明的一切都陈述完毕之后，接着他转到第十五章，在这章内，论述了真信仰或第三种认识方式的最后一个后果，这个后果使我们区分和认识真理与谬误。

当斯宾诺莎按照他的思想解释了何为善和恶、真和假以及何为一个圆满的人的幸福所在之后，他认为有必要去探讨我们是自愿地还是被迫地达到这种幸福的。

对此问题，他在第十六章里指出了何为意志，并宣称意志绝不是自由的，我们意愿这个或那个，肯定或否定这个或那个，完全是由外在的原因所决定的。

但是为了不使我们把意志和欲望混为一谈，作者在第十七章内指出了两者间的区别。正如他对理智和意志的看法一样，他把欲望也同样解释为不自由的，他把所有欲望理解为如同这一意愿或那一意愿一样，皆是由外在的原因所决定的。

为了使读者接受上述这些观点，作者在第十八章内更详尽地逐一证明他认为这些观点所具有的优点。

但是，人们现在是否能通过前面提到的信仰或第三种认识方式享受最高的善和达到最高的福祉，以及从坏的激情中解放出来呢？〈为了解决这些问题〉我们的作者在第十九章以及关于后一个问题的第二十章内，探讨了心灵是如何同身体结合的，心灵如何通过身体而感受到不同的情感，这些被他在善或恶的形式下理解的情感都被看成所有不同的激情的原因。根据这一篇的第一章，这样的意见⑥——通过这种意见，上面提到的身体的情感得以理解为善的或恶的，因而激情得以产生——在第一种认识方式里，是建基在传闻或任何其他的外在名号之上的，或者在第二种认识方式里是建基在我们自己的经验之上的，所以，作者在第二十一章就得出了这个结论：因为凡存在于我们自身之内的东西较之由外界而来的东西对我们影响更大，因此，理性能够成为消除那种我们仅仅是通过第一种认识方式而获得的意见的原因，因为理性不同于这种意见，它不是由外界进入我们心内的；但是理性绝不能成为消除我们由第二种认识方式而获得的那种意见的原因，因为我们内心所享有的东西是不能为某种在我们之外的，以及我们仅仅通过理性才能观察到的强有力的事物所制服的。

因为理性或第三种认识方式没有能力引导我们达到幸福，或者克服来自第二种认识方式的激情，所以斯宾诺莎在第二十二章内探讨了达到此目的的真正手段究竟是什么。既然神是能够为心灵所认识和占有的至善，那么作者得出结论说：如果我们一度深入与神的统一之中，或者深入神的知识和对神的爱之中，有如深入我们以身体所享有的因而获得的知识之中一样，也就是说，深入这样一种认识之中：这种认识并非来自理性的推理，而是在于一种内在的享受和一种与神的本质的直接统一，如果是这样，那么我们通过第四种认识方式就达到了我们最高的拯救和我们最高的福祉；因此，这最后一种认识方式对于达到我们最高的拯救和最高的福祉来说，不仅是必要的，而且也是唯一的一种手段。由于这种知识在我们身上产生了最卓越的结果和不变的恒久性，作者把它称为享有它的人的再生。

既然按照作者的意见，人的心灵是某个特定的事物在思想本质中的观念，而这个事物是心灵通过观念与其结合起来的，那么他由此就在第二十三章里推论出：心灵的恒久性或变易性必须根据心灵是其观念的事物的本性来加以理解，所以，如果心灵仅仅与一个变灭无常的事物相结合，有如与身体相结合一样，则它必然会与之共同受苦，同归于尽；反之，如果心灵与一个其本性是永恒不变的事物相结合，则它就能从一切苦难中解放出来，并且分享其不朽性。

为了使有关这一问题所值得注意的方面没有任何忽略，我们的作者在第二十四章中探讨了：人对神的爱是不是相互的，即它是否包含了神对人的爱和好感。在他否认了这点之后，他按照自己前面所讲过的理论，解释了何为神的法则和人的法则。接着，他驳斥了一种人的意见，这种人认为神不是通过其自身的本质，而是通过某种其他的事物，即通过某种有限的和有限制的事物，或以某种外在的名号，如语言或奇迹，来向人显示自己，使自己为人所认识。

既然斯宾诺莎认为，事物的绵延是由其自己的圆满性，或者由其与某个本性更圆满的事物的结合而产生，所以他在第二十五章内就否认了魔鬼的存在，因为他认为，这样一个被剥夺了一切圆满性或者被剥夺了与圆满性相结合的东西，像他所界说的魔鬼那样，是既不能存在也不能产生的。

在我们的作者排斥了魔鬼（人们在别处可以找到的）之后，在他仅仅是从对人类本性的考察中推论出激情，并且指出制服激情以及达到人类最高的幸福的方法之后，接着，他在第二十六章告诉读者，人的真正自由，即来自第四种认识方式的自由，究竟在于何处。为此，他首先提出下列诸原理：

1. 一个事物具有的本质愈多，则它具有的主动性就愈多，被动性就愈少。
2. 一切被动性皆来自外在的原因，而非内在的原因。
3. 凡不是由外在原因引起的东西，亦就与此原因毫无任何共同之点。

4. 只要固有因还存在，此原因的一切结果就既不会改变，也不会消失。

5. 一切原因中最自由的原因，即他认为最为神所喜爱的原因是固有因。

由这些原理，他又推导出下列结论：

1. 既然神的本质具有无限的主动性，并包含着对一切被动性的否定，则一切与神相结合的事物就会因此分享了主动性，并避免了一切被动性和腐朽。

2. 真理智是不会消失的。

3. 一切真理智的并与真理智相结合的结果都是最卓越的，并且必与其原因一样永恒。

4. 一切由我们产生的外在的结果包含与我们相结合的可能性愈多，就愈圆满。

由上述一切，作者最后得出结论说：人的自由在于一种稳定的存在，这种存在是我们的理智通过与神直接的结合所享有的，因此理智及其结果皆不会屈从于任何外在的原因，或者为这样的原因所消灭或改变，所以它们必定存在于永恒不变的绵延之中。

这样，斯宾诺莎结束了他这部著作的第二篇，亦即最后的一部分。

书后，他还加上了一篇附录或增补，这只是一篇关于前面所述论点的简短的草稿，其中按几何学方式排列的关于实体的本性的第一部分，就其内容来说，与其已经刊行的《伦理学》的第一部分中前八个命题的观点是一致的；最后作者在这篇附录的第二部分内，研讨了何为人的心灵，以及心灵同身体的结合究竟在于何处。

此外，斯宾诺莎在全书许多地方添加了注释，用以阐明和发挥其观点。

注　释

① 这篇纲要是在 1851 年发现的（见"《神、人及其幸福简论》一书的历史"第一节），比本书手抄本的发现要早几年。它极其简明地概述了本书的内容，为我们把握全书的基本思想提供了一条线索，并可作为史料，证实这部十分古奥的"伦理学草稿"——仅仅以未曾刊行的荷兰文译文形式保持下来——的详细内容，虽然纲要还有某些不妥之处。纲要的作者，根据一些斯宾诺莎注释家的推测，可能是阿姆斯特丹的一位哲学家铎尔霍夫。文中有不少地方可以看出他的概述具有论战的性质。

② 在这里，纲要的作者可能认为斯宾诺莎关于必然性和偶然性的观点是有某些错误的，因为照斯宾诺莎的说法，似乎就没有偶然性存在。我们认为，纲要作者的这种批评是正

确的。
③ 逍遥学派（Peripatetic School），又名散步学派。相传亚里士多德与其弟子在林荫道上边散步边讲学，所以逍遥学派就成了亚里士多德学派的别名（德文译本译为 Die Aristoteliker）。这个学派从公元前 4 世纪一直存在至公元 6 世纪。到中世纪，亚里士多德学派又复活起来，可是被经院哲学家极大地篡改和歪曲，已变成经院哲学的附庸。斯宾诺莎在第七章内所批判的逍遥学派就是指中世纪所歪曲过的这个学派。
④ 三数法则，即由三个已知数求第四个数，使其与第三数之比等于第二数与第一数之比，参阅本书第二篇第一章。
⑤ 德译本译为"第一种认识方式的后果"。
⑥ 斯宾诺莎把心灵通过身体感触而得的知识即一般所谓感性认识称为"意见"。

符 号 说 明

A 代表本书较早的抄本。

B 代表本书较晚的抄本。

…… 表示 B 本有而 A 本没有的词、句。

〔 〕表示英译者的增补。中译本偶有根据它本译出的部分均以译注注明。

〈 〉表示中译本的增补。

†、††、†††……表示 **A**、**B** 两个抄本的不同之处。

①、②、③表示中译本所加的注释。附于每章之后。

〔原注〕表示斯宾诺莎的注释。

A 本书名页序[1]

此书原系斯宾诺莎用拉丁文所撰，供其专攻道德学和真哲学的诸弟子之用。

为满足热爱真理及美德者之需，今移译成荷兰文，以使自炫之徒（此辈以自身之污秽滥充珍宝强加诸单纯的人们）闭口，勿复诟訾其尚未理喻之事物，以促其尊重神、彼等自身及其至高之幸福。而奉吾辈至善之师、吾主基督为楷模，以温淑敦睦之精神疗慰智力贫弱者的心灵。

注　释

[1] 此序文的确切作者现已无法查考，但从序言的内容来看，作者似乎应该是一位对当时在荷兰十分活跃的自由主义新教派的情况相当熟悉的人。W. 迈耶尔认为该序文的作者就是门诺派的教徒耶勒士。他早年与斯宾诺莎的友谊甚密，并致力于出版斯宾诺莎的著作，他手边就有这部《简论》的抄本。

至于序文中所严厉抨击的对象是谁，现已无法确定。迈耶尔认为是指铎尔霍夫的弟子，又有些斯宾诺莎研究者认为是指当时荷兰占统治地位的加尔文教的牧师。

B 本书名页序

内 容

I. 论神的存在和属性。

II. 论人，关于人的激情的性质和起源，人的理性在这方面的功用，以及用来教导人达到其幸福和最高自由的方法。

附录一篇，简略说明实体的本性，以及人的心灵的本性和心灵与身体的统一。

著述者
别涅狄克特·德·斯宾诺莎

第一篇
论 神

第一章　神的存在

〔1〕关于第一点†①，即，神是否存在，我们认为这个问题是能被证明的。

＊Ⅰ＊首先，**先天的**（a priori）②证明：

1. 凡我们清楚而且明晰地知道是属于一个事物本性的东西[原注1]，那么我们亦就能真实地肯定它属于该事物。现在我们能清楚而且明晰地知道存在是属于神的本性；

所以……

另一种证明††：

〔2〕事物的本质③是从永恒而来的，并且永恒地保持不变；

神的存在是本质；

所以……

〔3〕＊Ⅱ＊**后天的**（a posteriori）证明：

假如人具有神的观念，那么神[原注2]必然有其形式的（formaliter）④存在；

现在，人具有神的观念；

所以……

---

† B本：这一点。

〔原注1〕所谓的本性，即由于它，事物才成为事物，同时在没有毁灭该事物时，它决不会离开该事物。比如，属于山岳的本质的东西就是它应当具有溪谷，或者山岳的本质就在于它有溪谷（B本只是："溪谷属于山岳的本质"），这是真正永恒的和不变的，并且必须一直包含在山岳的概念里，即使这样的山岳从未存在过，或者现在并不存在。

†† B本删去了这句话。

〔原注2〕从下面第二章给予的界说，即，神具有无限的属性，我们可以这样来证明神的存在：凡我们清楚而且明晰地知道是属于一个事物本性的东西，那么我们亦就能真实地肯定它是属于该事物的；现在存在是属于那个具有无限属性的存在物的本性，存在即一种属性；所以……认为这只能肯定给观念，而不能肯定给事物本身，这种断言是错误的：因为观念并不真正地由属于这个存在物的属性所构成，因此，肯定给观念的东西既不肯定给事物，也不肯定给属于事物的东西；故观念和**对象**（Ideatum）之间有着巨大的差别，所以肯定给事物的东西，并不肯定给观念，反之亦然。

〔4〕第一点我们这样证明：

假如有神的观念，那么这个观念的原因必然有其形式的存在，并且在其自身中包含着该观念客观的（objective）⑤所具有的一切；

现在有神的观念；

所以……

〔5〕为了证明这个论式的第一部分，我们提出下列的原则：

1. 可知事物的数量是无限的；

2. 有限的理智不能理解无限；

3. 有限的理智除非为某种外界的事物所决定，否则它绝不能凭借它自己知道任何东西，因为正如它没有能力去知道一切东西一样，同样它也没有能力去开始或起始知道†这个先于那个或者那个先于这个。既然它无前一种能力又无后一种能力，因此，它是一无所知的。

〔6〕〈论式的〉第一部分（或大前提），这样来证明：

假如人的想象是他的观念的唯一原因，那么他将不可能理解任何东西；

但是他能理解某种东西；

所以……

〔7〕〈论式的〉第一部分††被证明是由于第一个原则，即，**可知事物是无限多的**。亦由于第二个原则，人不能知道一切，因为人的理智是有限的，并且如果不为外界事物所决定而要去知道这个先于那个，或者那个先于这个，那么按照第三个原则它要知道任何东西都是不可能的〔原注1〕⑥。

---

† A本在"知道"之后有"例如"两字。

†† B本这段是这样的："另外，因为按照第一个原则，可知事物是无限的，按照第二个原则，有限的理智不能理解无限的事物，按照第三个原则，它没有能力知道这个先于那个和那个先于这个，所以它就不可能知道任何事物，如果它不是被外界事物所决定的话。"

〔原注1〕进而言之，认为这个观念是虚构的，这也是错误的：因为假如它〔观念的对象〕不存在，则要具有这个〔观念〕是不可能的；这在本书上页已予以陈述，并且我们还要添加如下说明：

当一个观念最初从一个特殊事物进入我们心里，并且我们抽象地（in abstracto）将它加以概括时，那么我们的理智可以虚构出各种各样关于它的东西，可以将许多从其他事物中抽象出来的其他属性加之于它。这完全是真实的。但是要这样做，假如预先没有关于这些事物（抽象就是从它们而来）自身的知识，这是不可能的。另外，如果我们假定这个〔神的〕观念是虚构的，那么我们所具有的**一切其他观念**也就必定同样是虚构的了。（转下页）

〔8〕这一切证明了第二点，即，**人的观念的原因并不是他的想象，而是某个外在原因，这原因使他不得不理解一个事物先于另一个事物**，这个外在原因不外乎是那种**形式地**存在着的东西，并且对于他比其他那些在人的理智中有其**客观本质**（essentia objectiva）⑦的事物更加密切。因此，假如人具有神的观念，那么显然神一定是**形式地**存在着，虽然不是**卓越地**（eminenter）⑧存在着，因为在神之旁或在神之外没有更真实或更超越的东西。

（接上页）如果是那样，我们从何发现它们之间的巨大差别呢？因为有些观念我们知道它们是不可能存在的，比如一切被设想是由两种本性合成的怪兽。诸如一只既是鸟又是马的动物，同样，我们发现，由完全不同的东西所构成的事物是不可能在自然中出现的。

另一种观念，它可以存在，但不是必然存在的，然而，不管它们是存在还是不存在，这些观念的本质始终是必然的，诸如三角形的观念以及在离开了肉体的灵魂里的爱的观念等等；所以即使我起初认为，我曾想象过这些观念，但是在以后我却不得不承认，它们现在是存在，将来还是存在，即使我或者任何其他人当时也未曾想到过它们，它们却仍然还是存在。因而这些观念不仅为我所想象，而且它们也必定有一个在我之外的、不同于我的**主体**（subjectum），如果没有该主体，它们就不能存在。

此外，还有**第三种观念**，它是唯一的，并且是必然存在的，而不是像上述的观念那样仅仅有存在的可能性：因为对于那些可能存在的观念，其本质固然是必然的，但其存在并不是必然的，而对于第三种观念，其存在和本质同样是必然的，若没有其中的一个，另一个就不能存在。

所以，现在我们知道，任何事物的真理、本质或存在不是依赖于我的：因为，正如关于第二种观念我们所指出的那样，无论是单独就它们的本质而言，还是就本质和存在两者而言，它们本来就是那样完全独立于我们的。同样，我觉得这对于第三种唯一的观念也完全适用，事实上更为充分。这第三种观念不仅不依赖于我，而且，正好相反，唯有（B本删去"唯有"二字）它才必定是我肯定为属于它的东西的**主体**。因而，假如它不存在，那么关于它我根本就不能有任何断定；虽然对于其他的事物即使当它们不存在时，还可能对它们有所断定。固然，第三种观念必定是一切其他事物的主体。

由上述显然可见：在圆满的存在物中的无限多属性的观念，绝不是虚构的，但是，我们还需要做如下的补充：

根据我们上面关于自然的考察，我们至今尚未发现多于两种的属性属于这个最圆满的存在物。如果认为这个最圆满的存在物只由这两种属性构成，这完全不能使我们感到满意，事实上完全相反，在我们内心我们感觉的**某种东西**明白地告诉我们，只有当不仅有许多属性，而且还是无限多个圆满的属性必然属于这个圆满的存在物时，这个圆满的存在物才能被称为圆满的。这个圆满的观念从何而来呢？这样一种观念是不能由这两种〔属性〕而来的，因为两种只能产生两种，而不能产生无限。那么从何而来呢？这也不能从我而来，否则我就会给予我所没有的东西了。因此这只能从无限多个的属性自身而来，只有它们才能告诉我们，它们是**那样的**存在的，但同时，至今它们并没有告诉我们，它们究竟是**什么**，因为我们所知道它们的仅仅是两种。

〔9〕现在这是很清楚的：人具有神的观念，因为他知道神的**诸属性**[原注1]⑨，而这些属性不能由〔人〕其自身而来，因为人是不圆满的。他之所以知道这些属性，显然是从这里得知的，即，他知道无限不能通过个别有限部分的结合而得到；不可能有两种†无限，而**只有一种无限**，这种无限是圆满的和不变的，因为我们知道没有任何事物是自求毁灭的，也因为我们知道，无限不可能变成或变为任何更好的东西[原注2]，因为它是圆满的，圆满性不可能使它这样，或者也因为我们知道，这样的一种存在物是不可能依附于在它之外的任何东西的，因为它是万能的，等等。

〔10〕由上述一切清楚可见：我们既能**先天地**同时又能**后天地**证明神的存在。固然，先天的证明更好，因为用后一种方式〔后天的〕被证明的种种事物必须通过它们的外因才能得到证明，在这两种方式之中，它显然是不完善的††，因为事物不能通过它自身来认识†††自己，而仅能通过外在的原因。然而，神因为是万物的第一因，并且也是其自身的原因（causa sui）⑩，故神能通过它自身来认识自己。因此人们无须太注重托马斯·阿奎那（Thomas Aquinas）的断言，即认为神不能先天地被证明，因为神的确是没有原因的⑪。

注　释

① 从开头这句话就可以看出这篇论文是不完全的，否则不会这样突然开始。一些斯宾诺莎

〔原注1〕　**神的诸属性：**这个〈说法〉更为恰当，因为他知道神所固有的东西是什么，因为这些东西〈无限性、圆满性等等〉并非神的诸属性。固然没有这些东西神将不成其为神，但〈神之为神〉并不是由于它们，因为它们没有表明本质的东西，而仅是一些像需要有主词才能得以说明的形容词。

† B 本删去"两种"。

〔原注2〕　这种改变的原因必定或者是外在的，或者是内在的。它不可能是外在的，因为没有任何像它〈无限的神〉这样的通过其自身而存在的实体是依赖于在它之外的任何东西的；因此它不会**通过在它之外的任何东西的改变而改变**。它亦不可能是内在的，因为没有任何东西，更不用说〈无限的神〉会自求其毁灭，一切毁灭均来自外在。＊另外，不可能有限的实体由这一点也就十分清楚了，因为假如有有限的实体，那么它必定会具有某种从无中得到的东西：这是不可能的，因为这样一来有限的实体与神的区别从何得到呢？这无疑不能从神得到，因为神不具有任何不圆满的或者有限的等东西：因此这岂不是只能从无得到吗？＊

†† B 本："它是非常不完善的"。

††† B 本删去"认识"两字。

的注释家对前面已遗失的论文内容做了各种不同的猜测,其中弗洛伊登塔尔的推测似乎比较合理,他认为前面遗失的论文可能是这样的:"人具有神(作为由无限多属性组成的,而其中每一个属性皆是自类无限的存在)的观念。首先,我们将证明这样一个存在是存在的,其次,我们将进一步阐明神是什么,关于第一点……"

② "先天的"一词,在斯宾诺莎那里的意思和以后的哲学家如康德等,使用的意义是有所不同的。斯宾诺莎的所谓"先天的"证明,是指从事物的性质推论到它的蕴涵,从条件推论到结论,或从原因推论到结果。其所谓"后天的"证明则相反,是从结论到条件,从结果到原因。

③ "本质"是斯宾诺莎词汇中最难理解的一个用语。在《形而上学思想》里它被定义为"一种样态,由于这种样态,被创造事物才包含在神的属性中"。在斯宾诺莎看来,"在神之中,本质和存在是没有区别的,因为神的本质是永恒长存的,没有存在是不能设想的;反之,在其他事物中,本质和存在是有区别的,因为没有存在,本质仍可设想"(参见《形而上学思想》第一篇第二章)。

④ "形式的"是经院哲学名词,即我们现在所说的"客观的""实在的"意思。这是因袭于亚里士多德的"形式"(form)和"质料"理论的用语。在亚里士多德看来,"质料"只是潜能,唯有"形式"才能使"质料"变成现实,因此"形式"具有客观的、现实的意义(formalis = actualis)。

⑤ "客观的"是经院哲学名词,即我们现在所说的"主观的""思想、观念中的"的意思(objective = subjectively)。

⑥ 正与笛卡尔相反,斯宾诺莎主张,人不能完全随意地产生任何观念,即使是虚构的观念,其最基本的成分也必是由外界事物引起的。笛卡尔只是主张人不能随意产生神的观念,而斯宾诺莎却扩充为人不能随意产生任何观念。

⑦ "形式本质"和"客观本质"均是经院哲学名词,前者指事物在现实世界里的本质,后者指事物在思想中的本质,即事物的本质观念。在斯宾诺莎看来,存在的事物必有"客观的"(即观念的)本质和"形式的"(即客观的)本质的两重性,前者存在于理智之中,而后者存在于自然之中,因此在理智中有其客观的(即观念的)本质的存在,在自然中也就必然有其形式的(即客观的)本质的存在。

⑧ "卓越地"是经院哲学名词。"形式地"(formaliter)指原因的实在性和圆满性等于结果的实在性和圆满性;"卓越地"(eminenter)指原因的实在性和圆满性多于结果的实在性和圆满性,例如神就是人的思想的"卓越的"原因,而脚就是脚印的"形式的"原因。神是神的观念的"形式的"原因,当然就不是"卓越地"存在着。

⑨ 英译者沃尔夫认为这里用的"属性"(attributes)并不是斯宾诺莎严格意义上的"属性"概念。因为严格意义上的属性只是指思想、广延等,而不是指圆满性、无限性。后者只是神的特性(propria or proprietates),所以斯宾诺莎在原注中加以解释。

⑩ "causa sui"（"自因"）这个词并不是斯宾诺莎首创的。这个词在他那个时代，甚至在那个时代之前几个世纪就出现了。这个词最早大概来自柏拉图的"ἑαυτὸ Χιυοῦν"。当时一般认为这个词是自相矛盾的，甚至斯宾诺莎在把它用到具体事物时亦认为是不可能的。例如在本书第二篇第十七章讲到欲望是自身原因时，他说："这个或那个欲望是其自身的原因，这就等于说，在欲望存在之前，它就已经使自己存在了，而这是荒谬的，绝不可能的。"另外，在第二篇第二十六章中说："因为就事物自身而言，没有任何事物当其存在时就会自身具有一个能使自己毁灭的原因，或者当其不存在时就会自身具有一个能使自己产生的原因。"但是，斯宾诺莎的伟大之处就在于当他解释整个自然的起源时使用了这个词，认为自然（或他所谓的神）是自身的原因（即"自因"），从而有力地驳斥了以超自然的上帝为自然的原因的"神创说"，所以恩格斯对斯宾诺莎的这种辩证的思想曾给予相当高的评价："斯宾诺莎：**实体是自身原因**——把相互作用明显地表现出来了"，"我们不能追溯到比对这个相互作用的认识更远的地方，因为正是在它背后没有什么要认识的了"（《马克思恩格斯全集》第20卷，1971年，第574页）。

⑪ 托马斯·阿奎那是主张后天地证明神的存在的，他的有名的神的存在的证明是这样的：运动的存在包含了一个最初的不运动的致动者的存在（参阅托马斯·阿奎那的著作《神学大全》[*Summa Theologie*] 第一篇第二章第二节）。斯宾诺莎主张神存在也可以先天地被证明，因此有此论断。

第二章 神是什么

〔1〕我们上面已经证明了神的存在，现在进而要指出神是**什么**。我们说过，神是**一个被断定为具有一切或无限多属性的存在物**[原注1]，其中每一种属性在其自类中皆是无限圆满的。

〔2〕现在，为了清楚地表述我们的观点，我们将预先给出如下四个命题：

1. 没有有限的实体[原注2]，每一个实体在其自类中必须是无限圆满的，这就是说，在神的无限理智中没有比在自然中已经存在的更为圆满的实体。

2. 没有两个相同的实体。

3. 一个实体不能产生另一个实体。

4. 在神的无限的理智中，除了在自然中有其形式存在的实体外，没有任

〔原注1〕 其理由是：因为**无**不具有任何属性，而**全**必定具有一切属性；同时，正如**无**因为是无所以不具有任何属性一样，因此**有物**因为是有物所以具有属性。因此愈多的有物，就必定具有愈多的属性，因而作为最圆满的、无限的、包含万有的神就必定具有无限的、圆满的和一切的属性。

〔原注2〕 一旦我们能证明不可能有**有限的实体**，那么一切**实体**必定无例外地属于神的本质。下面我们就证明这点：

1. 有限的实体或者必为其自身所限制，或者（B 本在这里插入 2）必为**某些别的**事物所限制。它不可能对其自身有所限制，因为如果是那样的话，这将改变它的整个本质，它就是无限的了。它也不可能为别的事物所限制，因为限制它的事物或者是有限的，或者是无限的；前者是不可能的，因此是后者，而后者〈即那个限制有限实体而其本身又是无限的事物〉就是神。但如果是神限制有限的实体，这或者是因为神没有力量或者是因为神没有意愿〔去使有限的实体变为无限〕；而第一个〔假设〕是与神的万能相矛盾的，第二个是与神的善相抵触的。(B 本将上面"必为……"以下几行全部删去。删去的这几行被置于第一章最后一个注的末尾。）

2. **不可能有有限的实体**，从这一点来看也是明显的，即，假如有有限的实体，那么它必定会具有某种从无中所获得的东西，这是不可能的。因为这样一来，有限的实体和神的区别从哪里去得到呢？无疑，它不能从神得到，因为神不具有任何不圆满的或有限的等东西，所以岂不是只能从无得到吗？因此，除了无限的实体之外没有任何其他的实体。

由此可见，**不可能有两个相同的无限的实体**；因为假定是这样，那么就必然有限制了。

(转下页)

其他的实体。

〔3〕关于第一点，即，没有有限的实体等，假如有人持有相反的意见，那么我们向他提出如下问题：这个实体是不是由于它自身而有限的？是不是它只需要这种程度的有限，而不要它自己较少点有限呢？或者它是否由于自己的原因而那样有限的，这种原因既不能也不愿意给予更多的东西？

〔4〕〔两者之中〕：第一个是错误的，因为一个实体不可能会要它自己成为有限的，特别是一个通过它自己而存在的实体。所以，我认为，如果它是由于自己的原因而成为有限的，那么这个原因必然就是神。〔5〕进一层说，假若它是由于自己的原因而是有限的，那一定是这样的：或者因为这个原因不能给予更多的东西，或者因为这个原因不愿意给予更多的东西。假若它不能给予更多的东西，那么这将与它的万能相矛盾〔原注1〕；假若它能给予更多而不愿意给予更多，那么它就颇有几分恶意，而这绝不能存在于全善的、圆满的神之中。

〔6〕关于第二点，即，**没有两个相同的实体**，我们证明的根据是每个实体在其自类中是圆满的。因为如果有两个相同的实体，它们必然相互限制，因而正如我们†在前面已指明的那样，它们就不是无限的。

（接上页）此外，从这点也可以看出，**一个实体不能产生另一个实体**，因为假如是这样，那么，我们所假定去产生这个实体的原因就必定具有像这个被产生的实体那样的同样一种属性（B本的"属性"是复数），或者是像这个实体同等的圆满（B本没有这句话），或者更为圆满或更不圆满。第一个假定是不可能的，因为不会有两个相同的〔实体〕。第二个假定也是不可能的，因为在那种情况下将会有一个有限的〔实体〕。第三个也是不可能的，因为不可能从无产生某些东西——而且，假使无限产生有限（B本是"这个原因"），亦将是有限的。因此一个实体不能产生另一个实体。

此外，从这点也可推知，**所有的实体必定有其"形式的"存在**，因为假如没有其"形式的"存在，那么也就不会有任何使之存在的可能性了。

〔原注1〕　在这里如果认为**事物的本性需要这种**〔限制〕**因此它才不能是别的东西**，这等于什么也没有回答：因为事物的本性绝不需要任何东西，如果这种事物还不存在的话。假若你们说人们会知道属于不存在的事物的本性的东西，那么这只能就其存在而言才是真的，但绝不是就其本质而言。**创造和产生间的差别**就在于此。创造，**它既给予事物以本质又给予事物以存在**（quo ad essentiam et existentiam simul）；而产生只给予事物以存在（quo ad existentiam solam）。所以在自然中只有产生而无创造①。故当神创造时，同时创造了事物的本性与事物自身。因而神如果（虽然能够，但却不愿）是以使事物同它的原因在本质和存在不相一致的方式创造事物的，那么神就颇有恶意了。然而我们在这里称为创造的东西确实可以说是新的见解，如果我们对**创造和产生**加以区别的话，那么我们所说的这些只要提及一下就行了。

† B本："我"。

〔7〕关于第三点，即，**一个实体不能产生另一个实体**：假如也有人持有与此相反的意见，那么我们要问，这个产生实体的原因，它是具有还是不具有像那个被产生的实体那样的同样的属性呢？〔8〕不具有是不可能的，因为从无不能产生有，因此只能是具有。然后，我们再问，在作为被产生〔实体〕的原因的属性里，是具有像在被产生实体中的同等的圆满性呢，还是少些或者更多些呢？我们认为，少些是不可能的，其理由在上面已提到。更加多些，我们认为也是不可能的，因为那样一来，第二个实体必是有限的，这是和我们已做的证明相违背的。那么，它们必是同等地圆满了，因此它们就是相似的，并且是†两个相同的实体，但这显然是和我们前述的论证相冲突的。〔9〕更进一层说，被创造的东西绝不是从无中产生的，而必定是从某种存在着的事物中产生的。但是，如果某物是由这个存在着的事物产生的，那么在这个存在着的事物产生了某物之后，它却与具有这个某物时的东西一样不少，而这一点是我们的理智所无法理解的。〔10〕最后，如果我们要穷究实体（它是由它的属性产生的事物的本源）的原因，那么我们就应该不断地去穷究这个原因的原因，这个原因的原因的原因，**直至无穷**（et sic in infinitium）。因此，如果我们必须在某处停止和停顿，像事实上我们必须的那样，那么我们就必然在这个唯一的实体面前停止。

〔11〕关于第四点，**在神的无限的理智中，除了在自然中有其"形式"存在的实体或属性外，没有什么其他的实体或属性**②。这个命题是能为我们所证明的，其证明如下：(1) 由于神的无限能力，因为关于神，不可能有为什么创造一个事物比创造另一个事物快些或者多些的那种原因；(2) 由于神的意志的单纯性；(3) 因为神不会不去做属于善的事情，像我们以后将予以证明的那样；(4) 因为现在不存在的东西不可能变为存在，这是由于一个实体不能产生另一个实体。而且，在那种情形里，不存在的比存在的将会有更多的无限的实体，而这是荒谬的††。〔12〕由所有这些可以推知：自然被断定为具有一切的一切，因而自然是由无限多个属性所构成的，其中每一种属性在其自类中皆是圆满的。这正好是与我们通常给神所做的界说相符合的③。

〔13〕我们刚才证明了，在神的无限的理智中，除了在自然中有其**形式**存在的东西外，没有任何别的东西，反对我们这种意见的人，会用这种方式去论证：假使神已创造了一切，那么神就不能创造更多的东西；但是假若神不能创造更

---

† B本是"或者"，没有"是"字。

†† B本没有这句话。

多的东西，就与它的万能不相容；所以……

〔14〕关于〈这个诘难的〉第一点，我们承认，神不能创造更多的东西。关于第二点我们说，我们承认，要是神不能够创造一切可以创造的事物，那么这才是与它的万能不相容的；但是如果神不能创造自相矛盾的东西，这就绝不能认为是与它的万能相矛盾的；这正如去说，神已经创造了一切，可是它却还能创造更多的东西一样。诚然，假若神已经创造了在其无限理智中存在的一切，那么这比起它没有创造它们，或者如他们所说的那样，比起它从来就不能够创造它们来说，对于神，这倒确实是一个更大的圆满性。〔15〕但是为什么光对这个问题滔滔不绝呢？他们自己为什么不 * 从神的全知 * 来做出这样的论证呢〔原注1〕？或者还是他们不必这样来论证呢：假若神是全知的，那么它就不能知道更多的东西；但是它不能知道更多的东西，这是和它的圆满性相矛盾的；所以……？但是，如果神在其理智中具有一切，并且由于它的无限圆满性，它不能知道更多的东西，那么我们为什么不能认为，神创造了在它的理智中所具有的一切，并且使它们**形式地**存在或者将要**形式地**存在于自然之中呢？

〔16〕既然我们知道，万物是同等地存在于神的无限理智之中的，同时我们知道不具有它为什么创造这个东西比创造那个东西更快些或更多些的任何原因，并且我们知道，它能在一瞬间创造万物，那么我们可以再一次地看到，我们是否就不能用他们攻击我们的同样的武器来回答他们；亦即如此：

假如神从来就不能创造这么多东西，以致它不可能创造更多的东西，那么它就永不能创造它所创造的东西；但它不能创造它所创造的东西，这是自相矛盾的。所以……

〔17〕我们认为在自然中存在的所有这些属性只是一个单一的存在④，而绝不是种种不同的事物（虽然我们离开了一个可以清楚而且明晰地知道另一个，离开了另一个可以清楚明晰地知道又一个）⑤，其理由是在于：

1. 因为我们在前面早已看到，一定有一个无限的和圆满的存在物，这个存在物不是别的，只能被理解为具有一切的存在物。为什么呢？〔因为〕属性必定属于具有任何本质的存在物，我们归之于它的本质愈多，那么我们归之于它的属性也就必定愈多。因此，如果存在物是无限的，那么它的属性也必是无限的，

〔原注1〕 那就是，只要当我们使他们从**神是全知**的这个承诺来论证，那么他们也就只能这样来证明。

这正好就是我们所说的圆满的† 存在物。

2. 因为我们在自然中到处可见到的统一性。如果在自然中有着种种不同的存在物[原注1]，则它们彼此的统一是不可能的。

3. 因为，如我们在上面所曾看到的那样，一个实体不能产生另一个实体；如果一个实体现在并不存在，那么它就不会开始去存在，而且我们还看到，任何实体（我们完全知道它们存在于自然之中）只要它们被支离地加以考察，那么它们就没有任何存在的必然性，因为存在不属于实体的支离的本质[原注2]。所以由此必然推知：那没有任何原因产生的而我们却知道其存在的自然，必然是一个具有存在的圆满存在物。

〔18〕由上述一切可见，假如我们把广延作为神的一种属性，这似乎是完全同一个圆满的存在相抵触的：因为既然广延是可分割的，那个圆满的存在物将必是由诸部分构成的了，而这一点是完全同神相矛盾的，因为它是一个单纯的存在物。另外，当广延被分割时，它就会是被动的，而对于神（它从来就不是被动的，并且也不能由任何别的事物使之被动，因为它是万物的第一个致动因），这种情形是绝不可能的。

〔19〕对于这些，我们的回答是：（1）"部分"与"整体"都不是真实的或实在的存在物，而仅仅是"思想存在物"⑦，因而在自然中[原注3]既无整体也无

---

† B本："无限的"。

〔原注1〕 那就是说，假使在一个唯一的存在物中，有无联系的种种不同的实体，那么它们的统一是不可能的，因为我们清楚地看到，除了思想和广延（我们就是由这两者构成的），它们根本不可能有任何共同之处。

〔原注2〕 这就是说，如果实体只是存在的实体，但就其自身而言⑥，存在又不是从其本质而来的，那么由此推知：这个实体就不是某种独立的东西，而只能是某物，即只能是另外一个事物的属性，即一个唯一的、普遍的存在物的属性。换言之：所有的实体是存在的，就其自身而言，实体的存在又不是从其本质而来的；因此，没有任何存在的实体能通过其自身被认识，而它必定属于某个其他的东西。也就是说，如果我们用我们的理智来认识"实体的"思想和〔"实体的"〕广延，那么我们只是在它们的本质里认识它们，而不是在它们的存在里认识它们，这就是说，〔我们并不认为〕它们的存在必然属于它们的本质。但是当我们证明了存在是神的属性时，那么我们也就**先天地**证明了它存在，并且根据样态——对于它们的**主体**，它们必然具有存在——我们**后天地**（单独关于广延）〔证明了它的存在〕。

〔原注3〕 在自然中，那就是说在"实体"的广延中，假若自然被分割，那么它的本性及其存在物将立刻被毁灭，它之所以存在就是因为它是无限的广延，或者，这也是一样的，它之所以存在仅因为它是一个整体。（转下页）

部分。（2）由种种不同的部分所组成的事物，必定是这样的：它的各别地加以考虑的诸部分，能够彼此独立地被设想和被理解。比如一只时钟，它是由许多不同的齿轮、弦以及其他零件构成的。我认为，其中每个齿轮、每一条弦等，如果离开了对于它们是必要的那个组合的整体时，是可以各自被设想和被理解的。水也是一样，它是由整齐的长椭圆形分子组成的。它的每个部分离开了整体皆能被设想和被理解，并且能够存在。但是作为一个实体的广延，任何人都不能说它具有种种部分，因为广延既不能减少，也不能增加，它的部分都不能各自地被理解。因为按其本性，广延必然是无限的，但广延之所以是这样的，是因为假若它不是这样，而是由种种部分组成的，那么，正如上所说，按其本性它就不会是无限的。但是在一个无限的自然里，是不可能设想部分的，因为一切部分按其本性皆是有限的†。〔20〕对于这点还可以做如下补充：若广延是由种种不同的部分组成的，那么我们可以设想，即使它的某些部分被消灭了，而广延却完全可以不变，并不因为某部分的消灭而被消灭；但是对于那个按其本性是无限的，并且永不能够是或者被设想为是有限制的或有限的东西而言，这是显然背理的。〔21〕另外，关于在自然中的种种部分，我们认为，如前所述分割性绝不能在实体中出现，而始终只能在实体的样态中出现。因此，假如我们要分割水，我们只是分割实体的样态，而不是实体本身。至于这个样态是水的

（接上页）但是你们可能会说，在广延中，难道就没有任何部分是先于所有它的样态的吗？我认为的确没有。但是你们或许会说，既然在物质中有运动，那么运动就必定在物质的某部分中存在，因为它不可能在整体中存在，因为整体是无限的；并且当在它之外没有任何东西时，那么它将向什么方向运动呢？所以运动必定在一个部分中存在着（B本没有这句话），我的回答是：单独的运动是不存在的，而运动与静止只能共同存在；同时这种运动是在整体中存在的，并且必定在整体中存在，因为在广延中没有任何部分。但是，如果你们认为这是有的，那么告诉我：假如你们分割了广延的整体，那么你们在思想中把它分割出来的任何部分难道你们也能在自然中从所有的〔其他〕部分里把它分割出来吗？假定这是做到的，那么我请问，被分割的部分（B本是"被分开的部分"）和剩余的部分之间有什么东西呢？你们必定回答说，有真空，或者有其他的物体，或者有广延自身的某些东西，没有第四种可能性。第一种可能性将是无法实现的，因为不存在有真空，而是有某种东西占据着，虽然并不是任何物体；也非第二种可能性，因为那样将会在那里存在着一种不可能存在的样态，因为（B本是"因此"）广延之所以是广延，就在于它没有样态而且先于一切样态；因此是第三种可能性：没有任何部分，而只有广延的整体（B本是"而只有一个不可分的广延"）。

† B本："因为一切部分按其本性将必定是无限的"。

样态还是某种其他东西的样态，这是无关紧要的†。〔22〕因此分割性或被动性始终只发生于样态之中。这样，当我们说某人死亡或被消灭了时，那么这句话仅仅在那个人作为一个特定的组合物，作为实体的一个样态时才对他有意思，而绝不是指他所依赖的那个实体而言。

〔23〕此外还有一点，我们前面已经指出过，并且以后还将提到它，那就是：在神之外绝无任何其他东西，神是一个**固有因**（Causa Immanens）⑧。但是，只要主动者和受动者尚是不同的事物，那么被动性总是一种明显的不圆满性，因为受动者必然是依赖于那个由外面使之成为被动的东西，因此被动性是同神不相容的，因为神是圆满的。〔24〕再说，对于那个自身活动的主动者，我们永不能认为它会具有一个受动者的不圆满性，因为它是不能受其他东西作用的。比如理智就是如此，像哲学家们也承认的那样，它是它的诸多观念的原因，然而，因为它是一个固有因，所以谁有权利认为由于它是为其自身所作用的因而它就不圆满了呢？††〔25〕最后，因为实体是其全部样态的〔原因〕和本原，故就其和受动者相比，它更有充分的权利被认为是一个主动者。根据上述这些论述，我们认为一切都可以得到充分回答了。

〔26〕他们进一步诘难说，必然会有使物体运动的第一因，因为静止的物体是不能使自己运动的。因为他们认为这是最清楚不过的：在自然中既然存在静止与运动，它们就必然是由一个外因而来的。〔27〕但是批驳这种诘难是容易的，因为我们承认，假若物体是一个通过其自身而存在的东西，并且除了长度、宽度和深度外没有其他任何性质，假若它是真正的静止的，那么在它内部将不会有它自身开始运动的任何原因；但是我们在前面早已指出，**自然是一个被认为具有一切属性的存在物**，正因为是这样，所以它就不可能没有为了要去产生可以产生的一切事物所需要的任何东西。

〔28〕至此，讨论了什么是神以及关于神的诸属性，我们只有一句话，那就是：我们所知道的这些属性仅仅是两种，即**思想**和**广延**；因为我们在这里所讲的属性，仅仅是可以称为神的**固有属性**†††，通过它们我们才认识神自身〔像神

---

† B本："所以，当我分割水时，我并不分割实体，而只是分割实体的样态，而那个实体，虽然变化了，但仍是同一个实体"。

†† B本："正如哲学家们说，理智是它的观念的原因，因为它是一个固有因，等等"。

††† B本："可以真正称为神的属性"。

《神、人及其幸福简论》| 209

自身那样〕,而不是〔仅仅〕像神作用于它之外的〔事物〕那样。

〔29〕那么,除了这两个属性之外人们归于神的所有其他的东西,(假若它们以别的方式属于神)它必定或者是一个"外在的名词",诸如**神通过其自身存在,是永恒的、唯一的、不变的**等等,或者,我认为是与神的能动性有关的,诸如神是一个**原因、先知**并**统御万物**;所有这些都是神的特性,但它们并没有给予我们什么是神的任何说明⑨。

〔30〕在下面各章中,我们将阐明这些属性⑩如何为神所有以及在什么方式里为神所有。但是为了更好地理解这点†,以及对它††做进一步的解释,我们认为加上下面一个〔对话〕所组成的论证是有益的。*并且我们已决定这样做了*。

注 释

① 关于"创造"和"产生"的区别,可参阅斯宾诺莎《形而上学思想》第二篇第十章。在那里,斯宾诺莎说:"创造是一种活动,在这种活动中除了致动因之外,没有任何其他原因,或者说,被创造对象是这样一种东西,它的存在除了神之外,不需要预先假定任何其他东西。"显然,只有属性或笛卡尔意义下的实体即思想和广延才是创造的,而样态和偶性在斯宾诺莎看来不是被创造的。"因为除了神以外,偶性和样态还以被创造的实体为前提",所以它们是产生的。

② "实体或属性",这种说法是值得注意的。在写这篇《简论》的时候,斯宾诺莎还没有完全摆脱笛卡尔用语的影响,他仍倾向于把思想和广延讲作实体,在他看来,思想和广延是叫作实体还是叫作属性似乎是无关紧要的,它们有时被互相换用,或连在一起用。在这一时候,他定义"实体"和定义"属性"是用同样的话,例如在他1661年致奥尔登堡的信(第2封)中把属性定义为"凡是通过自身并在自身中被设想的东西,所以它的概念不包含任何其他事物的概念",他举了广延和运动来说明他的意思:广延是可以通过自身并在自身中被设想的,因此是一个属性,而运动没有广延却不能被设想,因此运动就不是一个属性,而是广延属性的样态。在1663年他写给德·福里的信(第9封)中,他又用同样的话定义"实体",并明确地把这两者等同起来:"所谓实体,我理解为存在于自身中的,并且通过自身被设想的东西。这也就是说,它的概念并不包含任何其他事物的概念。所谓属性,我理解为同样的东西,而它之所以被称为属性,是因为与知性有关,知性将这样一种性质归属于实体",并且说"这个界说足够

---

† B本:"理解上述观点"。
†† B本:"对我们所说的"。

清楚地把我所理解的实体或属性表达出来了"。直到《伦理学》里，实体和属性才有了严格的定义，实体被定义为"在自身内并通过自身而被设想的东西"，属性被定义为"由知性看来是构成实体的本质的东西"。然而即使这样，也仍有早期用法的痕迹，如《伦理学》第一部分命题十五附释："有广延的实体是神的无限多的属性之一。"在读本书时，我们应当注意斯宾诺莎这种互换用法。

③〔12〕这段话似乎不是由上述所说的内容推出的结论，弗洛伊登塔尔认为这一段应当紧接在〔5〕之后。

④德译本为："自然中存在的所有这种属性只是形成（bilden）一个唯一的存在（wesen），而不是形成种种不同的事物。"

⑤括号内这段话，斯宾诺莎暗指笛卡尔的假定："我们只要能够离开一个实体而清楚明晰地设想另一个实体，那就足以使我们确信，这两个实体互相间真是有差别的。"（见笛卡尔：《哲学原理》第一章，60节）

⑥所谓就实体自身而言，即上面斯宾诺莎所说的，支离地将实体加以考察，而不是把实体理解为一个统一的整体。

⑦斯宾诺莎在他的《形而上学思想》里区分了三种存在物，即"思想存在物"（Ens rationis）、"实在存在物"（Ens reale）和"虚构存在物"（Ens fictum）。所谓"思想存在物"，即思维形式，它不存在于人的思维之外，是人用来认识和记忆事物的工具，像种、类、时间、数目等等；所谓"实在存在物"，是指客观存在的种种事物；所谓"虚构存在物"，也是一种思想存在物，不过因为是把没有任何理性指导的两个名词纯粹任意地结合，所以是虚构的。

⑧神是世界的固有因（Causa Immanens），是斯宾诺莎哲学体系中相当重要的命题，也是与笛卡尔哲学体系和其他有神论存在分歧的一个根本原则。笛卡尔（有神论者亦然）认为神是世界的超越因（causa transiens），神是在世界之外的，因而是一种神学的唯心论；而斯宾诺莎则主张神绝不是在世界之外的，而是在世界之内的。神不是世界的超越因，而是世界的固有因。因此，"固有因"在斯宾诺莎的哲学体系里同"自因"这个概念一样是极为重要的。

⑨斯宾诺莎在《神学政治论》第十三章中同样讲到神的绝对属性和它的其他"属性"（特性）的区别，绝对属性是指"神的绝对本质，与创造物没有干涉"，而其他的"属性"（特性）是说明神与创造物的关系。

⑩"这些属性"正如斯宾诺莎在本文中某些其他地方所用的一样，并不是在严格意义上使用的，即指神的特性。

理智、爱情、理性和欲望之间的
〔第一篇〕对话①

〔1〕爱情：兄弟，我认为我的本质与圆满性完全依赖于你的圆满性；因为你所设想的对象的圆满性就是你的圆满性，而我的圆满性又是从你的圆满性而来的，所以我恳请你告诉我，你们是否设想过绝对圆满的存在，而这种存在不能为任何其他东西所限制，并且在其中也包括我。

〔2〕理智：就我看来，自然仅仅在其总体中才是无限的和绝对圆满的，如果你对这一点还有所怀疑，那么请你问理性，它会告诉你的。

〔3〕理性：我认为这个问题的真理性是毫无疑义的，因为假如我们限制自然，那么这是绝对荒谬的，因为我们将必定用无去限制它†；但是这种荒谬是可以避免的，只要我们假定自然是**一个永恒的统一体，它是通过其自身而存在的**、**无限的**、**万能的**等等，那就是：自然是无限的并且在其中统摄了一切，而它的否定我们称之为无。

〔4〕欲望：啊，这是多么奇怪，居然假定统一性是与我在自然中遍处皆见的差别性相一致的。其实呢？我认为思想的实体与广延的实体毫无共同之处，并且彼此〔不〕相限制②；〔5〕如果在这两个实体之外，你还要假定一个在一切方面皆是圆满的第三实体，那么瞧你将陷入多么荒唐的矛盾之中啊！因为如果这第三实体是在这两个实体之外的，那么它就没有属于这两个实体的一切属性，但是，这对于那个包罗无遗的整体来说是永不可能的。〔6〕另外，如果这个存在物是万能的和圆满的，那么它之所以是这样的必定是因为它自己产生自己，而不是由于其他的东西产生了它；然而既能产生其自身而又能产生其他事物的那个东西，它总是更加万能的。〔7〕最后，假如你把它称为全知的，那么它必知道它自己，而同时你也必知道，单只知道自身的知识总是少于既知道自身又知道其他实体的知识。所以上述这些是显然矛盾的。因此我奉劝爱情满足于我向她所表明的东西吧，别再去寻找其他的回答了。

〔8〕爱情：哦，恬不知耻的东西，你向我表明的东西只是致使我直接堕落的东西。因为如果我一旦随声附和你向我表明的东西，那么从那片刻起，我将

---

† A本和B本还有："另外，按照下述这些属性，即它是**唯一的**、**永恒的**、**通过自身而无限的**，我们也可以避免这种荒谬。"

会被人类的两个大敌,即**怨恨**和**自责**所困扰,并且同时亦为**忘却**所困扰。因此我再请理性继续讨论,堵住这些敌人的嘴巴。

〔9〕理性:哦,欲望,我告诉你,你认为有种种不同的实体,那是错误的;因为我清楚地看到:**只有唯一的一个实体,它通过其自身而存在,并且是一切其他属性的根基**。而如果你把物质和精神因为诸样态依赖于它们而把它们称为实体,那么你也必定因为它们依赖于实体†而把它们称为样态:因为它们并没有被你设想为通过其自身而存在的。同样,意志、感情、理智、爱情等都是你所称为思想实体的那个东西的种种不同的样态,在这个实体中你把所有这些样态聚集起来合而为一,所以我从你自己的证明中得出结论:**无限的广延和无限的思想这两者连同所有其他种种无限的属性**(或者按照你的说法,其他种种实体)都只是那个唯一的、永恒的、无限的、通过其自身而存在的存在物的种种样态。所有这些,正如已经说过的,我们断定为一个单一体(An Only One)或统一体(Unity),在它之外绝不能想象任何其他东西存在††。

〔10〕欲望:我认为,在你的这个论证里,我看到有一个很大的混淆;因为你似乎认为:**整体必定是在它们的部分之外的**,或者是离开它的部分的某些东西,这完全是荒谬无稽的。因为所有的哲学家在谈到**整体是一个第二级概念**③,**在自然中离开了人类的思维它就等于无时**,都是一致的。〔11〕另外,像我由你的例子所做的推断一样,你是混淆了**整体**与**原因**:因为,正如我所说的,整体仅仅是由它的部分所组成的,或者通过它的部分〔而存在〕,正因为这样,你就把思想力想象为理智、爱情等等所依赖的一个东西了④。但是,你不能把它称为**整体**,而只能称之为**结果的原因**,正如你自己所命名的。

〔12〕理性:我已经看到你为什么要召集所有你的朋友来反对我,并且你企图想要通过诡辩去达到自己虚假推理所不能达到的目的,有如那些反对真理的人所通常使用的。但是你用这种手法并没有赢得爱情对你的附和。你的主张是:**凡原因(因为它是结果的创造者)所以都必定在结果之外**。但是你之所以这样认为,是因为你只知道**超越的原因**,而不知道**固有的原因**,固有的原因绝不产生在它之外的任何东西,这一点理智可以作为例证,它是它的观念的原因。这

---

† A本实体是复数。

†† B本:"……一个唯一的、永恒的、自身存在的存在,在这存在中,一切合而为一,在其之外绝不能想象任何其他的东西存在。"

就是我为什么把理智（只要或者因为它的观念依赖于它†）称为**原因**。另外，因为它是由它的观念所组成的，是一个整体，因此，**就神同它的结果或创造物相关而言，它是一个固有的原因**，而就第二个观点而言，〈即神是它的创造物所组成的整体而言，〉**它又是一个整体**。

注　释

① 关于这篇以及下面一篇对话和本书的关系，一直是斯宾诺莎研究家们争论的问题。这里我们简略地介绍一下有关这方面的情况，以资参考。

　　A、B 两个手抄本在第一篇的第二章之后，都中断了原来的证明秩序，中途插进了这两篇对话，并且都以人物对话的形式阐明斯宾诺莎自己的观点，第一篇的对话者是纯粹抽象的人物，第二篇的对话者是象征的人物。假如这两篇对话能和《简论》的前两章结合得很好，那么对一本难读的著作来说使用这种生动的阐述方式是不足为奇的；但是情况似乎不是那样，两篇对话都中断了原来发挥的线索，徒然重复了一些已经说过的话，或讨论一些读者毫无准备的新问题。另外，对话还包括了不少从未见诸《简论》的思想以及斯宾诺莎在其他地方未曾用过的一种推理形式。根据本书英译者沃尔夫说，在波麦发现和出版的《简论纲要》里并未提到这两篇对话。因此，不同的评论家假设道，这是由于斯宾诺莎的不懂事的弟子抄写了一些偶然放错了位置的篇页造成的。某些人根据第一篇对话笨拙的风格和陈述这点，把这篇对话的写作年代上溯到所能猜测的最远的年代，阿芬那留斯认为第一篇对话写于 1651 年，第二篇对话至晚写于 1652 年。K. 费舍也认为对话写于《简论》之前，他说"先有对话，然后是《简论》，最后是附录"（见其《斯宾诺莎》，德文本，第 247 页）。根据这一假设，阿芬那留斯认为应该把这两篇对话放在第一章之后。Ch. 雪格瓦特认为第一篇对话的著作年代还要早，要在 1651 年之前；第二篇是在本书写完之后撰写的，所以他认为应该把第二篇对话放在《简论》的结尾之后。弗洛伊登塔尔认为，这两篇对话是不可分割的，但两者都写成于全书的其他部分之后……迈耶尔在他的现代荷兰文译本里，把第二篇对话放在第三章之后。并且很多批评家如佛伦登堡（Frendelenburg）和 Ch. 雪格瓦特把这两篇对话，尤其是第二篇，都看作可疑的，怀疑是否真是斯宾诺莎本人的著作。总之，关于这两篇对话的争论至今未有确切的解释。

　　关于第一篇对话，一般斯宾诺莎的研究者认为，它最初的形式是一篇比《简论》的概要更早的文章——这点可以解释为什么它的语调相当不同，它的内容和各章中的

---

† 根据 B 本。A 本是"它依赖于它的观念"。

任何一章相比都很不协调。Ch. 雪格瓦特认为，这篇对话可能是一个对笛卡尔的二元论没有深入研究而加以抨击的人在布鲁诺（Bruno）的影响下写成的。如同台博斯（Delbos）所注意到的，斯宾诺莎在这篇对话中是把笛卡尔作为真正的论敌来对待的。例如，对欲望的态度就是抨击笛卡尔的看法。但又有不少人认为，第一篇对话可能是在阅读笛卡尔的著作时写成的。齐默尔（Zimmels）和 C. 格布哈特（C. Gebhardt）在这篇对话中找到了雷翁·阿巴伯内尔（Léon Abrabanel）的《爱的对话》(*Dialogidi Amore*)的决定性的影响（我们知道，在斯宾诺莎的图书里就有这部著作的西班牙文译本）。J. 拉纽（J. Lagnean）把一切影响问题都撇在一边，而在这一片段中找到了未来的真正斯宾诺莎文体的原始思想……

一些斯宾诺莎的研究家（阿芬那留斯和其他一些人）认为，第一篇对话、《简论》和《伦理学》代表了斯宾诺莎思想发展的三个阶段，相应于三个阶段的有三个根本范畴：自然、神和实体。这三个范畴在斯宾诺莎看来是一个意义。第一篇对话由于受布鲁诺的影响，因而强调了"自然"，而在《简论》中受笛卡尔的影响，因而强调了"神"，到最后《伦理学》是斯宾诺莎自己成熟的作品，因而用"实体"作为自己哲学的最高范畴。我们认为这篇对话已表明了斯宾诺莎对笛卡尔的批判态度。例如对话中的欲望代表了笛卡尔的二元论哲学，受到理智、理性的批驳。在这篇对话里，斯宾诺莎似乎受布鲁诺的影响，但是他并不完全和布鲁诺一致。例如"神"或"自然"的概念，"神"在布鲁诺那里是世界的超越因，而不是固有因。"自然"在布鲁诺那里完全带有神圣的灵光，失去了自然本有的物质性质，这些都和斯宾诺莎的"神"或"自然"概念有差别。因而我们认为研究斯宾诺莎的这两篇对话，最根本的是在于了解他在这两篇对话中所阐发的哲学思想以及考察斯宾诺莎哲学思想的发展。

② 据弗洛伊登塔尔的意见，这个"不"字应该去掉。因为斯宾诺莎自己的观点（《伦理学》第一部分界说二，《斯宾诺莎书信集》第 4 封信）是物体不为思想所限制，思想不为物体所限制。而这里欲望是代表笛卡尔的观点，因此思想和物体应该是相互限制的，所以应去掉这个"不"字。

③ 第一级概念（notio prima）和第二级概念（notio secunda）来自中世纪经院哲学的第一意念（intentio prima）和第二意念（intentio secunda）。前者指称具体的事物，如一棵个别的树；后者指抽象概念，如种、属，即共相。这里所谈的哲学家是指唯名论者。

④ 思想属性在这里被斯宾诺莎表述为"思想力"，同样的用法也见于《斯宾诺莎书信集》第 32 封信，那里说"在自然中存在一无限的思想力"。《伦理学》第二部分命题二十一附释也讲到这种力。在本书第二篇第十九章，广延性也同样被表述为一种"力"。

伊拉斯摩斯（Erasmus）和狄奥菲勒斯（Theophilus）之间的第二篇对话

部分与前述内容有关，部分与下述第二篇有关。

〔1〕伊拉斯摩斯：狄奥菲勒斯，我曾听你说：神是**万物的一个原因**，而同时它只能是一个**固有因**，而不可能是**其他任何别的**原因。那么，既然它是**万物的一个固有因**，那么你怎么能把它称为一个远因（causa remota）呢？①因为那对于一个固有因是不可能的。

〔2〕狄奥菲勒斯：当我说到神是一个远因†时，我仅仅是就它同〔神所间接地产生的〕事物相关而言的，〔而不是就〕神（除了神的唯一存在外，没有其他任何条件）所直接地产生的那些事物而言的，但我绝不是要把它绝对地称为远因，正如你可以从我的说明中明白地推断出来的那样。因为我也曾说过：我们在某些方面能把它称为一个远因。

〔3〕伊拉斯摩斯：你所要说的，现在我正确地理解了；但是，我还记得你曾说过：**固有因的结果与它的原因始终结合在一起，它们共同构成一个整体**。如果是这样，那么我想神就可能是一个固有因了。因为它与它所产生的东西共同构成一个整体，那么你就会在此时把比在彼时归之于神的更多的本质归之于神。我恳求你，为我消除这些疑惑。

〔4〕狄奥菲勒斯：伊拉斯摩斯，如果你想从这个混乱中摆脱出来，那么你就好好地注意我现在马上要告诉你的东西。事物的本质，并不会因为它与另一个同它构成为一个整体的事物相结合而有所增加；正相反，该本质是保持不变的。〔5〕为了你可以更好地理解我所说的，我给你举一个例子。一个雕刻家仿照人体的各部分，用木头塑造出各种不同的模型，他择取其中一个具有人的前胸形状的模型，把它安装在另一个具有人的头颅形状的模型上，他把这两个模型做成了一个代表人体上身部分的整体，难道你会因此就认为那个头的本质由于同前胸相联结而有所增加了吗？那是错误的，因为它和以前是一样的。〔6〕为了更明了起见，让我再给你举个例子，即我有一个三角形的观念，以及由延长三角形的一边所得之外角或补角等于其所对之两内角之和的另一个观念

---

† B 本是"先因"。

等等。我认为，这些观念已经产生了一个新的观念，即三角形三内角之和等于二直角。这个观念与先前的观念是这样联系的：假如没有先前的观念，那么它就既不能存在，也不能被设想。〔7〕由每一个人所有的一切观念，我们构成一个整体，或者（这是一样的）构成一个我们称为**理智**的思想存在物②。现在很明白了：虽然这个新观念与先前的观念联结在一起，但是先前观念的本质并不因此发生任何变化；正相反，它仍丝毫未有所改变。同样你还可以在产生爱的每一个观念的自身中观察到：这个爱绝不能增加观念的本质。〔8〕但我为什么要举出这许多例子呢？因为你可以在我上面举的并现在要加以讨论的例子里清楚地认识它。我曾明白地指出过，所有属性——它们不依赖于任何其他原因，它们的界说无关乎属于神的本质的属概念（genus）。因为被创造的事物不能形成一个属性，虽然它们紧紧地与神结合在一起，但是，它们并不因此就增加神的本质。〔9〕再需补充〈一点〉，"整体"不过是一个思想存在物，它和"总体"的区别仅在于："总体"是由各种各样无联结的个体而成的，"整体"则是由各种各样有联结的个体组成的；此外还在于："总体"仅仅是由同类的诸部分所组成的，而"整体"则是既由同类的又由不同类的诸部分所组成的†。

〔10〕伊拉斯摩斯：关于这个问题，你已使我感到满足了。但是，另外你还曾说过：**内因的结果，当其原因持续存在时，是不可能消失的**；我认为，这一点确实是真的，但如果††这样的话，那么当我们看到许多东西正在消失时，神如何还能是一个万物的内因呢？根据你前面所做的区别，你会说：**神确实是它直接产生的种种结果的原因，它产生它们，除了仅仅凭借它的属性外不需要任何其他条件；同时这些结果当其原因持续存在时是不可能消失的；但是你并不把神称为是那些其存在并不直接依赖于它而是通过某种其他的东西产生的诸结果的内因，虽然就那些结果的原因而论，假如没有神或者在神之外，同样都是不起作用和不能起作用的**。正因为是这样，既然它们并不是由神直接产生的，那么它们是能消失的。〔11〕但是这种说法并不能使我满意。因为我知道你肯定人类的理智是不朽的，因为它是神在其自身中产生的一个结果。但是为了产生这样一个理智需要多于神的属性，这是不可能的；因为，为了要成为这样绝对圆满的存在，它必须永恒地被创造，有如直接依赖于神的一切其他的东西一样。

---

† B本："总体是由同种类的许多不相联结的个体产生的；而整体是由不同种类和同种类的许多相联结的个体产生的"。

†† B本："但我认为这一点不是真实的，因为如果……"

并且如果我未曾弄错的话,我曾听你这样说过。如果这个存在确是这样的话,你将如何毫无困难地解决†这个问题呢?

〔12〕狄奥菲勒斯:伊拉斯摩斯,的确,由神所直接创造的事物(其存在除了神的属性外不需要任何其他东西)是永恒地被创造的③。然而,值得注意的是:为了使一个事物可以存在,虽然需要一个特殊的样态以及某种在神的属性之外的东西††,但是神并不因此就不能够直接地产生一个事物。因为,在那些对于事物†††的存在是必需的东西中,某些是**应该**产生事物的,而另一些是**能够**产生事物的。比如,在某个屋子里我需要光,我点燃了一支蜡烛,而这支蜡烛通过它自己照亮了这屋子;或者我推开了一扇〔关闭着的〕窗,而这个开窗的动作本身并未给予光,但是它却能使光进入屋子††††。同样,为了使一个事物开始运动,就需要另一个物体具有使它到达其他物体的足够的运动量。但是为了在我们心里产生一个神的观念,却不需要另外某种特殊事物具有在我们心里将产生的那个东西,而仅需要在**自然**中的这样一个物体:它的观念是为了直接地表象神所必需的。这一点你也可以从我的表述中推断出来:因为我曾说过,神只通过其自身而不通过某些其他的东西被认识。〔13〕但是,我告诉你,只要我们尚不具有这样一个清晰的神的观念,这个观念使我们与神合一,并不让我们去爱在神之外的任何事物,那么我们就不能认为:我们是真正地与神合一起来因而直接地依赖于它的④。假如你还有什么需要询问的事情,留作另一次讨论吧,现在我还有其他的事情。再见。

〔14〕伊拉斯摩斯:现在没有什么可问的了,但是在下次再见之前,我将对你刚才所告诉我的那些东西细加考虑。愿神与你同在。

注 释

① 远因(causa remota)是和近因(causa proxima)相对的。近因是指直接地产生结果的原因,无须任何中间的原因;远因则需要中间环节的原因才能产生结果。
② B 本没有这段话,据 A 本增补(英译本把这段话放在脚注里,现据德译本处理,把它

---

† B 本:"解释"。
†† B 本:"需要一个在神的属性之外的东西的特殊的样态"。
††† A 本的"事物"是复数,B 本是单数。
†††† B 本:"我点燃了蜡烛,或我打开了窗户,为此房间亮了,现在,点燃的行动,或开窗的行动并不产生光,而是为光可以照亮房间或进入房间打好了基础。"

放在正文里）。

③ 德译本译为这样："……那些其存在除了神的属性外不需要任何其他东西的事物，是直接为神永恒地所创造的"。

④ 理智作为人和神之间最高统一的思想，最早出现于古希腊，亚里士多德就有这种观点，中世纪犹太哲学家迈蒙尼德也特别发挥了这一思想，在他的《迷途指津》(Guide of the Perplexed) 第三章中，他曾说"人对神的爱和人对神的知识是一回事"，他也用了"对神的理智崇拜"（intellectual worship of God）这种用语。斯宾诺莎在《伦理学》中说"对神的理智的爱"（intellectual love of God）很可能来自迈蒙尼德。

第三章　神是万物之因

〔1〕现在我们开始考察被我们称为**特性**（Propria）〔原注1〕的那些〔神的〕性质①。首先，我们考察神何以是**万物之因**。

我们在上面已经说过，**一个实体不能产生另一个实体**；神是被断定为具有**一切属性的一个存在**；由此显然可见：一切其他事物如果离开了神或者在神之外，那么它就绝不能存在或者被理解。因此，我们有充分的理由认为：**神是万物之因**。

〔2〕因为我们通常把致动因分为八个部分②，所以我们将分别加以考察；**神**如何是以及在什么意义上是一个原因。

第一，我们认为神是它的**创造物的一个流出因**（causa emanativa）或**生产因**③；同时，就其活动性而论，它是一个**活动因**（causa activa）或作用因（operating cause），因为这两种原因相互包含，所以我们把它们视作同一个东西。

第二，神是**一个固有因而不是一个超越因**（causa transiens），因为神是在其自身之中而不是在其自身之外产生一切的，因为在它之外根本就没有任何东西。

第三，神是一个**自由因**（causa libera）④而不是一个**自然因**，这一点，当我们去考虑神会不会不去做它现在所做的事时，我们会清楚而且明晰地得出来的，同时，那样也说明了真正的自由在于何处。

第四，神是一个**自身之因**（causa per se）而不是一个**偶然因**（causa per accidens），这一点从关于预定的讨论中将愈会得到确证⑤。

第五，**神是它所直接创造的创造物的基本因**（causa principalis），诸如在物质中的运动等等；在这里一个辅助的〔工具的〕原因是不起任何作用的，因为这种原因只适合于种种特殊的事物；像神要刮干大海时凭借了猛烈的风等等，

〔原注1〕　在下面的〔种种性质〕被称为**特性**，因为它们仅是些没有实名词就不能被理解的形容词。也就是说，假如没有了它们神将不成其为神，但神并不是由于它们才是神，因为它们没有显示出神所唯一凭借其存在的那个实体的任何性质。

在自然中，一切特殊的事物都是这样。†

诱导的辅助性原因并不存在于神之内，因为在它之外没有任何去刺激它的原因。另一方面，**本有的**††原因就是它的圆满性自身，通过它，神是其自身的原因，也就是一切其他事物的原因⑥。

第六，神是唯一的**第一因**（causa prima）**或最初因**，这一点在我们前述的证明里是十分明显的⑦。

第七，神也是一个**普遍因**（causa universalis），但这仅仅是就其产生各种各样的事物而言；因为它为了产生出任何结果是不需要任何一个东西的，否则普遍的原因永不能被认为是属于神的⑧。

第八，神是那些无限的、不变的以及我们认为是由神所直接创造的种种事物的**近因**（causa proxima），但是，在某种意义上它是一切特殊事物的远因（causa remota）。

注　释

① "性质"英译本为"attribute"，德译本为"Eigenschaft"。由于"attribute"（属性）在斯宾诺莎哲学体系里有专门的用法，故这里据德译本译为"性质"。
② 据英译者沃尔夫的意见，斯宾诺莎这里所划分的八个致动因可能是参考了布格斯蒂克（Burgersdijck）的《逻辑指南两卷》（*Institutionum Logicarum Libri Duo*），布洛斯蒂克在这本书里根据亚里士多德的四因论对原因做了如下分类：

质料因
Ⅰ 第一因（causa prima）
　第二因（causa secunda）
Ⅱ 自然物之因（causa rerum naturalium）
　人工物之因（causa rerum artificialium）
Ⅲ 产生因（causa generationis）
　复合因（causa compositionis）

---

† B 本除"在自然中"外，此句在注释里。
†† A 本与 B 本均为荷兰文 voorgaande。

形式因 {
  Ⅰ { 物质因（causa materialis）
      非物质因（causa immaterialis）
  Ⅱ { 本质因（causa substantialis）
      偶性因（causa accidentalis）
  Ⅲ { 自然因（causa naturalis）
      人工因（causa artificialis）
  Ⅳ { 基本因（causa principalis）
      支配因（causa disponens）
}

致动因 {
  Ⅰ { 活动因（causa activa）
      流出因（causa emanativa）
  Ⅱ { 固有因（causa immanens）
      超越因（causa transiens）
  Ⅲ { 自由因（causa libera）
      必然因（causa necessaria）
  Ⅳ { 自身之因（causa per se）
      偶然因（causa per accidens）
  Ⅴ { 基本因（causa principalis）
      辅助因（causa munus principalis） { 诱导的辅助性因素（procatarctica）
                                        本有的辅助性因素（proegumena）
                                        工具的辅助性因素（instrumentum）
  Ⅵ { 第一因（causa prima）
      第二因（causa secunda）
  Ⅶ { 普遍因（causa universalis）
      特殊因（causa particularis）
  Ⅷ { 近因（causa proxima）
      远因（causa remota）
}

目的因 {
  Ⅰ { 自因（causa sui）
      他因（causa cujus）
  Ⅱ { 基本因（causa principalis）
      第二因（causa secundarius）
  Ⅲ { 从属因（causa subordinalus）
      终极因（causa ultimus）
}

③ 流出因是指完全凭借自己的存在而产生其结果的原因，而活动因是指通过自己进行的某些活动的媒介而产生其结果的原因。例如火是其热的流出因，但又是它使其他物体

热起来的活动因。

④ 自由因在斯宾诺莎这里是指其作用不受外在强迫，因此，一个必然而作用的原因也可以是自由因，只要这种必然性是一种原因自身内部的必然性，参阅本篇后一章。

⑤ 参阅本篇第六章。自身之因，其结果是由于该原因自身的本性所致，偶然因，其结果不是该原因自身本性的产物，而是由于某些特别的情况。赫尔布德（Heereboord）曾举了下面这个例子：动物生下同类动物，这是由于自身之因，动物生下一个异类的动物，这就是由于偶然因。

⑥ 基本因是指这样一种原因，这种原因所产生的结果仅仅依靠其自身的力量，而不需要任何其他东西的帮助。辅助性原因只是产生结果的一个必要条件。辅助性原因再可分为三类："工具的辅助性原因"、"诱导的辅助性原因"和"本有的辅助性原因"。凡是在结果的产生里起了作用的任何工具，皆可称为"工具的辅助性原因"。诱导的辅助性原因是指影响基本因活动的任何外在的事物或条件。本有的辅助性原因和诱导的辅导性原因相反，它是指起影响作用的内在的事物或条件，例如，一个肺部弱的人由于在通风的地方着了凉而生了重病，肺部弱是这个人生病的本有的辅助性原因，而凉风就是诱导的辅助性原因。

⑦ 第一因就是一个不依赖于任何其他原因的原因，第二因就是依赖第一因的原因。

⑧ 普遍因和特殊因相对。特殊因只能产生一种结果，而普遍因能够产生种种不同的结果。

第四章　论神的必然活动[①]

〔1〕我们不认为神会不去做它现在所做的事,当我们去论述预定时,我们将会证明这一点;因为在那里我们将证明一切事物都必然地依赖于它们的原因。〔2〕但是,在另一方面,从神的圆满性我们也可以得出这个结论,因为毋庸置疑,这一点是确实的:**神能创造像在它的观念中所设想的那么圆满的任何事物**。正如被它设想的事物不能被它设想得比它所设想的更加圆满,所以由它所创造的一切事物是如此圆满,以至它们不可能更加圆满地为它所产生。此外[†],当我们得出神不能不去做它现在已做的事这个结论时,我们是从它的圆满性中推出来的;因为如果神能够不去做它现在所做的事,这在神那里将是一个不圆满性;然而,我们并不假定在神的内部会有一个可能促使它活动的诱导的辅助性原因,因为那样它将不成其为神了。

〔3〕现在又会有这种争论,即我所说的存在于神的观念中的,并且能为它如此圆满地实现的一切事物,神是否能不去实现它们之中的任何一个呢?并且这样的一种行为是否也是它的一种圆满性呢?我们认为,既然所发生的一切都是由神创造的,那么,它们也必然为神所预先决定,否则神将是可变的,这在神那里将是一种极大的不圆满。同时,因为神的这种预定必是永恒存在的,这种永恒性是无始无终的,那么,由此显然可以推知:首先,除了事物现在为神所决定并且永恒存在的这种方式外,神绝不能在任何其他方式里预先决定事物,而且在这些决定之前或没有这些决定神都不能存在[②]。〔4〕其次,如果神不去做任何事情,那么它或者由于某种原因,或者没有任何原因。如果说是由于某种原因,那么它就应该不去做它们;但如果说没有任何原因,那么它就不应该不去做它们。这是不证自明的。最后,凭借于神而存在并且为神所产生,这是被创造物的一种圆满性[③],因为在一切不圆满性中,不存在是最大的不圆满性;同时,既然神愿望一切事物幸福与圆满,那么由此可见:假若神愿望某个事物不存在,那么这个事物的幸福与圆满必定被认为是在于它的不存在了,这是自

[†] B本:"但是"。

相矛盾的。这就是我为什么否认**神会不去做它现在做的事**的理由。

〔5〕某些人把这点视为对神的亵渎与藐视，但是这种断言是由于他们对什么是**真正的自由**这个问题的误解的结果：真正的自由绝不是如他们所想的能去做或者不能去做某些善或恶的事情的那种能力；**真正的自由仅仅是或者只能是**〔存在状态的〕**第一因**，它绝不为任何其他东西所束缚或强制，真正的自由仅仅是由于第一因的圆满性才是一切圆满性的原因†；从而，假若神会不去这样做，那么它将不是圆满的；因为那种不去做某种善行，或者在神所创造的东西中不去实现某种圆满性的能力，在神那里，除非由于缺陷之故††，否则是绝不会出现的。

因此，只有神是唯一的自由因这点不仅根据我们刚才的所述是明显的，而且还可能从下面这点看出来，即在神之外没有任何外在的原因能束缚或强制它，而所有这些都不会在被创造物那里发生。

〔6〕与此相反的论点是这样：善之所以是善，仅仅在于神意愿它如此，既然是这样，那么神总是能使恶变成善。但是这种推论犹如我说：神之所以是神，因为神意愿成为神，因而，不成为神也是它能够做到的，这显然是荒谬的。再者，当人们做了某些事情，而被问及做这些事的理由时，他们回答道：因为这是正义的要求。如果提出这样的问题：正义，或者不如说凡正义的一切东西的第一因为什么会﹡做出这样的一个要求﹡呢？那么其回答必定是：因为正义意愿它这样。但是，亲爱的，这样难道正义还会是不正义的吗？不，因为那样正义就不成其为正义了。然而，那些认为神之所以创造它所创造的一切是由于其自身之中的善的人，我认为，这些人或许还以为他们与我们没有区别。其实不然，事情远不是那样，因为他们认为在神之前存在某种东西，神对于这种东西要承担责任或义务，也就是说，存在一个原因，〔借〕此原因〔神〕才愿这个应当是善的，而那个应当是公正的†††。

〔7〕现在又会进一步产生争论，即：当假定神用某种其他的方式永恒地创造万物，或者安排或预先决定万物变成不同于它们现在这种样子，那么我说，神是否﹡像它现在﹡这样圆满呢？对于这个问题的问答是：如果自然曾经是在

---

† B本："但是真正的自由在于这里，即没有任何其他东西束缚或强制的第一因，只有通过它的圆满性才是一切圆满性的原因"。

†† B本："因为它包含缺陷"。

††† B本："……义务，因为有一个欲望使这个应是善的，那个应是正义的。"

另外一种不同于它现在所存在的方式里永恒地被创造的，那么按照那些把意志和理智归于神的人的观点，必然会推出：那时神就会具有不同于现在的意志和理智，因而它将用不同于现在的方式创造万物；这样我们将不得不设想神现在具有一个不同于那时所具有的特性；因此，如果我们假定它现在是最圆满的，那么我们就不得不说，当它另外创造万物时，它就并不是那样圆满的。所有这些包含显然荒谬的事情是绝不能硬加于神的，而神现在、过去直至永恒，它现在是、曾经是并且将永远是保持不变的。

〔8〕这一点④，也可以从我们在上面所给予的自由因的界说来证明。自由因并不是一个能去做或能不去做任何事情的原因，而仅仅是一个不依赖于其他任何事物的原因，所以神所做的一切都是当神作为最自由的†原因时为它所做和所实现的。因此，假如它在过去曾经创造的事物不同于它们现在的这个样子，那么，由此必然推知：它曾在某个时候是不圆满的，但这是错误的。因为既然神是万物的第一因，那么它必然具有某种东西，通过这种东西，它做了它现在所做的事，并且不会不去做它们。因为我们说过，**自由**不在于去做或者不去做某事，因为我们也曾表明：那个使它〔神〕去做任何事的东西，除了它自身的圆满性外，绝不能是任何其他东西，由此我们的结论是：**如果不是神的圆满性使神创造所有这些东西，那么这些事物就不会存在，同时也不可能进入存在，以便使它们成为它们现在那样的东西。这正像说：如果神是不圆满的，那么事物就会跟它们现在的样子不同**††。

〔9〕这就是第一个性质。现在我们将转到第二个性质，我们把第二个性质称为神的**特性**（proprium），并且将看到，关于第二个性质我们所必须说的是什么，这些内容一直到"第一篇"结束。

注　释

① 本章所讨论的内容，可参阅《伦理学》第一部分、《神学政治论》第六章及《形而上学思想》第一篇第三章。
② 在《形而上学思想》第一篇第三章中有一段话和这里的观点是一致的："如果万物都只

---

† A 本是"最智慧的"（alderwijste），显然是 aldervrijste（最自由的）之讹误，B 本加以改正。

†† B 本没有这句话。

是依赖神的力量才存在的，则很容易看到，一切发生着的事物都只是借助于神的决定和意志才实现的，而既然神不会变幻无常，它必定永恒地决定创造它现在所创造的那些事物，既然除了神的决定之外，任何一个事物都没有必然存在的原因，那么一切被创造事物的存在必然永恒地被规定。我们绝不能因为神可以另外做决定，所以认为这些事物是偶然的，因为既然在永恒中没有'当时''过去''未来'，或其他的时间规定，那么由此可以推出，在神可以另外做决定以前神并不存在。"

③ 德译本为"不圆满性"。

④ 英译者沃尔夫认为，这一点即神不能创造与它现在所创造的事物不同的事物。

第五章 论神圣的天道

〔1〕第二个性质，即我们称之为〔神的〕**特性**，就是天道①。对于我们来说，天道无非只是我们在自然整体和个体中所看到的维护和保存它们自身存在的那种**冲力**②。因为这是十分显然的：任何东西都不可能由于自己的本性去寻求自身的毁灭，事实上正相反，每个事物在其自身之中均有一种保存其自身的状态并完善其自身的冲力。〔2〕因此，根据我们的这些界说，我们假定了一个**普遍的**〔**天道**〕以及一个**特殊的天道**。**普遍的**〔**天道**〕，即通过它，万物被产生和维持，但这只是就万物是自然整体的诸部分而言的。**特殊的天道**，即每一个事物各别地为保存其存在的那种冲力，〔这里所说的每个事物〕不是作为自然的一个部分，而是〔就其自身〕作为一个整体而言。这一点可以通过下面的例子来加以阐明：人体的各个肢体就其为人体的诸部分而言被保护和注意，这就是**普遍的天道**；而**特殊的**〔**天道**〕是每一个各别的肢体（其自身作为一个整体，而不是作为人体的一部分）维护和保存其自身的幸福的冲力。

注　释

① 天道，德文词 Vorsehung，也可译天命、天意。
② "冲力"的荷兰文为 Poginge，拉丁文译为 conatus，英文译为 striving，德文译为 Streben。有关"冲力"的论述可参阅《伦理学》第三部分界说四、六、七、八、九，《神学政治论》第十六章。这是斯宾诺莎哲学的一个重要范畴。当代法国哲学家吉尔·德勒兹特别强调斯宾诺莎的这一"冲力"概念，见他的《斯宾诺莎的实践哲学》一书。

第六章　论神的预定[①]

〔1〕我们说第三个性质是神的预定，我们前面已经证明：

1. 神不能不去做它现在所做的事情，也就是它已经如此圆满地创造了万物，以致万物再也不可能更加圆满了。

2. 同时，如果没有神，任何事物既不能存在，也不能被理解。

〔2〕现在需要注意的是：首先，在自然中到底有没有偶然的东西，也就是说，会不会有既可以发生又可以不发生的任何东西；其次，有没有我们不能问其存在原因的任何东西。

关于没有任何偶然的东西，我们这样来证明：凡无存在原因的东西是不可能存在的，偶然的东西是无原因的，所以……

大前提是没有什么可争论的，我们这样来证明小前提：如果任何偶然的东西有一个它应存在的确定的原因，那么它就必然存在；但这样它就会同时既是偶然的又是必然的，这是自相矛盾的；所以……

〔3〕或许有人会说：**偶然的东西**虽然没有任何确定的原因，但它有一个偶然的原因。如果是这样的话，那么它必定或者是**在分离的意义上**（in sensu diviso）或者是**在组合的意义上**（in sensu composito）加以理解[②]，亦即是说，或者原因的存在是偶然的，它不是一个原因；或者某种确定的东西（它必然存在于自然中）偶然地是引起那个偶然东西的原因。然而，不管是前者还是后者，都是错误的。

因为关于第一种，如果偶然的东西是偶然的因为其原因〔的存在〕是偶然的，那么原因也必定因为原因的原因是偶然的，所以是偶然的，依此类推，直至无穷（et sic in infinitum）。同时因为我们早已证明：**一切事物都依赖于一个唯一的原因**，那么这个原因也将因此必定是偶然的，这是显然错误的。

关于第二种，如果原因被迫产生一个事物和产生另一个事物是一样的，就是说，〔如果原因被迫〕产生这个事物和不产生这个事物是一样的，那么它就不可能同时既产生这个事物又不产生这个事物，而这是十分矛盾的。

〔4〕关于上面提出来的第二个问题，即**在自然中有没有人们不能问其存在原因的东西**，我们这句话的意思是，我们必须研讨事物存在的原因究竟是什么，因为如果这个〔原因〕不存在，那么事物将不能存在。现在我们必定或者在事物之内或者在事物之外去寻找这个原因。然而，如果有谁追问进行这种研讨的规则，那么我们说似乎根本就没有这个必要。因为如果存在属于事物的本性，那么我们必定不能在它之外去寻找它的原因，这是可以肯定的；但如果并不是如此，那么我们始终必须在事物之外寻找它的原因。然而因为第一种情况只能适合于神，由此可以证明（如我们在前面所证明的）：只有神才是万物的第一因。〔5〕同时，从这一点也显然可见：人的这个或那个意志（因为意志的存在不属于它的本质）也必定有一个外在的原因，通过它意志就必然地被产生；这一点也可以从我们在本章中所陈述的一切明显地看出来。在第二篇里，当我们考察和讨论人的自由的时候将更加明显。

〔6〕反对这一切的其他的诘难是：神既然被认为是绝对圆满的，并且是万物的唯一因、主宰者以及卫护者，那么怎么还能容忍这种在自然中触目皆是的混乱呢？还有，它为什么**不创造出不能够犯罪的那种人类呢**？

〔7〕认为**在自然中存在着混乱**，这是不正确的，因为没有人能知道事物的全部原因，所以才做出了这样的判断。然而，这种诘难起始于这种无知，即：他们曾经假定了一般观念，在他们看来，特殊事物如果要成为圆满的事物，就必须同这些一般观念相符合。按照他们的主张，这些**观念**存在于神的理智之中，像许多柏拉图的信徒所说过的那样，即这些**一般观念**（诸如理性的动物†等等）**曾为神所创造**；虽然那些亚里士多德的信徒确实说过：这些东西不是**实在**存在物，而仅仅是思想存在物，然而他们仍常常把它们当作〔实在〕存在物，因为他们曾明白地宣称过：神的天道并不涉及特殊的事物，而只是涉及类；例如，神的天道就从不涉及布凯法鲁斯③等等，而仅仅涉及整个马的类。他们还认为神没有关于特殊的和短暂的事物的知识，而只有一般事物的知识，根据他们的意见，这种一般的事物才是永久的。然而我们可以正确地认为这是由于他们的无知。因为只有特殊的事物才具有原因，而一般的事物是没有原因的，因为它们是无④。

因此，神仅仅是特殊的事物的原因，其天道也仅涉及特殊的事物⑤。如果

---

† A 本是 "Rational Animal"，B 本是 "Rational-Animal"。（沃尔夫英译本从 B 本，德译本从 A 本，现据德译本译出。——中译者注）

特殊的事物一定要与某个其他的本性相符合，那么它们就不会与它们自己相符合，从而就不可能成为它们现在实际的这个样子。比如，假若神把所有的人都创造成像堕落之前的亚当那样，那么它只创造了亚当而不是创造了保罗或者彼得。但是，神的真正的圆满性却在于：它赋予一切事物（从最小的直到最大的）以它们的本质，或者更恰当地说，它在其自身之中圆满地具有一切事物。

〔8〕关于第二个〔诘难〕：**神为什么不创造那种不会犯罪的人类呢？**对于这个诘难可以这样来〔回答〕：不管所谓罪孽是指什么东西，它总只是跟我们有关，那就是说，当我们把两个事物彼此加以比较，或由不同的观点〔来考虑某种事情〕的时候。例如，假如某人为了鸣响和报道时间的目的精确地制造了一只钟，而机械的运行完全实现了制造者的目的，那么我们说这只钟是好的，但假如它不是那样，那么我们说它是坏的。然而如果他只打算制造一只不规则的并且报时错误的钟，那么它仍然是好的。

〔9〕因此我们认为其结论是：彼得必然是与彼得的观念相符合的，而不是与人的观念相符合的；善、恶或罪孽这些都不过是思想的样态，而绝不是任何事物或者具有实在性的任何东西，像我们在下面也许还要更详尽地指明的那样。因为在自然中的一切事物和创造物都是圆满的。

注　释

① 本章内容可参阅《形而上学思想》第一篇第三章和《伦理学》第一部分界说三十三。
② 在中世纪的逻辑学中，关于模态命题，曾按照模态词（可能、不可能、必然、偶然）是修饰系词（"是"）还是修饰主词或宾词，区分了两种情况，即所谓分离的意义和组合的意义。例如"S是一个偶然的原因"这句话，"偶然的"既可以理解为是修饰系词"是"的，即"S偶然是一个原因"，又可以理解为是修饰该句的主词或宾词，即"S是一个偶然的原因"。前者是所谓分离的意义，后者是所谓组合的意义。
③ 亚历山大王的坐骑之名。
④《形而上学思想》第二篇第七章有一段同样的话："再没有比否认神有个别事物的知识的说法更荒谬的东西了……他们断言神对于实际存在的事物是无知的，硬说神认识那不存在的而且在个别事物之外没有任何本质的共相；反之，我们认为神具有个别事物的知识，而否认神具有共相的知识，只有在神理解人的心灵的范围内，神才具有这种知识。"
⑤ 德译本："因此，神仅仅是特殊事物的原因和卫护者。"

第七章　论不属于神的属性

〔1〕这里我们将开始考察那些通常被归于神但实际上并不是属于神的属性[原注1]，我们也要考察人们力求（虽然是徒然的）用来界说神的那些属性①，同时还要考察精确界说的规则。

〔2〕为了达到这个目的，我们不必太多地纠缠于人们关于神通常所有的那些观念，而只要简短地研究一下哲学家们关于它所能告诉我们的东西就行了。这些哲学家把神界说为**自身存在的**，或**通过其自身而存在的一个存在，是万物的原因，是全知的、全能的、永恒的、单纯的、无限的、至善的以及无限仁慈的**等等。我们在进行这种研究之前，先考察一下他们需要我们接受的是什么。

〔3〕首先，他们认为不可能给予神一个真正的或正当的界说。因为按照他们的意见，除了**属加种差**（per genus et differentiam）的界说之外没有任何其他的界说，而神不是任何属的一个种，因此它不可能被正确地或按规则来界说②。

〔4〕其次，他们认为神不能被界说，因为界说必须说明事物本身并且还必须是肯定的，而按照他们的观点，我们关于神的知识不可能是肯定的，而只能是否定的，因此我们不能给神下一个正确的界说。

〔5〕此外，他们还认为，神绝不能**先天地**被证明，因为它没有任何原因，因此只有根据盖然性，或通过神的产物才能加以证明。

因此根据他们的这些主张，他们完全承认：他们的关于神的知识是非常微不足道的，现在我们来考察他们的界说。

[原注1]　关于组成神的属性，它们仅仅是无限的实体，其每一个自身必定是无限圆满的。我们根据清楚而明晰的理性相信它们必然是这样的。但是确实直到目前为止，所有这些无限的实体只有两个通过它们自己的本质为我们所认识。这就是思想和广延。一切其他通常归于神的并不是它的任何属性，而只是一些样态，这些样态或涉及全部，即神的**全部属性**，或涉及**一种属性**而可以被归于神的。涉及神的**全部属性**〈而归之于神〉的，比如：它是永恒的、通过自身而存在的、无限的、万物之因、不变的。涉及**一种属性**〈而归之于神〉的，比如：它是全知的、智慧的，等等，这些是属于思想的，而另外，如它是无所不在的、遍于一切的，等等，这些是属于广延的。

〔6〕首先，我们不认为他们在这里给予了我们任何一种属性或一些**属性**，通过所有这些属性我们就能够认识到事物（神）是什么†，他们给予我们的只是某些**特性**（propria）或特质，固然，这些东西确实是属于一个事物的，但绝不能解释那个事物是什么。因为，虽然**自身存在的**、**是万物之因**、**至善的**、**永恒的和不变的**等等只是神所特有的，但是根据这些特质我们并不能认识具有这些特质的那个存在是什么，以及它具有种种什么属性。

〔7〕其次，我们还需考察一下他们归属于神的而其实并不是属于它的种种东西[原注1]，诸如**全知的**、**仁慈的**、**智慧的**等，这些东西，因为它们仅仅是能思事物的一些样态，并且如果没有实体（它们是这个实体的样态††），它们就绝不能存在或被理解，从而它们也就不可能是属于这个**不依赖任何东西而只是通过自身而持存的存在物**。

〔8〕最后，他们把神称为**至善的**。但是如果他们把它理解为某种不同于他们自己曾经说过的，即**神是不变的**，并且是**万物之因**的东西的话，那么他们就把他们自己的思想弄混了，或者不可能去理解他们自己。这是由于他们误解了善与恶的结果，因为他们相信：并不是神，而是人自己是种种罪孽与邪恶的原因③，而根据我们前面的证明，这是不可能的，否则我们会不得不承认人也是其自身的原因，然而当我们去考察人的意志时，这是完全可以一目了然的。

〔9〕现在我们必须揭露他们的这些貌似有理的议论，他们企图用这些议论来为他们神学上的无知做辩护。

他们认为：**一个正确的界说必须是由一个"属"与"种差"所组成的**。虽然所有逻辑学家都承认这一点，但我却不知道他们的这种观点是从那里得来的。毫无疑问，如果这是真的，那么我们就绝不可能知道任何东西了。因为如果我们最初得以圆满地认识一个事物是通过**属**加**种差**组成的界说的话，那么我们就绝不能圆满地知道在其上面没有**属**的那个最高的**属**。因此，如果我们不知道那个作为认识一切其他事物的原因的最高的属的话，那么我们就更不可能理解或认识根据那个属所解释的其他事物了。然而，因为我们是自由的，并不认为自己在任何方面被他们的主张所束缚，所以我们将根据真正的逻辑提出其他的界

---

† B本："通过这些属性，事物（即神）就能够被认识。"

[原注1] 这就是说，当神被认为是它的一切或者关于全部它的属性的时候。关于这一点参看上页〔原注〕。

†† A本是"本质"（wezens），B本是样态（wijzen）。

说的规则，即按照我们关于自然的分类来提出界说的规则。

〔10〕现在我们已知道，属性（或者，如别人所称呼它们的，实体）是一些东西，或者，更恰当、更确切地用我们自己的话来说，即〔构成〕一个通过其自身而存在的，因而是通过自身而被认识与显示自己的存在物。

关于其他的东西，我们知道，它们只是属性的种种样态，没有属性它们既不能存在也不能被理解，因此，界说必定有两种（或两类）：

第一种，即关于那些属于一个自在存在物的属性的界说，这些界说无须任何属，或者其他可使它们更好地得以理解或说明的任何东西：因为它们是作为一个自在存在物的属性而存在的，因而它们也是通过它们自己被认识的。

第二种〔界说〕是关于那些东西的界说：它们不是通过其自身而只是通过属性而存在的，它们是这些属性的样态，并且通过这些作为它们的**属**的属性，它们必定被理解。

这就是对于他们关于界说的主张〔所需要说明的一切〕。〔11〕关于另一个〔主张〕，即：神〔不〕能被我们恰当地认识，这一点已由笛卡尔在他关于这类诘难的答复中充分地回答了。见第 21 页④。

〔12〕第三个〔主张〕，即：神不可能被**先天地**证明，也已经被我们回答了。因为神是其自身的原因，所以我们根据其自身就足以证明它，并且这种证明比通常仅依赖于种种外在原因的后天的证明还更有决定性。

注　释

① 这句话英译本："我们也要考察人们力求（虽然是徒然的）用来证明神的存在的那些属性。"这里根据德译本译出。

② 这句话德译本为"因此它不能正确地或正当地被界说"。"属加种差"是形式逻辑下定义的一种方法，但不是唯一的方法。所谓"属"是指被定义概念邻近的属概念（如被定义概念是"人"，它的属概念即"动物"），所谓"种差"是指被定义概念与同一属概念下其他概念所含性质的差别（如上例的种差即"能制造和使用生产工具"）。但是有些哲学上的范畴（如"物质""意识"等）是外延最广的属概念，即最高的属概念，找不出比它外延更广的属概念，所以就不能用这种方法下定义。但是它们不是不能定义的（如上例"物质""意识"可以通过它们之间的相互关系下定义）。

③ 这句话也可译为："人们的罪孽与邪恶的原因是人自己，而不是神。"

④ 伽桑狄（Gassendi）认为我们不可能对神有完全正确的知识，笛卡尔在他的《关于第二

类反驳的答复》中反驳道：虽然我们不能有关于神的完全正确的知识，但是我们能够有关于它的某些属性的清楚而明晰的知识。斯宾诺莎所引页码是指笛卡尔原书拉丁文版本的页码。

第八章　论产生自然的自然[①]

在我们进而讨论其他各章之前，我们将简略地在这里对自然整体加以分类，即把自然划分为**产生自然的自然**（Natura naturans）和**被自然产生的自然**（Natura naturata）。

所谓**产生自然的自然**，我们理解为这样的一种存在物：通过其自身，而不需要任何在它之外的东西（像所有我们至此所叙述过的属性那样），我们就可以清楚而且明晰地理解它，这亦就是神。有如托马斯主义者根据它来理解神那样，但是他们的**产生自然的自然**（像他们所称呼它的）是超越于一切实体的一个存在。

我们把**被自然产生的自然**划分为两类：一类是一般的，一类是特殊的。**一般的被自然产生的自然**是由直接依赖于神的全部样态组成的，我们将在下面一章里论述；而**特殊的被自然产生的自然**是由一般的样态所产生的全部特殊事物所组成的。所以为了正确地理解**被自然产生的自然**需要某个实体[†]。

注　释

① 关于"产生自然的自然"和下章"被自然产生的自然"可参阅《伦理学》第一部分，命题二十九附释。在那里斯宾诺莎写道："'产生自然的自然'是指在自身内并通过自身而被认识的东西，或者指表示实体的永恒无限的本质的属性，换言之，就是指作为自由因的神而言。但'被自然产生的自然'则是指出于神或神的任何属性的必然的一切事物，换言之，就是指神的属性的全部样态，这些样态被看作在神之内、没有神就不能存在也不能被理解的东西。"简言之，"产生自然的自然"包括神（实体）及其属性；"被自然产生的自然"即样态或万物，其中又区分一般样态和特殊样态，即无限样态和有限样态。这种区分，最早可以追溯到亚里士多德关于不被运动的东西（the unmoved）和被运动的东西（the moved）的区分。奥古斯丁的著作中曾区分了三种东西：

---

† A本"实体"是复数，B本"实体"是单数。

不被创造的造物者，可以创造的被造物，不可以创造的被造物。后来公元9世纪斯考特（Scotus Erigena）又补充了第四种，即既不可创造又不可被创造的东西（＝无），斯考特也主张神同宇宙是等同的，自然作为能创造的整体与神是一个东西，但自然作为被创造事物的总和就是所谓的世界。考察这两个拉丁词的来源，它们曾在公元12世纪阿拉伯哲学家阿维罗伊（Averroès）的拉丁文译本中出现过，后来在圣托马斯·阿奎那的著作（如《神学大全》）里以及神秘主义者爱卡德（Eckharde）的著作里也出现过，比较明确使用这两个词的是库萨的尼古拉（Nicolaus Cusanus）和布鲁诺。但是斯宾诺莎在其新哲学体系中对这两个词完全有他自己独特的用法。这两个词在斯宾诺莎那里是一对辩证的术语，表示同一个自然的两重性质，既是原因又是结果，既是主动又是被动，既是自由又是必然，既是统一性又是多样性。这是斯宾诺莎哲学体系中的一对重要哲学范畴。

第九章　论被自然产生的自然

〔1〕关于**一般的被自然产生的自然**，或者关于一般的样态，或者直接依赖于神的或为神所直接创造的创造物，关于它们，我们所知道的无非只有两类，即在物质中的**运动**[原注1]和在能思事物中的**理智**，因此，我们说，这些东西是永恒存在的，并且将永恒地保持不变。这是一个真正何等伟大的有如造物主那样巍峨的作品啊！

〔2〕特别是关于**运动**，因为我认为在自然科学里去论述它〔运动〕比在这里更恰当，所以，诸如**它是永恒地存在的，并且将永恒地保持不变的**；**它是自类无限的**；**它是既不能通过其自身而存在，也不能通过其自身被理解，而只能借助于广延**——所有这一切，我们在本章里将不予考虑，而只是指出，它是一个**儿子**①、**作品**或者直接由神所创造出来的**产物**。

〔3〕关于能思事物中的**理智**，像在物质中的运动一样，它同样是一个**儿子**、**作品**或者**神的直接创造物**，同样永恒地为神所创造，并且将永恒地保持不变。不过，理智还有一个功能†，即，它在任何时候都能清楚而且明晰地理解万物；由此不变地产生一个无限的或最圆满的满足，这种满足不可能不去做它现在所做的事情。虽然，我们现在所说的是完全不证自明的，然而在后面当我们要去说明心灵的情感（荷兰文 Aandoeningen，拉丁文 affectus）时，我们将更清楚地证明它，所以在这里不再赘述。

注　释

① 关于"儿子"的说法，可参阅《形而上学思想》第二篇第十章。那里讲道"圣子并不

〔原注1〕　在这里，我们所说的在物质中的运动，并不是在其严格意义上而言的。因为作者还打算揭示这种运动的原因，像他在某种程度上已经**后天地**做了（证明）的那样。但是它在这里是完全独立自存的，因为在这里没有任何事物以它为基础，或者依赖于它。〔B 本没有这条注释。〕

†　此句原文是"神的这一属性只是一个"。

是创造的，而是像圣父一样永恒的，当我们说圣父永恒地产生圣子时，我们只是想说：圣父永远同圣子分享着它自己的永恒性"，只有这样才能理解斯宾诺莎所谓"儿子"的真正意思。

第十章　论什么是善与恶

〔1〕为了简略地说明什么是善本身和恶本身，我们将从如下这点开始：

有些事物存在于我们的理智中，但不存在于自然中，因而它们也只是我们自己的创造物，其目的是明晰地理解事物。在这些事物中，我们也包括了一切涉及不同事物的关系，我们称之为**思想存在物**。〔2〕现在的问题是：善与恶究竟是属于**思想存在物**还是属于**实在存在物**？但是，既然善与恶只是关系，因此毋庸置疑它们必然属于**思想存在物**；因为除非涉及某一事物对于我们不如另一个事物对于我们那样好或那样有用，否则我们决不会说某个事物是好的。因此，我们说某人是坏的，仅仅是与另一个较好的人相比而言，或者同样我们说某个苹果是坏的，也仅是与另一个好的或者稍微好的苹果相比较而言。

假如与那个所谓是〔坏的〕东西比较而言是稍好的或好的东西并不存在，那么也无所谓某个事物是好的、坏的了。

〔3〕所以，当我们说某个事物是好的，我们只是指它与我们对这类事物所具有的一般观念完全符合而已。但是†，正如我们前面早已说过的，事物必须与它们的特殊观念相符合（其本质必须是一个圆满的本质）而不是与一般 *〔观念〕* 相符合，因为它们根本不会是这样。

〔4〕至于上述内容的确实性，我们是清楚的，但是为了结束我们的论述，我们还需加上如下证明：

存在于自然之中的一切东西，它们或者是事物或者是活动。既然善与恶既不是事物又不是活动，那么善与恶就不存在于自然之中。因为，假如善与恶是事物或活动，那么它们必定有它们的界说，但是善与恶（比如，彼得的善与约旦的恶）离开了约旦或彼得的本质就没有任何界说，因为约旦或彼得的本质只存在于自然之中，而他们如果没有他们的本质是不可能被界说的。所以，由此可见：善与恶不是存在于自然之中的事物或活动①。

---

† A本："因此"。

注　释

① 第〔4〕节仿佛是多余的，论据也不那么有力，所以 Ch. 雪格瓦特认为这一节可能是斯宾诺莎的门徒撰写的。

第二篇

论人及其所有物

序言

〔1〕在第一部分里，我们已经论述了神，论述了普遍的、无限的事物。现在在这第二部分里，我们将进而论述特殊的、有限的事物，但并非论述其全部，因为它们是无数的，而只是论述有关人的那些事物。首先我们在这里考察人为何物，就人是由某些**样态**所组成而言（这些样态包含在我们已指出过的神的两个属性之中）。〔2〕我说"由某些**样态**"，因为我绝不认为人就其由精神、心灵〔原注1〕①或身体组成而言是一个**实体**。因为早在本书的一开始我们就证明了：

〔原注1〕 1. 我们的心灵或者是一个**实体**，或者是一个**样态**。它不是一个实体，因为我们已经证明，在自然中不能有任何有限的实体，所以它是一个**样态**。

2. 既然心灵是一个样态，那么心灵就必须或者是实体的**广延**的样态，或者是实体的**思想**的样态。它不是实体的**广延**的样态，因为，等等，所以它必须是实体的**思想**的样态。

3. **实体的思想**，因为它不可能是有限的，所以它在其自类中是无限圆满的，并且是神的一个属性。

4. **圆满的思想**，必须具有一种关于一切**实在**的事物的知识、观念或思想样态，毫无例外，它必须具有关于实体和样态的**知识**、观念或思想样态。

5. 我们说"**实在的**"，因为我们在这里所谈论的，并不是关于那些离开了万物的个体存在而能完全认识包含于其本质中的万物的本性的知识、观念等等，而只是关于那些始终不变地存在着的个别事物的知识、观念等等。

6. 各个存在着的个别事物的这种知识、观念等等，我们认为就是这个个别事物的**心灵**。

7. 所有存在着的个别事物，均是通过运动与静止才成为这样的事物的，并且，这对"实体的"广延的全部样态，亦即我们称为**物体**的东西亦是适用的。

8. 这些个别事物之间的区别，仅是由于运动和静止各种不同的比例所造成。由于这种比例，这个事物是**这样的**而不是**那样的**，是**这个事物**而不是**那个事物**。

9. 这种运动与静止的比例，也使**我们的身体**得以存在；因此在能思的事物中，必然会有一种关于**我们的身体**的知识、观念等等，有如一切其他事物一样，这种知识、观念等等，也就是**我们的心灵**。

10. 但是，我们的这个身体，当它尚是一个未生的胎儿时，运动与静止会有另外一种不同的比例；而以后，当我们死亡时，它将又有一种不同的比例；但不论那时〔在我们降生之前〕还是其后〔在我们死后〕在能思的事物中同样会有关于我们身体的一 （转下页）

（1）实体不可能有一个开端；（2）一个实体不能产生另一个实体；（3）不能有两个相同的实体。

因为人并不是永恒存在的而是有限的，像许多人一样，所以他不可能是一个实体；〔3〕因此，人所具有的一切思想，只是我们归之于神的**思想属性的那些样态**。另外，人所具有的一切形式、运动以及其他东西，同样也都是**我们归之于神的另一种属性的**〔样态〕。

〔4〕虽然有些人试图根据下面这点证明人是一个实体〔即根据〕：如果没有我们承认是构成实体的属性，人的本性既不能存在亦不能被理解。然而，这种企图除了只能是虚假的假定外，是毫无根据的。既然物质或身体的本性在这个人体的形式存在之先就存在了，那个本性就不可能为人体所有，因为很清楚，当人尚未存在之际，它绝不能属于人的本性。

〔5〕如果他们作为一个根本原则提出：**属于事物本性的东西，就是没有它，事物既不能存在也不能被理解的东西**，那么我们就否认这个原则。因为我们早就指出过，**没有神任何事物既不能存在也不能被理解**。亦就是说，神必须在这些个别事物能够存在和被理解之前，首先就存在和被理解。而且我们还指出过**属**并不属于界说的本性，它只是这样一种东西：这种东西如果没有其他的事物

（接上页）种观念、知识等等，正像现在一样，只是这种〔观念等〕绝不是〈与现在的观念〉一样的，因为我们的身体关于运动与静止现在有另外一种不同的比例。

11. 在"实体的"思想中，要产生像我们现在所具有的那样的观念、知识以及思想的样态，所需要的并不是任何任意的身体（否则，它就会被认为不同于现在这样的身体了），而是需要一个具有运动与静止的这种比例的身体，而不是任何别的身体，因为身体是怎样的，则心灵、观念、知识等也就是怎样的。

12. 因此，一旦一个物体具有并保持这种比例〔我们的身体所具有的〕，例如一与三之比，那么那个心灵与那个物体就同我们现在的心灵与身体一样，固然，这种比例一直在变动着，但它并没有大到足以超出一与三之比的范围，而且，这种比例变动多少，则心灵也常常相应地变动多少。

13. 同时，在我们的〈身体〉中，由于其他物体对我们的作用而引起的这种改变，如果没有引起一直在相应地发生变化的心灵的知觉，那么这种改变是不能出现的，而对这种改变的〔意识〕亦就是我们真正称为情感的东西。

14. 但是，如果其他物体如此猛烈地作用于我们，以致运动〔对静止〕的比例不再保持一与三之比，那么就意味着死亡和心灵的毁灭，因为这个心灵仅仅是具有这种运动与静止比例的身体的观念、知识等。

15. 但是，既然它〔心灵〕是思想实体的一个样态，那么它也就会认识和爱上这个〔实体〕和广延实体，同时通过与诸实体（其始终保持不变）的结合，心灵就能够使自身得到永恒。

就既不能存在也不能被理解。既然如此，那么我们将给出一种什么样的规则，根据这种规则我们可以知道什么东西是属于事物的本性的呢？

这种规则就是：凡属于事物本性的东西就是没有它事物既不能存在也不能被理解；然而，不仅如此，这个规则还必须是可以反过来说的，亦即其宾词〈即事物的本性〉，如果没有事物亦同样既不能存在也不能被理解②。

因此，从下面第一章起，我们将开始论述这些构成人的诸样态。

注　释

① 关于斯宾诺莎的这组原注，可以和《伦理学》中的一些命题对照，"1"参阅《伦理学》第二部分命题十；"3"参阅《伦理学》第二部分命题一；"4"参阅《伦理学》第一部分命题三十，第二部分命题三、命题四；"6—8"参阅《伦理学》第二部分命题十三（直到公则一）；"9"参阅《伦理学》第二部分命题十一；"10—12"参阅《伦理学》第二部分公则（三）—（七）；"13"参阅《伦理学》第二部分命题十二、命题十四；"14"参阅《伦理学》第四部分命题三十四；"15"是不精确的，沃尔夫认为不是斯宾诺莎原来的形式。

② 从斯宾诺莎的这个规则可以看出，神在斯宾诺莎看来是不属于人的本性的，因为虽然没有神，人既不能存在也不能被理解，然而没有人，神却能存在又能被理解。参阅《伦理学》第二部分界说二和命题十。

第一章　论意见、信仰和知识

〔1〕为了开始对构成人的诸样态〔原注1〕进行考察①，我们将陈述如下诸问题：（1）这些样态是什么，（2）它们的后果，（3）它们的原因。

关于第一个问题，让我们从那些最先为我们所认识的东西开始，即从**某些关于我们自身知识的概念或意识，以及关于我们之外的事物的知识的概念或意识开始**②。

〔2〕现在我们得到这些观念〔原注2〕：（1）或者仅仅通过信仰③（这种信仰或者是由经验产生的，或者是由传闻产生的），（2）或者我们通过一种真信仰④获得它们，（3）或者我们通过清楚而明晰的知识具有它们。

第一种通常是属于错误的。

第二种和第三种虽然彼此不同，但不可能是错误的⑤。

〔3〕为了清楚地理解这一切，我们以三数法则为例做如下说明：

某一种人〔原注3〕听说：在三数法则里，如果用第三个数乘以第二个数然后用第一个数去除，则必得第四个数，此第四数与第三数具有第二数与第一数同样的关系。他就不管告诉他这个法则的人是否可能欺骗他，而径直地这样加以计算。但是他的这种计算所获得的关于三个数的规则的知识并不比盲人对于颜色的知识稍多一些。因此，不论他关于这个规则可能说了些什么，他也不过是像鹦鹉学舌那样重复别人所说的而已。

另一种人〔原注4〕有较勤勉的智慧，他不那么轻易地只满足于传闻，而是根据

〔原注1〕　组成人的诸样态是诸观念，这些观念根据对象各自产生的方式，分为意见、真信仰和清楚而明晰的知识。

〔原注2〕　这种信仰的观念首先将在第二章里被陈述，而它们不论在哪里都同样被真实地称为意见。

〔原注3〕　这种人仅仅形成意见，或者如通常所说的，只不过是通过传闻而相信的。（B本无此注。）

〔原注4〕　这种人不是单单通过传闻就相信或信仰的，而是通过经验。这些人〈即第一种人和第二种人〉是两种〔仅仅〕具有意见的人。（B本无此注。）

某些实际的计算对它进行检验，如果他发现这些计算与规则一致，那么他就相信它。但是我们已经正确地指出，这一种人同样是属于错误的，因为他如何能确信他的一些个别的经验就能成为一个普遍的规则呢？

第三种人[原注1]既不满足于传闻，因为传闻是可能行骗的，也不满足于一些个别的经验，因为个别的经验不可能成为一个规则，而是依据真正的理性对这个规则进行考察，这种理性如果正确地应用是绝不会行骗的，它告诉他：在这些数目中，因为比例的本性，所以它必须是这样而不可能是别样。

然而，有最清晰的知识的第四种人[原注2]，他无须任何传闻或经验或推理的技术，因为他通过直观径直地窥察到在†一切计算之中的比例††。

注 释

① 根据弗洛伊登塔尔的看法，第一章虽说是考察构成人的诸样态的，但实际上却讨论了三种知识，这是由于传抄者错置了地方。弗洛伊登塔尔认为，原来的第一章的确是论述构成人的样态的，可能是斯宾诺莎感到不满意，重新加以改写，而把原来的内容画上十字叉，把重新写的内容写在页边的空白之处，抄写者或翻译者误解了记号，从而把斯宾诺莎重新写的内容放在前面序言的注中（形成序言中那个非常长的"原注"），同时又把原来的内容全部删去，以至本章的内容和开始说明要考察的问题发生了不一致的现象。本章的第一个原注可能是读者或抄写者为了调和这种不一致所加的一种说明。在德译本里，本章所有的原注全部删去。

② 这里我们根据德译本 "Begriffe" 译为"概念"，英译本为 idea（观念）。

③ 第一种知识在这里被称为"信仰"，而在下面的第二章和第四章里又被称为"意见"。英译者沃尔夫认为这大概是由拉丁字 Opinio 有两种意思所致。而且在英文里，信仰（Belief）有时就有意见的意思。例如"I am not sure, but that is my belief"（"我不确信，但这是我的意见"）。

④ 第二种知识在这里被称为"真信仰"，以后也简称为"信仰""理性"，它是指"一种建基在理性之上的强有力的证明"（见第二篇第四章第一个原注）。

〔原注1〕 这种人确实是通过真信仰，而这种真信仰绝不会欺骗他，他可以名副其实地称为一个信仰者。

〔原注2〕 但是最后的这种人绝不是〔仅仅〕有意见的那一类人，他绝不〔仅仅〕是信仰者，他不是通过某些其他事物认识事物自身，而是通过事物自身来认识事物自身。

† A本："和"；B本："在"。

†† B本在这里把上述两个原注（即上页原注1和原注2）插入正文中。

⑤ 关于知识的分类，斯宾诺莎有三分法和四分法两种，例如在《伦理学》（第二部分命题四十附释二）里，斯宾诺莎将知识分为三类，而在《知性改进论》（第二章"论知识的种类"）里，斯宾诺莎又将知识分为四类，这两种分法实际上是完全一致的。所谓四分法只是将三分法中第一类知识再细分为两种而已。至于斯宾诺莎在这里使用"信仰""真信仰"这些术语，可能来自葛雷斯卡和迈蒙尼德。

第二章 什么是意见、信仰和清晰的知识

〔1〕现在,我们将进而考察我们在前一章里所谈的各种不同知识的效果,在这样做之前,我们还将解释一下什么是意见、信仰和清晰的知识。

第一〔种知识〕①我们称为**意见**,第二种知识我们称为**信仰**,而第三种我们称为**清晰的知识**†。

〔2〕我们之所以把第一种知识称为**意见**,是因为它是错误的,它绝不出现在我们要确信任何事物的场合,而只出现在我们说到猜测和推测的那些场合。第二种知识我们之所以称之为**信仰**,是因为仅仅用我们自己的理性理解的事物是不可能被我们所认识的,而只能通过我们理智的确信,才能认识它必须是如此而不能是别的②。但是我们所说的**清晰的知识**,不是由我们理智的确信产生的,而是通过我们对事物自身的感受和享受产生的,这种知识远超过其他知识。

〔3〕做过这些事先的说明之后,现在我们再回来考察它们的效果。关于这些效果我们这样说:由第一种知识产生全部"激情"③,这些激情是和善的理性相对立的;由第二种知识产生善的欲望;由第三种知识产生真正的笃实的爱以及它的一切派生物。

〔4〕因此我们主张知识是心灵中的一切"激情"的近因。因为我们认为不管哪一个人,只要他既不相信也不知道上述种种方式和样态之中的哪一个,那么他就绝不可能激起爱或欲望或意志的任何其他样态④。

注　释

① 即前章讲的由传闻和经验而来的知识。
② 关于理性(Vernunft, reason)和理智(Verstand, understanding)的区别,可参阅下面第十四章和二十一章。值得注意的是,斯宾诺莎在这里强调理智高于理性,认为理智

---

† B本无此句。

是一种直观的认识，而理性是推理的认识，前者是哲学的认识，后者是科学的认识，这和后来康德、黑格尔的用法不同。

③ 激情（π'αooζ = passio, affectus, or perturbatio）德译为 Leidenschaft，英译为 passion，这词的意义与我们现在心理学上的"激情"的概念并不相同。在斯宾诺莎时代它有其独特的意义，它不仅是指狂暴的、强烈的情感，而且更重要的是指心灵被动地受外物影响所产生的情感。在本书里，斯宾诺莎区分了两种激情：好的激情和坏的激情（即主动的情感和被动的情感），前者应该受理性所指导，后者应当彻底摆脱。

④ 斯宾诺莎认为"知识是全部激情的近因"的观点与笛卡尔的观点相对立，笛卡尔认为（在其《论心灵的情感》〔*De Passionibus Animae*〕第一编第二十七章）激情是"由于生命精气（the animal spirits）的某种运动所产生、维持和增强"的，可见斯宾诺莎是给激情一个精神的原因，而笛卡尔是给激情一个生理的原因。

第三章　激情的起源。　由意见而来的激情[1]

〔1〕现在我们考察激情如何像我们所说过的是由意见所产生的。为了正确和明了起见，我们举出几种特殊的激情，并以它们为例来证实我们的论点。

〔2〕**惊异**（Admiratio）可能是第一种激情。它出现在那些按照第一种〔认识〕方式认识事物的人身上[†]，因为，既然这种人是从某些特殊的事例引出普遍的结论，那么当他们一旦看到了某些和他们的结论相矛盾的东西时，他们就处于惊异之中[原注1]；正如一个除了看见短尾巴的羊之外再不曾看见任何其他羊的人，一旦看到了长尾巴的摩洛哥羊时就感到惊异一样。据说有一个农民自以为在他的田地之外不再有任何其他的田地，有一天他丢失了一条母牛，他就不得不到别人的田地里去寻找，当他看到在他的小块田地之外还有如此辽阔的其他田地时，他就感到惊异。〔3〕确实，这种事情也必然会出现在许多哲学家那里，只要他们自信在他们立足的这块小天地之外，不再有更大的〔世界〕的话（因为他们根本就不曾看到过别的天地）。但是对于那些进行真正推理的人来说是永不会感到惊异的。这是第一种激情[2]。

〔4〕第二种激情是**爱**（Amor）[††]。因为这种激情或者产生于真观念，或者

[†] A本在这里加上〔原注〕，而B本是在下面分号前加〔原注〕。

〔原注1〕这不应当理解成在惊异之先必须总有一个形式的推理。事实正相反，即使没有这种形式的推理，惊异也可能出现，例如当我们默想某事物〔总〕是这样而不是另外一个不同于我们通常所看到、听到和认识到的等等东西的时候。譬如，亚里士多德说："狗是一种吠叫的动物。"他并由此得出结论说："凡是吠叫的东西都是狗。"但是，如果一个农民说"一条狗"，则他所默想的一定与亚里士多德的界说所指的是同样的东西。因此，当农民听到吠叫时，他就说"一条狗"。所以当他们〈指亚里士多德和农民〉听到某种别的动物吠叫时，那个不进行〔明显的〕推理的农民就会像进行推理的亚里士多德一样感到惊异。再者，当〈我们说〉我们知觉到某个我们过去从未想到过的东西时，这并不是说，我们在过去关于这个东西无论是整体或是部分都一无所知，而仅仅是这个东西并不曾完全像现在这样，或者以现在这种方式为我们所感到。

[††] B本关于下面三节是这样的次序："第二种是爱。这种激情或者产生于传闻，或者产生于意见，或者产生于真观念。（转下页）

产生于意见，最后也或者单独产生于传闻，所以我们首先考察它如何〔产生〕于意见，其次考察它如何〔产生〕于真观念，因为前者使我们趋于毁灭，而后者则使我们达到自己至上的幸福。然后（我们才考察它如何产生）于最后一种〔即传闻〕。

〔6〕关于第一个问题，的确，每当某人看到了，或者以为自己看到了某种好的事物时，他总是希望自己同它结合在一起，由于他在该事物中所看到的善的缘故，他就把这事物选作最好的事物，在它之外，他就不知道有任何更好的和更可爱的事物了。但是一当他（这是极可能发生的）知道比他现在所知道的更好的事物时，他的爱就立刻从这个（第一个）事物转移到另外（第二个）事物。所有这些，在我们讨论人的自由时，将会得到更清晰的证明。

〔7〕关于由真观念而来的爱[原注1]。既然这里不是讨论它的地方，那么现在我们从略。我们考察最后第三种爱，即单独由传闻引起的爱。〔5〕我们通常是从儿童对他们父亲的态度来观察这种爱。因为当他们的父亲告诉他们这个或那个是好的东西时，他们就倾向于它，而没有任何更多的关于这种东西的知识。这样的爱我们也可以在那些为了爱祖国而献身的人身上找到，同样也可以在那些由于传闻而迷恋某种事物的人身上找到③。

〔8〕再者，和爱相对的恨（Odium）是从来自意见的错误中产生的。因为当某人认为是善的事物受另一个人损害时，他心中就会对这个损害它的人产生恨。但如果人们知道了真正的善时，那么正如我们以后要说明的，他们就不会产生这种恨。因为和真正的善比较起来，一切存在的或者被设想的东西只不过

（接上页）关于第一点，我们通常是从儿童对他们父亲的态度上来观察这种爱。因为当他们的父亲告诉他们这个或那个是好的东西时，他们就倾向于它，而没有任何更多的关于这种东西的知识。这样的爱我们也在那些为了爱祖国而献身的人身上找到，同样也在那些由于传闻而迷恋某种事物的人身上找到。

关于第二点，的确，每当某人看到了或者以为自己看到了某种好的事物时，他总是希望自己同它结合在一起，由于他在该事物中所看到的善的缘故，他就把这事物选作为最好的事物，在它之外，他就不知道有任何更好的和更可爱的事物了。但是一当他（这是极可能发生的）知道比他现在所知道的更好的事物时，他的爱就立刻从这个（第一个）事物转移到另外（第二个）事物。所有这些，在我们讨论人的自由时，将会得到更清晰的证明。

关于由真观念而来的爱，因为这不是讨论它的地方，所以我们现在从略。参看本页〔原注1〕。"

〔原注1〕 由真观念或清晰的知识而来的爱，在这里我们不加以考察，因为这不是由于意见的结果，请参阅第二十二章的有关论述。

是可怜本身，如此一个醉心于可怜事物的人难道比起爱恨的人更值得怜悯吗？

最后，恨也单独来自传闻，正像我们在反对犹太人和基督徒的土耳其人身上，在反对土耳其人和基督徒的犹太人身上，以及在反对犹太人和土耳其人的基督徒身上等等所看到的。因为所有这些人对于许多别人的宗教和道德皆是怎样的无知啊！

〔9〕**欲望**（Cupiditas）。无论它仅仅在于（像有些人所想的那样）是一种获得某种需求的东西的欲求或倾向，还是（像另一些人所想的那样）〔原注1〕保留我们所已经享受过的东西的欲求或倾向，它显然只能在那些沉迷于表面的善（sub specie boni）的人身上找到，而在其他人身上是不会出现的④。〔10〕因此，十分清楚，欲望如同刚才说过的爱一样，是由第一种认识方式产生的。因为如果有人听说某物是好的，则他就会对此物产生一种欲求或倾向，例如人们在病人身上可看到这种情形，一个病人听到医生说某药对于他的病是良方，他就立刻渴求这种药，＊对他产生了一种欲望＊⑤。

欲望也产生于经验，正如人们在医生的实践中所见到的，医生一当发现某种药物在某些情况下是好的，则通常就会认为它†是万灵药。

〔11〕我们刚才关于激情所谈过的一切，也同样适合于一切其他的激情，这对于每一个人都是清楚的。既然，我们在下面即将开始研讨何为理智的激情，何为非理智的激情，那么在这里一概从略，不再赘述††。

因此，关于来自意见的激情，我们就此结束。

注　释

① 关于以下十二章讨论的各种激情，可参阅笛卡尔的《论心灵的情感》第二章和第三章。斯宾诺莎所采取的讨论秩序和笛卡尔的秩序基本上一致，但对各种激情的解释却有所不同，关于这方面的差别不另行一一指出。

─────────

〔原注1〕　第一个界说是最好的，因为一当人们享有某种事物时，则对此事物的欲望也就消失了！而迫使我们去保留事物的〔意识〕形式并非欲望，它只是一种唯恐失去心爱东西的恐惧。

† B本："就求助于它"。

†† A本接着还有两句话："我们现在关于这些虽然很少但极为重要的〔激情〕所说过的话，也同样适合于一切其他的激情。"（沃尔夫的英译本仍把这两句话插入正文中，现根据德译本在正文中略去了这两句话。——中译者注）

② 在《伦理学》中，斯宾诺莎给"惊异"下了一个界说（见第三部分，情绪界说四）："惊异是心灵凝住于一个对象的想象，因为这个特殊的想象与别的想象没有联系。"

③ "我们通常是从儿童对他们父亲的态度来观察这种爱……迷恋某种事物的人身上找到。"系根据英、德译本译出，在 B 本里，此段内容直接放在上一段"关于第一个问题"之前。

④ 在《伦理学》中，斯宾诺莎给"欲望"下了这样一个界说（见第三部分，情绪界说一）："欲望是人的本质自身，就人的本质被认为人的任何一个情感所决定而发生某种行为而言。……欲望是意识着的冲动，而冲动是人的本质自身，就这本质被决定而发出有利于保存自己的行为而言。"

⑤ 这一段话似乎同《伦理学》第三部分命题九附释里所说的有所不同。在那里，斯宾诺莎说："对于任何事物并不是我们追求它、愿望它、寻求它或欲求它，因为我们以为它是好的，而是，正与此相反，我们判定某种东西是好的，因为我们追求它、愿望它、寻求它、欲求它。"

第四章　起源于信仰的东西，兼论人的善和恶

〔1〕在前一章，我们已经指出了激情是如何由于意见的错误而产生的，现在我们考察其他两种认识方式的后果。首先考察我们称为真信仰[原注1]〔的后果〕。

〔2〕真信仰告诉我们，事物应当是怎样的，而不是事物实际上是怎样的，这就是真信仰为什么永不能使我们同我们所信仰的对象相结合的理由。所以我说，它只能教给我们事物应当怎样，而不是事物现在是怎样的，这两者之间存在一个巨大的差别。因为在三数法则的例子里，我们已经说过，如果某人能根据比例找到第四数，使它与第三数之比等于第二数与第一数之比，则他就可以说（运用除法和乘法），这四个数必定是成比例的，虽然这样，但他谈起它来就如同外在于他的事物一样。但是，如果他像我们在此例的第四种情况†里所指出的那样，〈直观径直地〉窥察到了比例，则他可以正确地说，事情之所以是这样，是因为该事情在他之内，而不是外在于他。这就是关于第一个〔后果〕所要说的。

〔3〕真信仰的第二个后果是，它引导我们达到清晰的理解，通过这种理解使我们爱神，并在理智上使我们认识不在我们之内而在我们之外的事物。

〔4〕第三个后果是，真信仰使我们具有关于善和恶的知识，并给我们指出

〔原注1〕 信仰是一种建基在理性之上的强有力的证明，它在我的理智里使我确信事物是真正地、恰恰如此地在我的理智之外的，有如我确信事物就在我的理智之中一样。我说"建基在理性之上的强有力的证明"，一方面是为了把信仰同永远可疑的、易犯错误的意见区别开来，另一方面是为了同那种并不是在于理性的证明而是在于一种和事物本身直接相结合的知识区别开来。我说事物"是真正地、恰恰如此地在我的理智之外的"，所谓"真正地"，是因为理性在这里是不会欺骗我们的，否则它就同意见毫无区别了。所谓"恰恰如此地"，是因为它告诉我们的只是事物应当怎样，而不是事物实际上是怎样的，否则它就同知识没有区别了。所谓"在……之外的"，是因为它并不使我们在理智上享有在我们之内的东西，而是享有在我们之外的东西。

† A本是"第三种情况"，B本是"第四种情况"。

一切应予以消灭的激情。既然我们已经说过，来自意见的激情会导致大恶①，那么，我们就值得费神去考察一下这些激情是如何为这第二种认识方式所检验的，以便发现这些激情中的好的和坏的东西[原注1]。

为了方便起见，我们采用和上面同样的方法来仔细地考察它们，以便能够分辨出在这些激情中哪些是我们应该挑选的，哪些是我们应该摈弃的。但是在这样做之前，我们先扼要地说明一下什么是人的善和恶。

〔5〕我们前面已经说过，一切事物都是必然的，**自然之中既无善亦无恶**②。所以凡是〔在这方面〕我们要求于人的一切只能归之于他的类，而这个类无非只是一个思想存在物（Ens rationis）③，故当我们在自己的理智中设想一个圆满的人的观念时，这一设想就会使我们看到（当我们考察自身时）我们自己是否具有任何一种达到这一圆满性的方法。

〔6〕因此，我们把一切能使我们达到这一圆满性的东西称为善，反之，凡是阻碍我们或者不使我们达到这一圆满性的东西，我们称为恶④。

〔7〕所以，我认为，如果我要对人的善和恶说什么话，则我必须设想一个圆满的人⑤。因为，如果我想谈论 *某个别人的* 善和恶，例如亚当的善和恶，我就会把实在存在物（ens reale）和思想存在物（ens Rationis）混淆起来，而这是一个真正的**哲学家**所必须极其谨慎地加以避免的，其理由我们在以后或其他的地方将要加以说明⑥。〔8〕此外，因为亚当和其他个别创造物的命运只能通过结果才为我们所认识，所以，*由此推出* 我们对人的命运所能说的必须是以我们理智中的关于圆满的人的观念为基础的[原注2]，这样一个圆满的人的命运，因为他是一个思想存在物，所以我们可以完全认识；同样像我们已经说过的，我们也能认识其善和恶，因为这些仅仅是思想样态。

〔9〕为了逐渐地引到正题，我们前面已经指出，心灵的运动、情感和活动是如何由概念产生的，我们并把这一概念分为四种，即：仅仅传闻、经验、信仰、清晰的知识。在我们已经明白所有这些概念的后果之后，显而易见，第四种，即清晰的知识是其中最圆满的。因为意见常常使我们陷入错误，真信仰之

〔原注1〕 这种真信仰的第四个后果是向我们指出真理和谬误之所在。（此注英、德译本无，根据法译本译出。——中译者注）

〔原注2〕 人们不能从个别的创造物那里获得一个圆满的观念，因为这一观念的圆满性本身（不论它是真正圆满的还是不是真正圆满的）只能从一个一般的圆满观念或**思想存在物**中推演出来。

所以是好的，只是因为它是达到真知识的途径，把我们导向真正值得爱的事物。所以，我们追求的最后目的，我们认识的最高境界就是清晰的知识。〔10〕然而这种清晰的知识是随着呈现在它面前的对象的不同而不同的，因此与清晰的知识相结合的对象愈善，则这种知识也愈善。正因为如此，那个与神（它是绝对圆满的存在）相结合并这样享有它的人才是最圆满之人。

〔11〕为了在被动的情感或激情中发现哪些是好的，哪些是坏的，我们将像我们说过的那样，逐一地考察这些被动的情感。首先是**惊异**，因为它是从无知或偏见中产生的，所以它是那些为这种情绪所困扰的人的一种不圆满性。我之所以说惊异是一种不圆满性，这是因为惊异本身并不导致任何恶的东西。

注　释

① 斯宾诺莎说，"我们已经说过"，但在全书里并未找到这种证明，可能这部分已遗失了。
② 见本书第一篇第十章，同时也可参阅《伦理学》第四部分序言，界说一、二以及附录第五节、第六节；《知性改进论》第一章。
③ 意即人的善或恶皆是相对而言，只存在于人的思想观念之中，并不是真有所谓人的确定的善或恶。关于"思想存在物"可参阅第一篇第二章译注 7。
④ 《伦理学》第四部分附录（五）中说："事物之所以善，只在于该事物能促进人们享受一种为理智所决定的心灵生活。反之，唯有足以阻碍人的理性趋于完善，并阻碍人享受理性的生活的事物方可称为恶。"
⑤ 这里的意思可以参阅《知性改进论》第一章。在那里，斯宾诺莎写道："但是人既然薄弱无力，不能在思想中把握这种法则，只能设想一个远较自己坚强的人性，而又见到自己并没有不能达到这种人性或品格的道理，于是便从事于工具的寻求，以引导他到达这种完善的境界，而认为凡是足以帮助他达到这种完善的工具为真善。但至善乃是这样一种东西，人一经获得之后，凡是具有这种品格的其他个人也都可以同样分享。至于这种品格是什么性质，我将于适当的地方指出，简单说来，它是人的心灵与整个自然相一致的知识。"
⑥ 斯宾诺莎在这里可能是指《形而上学思想》第一编第一章，那一章的题目是"论实在存在物、虚构存在物和思想存在物"，虽然这一书本是在 1663 年完成和出版的，但很可能这一章早已写好了。

第五章　论爱

〔1〕爱无非只是去享受事物,并与它结合①。我们将按照其对象的性质加以分类,所谓对象即人们试图去享受并与之结合的事物。

〔2〕某些对象本身是变灭无常的,另一些对象由于它们的原因而是非变灭无常的。但是还有第三类对象仅仅由于它自身的力量和威力而是永恒的,非变灭无常的。

变灭无常的东西是所有并非任何时候都存在的个别的事物,或者†是所有有一个开端的个别事物。

而另一些东西〈指由于它们的原因而非变灭无常的对象〉,像我们所说过的,是所有那些作为个别样态原因的一般样态††。

但是第三类对象就是神,或者就是我们认为是和神一样的东西,即**真理**②。

〔3〕爱产生于我们对一个事物的概念和知识,事物本身愈显得伟大和崇高,我们的爱也就愈强烈。

〔4〕我们有两种方式可以使我们从爱中解脱出来:或者是通过对一个更美好的事物的认识,或者是通过经验,得知从前＊被我们＊认为是伟大而崇高的所爱之物后来会带来许多不幸和痛苦。

〔5〕爱的特点在于:我们从不想使我们自己从爱中解脱出来(如同从惊异或其他激情中解脱出来一样)。这有下面两个理由:(1)因为这是不可能的;(2)我们不从爱中解脱出来是必要的。

这是**不可能**的,因为这并不取决于我们,而仅仅取决于我们在对象中所看到的善和益;如果我们不＊或应当不＊爱这个对象,那么这些善和益将永不会为我们所知,而这就不在我们的自由选择之内了,或不取决于我们了。因为如果我们什么都不知道,我们也就肯定不会存在。

---

†　B 本:"但是"。

††　B 本:"一般样态"; A 本:"样态"。(现把 B 本补入正文中。——中译者注)

我们不从爱中解脱出来是**必要的**，因为，由于我们的本性的软弱，若是我们不曾享有某种和我们结合在一起的并使我们坚强的东西的话，我们就不能生存。

〔6〕在这三类对象之中，我们应当选择哪个和摈弃哪个呢？

关于**变灭无常的**事物（既然我们说过，由于我们本性的软弱，要生存就必须爱某种事物，并和这种事物结合在一起），确实的，通过我们对这些事物的爱，并与之结合，我们的本性绝不会变得更坚强些，因为这些事物†本身就是脆弱的，一个跛子不能负担另一个跛子。它们不仅于我们无所促进，而且甚至对我们是有害的。因为，我们说过："爱是一种与我们的理智判断为善的和崇高的对象的结合"；而且我们把这理解为这样一种结合，通过这种结合，爱者††和被爱者合而为一，构成一个整体。因此那种与变灭无常的事物相结合的人确实是极其可悲的，因为，既然这些事物是在他的能力之外的，受许多偶然情况所支配，那么当他为这些事物所困扰时，他是不可能从其中得到解脱的。所以我们的结论如下：如果那些迷恋变灭无常的然而还有一定程度实在的事物的人已经是这样可怜了，那么那些醉心于荣誉、资财和逸乐这些根本没有任何实在的事物的人，将会是多么可怜啊！

〔7〕我们认为，这就足够能证明理性为什么要告诫我们远离变灭无常的事物了。因为，根据我们刚才所说过的，包含并隐藏在对这些事物的爱里面的毒药和恶害就已经显得非常清楚了。但是如果我们一当看到了我们因享有这些事物而被剥夺了多么崇高而卓绝的善的话，则这就更为无可比拟地清楚了。

〔8〕我们前面已经说过，变灭无常的事物是在我们能力之外的，*但是*我们需要正确理解，我们这里的意思不是说，我们是一种不依赖于任何事物的自由因。当我们说某些事物是在我们能力之内，而另一些事物是在我们能力之外时，我们是把这些在我们能力之内的事物理解为我们根据自然（我们是自然的一部分）的秩序或者和自然一起所产生的事物，而把那些不在我们能力之内的事物理解为在我们之外的不受我们任何影响而发生变化的事物，因为它们远离了我们真正地为自然所如此规定的本质。

〔9〕现在，我们转到第二类对象，这类对象虽然是永恒的和非变灭无常的，

---

† B本："这些变灭无常的事物"。

†† A本和B本皆是"爱"。

但其所以永恒和非变灭无常,并非由于它们自身的力量†。但是如果我们简单地考察它们一下,则我们就会立刻看到这类对象仅仅是一些直接依赖于神的样态。既然它们的性质就是这样,那么它们就不能为我们所认识,除非我们能同时具有神的概念。因为既然神是圆满的,我们的爱就必然寄托在神之上。一言以蔽之,如果我们正确地运用我们的理智,则我们就不能不爱神。

〔10〕其理由是清楚的。**第一**,因为我们发现,唯有神才有本质,而一切其他东西都无本质,而是样态。样态假若没有它们直接所依存的本质,就不能正确地被理解,〔因为〕我们以前已经证明过,如果我们曾爱过一个事物,而后来又认识了一个比我们所爱的更好的事物,则我们将会立即追求它,而舍弃前者,故毫无疑义的,如果我们认识了唯有其才具有一切圆满性的神,则我们必然会爱它。

〔11〕**第二**,如果我们在认识事物时,正确地运用我们的理智,则我们必须在它们的原因中认识它们。既然神是其他一切事物的第一因,那么按事物的本性(ex rerum natura)神的知识就总是先于一切其他事物的知识。因一切其他事物的知识必然是来自第一因的知识。真正的爱永远是来自崇高和善的事物的知识。由此岂不是只能推出:除了天主吾神之外,没有任何人会配享有如此强烈的爱吗?因为唯有神才是崇高而圆满的善。

〔12〕所以,现在我们明白了,我们如何能使爱变得强烈,以及爱如何必定只以神为归宿。

我们关于爱还需指明的,将留待以后讨论最后一种认识方式时再行说明††。以下,我们将按照我们以前的诺言转而探究我们应该接受哪些激情,摈弃哪些激情。

注　释

① 在《伦理学》中斯宾诺莎关于爱的界说(第三部分命题十三附释)是:"爱不是别的,乃是为一个外在的原因的观念所伴随的快乐……凡爱一物的人,必然努力使那物能在他的面前并努力保持那物。"
② 即在后面第十五章所说的"神即真理,真理即神自身"。

---

† B本还有:"而是一些直接依赖于神的样态",并且还删去了下面一句。
†† A本:"再做"。

第六章　论恨

〔1〕恨是一种使我们抵御曾经给我们造成某种伤害†的东西的倾向①。

现在应当指出，我们是以两种方式来实现我们的活动的，即或者带有激情地，或者不带有激情地。带有激情地，有如我们通常在主人对奴仆们的〔行为〕里看到的，当奴仆们犯了某种错误，〈主人〉一般就不会不发怒②；不带有激情地，有如人们叙述苏格拉底那样，当他为了〔奴仆自身〕的利益，而不得不惩罚他的奴仆时，他就绝不会在他感到对他的奴仆极为愤怒的时候来惩罚他。

〔2〕既然我们看到，我们的活动是我们带有激情地或者是不带有激情地来实现的，那么，我们认为下面这点是清楚的，即那些现在妨碍我们的，或者曾经妨碍我们的事物，如果必要就会被排除掉，而不至于引起我们心神的烦扰。因此，我们是带着厌恶和恨去避开事物好呢，还是（因为我们认为这是可能的）借理性的力量而无心神烦扰地去忍受它们好呢？首先，这是确实的，如果我们毫无激情地去做我们应当做的事情，则不会因此而产生任何不良的结果。既然在好的和坏的中间没有任何中介物，那么我们看到，正如带有激情行事是坏的，不带有激情行事必定是好的。

〔3〕但是，我们需要考虑一下，那种带着恨和厌恶去避开事物的行为是不是坏的。

关于来自意见的恨，确实是可以不出现在我们内心里的，因为我们知道，同一个事物对我们有时是好的，有时则是坏的，正如人们常常对药用植物的看法那样。

最后，有这样一个问题，即我们的恨是否就是仅仅由于意见而不是由于真正的推理而引起的呢？但是为了正确地弄清这一点，我们认为应该明确说明一下恨究竟是什么，以及把恨和厌恶加以正确的区别。

〔4〕我说**恨**是一种心灵的烦扰，用以反对那些故意和有意危害我们的人。

---

† B本："阻碍"。

但是，**厌恶**却是一种对某个事物不满而产生的内心烦扰，因为我们知道或揣测到该事物按其本性会引起损害或痛苦，我们之所以说"按其本性"，是因为我们如不假定*或认为*它是这样，那么，即使我们受到它的妨碍或痛苦，我们也不会厌恶它，因为我们还可以反过来从中得到教益。所以当某人被石头或小刀所伤害时，他就不会因此而厌恶它们③。

〔5〕做了这种考虑之后，我们来简略地考察一下这两种激情的后果。从恨产生了痛苦，如果恨是强烈的，则产生愤怒。愤怒不仅像恨那样企求逃避可恨的事物，而且如果可能就想消灭该事物。从此强烈的恨中，也就产生了嫉妒④。但从厌恶中也会产生某种痛苦，因为我们力图使自己摆脱某种由于是存在的但总必有其本质和圆满性的事物⑤。

〔6〕由上面所说的可以容易地认识到，如果我们正确地运用我们的理智，我们就不会恨任何事物，亦不会厌恶任何事物，因为否则我们将失却存在于这些事物中的圆满性†。并且我们通过理性也认识到，我们绝不能〔有理地〕恨任何人，因为凡是存在于自然之中的一切事物，如果我们愿望要其中的某个，我们就必须常常将它加以改善，而不论这种改善是为了我们自己还是为了事物自身的缘故。〔7〕既然一个圆满的人是我们眼下或目前所认识的*对我们*最好的事物，那么我们和一切个别的人的最好的办法，就是随时尽力将人们引导到这一圆满的境界。因为只有这样，我们才会从他们那里，他们也就会从我们这里得到最大的裨益。而要做到这一点，我们就应该永远关怀他们，如同我们的良知所经常谆谆教导我们，告诫我们如此做的那样，因为我们的良知永远不会驱使我们走向自我毁灭，而永远促使我们达到自身的幸福*和福祉*。

〔8〕最后，我们说，恨和厌恶本身有许多不圆满性，和爱正相反。爱是具有圆满性的，因为爱永远产生改进、增强和扩充，此即圆满性；反之，恨却永远引起颓废、软弱和毁灭，此即不圆满性本身。

注　释

① 在《伦理学》第三部分"情绪界说七"里，斯宾诺莎对恨下的界说是："恨是为一个外

---

† B本下面还有，"反之，如果我们要任何事物，我们就必须设法改善我们从自然所要的东西，不论这种改善是为了我们自己还是为了事物自身的缘故"，并且删去了下面一句话。

界原因的观念所伴随着的痛苦。"
② 英译本无此句，据德译本译出。
③ 在《伦理学》第三部分"情绪界说九"里，斯宾诺莎关于厌恶的界说是："厌恶是为偶然引起痛苦的对象的观念所伴随的痛苦。"
④ 在《伦理学》第三部分"情绪界说三十六"里，愤怒的界说是："愤怒是我们因恨被激动而欲伤害所恨的人的欲望。"在《伦理学》第三部分"情绪界说二十三"里，对嫉妒的界说是："嫉妒是一种恨，此种恨使人对他人的幸福感到痛苦，对他人的灾殃感到快乐。"
⑤ 此句英译本是："因为我们认为自己丧失了某种由于是实在的所以总必有其本质和圆满性的事物。"此处从德译本。

第七章 论快乐和痛苦†

〔1〕当我们明白了恨和惊异††是这样一种性质,以至我们可以直率地说:在那些适当地运用其理智的人身上是不会产生任何恨和惊异之后,我们将进而用同样的方式去研讨其他种种激情。作为开始,首先应当是欲望和快乐(Laetitia)。既然欲望、快乐是和爱一样皆起源于同一个原因的①,那么我们就不需要对它们做其他的说明,只要我们回忆和回想一下我们以前所说过的就行了,这里不再赘述。

〔2〕除这些激情之外,我们还可以加上痛苦(tristia),对此我们可以说,痛苦仅仅产生于意见,以及随意见*而来*的想象,因为痛苦的产生是由于某种善的东西的失却。

我们前面已经说过,我们的一切活动都应该以进步和改善为目的。而只要我们是痛苦的,我们的活动就肯定不会是这样。所以我们必须使自己摆脱痛苦,而只要我们想到使失却了的事物重新找到的方法(如果这是我们力所能及的话),这是可能做到的。如果不可能,〔我们就必须想到〕必须摆脱掉痛苦,以免陷入痛苦所必然带来的不幸*和灾难*之中。在这两种情况下,*我们都应该*快乐地行事,因为企图以自我欲求和其他方式来获得和改进失却了的善是愚蠢的。

〔3〕最后,那些正确运用其理智的人必然首先认识神。因为神,正如我们所指出的,是至善和全善,由此就可清楚地推知,凡正确运用其理智的人是不会陷溺于任何痛苦之中的。这是什么缘故呢?因为他立足于全善之上,而在此善中蕴涵了一切快乐和满足†††②。

---

† B本:"论欲望和快乐"。

†† B本:"恨和厌恶"。

††† B本把这段话简略为:"最后,那些正确运用其理智的人必然认识神是第一和最高的东西,神拥有这种至高的善。由此推知,既然他在神那里发现一切快乐和满足,他就不会有任何痛苦。"

所以，正如我们所说过的，痛苦起源于意见或者无知[†]。

注　释

① 即三者皆是由善的事物所引起的。
② 和这里的观点一样，斯宾诺莎在《知性改进论》里写道："所有这些心灵的烦扰（指嫉妒、恐惧、怨恨……——中译者注）都起源于贪爱前面所说过的那种变幻无常的东西。但是爱好永恒无限的东西，却可以培养我们的心灵，使得它经常欢欣愉快，不会受到苦恼的侵袭，因此，它最值得我们用全力去追求，去探寻。"〔《知性改进论》导言（九）—（十）〕

[†] B本删去最后一句。

第八章　论尊敬和轻蔑等等[†]

〔1〕现在我们进而说明尊敬（Existimatis）和轻蔑（Contemptus）、自尊（Generositas）和卑谦（Humilitas）、骄傲（Superbia）和自卑（Strafbare nedrigheid = Abjectio）。为了精确地分清这些激情中的善和恶，我们按照上面的秩序对它们加以考察。

〔2〕尊敬和轻蔑仅仅出现在我们认识一个事物是伟大的或者是渺小的，认识这个伟大的或渺小的事物是在我们之内或者是在我们之外的时候[††]①。

〔3〕自尊并不扩展到我们之外的〔任何事物〕中去，它只属于这样一种人，这种人不为激情所动，并无须寻找对自己的尊重就能认识自己圆满性的真正价值。

〔4〕卑谦是当某人认识到自己的不圆满性时出现，而不涉及〔别人〕对自己的轻蔑[†††]，故卑谦并不指卑微的人之外的任何东西。

〔5〕骄傲是在于人们把在自己身上并不曾发现的圆满性归于自己所有②。

〔6〕自卑是人们把自己并不具有的不圆满性归于自己所有③。我这里不是指那些自己并不承认，但为了欺骗别人装作卑谦的伪君子，而是指那些真正相信他们归之于自己的所有的不圆满性是的确存在于自己身上的人。

〔7〕这一切充分表明，这些激情中的每一种都具有善和恶。对自尊和卑谦来说，它们通过自身使人认识其优越性。因为，我们认为，具有自尊和卑谦的人都是按照其真正的价值认识自己的圆满性和不圆满性的，这就是理性所教导我们达到自己的圆满性的最好的方法。因为如果我们正确地认识到我们的能力和我们的圆满性，我们亦就清楚地知道，为了达到我们的良好的目的，什么是

[†] B本列举了这一章和以下几章的标题里的所有的激情。

[††] B本这一章是这样开始的："为了完全分清这些激情中的善和恶，我们将依次考察它们，首先从尊敬和轻蔑开始，它们是涉及某种我们知道是在我们之内或之外的事物，前者关系到某种伟大的事物，后者关系到某种渺小的事物。"

[†††] B本："无须任何自我轻蔑"。

我们所应该做的。另外，如果我们认识到我们的缺陷和我们的无能，我们就知道什么是我们应该避免的。

〔8〕对骄傲和自卑来说，其界说已 *充分地* 使人认识到，它们毫无疑义是从意见中产生的；因为我们说过，骄傲存在于那些自命为具有某种圆满性而其实自己并不具有的人身上，而自卑与此恰好相反。

〔9〕据上所述，人们可以清楚地看到，自尊和真的卑谦是善的和有益的相反，骄傲和自卑都是恶的和有害的。因为前者〔自尊和真的卑谦〕不仅使具有它们的人极其良善，而且也是我们借以攀登到自己最高止境的正确的阶梯。反之，后者〔骄傲和自卑〕不仅阻止我们达到自己的圆满性，而且还把我们引向彻底的毁灭。自卑阻止我们去做为了成为圆满者而本来所应该做的事情，正如我们在怀疑主义者那里所看到的，他们否认人能获得任何真理，从而，由于这种否认，自绝于真理。*另外*，骄傲却使我们从事那些直接把我们导致毁灭的事情，正如我们在所有那些曾经臆想并且现在还在臆想神在保佑他们的人那里所看到的，他们自信一切，不怕任何危险，赴汤蹈火，以致极其可悲地断送生命。

〔10〕关于尊敬和轻蔑，只要我们记住前面我们关于爱所说的话，就无须做更多的说明了。

注　释

① 斯宾诺莎在《伦理学》第三部分"情绪的界说二十二"里，轻蔑的界说是："因恨一个人而将他看得太低便叫轻蔑。"
② 斯宾诺莎在《伦理学》第三部分"情绪的界说二十八"里，骄傲的界说是："由于爱自己而将自己看得太高就是骄傲。"
③ 斯宾诺莎在《伦理学》第三部分"情绪的界说二十九"里，自卑的界说是："由于痛苦而将自己看得太低就是自卑。"

第九章 论希望和恐惧等等

〔1〕现在我们开始说明希望（Spes）和恐惧（Metus），确信（Securitas）、绝望（Desperatio）和犹豫（Animifluctuatio），勇敢（Intrepiditas）、大胆（Audacia）和好胜（Aemulatio），怯懦（Pusillanimitas）和惶恐（Zelotypia），＊以及最后猜忌＊，并且依照我们惯常的方法，逐一地讨论它们，指出哪些对我们是有害的，哪些对我们是有益的。所有这些，我们都可以很容易地做到，只要我们正确地注意一下我们关于未来的事物的思想就行了，而不论这个事物是善的还是恶的。

〔2〕＊我们对于事物所具有的概念，或者是关于

1. 事物本身的；或者是关于
2. 具有概念的个人的。＊①

我们关于事物本质所具有的概念，或者是事物被我们认为是偶然的，也就是说，它们可能出现，或不可能出现；或者是事物〔被我们认为〕是必然出现的。这是关于事物本身的。

关于具有事物的概念的人，我们认为，他必须做某些事情，或者是为了加速事物的出现，或者是为了阻碍事物的出现。

〔3〕由这些概念产生了所有下面这些情感：当我们把一件未来的事物设想为善的，而且是可能出现的，那么心灵因此就获得了一种我们称为**希望**的形式，这形式无非就是带些痛苦的某种快乐而已②。

反之，当我们把可能出现的事物判定为恶的，则心灵由此产生了我们称为**恐惧**的形式③。

但是如果事物被我们设想为是善的，同时又是必然出现的，则由此在心灵中产生了一种我们称为**确信**的宁静状态，这也是某种快乐，但与希望不同，并不带有痛苦④。

但是，如果我们知道事情是坏的，同时又是必然出现的，那么这就会在心灵中引起**绝望**，绝望无非只是某种痛苦⑤。

〔4〕至此为止，我们已经在本章里叙述了各种激情，并以肯定的方式给它们下了界说，同时也陈述了这些激情中的每一种究竟是什么。现在我们也可以相反地以否定的方式来界说它们，即我们**希望**坏的事情不会来到，我们**恐惧**好的事情不会来，我们**确信**坏的事情不会来，我们为好的事情永不会来而**绝望**⑥。

〔5〕关于由事物本身的概念而产生的激情，在我们做过了这些论述之后，现在我们应当说明那些由认识事物的人的概念而引起的激情，即：

当为了一个事物的产生必须行动而我们又不能决定的时候，则心灵得到一种我们称为**犹豫**的形式。但是当心灵坚定地决定实现一桩事情的时候，而这桩事情又是可能实现的，则就称之为**勇敢**。如果事情实现起来是困难的，就称之为**无畏**或**大胆**⑦。

如果有人决定做某事，只因为怕别人（在他做之前）已做成功了，我们就称之为**好胜**⑧。

最后，如果有人知道应该决定做什么，以使好事到来，坏事不来，然而他又不这样做，那么，我们就称之为**怯懦**⑨；而当怯懦十分大时，我们就称之为惶恐。最后，**猜忌**（Eifersucht）就是一种人们想保住已得的事物，并独自享有它的忧虑。

〔6〕既然我们现在已经知道这些情感是从何而产生的，那么我们就能够很容易地指出它们之中哪些是好的，哪些是坏的。

关于希望、恐惧、确信、绝望和猜忌，的确，它们起源于坏的意见。因为，正如我们前面已经指出的，一切事物皆有其必然的原因，它们必然是像它们现在产生的那样产生的。虽然，确信和绝望似乎在原因的无穷顺序和序列†中皆有其位置；但是（当人们正确地把握了它们的真理性时），情形就会完全不同了。因为事先如果没有希望和恐惧，就从来不会有确信和绝望（后者的存在就是从前者产生的）。譬如，如果有人认为他还必须期待的事物是好的，则他就在其心灵中获得我们称之为希望的形式；当他坚信*能达到*设想的善，其心灵就得到我们称之为确信的宁静状态。我们关于确信所陈述的同样也适用于绝望。然而，根据我们关于爱所做的论述，这些激情同样是不会出现在圆满的人身上的：因为这些激情是以这样的事物为前提的，这些事物由于它们所必然有的变易性（正如我们在爱的界说中所指出的），我们是决不应该依附于它们的；同时我们

---

† A本这里还加有："（因为所有这些是不容违背的和不可改变的）"。

对它们又不应有厌恶（正如我们在恨的界说中所指出的）。但是只有感受过这些激情的人才会随时有这样的依附性和厌恶。

〔7〕关于犹豫、怯懦和惶恐，这些激情通过其自己的性质和本性，使人认识其不圆满性；因为它们为我们的利益所做的一切，仅仅是它们本性的消极产物。譬如，如果有人希望某个他认为是好的而其实却并非如此的事物，但由于犹豫或怯懦，以致缺乏必要的勇气实行此事，则他只是消极地或偶然地从他认为是善的恶中解脱出来。所以，这些 *激情* 是根本不会在那些由真理性所指导的人身上找到位置的。

〔8〕最后关于勇敢、大胆和好胜，除了我们关于爱和恨所已经说过的外，已没有什么别的内容需要陈述了。

注　释

① 星号内这句话德译本无。
② 斯宾诺莎在《伦理学》第三部分"情绪的界说十二"里，给"希望"下的界说是："希望是一种不稳定的快乐，此种快乐起于关于将来或过去某一事物的观念，而对于那一事物的前途，我们还有一些怀疑。"
③ 斯宾诺莎在《伦理学》第三部分"情绪的界说十三"里，给"恐惧"下的界说是："恐惧是一种不稳定的痛苦，此种痛苦起于关于将来或过去某一事物的观念，而对于那一事物的前途，我们还有一些怀疑。"
④ 斯宾诺莎在《伦理学》第三部分"情绪的界说十四"里，给"确信"下的界说是："确信是起于一种无可置疑的过去或将来之物的观念的快乐。"
⑤ 斯宾诺莎在《伦理学》第三部分"情绪的界说十五"里，给"绝望"下的界说是："绝望是起于一种无可置疑的过去或将来之物的观念的痛苦。"
⑥ 德译本此句中无"不"字，恐属遗漏，现仍按英译本译出。
⑦ 斯宾诺莎在《伦理学》第三部分"情绪的界说四十"里，给"大胆"下的界说是："大胆是一个人被激动而做同辈人所不敢做的危险之事的欲望。"
⑧ 斯宾诺莎在《伦理学》第三部分"情绪的界说三十三"里，给"好胜"下的界说是："好胜是对于一物的欲望，这种欲望之发生是由于我们想象着别的人有同样的欲望。"
⑨ 斯宾诺莎在《伦理学》第三部分"情绪的界说四十一"里，给"怯懦"下的界说是："这样一个人可以说是怯懦，如果他因为害怕同辈的人都敢于承当的危险而压制他自己的欲望。"

第十章 论惋惜和懊悔

〔1〕现在我们简要地说明一下**惋惜**（Knaging）和**懊悔**（Borouw）。这些激情只能是轻率的产物。因为**惋惜**的起源只能是：我们做了某件事情而我们又怀疑这件事是不是好的或者是坏的①。**懊悔**起源于我们做了某件坏的事情②。

〔2〕因为很多人（他们是很好地运用其理智的）有时（因为他们缺乏那种为了永远正确地运用理智所要求的准备）犯了错误，人们或许就会认为这种惋惜和懊悔能立刻把他们引回正路，并由此得出结论（整个世界也会得出这个结论）：这些激情是好的†。然而如果我们仔细考察它们一下，我们就会发现，它们不仅不是好的，而且正相反，它们是有害的，因而也就是坏的。因为显然的，理性和对真理的爱永远会比惋惜和懊悔③更好地引导我们。因此惋惜和懊悔是有害的和坏的，因为它们是某种痛苦，这种〔痛苦〕的有害性我们前面已经证明过了，因此，我们应尽力远离它们，有如远离恶一样。同样，我们应该避免和躲开惋惜与懊悔，因为它们是同恶一样的东西。

注 释

① 这里对"惋惜"的界说和《伦理学》里的界说有些不同，在《伦理学》第三部分"情绪的界说十七"里说："惋惜是为一件意外发生的过去的事的观念所伴随着的痛苦。"
② 斯宾诺莎在《伦理学》第三部分"情绪的界说二十七"里，对"懊悔"的界说是："懊悔是为我们相信出于心灵的自由命令而做的事情的观念所伴随而引起的痛苦。"
③ 英译本译为"痛苦"，现据德译本校正。

---

† B本接下去是："但另一方面，如果我们仔细地考察它们，则情况就完全不是这样了，因为我们将发现它们不仅不是好的……"

第十一章　论讥讽和嘲笑

〔1〕讥讽（Irrisio）和嘲笑（Iocus）依赖于虚假的意见，表明了讥讽者和嘲笑者的不圆满性①。

它们之所以依赖于虚假的意见，是因为人们认为那些遭到讥讽的人就是他们的行为的第一因，这些行为不是必然地（像自然中的其他事物一样）依赖于神的②。它们表现了讥讽者的不圆满性，因为讥讽的对象或者是可以讥讽的，或者是不可以讥讽的。如果对象是不可以讥讽的，则讥讽者就在讥讽不应该受讥讽的对象的时候显出其坏的天性；但是如果对象是可以讥讽的，则讥讽者让人知道了受其讥讽的对象的不圆满性，而此不圆满性，他们本应该更多地以好的理性根据而不是通过讥讽来纠正。

〔2〕笑（Invidia）并不涉及其他对象，而只是与那些在自己身上发现了某些好的东西的人相关。既然笑是一种快乐，那么除了我们前面关于快乐所论述的之外，就没有什么其他的话需要对笑说明了。我在这里所讲的笑是指那种†通过某种致人发笑的观念所引起的笑，而完全不是指那种通过生命精气③的运动所产生的笑。至于后一种笑（因为它们同善与恶无关），在这里我们就没有兴趣来论述它们了。

〔3〕至于嫉妒（Invidia）、愤怒（Ira）和责备，在这里我们无须赘述，只要我们回想一下我们前面关于恨所做过的论述就行了。

注　释

① 在《伦理学》第三部分"命题五十二附释"里，斯宾诺莎写道："讥讽起源于对我们所恨或所畏惧的对象的轻视。"
② 在《伦理学》第四部分"命题五十附释"里，斯宾诺莎写道："那个能正确理解万物莫

---

† B本接着是这样："那种笑不涉及善或恶，完全不是那种通过〔生命〕精神运动在他身上所产生的笑；它不是我们所想说的这种笑。另外……"

不出于神性的自然，莫不依赖自然的永恒律令而发生的人，事实上将必不会发现任何值得恨、笑或轻视的东西。"

③ "生命精气"（Spiritus animales，亦译元气）的学说最早出现在古代斯多葛派和中世纪经院哲学的著作中，以后笛卡尔加以发展。我们知道，笛卡尔是二元论者，认为心灵和身体是两个不同的实体，彼此不能发生直接的影响。笛卡尔为了解释生理的现象（身体方面的）就援引了"生命精气"这个概念，将"生命精气"作为中介来机械地说明生理过程。"生命精气"在他那里是同贯穿于身体各个部分的血液等同的（参阅笛卡尔《方法论》第五章）。斯宾诺莎在这里也使用了这个概念。但是，对于"生命精气"的作用，斯宾诺莎和笛卡尔有不同的解释，关于这种区别，可参阅《伦理学》第五部分序言。

第十二章 论荣誉、耻辱和无耻

〔1〕现在我们将扼要地说明**荣誉**（Honor）、**耻辱**（Pudor）和**无耻**（Impudentia）[†]。第一种[††]是当人们看到了他们的行为受到别人的尊敬和赞美，而这种尊敬和赞美又不带有任何其他可能有的打算或利益时，在自己身上所感到的一种快乐[①]。

耻辱是当人们看到他们的行为受到别人的轻蔑，而这种轻蔑又不带有任何可能有的不利或伤害时，在他们身上所产生的一种痛苦[②]。

无耻无非只是一种对耻辱的不知或漠视，其根源不是由于理性，而是或者由于对耻辱的无知，像孩提、野人等就是这样，或者由于人们因受到很大的鄙视，以至对一切事情都无动于衷，毫不介意。

〔2〕因此，如果我们认识了这些激情，我们也就同时认识了这些激情自身所包含的虚假和不圆满性。因为荣誉和耻辱——按照我们在它的界说中所看到的——不但丝毫不能有益于我们，反而（因为它们的基础是自爱，是那种认为人是其行为的第一因，因而应得赞美和责备的意见）是有害的，是应该摈弃的。

〔3〕然而我并不是说，人生活于人群里必须像他生活在人群之外那样，生活在人群之外当然是没有荣誉和耻辱的，正相反，我承认：我们不仅可以自由地运用荣誉和耻辱，以使之有益于人们的完善，而且我们也可以在限制我们固有的（原本是圆满的、合法的）自由的情况下这样做。譬如，如果一个人为了受人尊敬而衣着华丽，他就是在追求一种来自对自身之爱的荣誉，而不顾及他的邻人；但是如果一个人见到他的智慧（这对于其邻人是有用的）之所以受人蔑视和践踏，*只是*因为他衣衫褴褛，那么当他（为了帮助邻人）穿一件不引起他们反感的衣服时，他就为了赢得他们的好感而变得和他邻人一样了。

〔4〕至于无耻，既然它已表明，我们只需要它的界说就可以看清其丑恶，

[†] B本没有此句。
[††] A本："De eerste"（即第一种）；B本："De eere"（即荣誉）。

所以也就使我们满足了。

注 释

① 斯宾诺莎在《伦理学》第三部分"情绪的界说三十"里,对"荣誉"的界说是:"荣誉是为我们想象着我们的某种行为受人称赞的观念所伴随着的快乐。"
② 斯宾诺莎在《伦理学》第三部分"情绪的界说三十一"里,对"耻辱"的界说是:"耻辱是为我们想象着我们的某种行为受人指责的观念所伴随着的痛苦。"

第十三章 论嘉奖、谢忱和忘恩〔以及悲伤〕①

〔1〕现在〔考察〕**嘉奖**（Favor）、**谢忱**（Gratitudo）和**忘恩**（Ingratitudo）。关于前面两种激情，它们是心灵想要和去做某种对邻人来说是善的事情的倾向②。当那个曾经行过善的人需要再得到善的时候，我就说"想要"；当我们自己已经获得或承受了某种善的时候，我就说"去做"。

〔2〕我很清楚，这些激情在大部分人看来是好的，然而无论如何，我必须指出，在圆满的人那里，它们是不会出现的，因为一个圆满的人帮助邻人只为必然性所推动，而没有任何其他的原因，所以当他看到最不敬神的人处于巨大的不幸和要求之中时，他感到去帮助他们更是自己的义务。

〔3〕忘恩是对谢忱的蔑视*或摈弃*，如同无耻是对耻辱的蔑视一样，是完全没有理性根据的。忘恩只是从贪婪或极度的自爱中产生的，因此，它不会出现在圆满的人身上。

〔4〕**悲伤**（Disiderium）将是我们讨论的最后一种激情，我们将以它作为结束。悲伤是一种痛苦，这种痛苦是考虑到某种我们已经丧失了的而又没有希望重新挽回的善的东西而引起的。它使我们认识到它的不圆满性，所以一当我们考虑到它，我们立刻就认为它是不好的。因为我们前面已经指出，依附和迷恋那些极易失去的或者在一定时刻可能失去的，而当我们需要时又无法获得的东西，是如何的不好。再者，既然悲伤是一种痛苦，那么我们就应当回避它，正如我们前面在讨论痛苦时所指出的。③

注　释

① 括号内字，据法译本增补。本章第四段（论悲伤）在英、德译本里均放在第十四章，我们根据法译本将此节提到第十三章，作为最后一节。
② 斯宾诺莎在《伦理学》第三部分"情绪的界说十九"里，给"嘉奖"下的界说是："对于曾做有利于他人之事的人表示爱，便叫作嘉奖。"在《伦理学》第三部分"情绪

的界说三十四"里,给"谢忱"下的界说是:"感恩或谢忱是基于爱的欲望或努力,努力以恩德去报答那曾经基于同样的爱的情绪以恩德施诸我们的人。"

③ 此段文字在 C. Gebhardt 德译本里隶属于下一章第 1 节,我们根据 A. Wolf 英译本置于本章。

第十四章　〔关于激情的一般评述〕①

〔1〕我认为已经充分地指出并证明了：只有真信仰或理性才能引导我们认识善和恶。所以，当我们证明了这一切激情的第一因和基本因†在于知识时，那么，十分清楚，只要我们正确地运用我们的理智和理性，我们就永远不会屈从于任何一种我们应当摈弃的 *激情*。我之所以说"我们的理智"，是因为我并不认为单是理性就有力量使我们摆脱这一切激情，对于这一点，我们以后将在适当的地方加以证明②。

〔2〕然而关于激情，还有一个重要之点需在这里指出：我们看到和发现，凡是一切好的激情都具有这样一种特性，即：如果没有它们，我们就不能存在和生存，它们仿佛是属于我们的本质③，犹如爱、欲望以及一切属于爱的激情那样。

凡是不好的、我们应摈弃的激情，其情况就不然，没有它们，我们不仅能够存在得很好，而且唯有我们摆脱了它们，我们才真正获得了自己应当那样的存在。

〔3〕为了使这一切更加明确，请注意，一切善和一切恶的基础是**存在于某种对象上的爱**。因为如果我们不是去爱那种（请注意）我们上面已经叙述过的唯一值得爱的对象，即神，而是去爱那些本性变幻无常的东西，那么，就必然会按照被爱对象所发生的变化产生出恨、痛苦等等（因为对象是极其偶然的，甚至趋于毁灭）。如果人们被剥夺了其所爱的对象，就产生了恨；如果人们失去了它，就产生了痛苦；如果人们依凭于自爱，就产生了荣誉；如果人们并非为了神而爱其邻人，就产生了嘉奖和谢忱。

反之，如果人们爱永远不变的神，则他们就不可能陷入激情这种泥潭中去。正因为这个理由，我们提出下述观点作为坚定不移的原则：神是我们一切善的

---

† B 本没有"因"一字，这一字似乎是后来加进去的——或许是由范·弗洛顿（Van Vloten）加进去的，作为页边铅笔的注释。

唯一的第一因，是我们一切恶的解救者④。

〔4〕*最后*，还应当指出：只有爱等等才是不受限制的，亦即爱愈增长，则爱就愈美好，因为爱的对象是无限的，因此能不断地增长的，而除了爱之外，其他任何东西皆非如此。也许，这将在以后供给我们证明心灵不朽的材料，以说明心灵不朽是如何可能的以及以什么方式是可能的†。

〔5〕至此为止，我们所讨论的皆是真信仰的第三种后果的种种情形，*下面*我们将继续讨论第四种也就是最后一种后果。这一点我们在第四章尚未陈述过††。

注 释

① 此标题据法译本译出。英、德译本原标题均为"论悲伤"。
② 关于激情，斯宾诺莎的观点是和笛卡尔的观点对立的。在笛卡尔看来，激情是由生命精神的运动所决定的，因此，心灵不能直接制约激情，而斯宾诺莎认为激情的第一因和基本因皆是知识，因此通过知识就能克服激情。在《伦理学》第五部分命题二十附释里，他写道："心灵的力量既然仅仅为知识所决定，而心灵的薄弱或被动又仅仅为知识的缺陷所决定，或者换言之，为不正确的观念所赖以产生的能力所决定，那么由此可见，那大半为不正确的观念所充塞的心灵是最被动的，反之，那大半为正确的观念所构成的心灵则是主动的。"
③ 此句德、法译本均译为"它们在本质上仿佛是属于我们的"，现仍据英译本译出。
④ 在《知性改进论》第一章中，斯宾诺莎写道："由此可见，所有这些恶的产生，都是由于一切快乐或痛苦全部系于我们所贪爱的事物的性质上。因为凡是不为人所贪爱的东西，都不会引起争夺；这种东西消灭了，不会引起悲伤，这种东西为人占有了，不会引起嫉妒、恐惧、怨恨，简言之，不会引起心灵的烦扰。所有这些心灵的烦扰都起于贪爱前面说过的那种变幻无常的东西。

但是爱好永恒无限的东西，却可以培养我们的心灵，使得它经常欢欣愉快，不会受到苦恼的侵袭，因此它最值得我们用全力去追求，去探寻。"

---

† B本："这将给我们在第二十三章证明心灵的不朽提供材料。"（A本的页边注释也指明了第二十三章。）

†† 最后这句话，A本是在脚注里，B本是在正文里，像上面那样。

第十五章　论真理和谬误[①]

〔1〕现在我们考察**真理**和**谬误**，这是我们所知道的真信仰的第四种，也是最后一种后果。为此，我们将首先陈述真理与谬误的界说。真理是关于某事物的一种肯定（或否定），这种肯定（或否定）与该事物自身相符合；谬误也是关于一个事物的一种肯定（或否定），但是这种肯定（或否定）与该事物自身并不符合。〔2〕这样一来，似乎可以说，错误观念和真观念之间没有区别了，或者，因为这种或那种（肯定或）否定仅仅[†]是思想的样态，（真观念和错误观念）的区别无非只是[††]在于一个符合事物，而另一个则不符合于事物，因此，它们并不是在实在上有许多区别，而只是在逻辑上[†††]才有区别[②]。如果是这样，那么，人们就可完全有理由提出下列问题：首先，一个人从他的真理究竟得到什么裨益，另一个人由于他的谬误又有什么损害呢？其次，一个人将如何知道他的概念或观念是比别人的概念或观念更符合于事物的呢？最后，从何得知一个人是错误的，而另一个人是不错的呢？

〔3〕对于这些问题，首先可以这样回答：对于所有在其自身和谬误两方面皆被知道得最清晰的事物，如果去追问我们是如何知道它们的，将会是极大的愚蠢，因为，既然它们被认为是最清晰的，那么就永远不会有任何其他的清晰性使它们得以清晰。由此可知，真理既显示自身，又显示谬误，因为真理是通过真理也就是通过其自身而得以清晰的，而谬误也是通过真理而被显示出来的，但是谬误永远不会通过其自身而显示自己，明显自己。所以，任何掌握真理的人是不会怀疑他掌握真理的；而陷于谬误或错误的人则会臆想他得到真理。犹如梦呓者会认为他是清醒的，而真正清醒的人绝不会认为他是在梦中一样[③]。

---

† 原文"真的"大概是翻译者把 merus（仅仅）误写成 verus（真的）。

†† B本这句话是这样开始的："但是既然这种或那种肯定或否定仅仅（见上注）是思想的样态，那么真观念和错误观念之间除了下面这种区别外似乎就没有什么区别了"，等等。

††† door reeden（通过理性）。

这里所说的也在某种程度上解释了我们的这个观点：神即真理，或者**真理即神自身**。

〔4〕一个人之所以比别人更知道他自己的真理，是因为〔他的〕肯定（或否定）的观念完全符合事物的本性，因而也就具有更多的本质†④。〔5〕要理解这点，如果我们注意到理智（虽然这名词并不像它那样恰当⑤）是一种仅有的或纯粹的被动性⑥，那么是可以有所帮助的；这就是说，我们的心灵是在这样一种方式里发生变化的，即它接受了以前它所没有的其他思想样态。如果某人因为整个对象作用于他而接受了相应的思想形式或样态，那么很清楚，比起其他并没有这样原因〔作用于他〕的人来说，他接受了一种完全不同的关于对象的形式和性质的感触，因而凭借不同的轻微的作用（因为他知道这些作用仅仅是通过该对象的一些微不足道的属性⑦）††对于该事物做出一种肯定或否定。〔6〕由此我们就在与那不立足于真理之上的人的对照中明白了那立足于真理之上的圆满性。因为前者容易变化，而后者不易变化，由此可知，后者比前者具有更多的稳定性和本质；同样，既然与事物相符合的思想样态并没有更多的原因〔产生它们〕，那么，它们自身就有更多的稳定性和本质；而且，既然它们完全与事物相符合，那么它们就不可能在过一些时候变得不同了，或发生某种变化，因为我们在前面已经明白，事物的本质是不变的。而对于谬误，情形就不是这样了。从这些论述中，所有上面的问题就被充分地回答了。

注　释

① 关于斯宾诺莎的真理论，除本书外，可参阅《形而上学思想》第一篇第六章；《伦理学》第一部分界说六，第二部分命题三十四、四十三附释；以及《知性改进论》第三章、第四章。

② 笛卡尔在《沉思集》第三章中说："关于观念，如果不涉及它们之外的任何对象，而仅仅就观念本身来考察观念，那么真正说来，它们不能是错误的；因为，不管我想要一头山羊，或者想像一个怪物（chimera），都同样是真的事情。"

笛卡尔在《哲学原理》（第一章第 60 节）中区分了三种差别：实在的、样态的和理

---

† B本是："……因为在前一种情况，完全符合事物本性的肯定（或否定）的观念具有如此多的本质。"

†† 原文是"不圆满的"。

性的（逻辑的）。实在的差别是指两个或多个实体之间所存在的差别；样态的差别有两种：一为样态本身与其实体的差别（如运动与运动的实体的差别），一为同一个实体的两种样态间的差别（如实体的运动与形相之间的差别）；理性的（逻辑的）差别是指一个实体与其某种属性之间，或者一个共同实体的两个属性之间所存在的差别。斯宾诺莎在其《形而上学思想》第二部分第五章中也同样区分了这三种差别。

③ 关于斯宾诺莎的真理论，有两点需要特别注意：一方面，他主张真理是观念与对象的符合；另一方面，真理的这种与对象相符合的确定性是其观念自身的本性，不需要通过经验、实践的检验，真理即真理自身的标准。斯宾诺莎关于真理的论述，除本章以外，还可以参阅《伦理学》第二部分命题四十三，《知性改进论》第四章五十节，《形而上学思想》第一编第六章。

④ 本质即真实性，在斯宾诺莎看来，错误只是一种知识的缺乏（参阅《伦理学》第二部分命题三十五），所以真理比它具有更多的本质。

⑤ 因为一般讲来，"理智"是主动的，而不是被动的。斯宾诺莎在这里所谓的"理智"其实是说"认识"。

⑥ 在斯宾诺莎的哲学体系里，理智是神的无限知性的一个样态，因而是被动的。

⑦ 这里"属性"一词并不是斯宾诺莎严格意义上的属性概念，而是指特性。德译本把它译为 Affektionen。

第十六章　论意志[1]

〔1〕在我们知道何为善与恶、真理与谬误，以及一个圆满的人的幸福在于何处之后，现在可以开始考察我们自身，探讨一下我们达到此幸福是出于自由意志，还是受必然性支配。

为此，我们必须探究，对于那些主张有意志的人来说†，意志究竟是什么，以及意志与欲望的区别何在。〔2〕我们已经说过，欲望是心灵对某个它认为是好的事物的一种倾向；由此可知，在我们的欲望倾向于某一外在事物之前，我们已经就有了一个内心的决定，肯定该事物是好的，这种肯定，或者，更概括地说，这种肯定和否定的能力被称为意志〔原注1〕。

〔3〕因此，现在的问题是：我们的这种肯定是出于自由意志，还是受必然性支配，也就是说，对于一个事物，我们是否不受某种外在原因的迫使，就能够对它做出任何肯定或否定。然而我们已经证明一个不能由其自身来解释的††，或者其**存在**不属于其**本质**的事物，一定必然有一个外在的原因，并且，一个应当产生某个事物的原因一定必然要产生该事物。由此必然推知：每一个个别的意愿〔原注2〕这个事物或那个事物的行动，每一个个别的肯定或否定事物的这一点

---

† B本没有"对于……来说"这句话。

〔原注1〕　就意志作为肯定或决定而言，意志*不同于真信仰和意见，它*和真信仰的区别就在于：意志可以伸展到那些实际上并不是好的事物上去；意志之所以这样，是因为它缺乏确信，这种确信能使我们清晰地看到事情不能是其他样的，而在真信仰中就有而且必然有这种确信，因为从真信仰中只能产生好的欲望。

但是，意志和意见的区别在于：意志有时能够是完全确实无误的，而意见则不然，意见在于忖度和揣测。

所以，就意志能够确实地进行而言，我们可以称意志为信仰，但就意志屈从于错误而言，我们又称意志为意见。

†† B本："不能由其自身存在的"。

〔原注2〕　这是确实的，每一个个别意愿必定有一个使之存在的外在的原因；因为，既然存在不属于个别意愿的本质，则个别意愿的存在必然是由于其他事物的存在之故。

有些人说：个别意愿的致动因（A本是："致动因的观念"）不是一个观念，（转下页）

或那一点的行动，我认为，必定来自某个外在的原因，因此根据我们已经给予的关于原因的界说，它们不能是自由的。

〔4〕这个论点对于某些习惯于把他们的理智更多地纠缠于思想存在物而不是实际存在于自然之中的个别事物的人来说，可能感到不满意。由此，他们不

（接上页）而是人的意志本身，并且理智是一个原因，意志若无此原因就一无所为，这样一来，**意志**就其不受限制而言，与**理智**一样，都不是思想存在物，而是实在存在物。但在我看来，只要我对它们加以仔细考察，它们似乎都是些一般概念（allgemeine Begriffe），我不能将任何实在性归于它们。但是，即使情况是那样，我们也必须承认：意愿是意志的分殊（Modifikation），而观念则是理智的样态。因此，理智和意志必然是有区别的，并且是有实在区别的实体，因为被样态化了的〔只是〕实体，而非样态本身。如果有人说心灵统御着这两个实体，那么就必须有第三个实体。所有这些言论是如此混乱，以至于不可能对它们有一个明晰而且清楚的概念，因为既然观念不在意志中，而在理智中，那么按照一个实体的样态不能进入另一实体之中的规则，在意志中就不能产生任何爱，因为人们要去意愿那个在意志的能力中并无其观念的事物，这是自相矛盾的。如果有人说，意志由于和理智结合而能知觉到理智所理解的东西，并因此爱这个东西，*那么我们可以这样来反驳*，既然知觉是一个概念，并且是一个混淆的观念（B本是"既然知觉是一个概念"，而删去了"并且是一个混淆的观念"一句，这里我们据德译本把这句话补入正文中），所以它亦是一个理智的样态；因此，根据上面所述，即使理智〔和意志〕的结合犹如灵魂和肉体的结合，意志也仍不能由于和理智结合而知觉到理智所理解的东西，并因此而爱这个东西。因为即使假设肉体和灵魂的结合是像哲学家通常所主张的那样，那肉体也是没有感觉的，灵魂也是没有广延的（A本接着是："因为那样一来，我们设想是由两个实体构成的怪物就变成一个东西了，而这是荒谬的。"〔德译本把B本删去的这段文字列入正文中〕）。如果他们认为心灵同时统御着理智和意志，那么这*不仅*是不可能设想的，*而且是自相矛盾的*。因为根据这种说法，他们似乎就否认意志是自由的，而这是和他们的观点相抵触的。不过，我并不想把我对于被创造的有限实体的观点的全部反对意见都补述于此，所以，在结束之前，我将只是扼要地指出，意志的自由是同连续的创造完全不符合的。亦即为了保持*事物*的存在如同创造该事物一样，需要神的同一种活动（B本是："正如他们所承认的，意志的自由是同连续的创造不符合的。因为，如果为了保持*事物*……"），否则事物连一瞬间也不能存在。如果是这样的话，则不论什么东西都不能归属于事物（B本是："如果是这样的话，则任何原因都不能归属于事物"），但是，我们必须指出，神已经创造了事物如同它现在的样子一样，因为，既然事物在它现在存在的时候尚且没有力量保存它自己的存在，则由它自身所能产生的东西就更少。因此，如果有人说心灵从其自身产生意愿，那么我要问，这是凭借什么力量？这种力量绝不会是曾经有过的力量，因为曾经有过的力量现在不再有了，这种力量也不是事物现在所有的力量，因为事物是连续不断地被创造的，那么它们自身绝没有任何能赖以存在和持续（哪怕是短暂的一瞬间）的力量。所以，唯一可能的结论就是：唯有神秘才是而且必定是万物的致动因，一切意愿都*只*是由神所决定的。

是†把思想存在物看成思想存在物，而是看成实在存在物††，因为人既然时有这个意愿，时有那个意愿，他就在他的心灵里形成一个一般的样态，他把这个一般样态称为意志，正如他从此人及那人得出一个人的观念一样†††。由于他没有正确地区分实在的事物和思想存在物，所以他就把思想存在物看成了实际存在于自然中的东西，而把自己视作某些事物的原因。在讨论我们现在所谈及的问题时，这种情况是很少会出现的。因为，如果我们问某人：人为什么意愿这个或那个？通常的回答是：因为他有意志。但是，既然我们说过，意志只是一个我们意愿这个或那个的观念，因而仅仅是一个思想的样态、一个思想存在物，而不是实在存在物，所以什么也不能由意志所产生，因为无中不能生有（nam ex nihilo nihil fit）。既然我们已经指出，意志并不是存在于自然之中的事物，而只是一种虚构，那么我就认为，没有必要去追问意志究竟是自由的还是不自由的这个问题了。

〔5〕我这里所说的，不〔仅仅〕是指一般的意志，即我们已经指明是思想的样态的意志，也是指那些意愿这个或那个的个别意愿，即人们带有肯定和否定的个别意愿。不论谁，只要他注意到我们所论述过的观点，对这一点会是很清楚的。因为我们说过††††，理智纯粹是被动的，也就是说，它是一种在心灵里对于事物的本质和存在的知觉。所以，并不是我们对一个事物有什么肯定或否定，而是事物本身在我们心内对它自身做出某种肯定或否定。

〔6〕某些人或许会不同意这种观点，因为他们似乎认为，他们完全能够对一个事物做出某种与他们关于此事物所知道的东西不一致的肯定或否定②。他们之所以如此认为，仅仅是由于他们对于心灵在离开或不用〔表述事物的〕语言的情况下对事物所具有的概念缺乏任何观念†††††。当然（如果有致使我们这

---

† B本："不再"。

†† B本下面接着是："由此，就把他们自己看成某些事物的原因，这很少发生在我们现在所讲的事情中的。"

††† B本下面接着是："因此如果提出这样一个问题，人为什么意愿这个或那个，那么他们回答……"

†††† B本这一段话是这样开始的："现在为了理解我们在任何个别意愿中，即在肯定或否定这个或那个的个别行动中，是真正自由的抑或不自由的，我们必须回忆我们已经说过的东西，即……"

††††† B本："……因为他们没有区分心灵对事物所具有的观念和用来表述事物的语言。"

样做的理由的话），我们可以通过语言或其他方式向别人把事物描述成不同于我们所知道的那样，然而，无论是通过语言或其他任何方式，我们却不能使自己感受事物不像现在所感受的那样。这是不可能的，对于所有那些不用语言或其他有意义的符号而只注意他们的理智本身的人来说，这一点也是完全清楚的。

〔7〕某些人可能会反对说：如果不是我们，而只是事物自身在我们心内对它自身做肯定或否定，那么，除了与事物相符合的东西之外，就没有任何东西可以被肯定或否定了，因而也就不会有谬误了。因为我们说过，谬误是对于事物这样一种肯定（或否定），这种肯定（或否定）并不符合该事物，这也就是说，事物并没有对自身肯定或否定什么。但是我认为，如果我们十分注意我们关于真理和谬误所论述过的观点，那么我们就将立刻看到，这些反对意见早已被充分回答了。因为我们曾经说过，对象是那个被肯定或否定的东西是否真或假的原因†；＊谬误的产生就是这样＊，即因为当我们关于某个对象感知了某种东西＊或一部分＊时，我们就想象††，对象（虽然我们对于它仅仅知道一点点）在其总体上都是可以这样肯定或否定的③；软弱的心灵尤其能发生这种情况，它们一旦受到对象轻微的作用时，就会很容易接受一种样态或†††观念，在此样态或观念之外，它们就既无肯定亦无否定④。

〔8〕最后，人们可能还会反对我们说：我们＊时而＊意愿〔时而〕不意愿的事物††††是很多的，举例来说，对于一个事物肯定或不肯定什么东西，讲述真理或不讲述真理，等等。但是，这是由于人们没有正确地把欲望和意志区别开来†††††。因为，对于那些主张意志存在的人来说，意志仅仅是理智的一种活动，我们赖以对一个事物做出某种肯定或否定，而与善或恶无关⑤。反之，欲望则是心灵的一种形式，心灵借以去获得或做出某物，为了它在其中见到了善

---

† A本："……是关于那个被肯定或否定的东西的原因"；B本："……是我们对于事物的肯定或否定是不是真理和谬误的原因"。
†† B本接着是："整个就是这样的，软弱的心灵尤其能发生这种情况"。
††† B本没有"样态或"。
†††† B本："我们〔时而〕肯定〔时而〕不肯定的事物"。
††††† B本接下去是："因为虽然它们两者都是对于事物的肯定或否定，但它们的区别在于，意志出现与事物中可以看到的善或恶无关，而欲望则与事物中可以看到的善或恶有关；所以，即使在我们对事物已经做出了肯定之后，欲望本身仍存在，即想获得或去做我们已经发现或肯定是好的东西，所以意志没有欲望可以存在，而欲望没有意志却不能存在。"

和恶的缘故。所以，在我们对事物已经做出肯定或否定之后，亦即在我们发现或肯定该事物是好的之后，欲望才存在。按照他们的主张，这种对事物做肯定或否定就是意志，而欲望则仅仅是我们以后才感觉到的一种去要求好的事物的倾向，因此，按照他们的主张，意志没有欲望可以存在，而欲望没有意志却不能存在，意志必先于欲望⑥。

〔9〕因此，所有我们上面所讨论过的活动（如果它们显得是好的，则被理性所实现，如果它们显得是坏的，则被理性所阻碍）只能归于人们称为欲望的那种倾向中，而绝不能称为意志，用这个词是完全不恰当的。

注　释

① 根据弗洛伊登塔尔的意见，这一章放错了位置。它的一部分内容（第〔7〕节）应当插入第十五章的末尾，因为这一段是对于第十五章中的第〔1〕节所提出的最后一个问题的回答。而这一章的其余部分以及第十七章、第十八章应该置于第二十章之后，因为第十九章是研究"一个圆满的人的幸福究竟在于何处"，而第十六章（第〔1〕节）假定这个问题已经研究过了。并且第十九章似乎直接跟随前面已讨论过的关于真信仰的效益问题，而这个问题的讨论是在第十五章中进行的，因此弗洛伊登塔尔认为第十六章（除第〔7〕节外）不应该出现在第十九章以前。而第二十章是紧跟在第十九章后的，所以第十六章应当置于第二十章之后。根据弗洛伊登塔尔的这个意见，第二部分从第十五章到第二十章似乎应当按照下列的次序排列：第十五章（末尾增补第十六章中的第〔7〕节）、第十九章、第二十章、第十六章（除第〔7〕节外）、第十七章、第十八章。这个意见可供读者参考。
② 斯宾诺莎这里大概是指笛卡尔的观点。笛卡尔认为有一个观念（即对事物的认识）是一回事，而对这个观念做肯定或否定又是一回事，它们是依赖于我们的自由意志的。相反，斯宾诺莎把意愿和肯定或否定等同起来，认为"意志和理智是同一的"，否认意志是自由的。参阅《伦理学》第二部分命题四十九。
③ 谬误在斯宾诺莎看来只是由于知识的缺乏，以局部代替全面，因而只是一种片面性。
④ 斯宾诺莎在这里主要是反对笛卡尔学派的意志自由论。我们知道，笛卡尔主张意志的范围大于理智的范围，意志是自由的；而斯宾诺莎认为意志和理智是同一的，一个意志行动必然就是一种肯定或否定，因而也就必然伴随一个观念，所以决没有什么意志自由。关于斯宾诺莎对意志问题的看法，可以参阅其著作《笛卡尔哲学原理》里的梅耶尔的序言和该书附录《形而上学思想》第二篇第十二章，以及《伦理学》第一部分命题三十一、三十二，第二部分命题四十八、四十九。

⑤ 沃尔夫的英译本译为"关于善和恶",可能有误,现据德译本改正。
⑥ 关于意志和欲望的关系,亚里士多德学派一般是持等同说,认为意志就是一种欲望,有欲望也就有意志。斯宾诺莎是反对这种看法的,在他看来,意志和欲望虽然都与肯定或否定有关,但是意志的这种肯定与否定不涉及善恶,而欲望却与善恶的判断有关,"欲望是心灵对某个它认为是好的事物的一种倾向",所以意志和欲望是不同的,意志没有欲望可以存在,而欲望没有意志却不能存在,意志必先于欲望。这种关系,以后斯宾诺莎在《伦理学》中有更明确的说明:"我认为意志是一种肯定或否定的能力,而不是欲望;我说,意志是一种能力,一种心灵借以肯定或否定什么是真、什么是假的能力,而不是心灵借以追求一物或避免一物的欲望。"(《伦理学》第二部分命题四十八附释)

第十七章　论意志和欲望的区别

〔1〕显然，我们没有任何＊自由＊意志去做肯定或否定，因此，现在让我们考察一下**意志**和**欲望**的正确的和真正的区别，或者被古罗马人称为"合理的欲望"（voluntas）的意志†究竟是什么。

〔2〕根据亚里士多德的界说，欲望似乎是一个包括两个种的属，因为他说，意志是对于人们感到＊是或者＊似乎是好的东西的欲求或倾向。所以我认为，他似乎把欲望理解为一切倾向，既包括对善的倾向，也包括对恶的倾向。但是，当倾向仅仅指向好的＊或似乎是好的＊东西，或者当具有这种倾向的人对某一在他看来似乎是善的东西具有这种倾向，那么他就把这种倾向称为"合理的欲望"（voluntas）或"好的意志"。但当这种倾向是坏的，也就是说，当我们在别人身上看到一种指向某个坏的东西的倾向时††，我们就把它称为"不合理的欲望"（voluptas）或"坏的意志"①，所以，心灵的倾向并不是要肯定或否定某物，而仅仅是一种想获得某个似乎是好的东西的倾向和†††逃避某个似乎是坏的东西的倾向。

〔3〕现在还要探究一下欲望是自由的抑或不自由的。除了我们已经说过的，即：**欲望是依赖于它的对象的概念，并且这种知识必定有一个外在的原因**，以及还有我们关于意志所说过的那些话之外，我们还需要证明欲望并不是自由的。

〔4〕许多人虽然都十分清楚地看到，人们对于各种不同事物所具有的知识只是一种使人的欲求或倾向从一个事物转移到另一个事物的手段，然而，这些人却没有注意到那个把人的欲求如此地从一物引向另一物的东西又可能是什么。

为了证明我们的这种倾向并不是自由的，我们将（以便生动地描绘出何谓从一物到另一物的过渡和转移）想象一个刚刚第一次感知了某个事物的孩子。例如，我给他看一个使他耳朵听见悦耳声音的小铃，这样，他就对这个东西有

---

† B本："好的意志"。
†† B本："反之，假如这种倾向是坏的，或者是指向恶的，也就是说……"
††† B本："或"。

了一种欲求。现在考虑一下，他是否真正能感到这种欲求或欲望？如果你回答道：是的，那么我问，＊这种欲求或欲望是＊怎样发生的，其原因是什么？这肯定不是由于他知道了某种更好的东西，因为这东西是他所认识的全部东西；这也不是由于他认为该东西是坏的，因为他并不认识其他东西，况且，他从中得到的乐趣又是他所感受到的最大的乐趣。但是，也许他会有摈弃他所感受到的欲望的自由。由此或许可以推知：即使没有我们的自由，这种欲求也能在我们身上产生。但是同样也可以推知：我们也有摈弃此欲求的自由。然而，这种自由是经不起推敲的†，因为那个能消灭此欲求的东西又是什么呢？欲求自身吗？肯定不是，因为没有任何事物会由于其自身的本性去寻求自身的毁灭。那么能断绝儿童这种欲求的东西究竟是什么呢？当然，除了在自然的秩序和事物的过程中，他被某个较他首次发现的物体更有趣的东西所吸引之外，绝不会是其他的任何东西。〔5〕因此，正如我们在讨论意志时所说过的，人的意志无非只是**这种或那种意愿**，同样，人除了由这种或那种观念所引起的**这种或那种欲望**之外，并没有任何其他的〈一般的抽象的〉**欲望**††。因为**欲望**〔指抽象的〕并不是任何实际存在于自然之中的事物，它仅仅是从这个或那个个别的**欲望**里所做的一种抽象。欲望既然并非真实事物，那么它也就不能是任何东西的真正原因。因此，当我们说欲望是自由的，这正如我们说，这个或那个欲望是其自身的原因，这就等于说，在欲望存在之前，它就已经使自己存在了，而这是荒谬的，是绝不可能的。

¹¹⁴

注　释

① 这是指亚里士多德在其《论灵魂》第三篇第六章、第十章所区分的两种欲望：合理的欲望〔βούλησις（voluntas）〕和不合理的欲望〔ἐπιθυμία（voluptas）〕。

---

　† B本："我说这种自由是经不起推敲的，这是非常明显的，因为……"
　†† B本关于这一章的最后一段是这样的："因此，当我们说欲望是自由的，这正如我们说，这个或那个欲望是其自身的原因，早在它存在之前，它就已经使它存在了，而这是荒谬的，绝不可能的。作为一种共相的欲望，无非只是从这个或那个个别欲望里所做的一种抽象，除此之外，欲望并不真实存在于自然中，而且它也不可能成为任何东西的原因。"

第十八章　论上述观点的效用

〔1〕这样，我们就知道了，人，作为他所依赖的同时亦是控制着他的**自然整体的一个部分**，就其自身而言，是不可能为其自身的快乐和幸福有所作为的；现在我们想考察一下，从我们的这些观点中能推导出什么一些效用来。因为我们不怀疑，某些人对于这些观点似乎会感到极大的不满意，所以这种考察就显得更为〔必要〕了。

〔2〕第一，由上述观点推知：我们真正是神的仆人、奴隶，而且我们的最大的圆满性就必然在于此。因为假如我们只凭借自身而不依赖于神，那么我们将会很少或者根本就不能够去完成任何事情，并且还导致我们悲叹自己的命运。特别是同我们现在所知道的道理背道而驰的，因为我们现在知道：我们所依赖的是一切之中最圆满的东西，以至于我们是作为整体的一部分，即作为它的一部分而存在的；这也就是说，我们奉献自己这部分参与到如此众多的精心安排和圆满无缺的杰作（这些杰作皆是依赖于他的）的实现活动中去†。

〔3〕第二，这种知识使我们在完成了某种卓越的事情之后不变得骄傲（这种骄傲使我们停滞不前，因为我们认为，我们现在已经很优异了，无须进一步做什么；这是和我们自身的圆满性直接冲突的，因为我们的圆满性正在于：我们在任何时候都必须不断地继续前进），反而把我们所做的一切都归功于神，他是我们所实现和完成的一切事情的第一因与唯一因。

〔4〕第三，这种知识还激起了我们对邻人的真正的爱，它使我们永不憎恨自己的邻人，亦不生他的气，而是乐意去帮助他，改善他的境况。所有这些都是那些具有很大圆满性与本质的人的行为。

〔5〕第四，这种知识也增进了最伟大的公共福利，因为通过这种知识，一

---

† B本："首先，因为我们依赖于那个一切之中最圆满的东西，以至于我们是整体的一部分，即它的一部分，我们奉献自己这部分参与到如此众多的精心安排和圆满无缺的杰作（这是依赖于它）的实现活动中去，因此可以推知，我们是神的奴隶，并且我们的最大的圆满性就必然在于此。"

个法官就永不会对争讼的双方中的任何一方有所偏袒，而且，当不得不去惩罚一个人、褒赏另一个人时，他将会用一种对于这两个人完全是一样的帮助和改善的意图去这样做。

〔6〕第五，这种知识使我们从痛苦、绝望、嫉妒、恐惧以及其他各种坏的激情中解放出来，因为，像我们以后将要论述的，这些激情就是真正的地狱本身。

〔7〕第六†，这种知识也使我们不必害怕神，有如其他人害怕魔鬼（他们所想象的）那样，因为他们怕魔鬼会伤害他们。事实上，我们为何要害怕神呢？要知道，它是最高的善本身，由于它，一切具有本质的事物才能成为现在这样，我们这些生活在它之中的人也才能得以生存。

〔8〕*第七*，这种知识使我们把一切都归功于神，使我们单独地敬爱它，因为它是最崇高和最圆满的，我们把自己整个身心呈献给它。因为这才真正是神的仆役的纯真的司职，以及我们永恒的快乐和福祉所在。因为一个奴仆和工具的唯一的圆满性和最终的目的就在于：它们必须完成自己所担负的工作，譬如一个木匠，当他从事某种工作时，发现了他的斧子有卓越的作用，那么这把斧子就因此而达到了它自身的目的和圆满性。但是假若这个木匠想：这把斧子现在已经如此出色地为我效劳过了，所以我要让它休息一下，不要再分配给它任何差使，那么这把斧子就离开了它自身的目的，也就不再是一把斧子了。〔9〕人亦必须这样，只要他是自然的一个部分，他就必须遵循自然的规律，这才是神的仆役的司职；同时只要他这样做了，他就获得了自己的幸福。但是如果神（为了说明问题才这样说）欲使人不再为它效劳，那么这就等于剥夺掉了人的幸福，并且毁灭了他，因为人的一切就在于：他服役于神。

---

† A本还加上"和最后一点"。

第十九章　论我们的幸福[1]

〔1〕现在当我们明白了真信仰的各种裨益之后,我们将力图去履行自己所曾许下的诺言,即去探究我们是否通过自己已有的知识(关于什么是善,什么是恶,什么是真理,什么是谬误,以及一般来说什么是所有这些东西的效用),也就是说,我们是否能够凭借这种知识达到我们的幸福,即对神的爱(我们已经说过,这是我们的最高的福祉),同时,我们还要探究,用什么方式可以使我们从自己判定为坏的激情中解脱出来。

〔2〕首先考察后一个问题,即摆脱激情的问题[原注1]。我认为,假若我们假定这些激情除了我们已经给予它们的那些原因外,不再有任何其他的原因,那么只要我们正确地运用自己的理智,像我们极容易就能做到的那样[原注2](因为我们现在有了一个真理与谬误的标准),我们就绝不会陷溺于它们之中。

〔3〕但我们现在所需要证明的是:激情没有任何其他的原因,对于这个问题,我认为似乎需要整个地研究一下有关物体和精神的问题。

首先,〔我们必须〕证明,在自然中有物体存在,我们被它们的形式与活动所激动,从而知觉到它们。我们之所以这样认为,是因为如果我们知道了物体的活动及其产生的结果,那么我们就会发现所有这些激情的第一因与最初因,因而也就同时找到了消除所有这些激情的方法。由此我们亦将会明白,依靠理

〔原注1〕 一切与善的理性相抵触的激情(如上面所指出的)皆来源于意见,在它们之中好和坏的一切均由真信仰显示给我们。然而,不论是这两者〈指意见和真信仰〉还是这两者之中的哪一个皆不能使我们摆脱它们,因此唯有第三种知识,即真知识才能使我们从它们之中解脱出来。假若没有这种真知识,我们将永远不能从它们那里解脱出来,像以后我们将要证明的(第133页)。这岂不就是其他人在种种不同的名目下所说所写的连篇累牍的东西吗?因为谁不会看到,我们是如何合宜地把意见解释为罪孽,把信仰解释为显示罪孽的法律,以及把真知识解释为使我们摆脱罪孽的恩惠呢?

〔原注2〕 我们认为这是极容易做到的,也就是说,如果我们对于善与恶、真理与谬误有一透彻的知识,那么我们就不可能为引起激情的东西所支配,因为当我们认识和享受到最好的东西时,最坏的东西对我们就会无能为力。

性的帮助，我们是否能够做到这点。在这一切之后，我们将进而说明我们对神的爱。

〔4〕证明自然之中有物体存在，这对于我们并不是困难的，因为我们早已知道**神存在**以及神是**什么**。我们已经把神界说为一个无限多属性的存在，其中每一属性皆是无限的和圆满的。而广延既然是一种属性，这种属性我们已经证明过是自类无限的，那么广延也就必然是那个无限存在的一个属性。同时既然我们早已论证过，这个无限的存在是存在着的，那么，由此推知，这个属性也是存在的。

〔5〕另外，既然我们亦已证明，在无限的自然之外，没有任何东西存在，而且也不可能存在，那么这是明显的：物体的这种结果（由于这种结果，我们才得以知觉〔到物体〕）只能来自广延自身，而绝不能来自（像某些人所想的那样）某种**卓越地**具有广延的其他东西†：因为（如我们在第一章里所指出的）不存在这种东西。

〔6〕因此，我们应当注意，被认为必然依赖于广延的全部结果必定属于这个属性，诸如运动与静止。因为假使产生这些结果的力量并不存在于自然之中，那么（虽然〔自然〕可以有许多其他的属性）这些结果就不可能存在。因为假使一个事物要去产生某事物，那么它必定要具有某种东西，通过该东西而不是通过别的东西，它才能产生那个事物。

我们在这里关于广延所做的论述，同样亦希望看作对于思想的说明，并且*更进一层*希望看作关于存在着的一切事物的说明。

〔7〕应当进一步看到，除了我们有可能知道的东西之外，我们心中不再有任何东西了。因此，如果在我们心中除了能思事物的结果与广延的结果外，我们不再发现任何其他东西，那么我们可以确定地说，在我们心中就没有任何其他的东西了。

为了清楚地理解能思事物的结果和广延的结果，我们将首先对能思事物和广延这两者加以单独考察，然后再对这两者共同加以考察，同时也考察这两者的各自结果。

〔8〕当我们单独地考察广延时，除了运动和静止外，我们就不再知道广延的任何其他东西了。通过运动和静止，我们找到广延所产生的一切结果。物体

---

† B本："比广延更卓越的东西"。

的这两种样态〔原注1〕除了仅能为其自身所改变之外，是不可能为其他任何事物所改变的。譬如，一块静止的石头，它就不可能被思想的力量或者任何其他事物所推动，而只能为运动〔所推动〕†，例如另一块其运动大于这块石头的静止的石头就能使这块石头运动。同样运动着的石头，除了通过某个具有较小运动的其他东西使它静止下来之外，它将不会静止。由此可见，任何思想的样态都不可能使一个物体运动或静止。

〔9〕然而，根据我们在自身中观察到的现象，很可能发生这种情况：现正向某方向运动的物体可以偏转向另一个方向，譬如当我伸展开自己的臂膀，就使本来不在这个方向运动的〔生命〕精气现在朝这个方向运动了††，虽然并非永远如此，而是根据〔生命〕精气的形式，这一点我们以后将要加以说明。

使生命精气这样运动的原因不是别的，只能是心灵。因为心灵是一个同它结合起来的身体的观念，以至它和这个如此构成的身体共同形成了一个整体②。

〔10〕其他的 * 或思想 * 属性的最重要的结果是事物的观念，这个观念按照它理解事物的方式或者产生爱或者产生恨等等。这个结果既然不包含任何广延，那么它也就不可能属于广延，而只能属于思想。因此，在这种方式下所发生的一切变化，其原因就绝不能在广延中找到，而只能在能思的事物中找到。譬如，我们在爱的情形中就能看到这一点，不管爱是应当压抑的，还是应当唤醒的，它总只能为观念自身所激起，正如我们早已指出的，这种情形的发生或者是由于我们知觉到了存在于对象中的某种坏的东西，或者是由于我们认识到了某种好的东西†††。

〔11〕如果这些属性〈广延和思想〉彼此相互作用，那么就会产生一个属性受制于另一个属性的一种被动性，即〔就广延方面而言〕通过我们的决定，我们就能够使运动按照我们自己所选择的方向进行。借以使一个属性受到另一个属性作用的那个过程是这样的：居于身体之内的心灵③，如我们已经指出的，完全能够促使本来朝着某个方向运动的〔生命〕精气现在朝着另一个方向运动。但既然这些〔生命〕精气也能为身体所转移，因而也就为身体所支配，所以就

〔原注1〕 两种样态：因为静止并非无。
† B 本："为其他事物的运动〔所推动〕"。
†† A 本："使本来在某个方向已经运动的生命精气现在朝这个方向运动了"。
††† B 本："或者是由于我们在所爱的对象中知觉到了某种好的东西，或者是由于我们在所恨的对象中知觉到了某种坏的东西。"

常常出现这种情形：当身体支配它们朝某个位置运动时，而心灵却支配它们向另一个位置运动，因而它们就在我们身上引起和产生一些特殊的冲突现象，这种现象有时我们感觉到了，但是却不知道它们产生的原因，因为如果不是那样产生的话，原因一般是完全可以为我们所知道的。

〔12〕再者，心灵具有转移〔生命〕精气的那种力量，其之所以能够完全被阻遏，或者是因为〔生命〕精气的运动极大地被减弱，或者是因为极大地被增强。被减弱，如当我们跑了一段很长的路程，我们就使〔生命〕精气由于这段跑给予身体比通常更多的运动量，〔生命〕精气由于耗损了这些运动量，因而就必然极大地被减弱了。这种情形亦可以在取得很少一些食物的时候出现。被增强，如当我们饮了大量的酒或者其他强烈的饮料时，不管我们因此而酣醉或微醉，我们都促使心灵失去了控制身体的任何能力。

〔13〕关于心灵给予身体的影响，在我们已经做了这许多的讨论之后，现在我们考察身体对心灵的种种影响。我们认为，这些影响之中最重要的是：身体使心灵对它有所认识，并通过它对其他物体有所认识。这是由运动和静止共同影响的结果，而不是由于任何其他的原因，因为身体只能通过运动和静止去起作用。〔14〕因此，除了运动和静止的知觉之外，任何其他进入心灵的东西是不可能由身体所引起的。因为心灵认识的第一个东西就是身体，因此心灵是如此爱它，并同它结合起来。但，如我们在前面所述，既然爱、恨和痛苦的原因必定只能在心灵中而绝不能在身体中找到（因为身体的全部活动必须通过运动和静止进行），既然我们清楚而且明晰地看到，某种爱只有当我们一旦知道某个更好的别的事物时，它才能消失，那么由这一切可以清楚地推知：**假若我们一旦认识了神，而这种认识至少是像我们认识自己的身体那样清楚，那么我们同神的结合甚至就会比我们同自己的身体的结合更为紧密**，并且仿佛超脱了身体一样。我之所以说"更加紧密"，是因为我们前面已经证明：如果没有神，我们既不能存在，亦不能被认识；其之所以这样，是因为我们知道神和必然知道神，并不是通过某些其他的东西，有如认识一切其他事物那样，而是像我们在前面所述的，只通过神自身。的确，我们知道神比知道我们自身更为清楚，因为没有神，我们完全不能知道我们自己。

〔15〕从上述一切可以容易地推断出什么是激情的主要原因。因为关于物体及其结果——运动和静止，除了它们作为对象让心灵认识之外，它们不可能通过任何其他方式激动心灵；同时根据它们呈现给心灵的现象是好或是

坏[原注1]，亦就是说，按照它们出现的情况是好或是坏，心灵也为它们所激动，但这不是就身体作为身体而言（因为如果那样的话，身体将会是激情的主要原因了），而是就身体作为对象而言，像所有对心灵进行同样作用的其他事物是作为对象呈现给心灵一样。〔16〕（然而，我并不由此就认为，由思考无形事物而引起的爱、恨和痛苦所产生的结果，会同思考有形事物所产生的那些结果一样，因为，我们以后将会看到，根据事物的本性，这些有形事物尚有其他的结果，通过对这些结果的知觉，在思考无形事物的心灵中唤醒了爱、恨和痛苦等等。）〔17〕因此，现在回到我们前面所讨论的问题，假如某些其他的事物真正是比身体更加明朗地呈示给心灵的，那么毫无疑义，身体就没有能力去产生如它现在所实际产生的这些结果。由此可见，不仅身体不是激情的主要原因，而且，即使我们认为，除了刚才所述的之外，还有某种其他的东西能够产生激情，那么我们认为，这种东西（倘若有这种东西的话）就会激动心灵如同身体现在所做的那样，既不多，也没有什么不同。因为它绝不可能是任何其他的东西，而只能是一种断然不同于心灵的对象，从而也就只能是像我们陈述过的身体那样显示自身的一种对象。〔18〕因此，我们可以真实地得出这样的结论：爱、恨、痛苦以及其他的种种激情都是在心灵之中的，是根据心灵不时对事物所具有的知识的种类，以各种不同的形式产生的；因而，如果心灵一旦认识了那个最灿烂的东西，那么这些激情之中的任何一种都不可能使心灵有丝毫的烦扰。

注　释

① 按照弗洛伊登塔尔的意见，本章应放在第十五章之后。见第十六章注释①。
② 关于这节内容可参阅《伦理学》第二部分公则三、第三部分公则二，这里以及下面两

〔原注1〕　但是，＊假若有人问道＊：为什么我们会知道这个是好的，那个是坏的呢？回答是：既然使我们认识对象的原因就是对象自身，那么不同的对象对我们的激动也就不同。凡是最和谐地（关于组成对象④的运动与静止的比例）激动我们的就是使我们最为欢欣的对象，凡是愈离开这种〔和谐的比例的，它们就愈成为〕最令人讨厌的东西。由此就产生了我们所知道的一切情感，凡是常常通过物质的对象激动我们的身体而产生情感，我们就称之为刺激。比如，一个心情忧愁的人会因为被人搔痒而大笑，或因为饮酒而微醉，等等。心灵固然对这种〔刺激〕有所认识，但并不产生这种刺激。因为由于心灵的作用而产生的欢乐是真正的欢乐，并且是属于另一种类型的。因为那时不是身体作用身体，而是理智的心灵把身体作为一个工具来使用，因此，在那种情况下，心灵愈是活动，情感就愈是完美。

章比较完整地表述了斯宾诺莎身心平行论的思想，这对于我们研究斯宾诺莎关于心物问题的思想发展过程是很有价值的。心和物在斯宾诺莎看来只是一个东西的两面，正如手心和手背是同一只手的两面，这两面虽然不能相互作用，但能同时发生变化，它们的秩序和联系是一样的。这种思想直到斯宾诺莎逝世后两个多世纪才为人所注意。关于这个问题可参阅弗洛伊登塔尔的《论斯宾诺莎身心平行论的发展》。

③ 按"居于身体之内的心灵"，两种抄本（A、B）和德译本皆为"心灵和身体"。这里根据沃尔夫英译本译出。根据上下文，这样译似乎较为妥当。

④ 德译本译为"组成我们"，可能有误。

第二十章　上述观点的证明

〔1〕关于我们在前章所论述的观点，可能会遭到下列几种诘难†：

第一，如果运动不是激情的原因，那么为什么通过某些††方法，如像常常借酒消愁那样，能消除人的痛苦呢？〔2〕对于这个问题，可以这样来回答：我们必须把心灵第一次对物体的知觉与此后心灵关于该物体对它是好是坏所做的判断这两者加以区分〔原注1〕。

既然心灵像我们刚才†††所说的，具有这样的性质，那么正如我们以前所指出的，心灵是有能力去促使生命精气按照心灵自己的意欲的方向运动的；但是，这种能力是可以离开心灵的，例如，由于其他某些一般〔来自〕身体的原因，它们的按〔运动与静止〕一定比例而构成的形式就会消失或改变；同时当心灵知觉到其自身之中的这种〔改变〕时，就引起了痛苦，这种痛苦随生命精气的改变而改变。因此，痛苦是心灵对身体的爱，以及与身体结合的结果〔原注2〕。

这一点可以很容易地从下面的事实得知：这种痛苦可以通过如下两种方式中的任何一种得到减轻，或者是通过把生命精气恢复到其原来的形式，亦即使

---

† B 本在这里预告进入下面所说的三个反驳。

†† A 本是 geene（不），但这个字被孟尼克霍夫画了十字，而用 eenige（有些或某些）来代替。

〔原注1〕　这就是说，把一般的认识与关于事物好或坏的特殊的认识区别开来。

††† A 本 nu mediate（间接地），可能是 immediate 的笔误，即"直接地（上面）"；B 本 nuonmiddelijk（直接地）。

〔原注2〕　人的痛苦是由于想到了某种灾祸正在降落到他身上而引起的，亦即由于丧失了某种幸福而引起的。当揣有这种顾虑时，〔生命〕精气聚集于心头，并借其他部分之助，一起逼迫它并把它包围了起来，此种情形刚好是同在快乐的情形里发生的相反。由此，心灵对这种压力就有所认识，并感到痛苦。那么，在这里药物和酒发生了什么作用呢？其作用就在于：它们的活动驱使〔生命〕精气离开心头，同时造成某种空隙，当心灵对这种情况有所认识时，它就得到了新的生气，这种生气就在于：灾祸的顾虑就为酒所引起的运动与静止的比例变化所驱散，从而转向其他某种理智可以在其中感到更为满足的事物，但这不是酒对心灵直接作用的结果，而是酒作用于〔生命〕精气的结果。

人从痛苦中解脱出来；或者是通过良好的理由劝告人，不必同身体做无谓的纠缠。前者是暂时的，〔痛苦〕仍容易重现；后者则是永恒的、持久的，并且是不变的。

第二个诘难可能是这样的：〔3〕当我们看到，心灵既然与身体没有任何共同之点，然而它却能使本来在某个方向运动的〔生命〕精气现在朝另一个方向运动，那么心灵为什么就不能影响一个本来毫无活力与完全静止的物体，使它开始运动起来呢[原注1]？同样，心灵为什么也不能够使本来已经运动着的别的物体去朝它所喜欢的方向运动呢？

〔4〕但是，假若我们回忆一下我们在前面关于能思的事物所讲过的东西，我们就能很容易地把这种诘难一扫而光。亦即，我们在那时曾说过，虽然自然

〔原注1〕 关于与另一个样态有着无限差别的某个样态如何去影响那个样态的问题，在这里是很容易回答的：因为它是整体的一个部分，而心灵既然没有身体就不能存在，那么身体没有心灵也不能存在（B本删去了这个注的其余部分，但在这里加了一个注：*因为*，这是清楚的……）。我们得出这个〔结论〕是因为：

1. 有一个圆满的存在①，第 X 页（页码数字在抄本中没有注明）。2. 不能存在两个实体，第 X 页。3. 任何实体都不会有某个开端，第 X 页。4. 每一个实体在其自类中是无限的，第 X 页。5. 必然存在着一个思想属性，第 X 页。6. 如果一个物体并不存在于能思的事物（这个能思的事物既先于该观念的本质又先于该观念的存在）之中，那么该物体是不可能存在于自然之中的，第 X 页。7. 因此；8. 既然没有存在的本质只能蕴涵在事物的指称中，那么本质的观念就不能被认为是某种特别的事物了。它只能出现在既有**本质**又有**存在**的情形中，否则以前并不存在的对象也存在了。譬如，当整个墙是白色的时候，那么在它上面就不会有这有那等。9. 现在，这个观念离开了所有其他的观念，单独就其自身而言的，只能仅仅是那个事物的观念，并且它也不能有那个事物的观念，而且，这样一种所考虑的观念，既然它只是一个部分，那么它就绝不会有其自身的及其对象的极为清楚而且明晰的概念，这种概念只有作为自然整体的能思的事物才能具有，因为一个部分离开其整体而考虑是不可能的等等。10. 观念和对象之间必然地存在着一种结合，因为一个离开另一个就不能存在，一个事物的观念如果在能思的事物中没有存在，那么该事物是不会存在的；同样，如果事物不存在，该事物的观念也绝不会存在；再者，观念如果不发生变化，对象也不可能发生变化，反之亦然。因此使身体与心灵相结合在这里无须引进第三者。然而，应当注意，我们在这里所讲的观念是这样的一种观念，它们是由事物的存在连同它们存在于神之中的本质所必然地产生的，而不是现在实际上显示于我们的那些事物的观念，〔或者〕由我们自己产生的那些观念。这两类观念存在着很大的差别：因为存在于神之中的观念并不像存在于我们心中的观念那样，是由某种或者几种感觉产生的，因此几乎始终只是不圆满地为它们所影响；存在于神之中的观念是由它们的存在以及它们的本质而产生的，正如它们现在所存在的那样。然而，我的观念并非你的观念，虽然它们在我们心内的产生都是由于同一种东西。

具有各种各样的属性，然而它只是一个唯一的存在，所有这些属性都是述说这个存在的。此外，我们还曾说过，能思的事物在自然中也只是唯一的，并且以与存在于自然之中的无限多的事物相一致的无限多的观念表现出来。因为，如果身体接受了这样一种样态，例如彼得的身体又接受了另外一个样态，例如保罗的身体，那么其结果是，在那个能思的事物之中就会有两个不同的观念：一个是构成彼得心灵的彼得身体的观念，另一个是构成保罗心灵的保罗〔身体〕的观念。能思的事物虽然能通过彼得的身体的观念使彼得的身体运动，但它绝不能通过保罗身体的观念使彼得的身体运动；同样，保罗的心灵虽然也能使自己的身体运动，但绝不能使其他人，例如彼得的身体运动〔原注1〕。正是因为这个缘故，它就不能使一块静止的或者不动的石头运动，因为那块石头在能思的事物中又构成了另外一个观念。因此十分清楚，完全静止的或者不动的物体③是不可能通过任何思想的样态而运动起来的，其理由如同上述。

　　第三种诘难可能是这样：〔5〕我们似乎能够清楚地看到，我们在身体之内能够产生某种遏制。因为在我们长时间地保持了自己〔生命〕精气的运动之后，我们会感觉到疲乏；因此无疑的，这种现象绝不可能是别的，而只能是由我们在〔生命〕精气中所实现的某种遏制。〔6〕然而，我们的回答是：诚然，心灵确是这种遏制的一种原因，但是，这仅仅是一种间接的原因，因为并不是它直接地促使运动停止下来，而只是通过运动着的其他物体来进行的，那些物体在那时所必然会损耗的东西与它们曾给予〔生命〕精气的东西是相等的†。所以这是完全清楚的：在自然中＊只＊有一种同种类的运动。

　　〔原注1〕　这是很清楚的，人，因为他具有某个起端，所以除了先前已存在于自然中的东西外，是不会找到任何其他属性的。同时既然他是由这样的一种身体构成的——在能思的事物之中必然有着它的观念，并且这个观念必然与身体结合在一起，那么我们可以毫无虑惧地断定，人的心灵（Soul），无非只是他的身体在能思的事物中的这种观念。因为既然这个身体有运动与静止（B本是："有运动与静止的一定尺度"）（它们具有为外界对象所决定的比例，同时这比例通常又总是为外界的对象所改变〔B本没有这后一句话〕），并且如果在观念里没有发生相应的变化，在对象里就不会发生变化。由此结果是，人具有感觉（即反思的观念［Idea reflexiva］②）（B本："人具有'反思的'观念"）。我之所以说它具有运动与静止的＊一定尺度或者＊一定比例，是因为没有这两者同时作用，身体就不会有任何活动。

　　†　B本："回答是：诚然心灵是这种静止的原因，但它不是直接实现的，而只是通过其他的物体而实现的，其他物体给予运动着的〔生命〕精气的静止恰恰等于这些物体从〔生命〕精气那里所得到的运动。"

注　释

① 此句德译本误译为"没有一个圆满的存在"。
② 这里反思的观念（即自我意识）可能是传抄者或翻译者弄错了地方放在这里的，致使感觉等同于反思的观念。斯宾诺莎原意可能是想从解释感觉到解释反思的观念。正如他在本书附录二里最后一节（〔17〕）中所说的："从感觉如何产生一个反思的观念，或关于我们自身的知识、经验和推理。"
③ 此处"物体"英译本为"石头"，现从德译本。

第二十一章　论理性[①]

〔1〕现在我们必须去研究，为什么有时我们虽然知道了某桩事情或好或坏，但我们在自己心里却仍然找不到从事那桩好的事情或者避免做那桩坏事情的力量，然而有时候我们却确实〔在自己心中找到了这种力量〕。〔2〕关于这一点，只要考虑一下我们曾归之于意见的原因，那就会很容易理解。关于意见，我们曾经陈述过，它是一切情绪的原因。而产生意见的原因，我们曾说过，它或者是由于传闻或者是由于经验。既然在我们自身之中所感觉到的一切比从外界得到的对我们具有更大的力量，那么由此必然推知，理性能够消除我们仅仅从传闻而得来的那些意见[原注1]的原因，（其之所以如此，是因为理性并不 ＊像那些意见那样＊ 是从外界进入我们内心的），但绝不是消除我们从经验而得来的那些意见的原因。〔3〕因为事物自身〔直接〕给予我们的力量始终比我们通过另一事物〔间接〕获得的力量来得大。在讲到关于推理和清晰的知识时，在第 67 页，我们曾指出过这个区别，并且举了三数法则作为例证。因为根据我们对比例[†]自身的理解可得到的力量总是比根据对比例的规则的理解所得到的要来得大。其原因就在于如我们经常所说的，某种爱可以被另一种更为有力的爱所消灭，因为我们所说的这个爱，绝不是指欲望，欲望 ＊并不像爱那样是由真知识

〔原注1〕 我们在这里是使用"意见"这个名词，还是使用"激情"这个名词，这完全没有关系；因此，为什么我们不能凭借理性来克服那些通过经验而得到的东西，其理由是十分明白的，因为这些东西只能是一种我们认为是好的东西的享有或者是与这些好的东西直接相结合的，而理性，它只教导我们什么是更好的东西，但并不使我们去享有它。我们在心中所享有的东西，它绝不能为我们所不享有的、在我们之外的、诸如理性教导我们的那些东西所克服。但是如果这些东西必须克服，那么就一定要有某种更为有力的东西，在这种场合之下，我们将会享有某种被认为是比先前所享有的那个更好的东西，或者我们将直接跟这种更好的东西相结合，只要存在这种东西，克服是必定能成功的。固然，或者 ＊这种克服＊ 也可以通过享有某种恶的东西所得到，只要这种恶的东西被认为是大于所已经享有的善，是直接从善而来的。然而，经验告诉我们，这种恶并不始终是必然这样来的。因为见第 78、118 页等。

[†] A 本和 B 本均为"规则"。

所产生的＊，而是由推理所造成的。

注　释

① 按照弗洛伊登塔尔的意见，从本章开始一直到第二十六章，是以后编入《简论》中的，《简论》原来应该以第十八章作为结束。至于为什么后来斯宾诺莎要增补这六章，弗洛伊登塔尔认为，这可能是由于斯宾诺莎后来感到应当表明理性和理智（直观知识，也即斯宾诺莎认为最高的知识）的区别。本章所阐明的见解在《伦理学》第四部分命题九至十七里得到了更进一步发展。

第二十二章 论真知识、再生等

133 〔1〕既然理性没有能力引导我们达到我们的幸福，那么我们仍须探究能否通过第四种知识，即最后的一种知识去达到我们的幸福。我们曾经说过，这种知识不能由任何其他原因产生，而只能从对象自身向理智直接的启示中产生。如果这个对象是庄严和高尚的，那么，正如我们在关于我们身体所曾说的那样，心灵就必然会与那个对象结合起来。〔2〕由此显然可见：这种知识就是唤起爱的知识。所以，当我们在这种方式之下认识神时，那么（因为它向我们启示的以及使我们认识的，只能是最庄严和最美好的东西）我们就必然会与它结合起来。同时也正如我们所曾指出的，仅仅在这种 *结合* 之中，才是我们的福祉所在。

我现在并不是说，我们必定认识神有如它本来那样真实，*或者那样正确*，因为为了要和它结合，我们在一定程度上认识它就足够了，因为即使我们具有关于身体的知识，并不见得就使我们认识身体有如身体本来那样真实或完善，然而，我们与身体的结合是何等紧密，对身体的爱是何等强烈啊！

〔3〕第四〔种〕知识，即神的知识，绝不是凭借某种其他事物所产生的，而只能是一种直接的知识，这在我们前面的证明中已十分明白，〔即〕神是一切知识的原因，这个原因只能通过其自身而不凭借任何他物被认识。并且亦因为

134 我们按本性是这样与神结合的，即没有它，我们就既不能存在也不能被认识。正因为神与我们之间有着这样一种紧密的结合，所以，很明显：除了直接地认识神之外，别无他法。

〔4〕现在，我们试图说明这种结合，即我们通过本性和爱所获得的与神的这种结合。

我们前面已经说过，在自然之中，绝不会有在心灵里不存在其观念的任何事物[原注1]。根据事物圆满程度的或多或少，观念与事物或与神自身的结合和影

[原注1] 这里也就解释了我们在第一部分里所说过的观点，即，无限的理智必定永恒地存在于自然之中，而且把它称为神之子。因为作为永恒存在的神，他的观念必定也存在于能思的事物之中，亦即 *永恒地* 存在于自身之中，这个观念**客观地**与他自身相符合。参阅第 57 页。

响也就或多圆满或少圆满。〔5〕因为整个自然无非只是一个唯一的实体，该实体的本质是无限的，万物通过自然而结合起来，并且结合成一个〔存在〕，即神。既然因为身体是我们心灵所认识的最初的事物（因为，如我们在上面早已指出的，在自然之中绝不会存在任何在能思的事物里不存在其观念的事物，而这个观念就是那个事物的心灵），因此事物必然是观念的第一个原因[原注1]。

但是，因为这种观念如果不具有那种没有他物体与观念就既不能存在也不能被理解的东西的知识〈即神的知识〉，它就绝不会在身体的知识中安宁，所以这个观念（在最初获得了这种知识）就会通过爱直接地与这种知识〈即神的知识〉达到统一。〔6〕这种统一是可以较好地为我们所理解的，同时从观念对身体的作用中，我们亦可以推知，它必定是什么。因为在这种作用里，我们看到一切结果是如何通过有形事物的知识以及与有形事物相关的情感而在我们心中产生的，而这些结果在我们身体之中都始终通过〔生命〕精气的运动才会被我们所认识。所以，一当我们的知识与爱皈依到那种没有它我们就既不能存在亦不能被理解并且绝不是有形事物的东西〈即神〉时，那么，由这种统一而产生的效果肯定将会是而且必定是更为无比的伟大和庄严，因为这些效果必然是同那个我们与之达到统一的东西〈即神〉相应的。

〔7〕如果我们体验到这些*卓越的*效果，我们才真正可以说："我们是再生了。"因为，我们的第一次诞生是在我们与身体相结合的时候，从身体中产生了〔生命〕精气的活动和运动。但是，当我们在内心里体验到那些完全不同的爱的效果，即那些与这种无形对象的知识相应的效果时，我们就获得了另一次或者第二次生命，正如有形事物不同于无形事物，精神不同于肉体一样，第二次生命完全不同于第一次生命。所以这才完全可以更为恰当地和真正地被称为再生。因为，正如我们即将加以证明的，只有从这种爱与结合中才会产生出永恒的、不变的存在。

〔原注1〕 亦即，作为身体之观念的我们的心灵，是从身体获得它的最初的存在的，但是（A 本是"for"〔因为〕，B 本是"but"〔但是〕）它只是身体的全部或部分在能思的事物中的一个表象。

第二十三章　论心灵的不朽[1]

〔1〕只要我们稍微注意地考虑一下心灵是什么，其绵延和变化从何而来，那么我们就不难知道心灵是要死的还是不朽的。

既然我们已经说过，心灵是存在于能思的事物之中的一个观念，是从存在于自然之中的事物的实在性中产生的，那么由此推知，依据事物的绵延和变化，心灵也就必然随之而绵延和变化。同时，我们曾指出，心灵或者能与那个它是其观念的身体相结合，或者能与神——没有它，心灵既不能存在亦不能被理解——相结合。

〔2〕因此，很容易看到：(1) 如果心灵仅仅与身体相结合，那么，那个身体死灭了，心灵也就必然死灭，因为当心灵失去了作为它的爱的基础——身体时，那么它就会随同身体而一起死亡。但是，(2) 如果心灵与某种现在是并且永远是不变的东西相结合，那么正好相反，心灵亦必定会同样是不变的、*持久的*。因为，在那种情形里，将通过什么才能消灭心灵呢？[†]绝不会是心灵自身，因为正如当它尚未存在之时，它不能通过其自身开始存在一样，当现在它已经存在，它亦不能*通过其自身而*改变或死亡。因此，那个作为心灵**存在**的唯一原因的东西〈即神〉，也必定是（当心灵应当死灭的时候）心灵**不存在**的原因，因为它会使自己发生变化或死亡。

注　释

① 关于斯宾诺莎的"心灵不朽论"，可参阅《形而上学思想》第二篇第十二章，《伦理学》第五部分命题二十一至二十三、三十三以下及三十八以下。我们应予以指出的是，

[†] B本最后这一段是这样："因为那个是事物存在唯一原因的东西，当事物应当死亡时，也必定是事物不存在的原因，这只因为它本身在变化或死亡；或者那个它是其原因的事物必定能消灭自身；但是正如事物当它尚未存在之时，它不能通过其自身开始存在一样，当现在它已经存在，它亦不能通过其自身而改变或死亡。"

斯宾诺莎的所谓心灵不朽、永恒与宗教上的"灵魂不死"是有区别的。他在《伦理学》第五部分命题三十四附释里明确指出，他关于心灵永恒性是同那些主张灵魂不死的人的意见不同的："如果我们试看一看人们的共同意见，我们就可以看到，他们也诚然意识到他们的心灵的永恒性，不过他们将永恒与绵延混为一谈，而将永恒性归结为想象或记忆。这些东西，他们相信可以于死后还保存着。"可见他所谓心灵不朽并不是指灵魂死后还继续、绵延、轮回。斯宾诺莎的心灵永恒性主要是指观念（心灵无非是观念组成的）、知识的永恒，人通过他所谓的第三种知识和神（自然）达到统一，从而进入一种最高的理智境界，此即心灵之永恒所在。

第二十四章　论神对人的爱

〔1〕至此，我们相信已经充分地阐明了何为我们对神的爱，以及这种爱的效果，即我们自己的永恒的绵延。所以我们认为，在这里已没有必要再去谈论其他的诸如神的欢乐、心灵的安宁等这样一类的事情了。因为从已经做出的论述中我们可以很容易地看到，关于它们说些什么，或者应该说些什么。〔2〕所以，（因为我们至今所论述的仅仅是我们对神的爱）我们还必须考察是否亦存在着神对我们的爱，亦就是说，当人们爱神时，神是否也爱人们。

首先，我们已经说过，除了那些存在于被创造物中的思想样态外，没有任何思想样态能够归之于神。所以我们不能说神爱人类，而且更不〔能说〕，因为人们爱神，所以神应当爱人们，或者，因为人们恨神，所以神应当恨人们。因为假若如此的话，我们就应当假定人们这样做是出于他们自己的自由意志，而不是依赖于一个第一因，而这种说法，我们早已证明过是错误的。此外，这种说法也无非给予神一种极大的变异性，因为神先前没有爱过，也没有恨过，现在他却要开始去爱去恨，而且是为某个假设在它之外的事物所 * 推动 * 促使它这样做的，但这是荒谬绝伦的。

〔3〕但是，当我们说神不爱人时，并不意味着神（比方说）离弃人，独自而行，而只是说，既然人和一切存在的事物是这样共同存在于神之中的，†而神又是由所有这些事物所构成的，所以真正说来，神就不可能有对其他事物的真正的爱，因为万物仅仅构成一个唯一的东西，这个东西就是神自身。

〔4〕由此也可推知：神并没有给予人类那种当人类遵循了它们时就会给予的酬答，*〔当人类违背了它们时就会遭到惩罚〕* 的法则，或者说得更清楚一些，神的法则按其本性就是不能被违背的。因为神在自然中所确立的，万物赖以产生和继续存在的规则——如果我们要称这些规则为法则的话——是绝不能

---

† B本下面还有"而神只是由这些事物所构成，因此我们必须设想，更恰当地说……"。

被违背的。譬如，弱者必须向强者退让†〔的法则〕；任何原因皆不能产生出比它自身所有的更多的东西，以及其他具有这样一类性质的法则：它们永不变化，从不有个开端，万物都要屈从或从属于它们。〔5〕简言之：一切不能被违背的法则皆是神的法则，其理由〔是〕：因为一切发生的事情不能违背，而只能遵循神自身的决定。一切能够被违背的法则则是人的法则，其理由〔是〕：因为人们为了其自身的幸福所决定的一切并不必然地引导到整个自然的幸福，而正相反，可能导致许多其他事物的毁灭①。

〔6〕当自然的法则更强有力时，人的法则就被摧毁了。神的法则本身就是其自身存在的最终目的，而不是从属的。而人的〔法则〕则不然††。诚然†††，人们制订法则是为了其自身的幸福，并且除了增进他们自身的幸福外，并无其他的目的。但是，他们的这种目的（就此目的从属于其他目的而言，这些其他目的是为了另一个超越于人们之上的存在，这个存在使人们作为自然的部分而这样行动）也可以服务于那个同神确定的永恒††††法则相一致的目的，因而有助于同所有其他的目的一起去实现一切。譬如，蜜蜂在其全部劳动中，以及在它们彼此之间所坚守的严格纪律中，除了给自己准备一些过冬的食物外，别无其他目的，但是比蜜蜂优越的人在饲养它们的时候，却是为了另一个完全不同的目的，即为自己取得蜂蜜。同样，就人是一个个别事物而言，除了实现其有限的本质外，并不追求更远的目的；但是，就人是整个自然的一个部分和工具而言，人的这个目的就不能是自然的最终目的，因为自然是无限的，而且必须把人和一切其他事物作为它的工具来使用。

〔7〕至此，〔我们所讲的〕是关于神所制定的法则。现在还应当注意，人在其自身上还觉察到两条法则†††††，这里的人是指很好地运用其理智并达到神的知识的人。至于这〔两条法则〕的原因，一个是人同神的一体，另一个是人同自然的样态的一体。〔8〕在这两条法则中，第一条是必然的，第二条不是必然的。因为就由人同神的一体而来的法则而言，人永远不能是别样，而只能永

---

† A本："向最强者退让"。

†† B本："神的法则本身就是其自身存在的最终目的，而不是从属的；但人的法则却不是这样，因为当神的法则强于人的法则时，人的法则就被消灭了。"

††† A本是"因为"，B本是"诚然"。

†††† B本是："没有开端的"。

††††† B本接下来是："1. 在正确运用其理智并达到神的知识的人那里，这些法则是从人同神一体而产生的；2. 那些从人同自然的样态一体而产生的法则。"

141 远和神结合在一起，所以在人眼前现在有而且必定永远有这样一条法则，按照这条法则，他们必须为神生活，和神一起生活。但是，就由人同样态的一体而来的法则而言，既然人与其他的人能够分离开来，那么这条法则就不是同样必然的。

〔9〕既然我们在神和人之间假定了这样一种"一体"，人们就可以正当地问：神怎样能够使它自己为人所认识呢？通过讲述的语言，或者直接*通过神自身*而不用任何其他的东西，这样一种认识是否能够产生呢？②

〔10〕对此，我们回答道†：通过语言是绝对不可能的。因为如果是可能的，那么人在这些话说给他听之前，就必须先知道这些话的意义。譬如，如果神对以色列人说"我是你们的神耶和华"，那么，以色列人在他们确信它是耶和华之前，就必须先于这句话知道它是神††。因为他们当时完全知道声音、雷鸣和闪电都不是神，尽管声音宣称它是神。我们在这里对语言所说的这些话，我们认为也同样适合于所有外在的名号。

因此，我们认为，神是不可能通过外在的名号让人们认识他自身的†††。

〔11〕我们认为，对神的认识要求通过任何一种不同于神的本质和人的理智142 的东西是不必要的，因为，既然在我们身上必定认识神的东西就是理智，而且这种理智是这样直接地同神结合在一起的，以至没有神，理智就既不能存在也不能被理解，所以，无疑可以推知，除了神自身之外，没有任何东西能够如此紧密地和理智融合在一起。〔12〕人们通过其他东西认识神也是不可能的：1. 因为如果那样的话，那个东西就应当比神自身更为我们所熟知，而这显然是违背我们迄今为止所清楚证明过的论点的，即：神是我们的知识和一切本质的原因，没有神，个别事物不仅不能存在，而且也不能被理解。2. 因为我们永不能通过任何一种其本质必然是有限的（即使它是为我们所熟知的）事物达到对神的认识，我们如何能从一个*有限的和*有限制的事物中推演出一个无限的和无限制的事物来呢？〔13〕因为，即使我们在自然中观察到某些其原因并不为我们所知道的产物和作品，我们也仍然不能由此得出结论说：为了产生这个结果，在自然中就必定存在一个无限的和无限制的事物。因为我们如何能知道，

---

† B本是："对此我们回答是，这种事情是绝不会通过语言发生的，因为，如果那样，人们在与语言的外在交往之前就已经知道其意义。"

†† A本：dat hy God was（它是神）；B本：dat God was（神存在）。

††† B本接下来是："因此，这种自我显示必定只通过神的本质和人的理智而实现。"

产生这个结果是许多原因共同作用的呢,还是只有一个原因呢?谁能告诉我们呢?

因此,我们最终的结论是:神为了使我们认识自己,既不能使用和不需要使用语言,也不能使用和不需要使用奇迹或者任何其他被创造物,而仅仅是〈通过〉神自身。

注　释

① 这段内容可参阅斯宾诺莎的《神学政治论》第四章、第十六章和第十七章。
② 参阅《神学政治论》第一章、第六章和第十三章。

第二十五章　论魔鬼

〔1〕关于魔鬼是否存在，现在我们将简略地论述一下，这就是：

如果魔鬼是一个同神完全相反的、与神毫无共同之处的东西，那么它就和虚无完全等同。关于虚无，我们前面已有所论述。

〔2〕如果我们接受某些人的这样一种看法：魔鬼是某种能思维的东西，它既不愿意又绝不做任何好的事情，从而把自己置于与神完全相反的地位，那么魔鬼确实是极其可怜了，如果祷告能有所帮助，人们应当为魔鬼的皈依（conversion）而祷告。

〔3〕但是，我们要考察一下，一个如此可怜的东西能否有哪怕一刹那的存在。如果我们这样考察的话，我们将立即发现，这是不可能的，因为事物的全部绵延皆来自事物自身的圆满性，而且，事物自身所具有的本质和神性愈多，它也就存在得愈久。现在既然魔鬼自身毫无任何圆满性，那么它又如何能存在呢？再者，一个能思的事物的样态的存在或绵延只能来自该样态通过爱而产生的同神的结合，而在魔鬼身上所假设的是完全和这种结合相反的东西，因此魔鬼是不可能存在的†。

〔4〕既然丝毫没有承认魔鬼存在的必然性，那么人们还有什么理由要去承认它们呢？因为我们并不必像某些人那样认为，只有承认魔鬼，才能〔从中〕找到恨、嫉妒、愤怒以及诸如此类的激情的原因，因为我们已经完全找到了这些原因，而根本不需要任何这类的虚构①。

注　释

① 本章内容可参阅《神学政治论》第二章。正如沃尔夫在"《简论》的历史"中所说的，这一章在寻找《神、人及其幸福简论》的过程中起了很大作用。但本章内容在斯宾诺

† A本："不存在的"。

莎的体系中并不是很重要，而且有些观点与《伦理学》中的观点不同。例如事物的绵延在这里说是来自事物自身的本质和圆满性，而在《伦理学》第二部分命题三十中主张"我们身体的绵延并不依赖其本质……而是依赖于自然的共同秩序和事物的客观结构"。

第二十六章　论真正的自由

〔1〕在前面的论述里†，我们不仅想使人认识到魔鬼是不存在的，而且也想使人知道，妨碍我们达到自身的圆满性的原因〔或者更确切地说，我们称为**罪孽**（Sins）的东西〕是存在于我们自身之内的。〔2〕前面我们也已经指出，我们应当如何和以什么方式通过理性††及第四种知识达到我们的幸福，以及 *坏的，应当消灭的* 激情是应当如何被消灭的。这并不是像通常所说的，即：这些〔激情〕在我们能够达到对神的认识，因而能够导致对神的爱之前就应先被制服。这种说法就如同去要求一个一无所知的人，在他能够获得知识之前应当先放弃其无知一样†††。但〔真理〕却是这样：唯有知识才是消灭无知的原因——这从我们已经说过的一切来看是很明显的。同样，从上述也可以清楚地推知：没有美德，或者更确切地说，没有理智的指导，一切都趋于毁灭，所以我们不能享受任何安宁，我们仿佛生活在我们的环境之外。〔3〕即使理智从认识的能力和神的爱中所得到的不是一种永恒的安宁（像我们已经指出的），而仅仅是一种短暂的安宁，然而，追求这种安宁仍是我们的天职，因为这种安宁也具有这样一种性质：一旦我们享受了它，我们就不愿拿它同尘世上的任何其他东西交换①。

〔4〕既然如此，我们就可以有理由说，许多被称颂为伟大神学家的话是十分荒谬的，他们说：如果从神的爱那里不能得到任何永恒的生命††††，则他们就会寻求他们最好的东西，好像他们能够找到比神更好的东西似的！这就像一条鱼（鱼当然是不能离开水而生存的）说"如果在水里生活并不能得到永恒的生命，我就要跳出水面到陆地上去了"一样的愚蠢。那些不认识神的人还能告

---

† B本："在前一章的论述里"。

†† B本没有"通过理性"这四个字。

††† B本接下来是："但是正如只有知识才能消灭无知一样（这从我们已经说过的一切来看是很明显的），所以它同样可以从上述清楚推知……"

†††† B本下一句是这样："则人们就会寻欢作乐，享受人间荣华富贵，好像……"

诉我们些什么呢？

〔5〕如是，我们看到，为了从我们关于自己的幸福和自己的安宁的论断中把握住真理，我们所需要的只是这样一个原则：追求我们自身的利益，这对一切事物来说，都是极其自然的†。既然经验告诉我们，当我们追求感官享受、肉体快乐以及尘世里的种种事物时，我们从中所得到的并不是我们的幸福，而只是我们的毁灭，那么我们就听从我们的理智的指导。但是，如果我们首先没有达到神的知识和对神的爱，那么这一指导就不会使我们有所进步。因此，寻求这个（神）是绝对必需的。既然（经过前面的反省和考察后）我们已经发现神是万善之中的至善，我们就不得不在这里止步和歇息。因为我们已经看到，除神之外，没有任何东西给予我们幸福。而同神之爱的爱链联结起来的存在和继续存在，就是真正的自由②。

〔6〕最后，我们也看到，我们由推理而得到的认识并不是根本的③，而仅仅犹如一个阶梯，由此阶梯我们攀登到自己理想的目的地；或者犹如一个既无错误又不欺骗的善良的精灵，它向我们宣告这至善，以便激发我们去追求这至善并和它结合，而这种结合才是我们最高的拯救和福祉。

〔7〕在结束这篇论文之前，我们还需要扼要地指出何为人的自由，这种自由究竟在于何处。为此，我将使用如下的命题作为确实的业已证明的前提：

1. 一个事物具有的本质愈多，其具有的主动性也就愈多，而被动性也就愈少。因为这是确实的：主动的事物由于其所有的东西而主动，被动的事物由于其所没有的东西而被动④。

2. 一切被动性，不论它是从不存在到存在，或是从存在到不存在，都必定来自某个外在的主动者，而不是来自一个内在的主动者。因为就事物自身而言，没有任何事物当其存在时就会自身具有一个能使自己毁灭的原因，或者当其不存在时就会自身具有一个能使自己产生的原因⑤。

3. 凡不是由外因引起的东西和这些外因就没有任何共同点，因此就不能为这些原因所改变和改造。

由最后两个〔命题〕，我引出下面这第四个命题：

4. 一个固有因或内在因（这对于我来说是完全一样的）的任何结果，只要它的这个原因还存在，它就不会消失或改变。因为正如这样的一个结果是不能

---

† B本没有这一句。

为外因所产生的，所以根据第三个命题，它亦不能〔为外因〕所改变；并且，既然事物除了为外因所消灭外，不能为任何其他东西所消灭，则根据第二个命题，只要其原因存在，此结果亦就不会消失。

147

5. 最自由的最为神所喜爱的原因是固有因。因为由固有因所产生的结果是这样依赖于固有因，以至没有此原因，这结果就既不能存在，也不能被理解，而且它也不受制于任何其他的原因。此外，它与此原因彼此结合，共同构成一整体。

〔8〕现在我们看看从上述这些命题应当得出哪些结论：

1. 既然神的本质是无限的，那么神就具有一种无限的主动性和一种对被动性的无限的否定（根据第一个命题）。因此，事物通过其本质与神结合得愈多，则它们所具有的主动性就会愈多，而被动性就会愈少，〔它们〕也就会更免于变化和腐朽。

2. 真理智是永不会消失的。因为根据第二个命题，真理智自身不可能具有任何消灭自身的原因。既然它不是由外因而是由神所产生的，那么根据第三个命题，它就不会受到来自外因方面的任何变化。再者，既然神是直接产生真理智的，而神是一个唯一的†内在因，所以根据第四个命题，必然推知：只要真理智的这个原因仍然存在，真理智亦就不会消失，而它的这个原因是永恒的，所以真理智也就是永恒的。

3. 所有和∗真∗理智结合在一起的∗真∗理智的结果是一切结果之中最卓越的，其价值必在所有其他结果之上。因为，既然真理智的结果是内在的结果，那么根据第五个命题，它们就是一切结果中最卓越的，此外，它们也必然是永恒的，因为它们的原因是永恒的。

4. 我们在自身之外所产生的一切结果，越是能和我们结合在一起，共同形成同一个本性，则它们也就越是圆满。因为它们在这样的方式下最接近于内在

148

的结果。譬如，如果我教会我的邻人去爱逸乐、荣誉和吝啬，那么，不管我自己是否喜爱它们，我是应当受到惩罚的，这是很清楚的。但是如果我们试图达到的唯一的目的，是希望能够尝到和神相结合的乐趣，是在我身上产生真观念，是和我的邻人共享这些东西，那么情况就不复如此了。因为我们大家都能平等地分享这一幸福，这就如同下面情况一样：幸福在他们††身上激起了和我同样的

---

† A 本："不是唯一的"。

†† A 本是"他"。

欲望，因而使他们的愿望和我的打成一片，形成同一个永远赞同一切的本性†⑥。

〔9〕上述种种，就可以使我们极其容易地理解何为人的自由了〔原注1〕。我把人的自由界说为：它是我们的理智通过与神直接的结合而获得的一种稳定的存在，所以它就能在自身之内产生观念，在自身之外产生同它的本性完全一致的结果，而它的结果并不屈从于任何能被它们改变或转换的外在的原因。根据以上所述，我们同时也明显地看到，何为属于我们能力之内的而不屈从于任何外因的事物；同样，我们在这里以一种不同于前面〈论证〉的方式证明了我们理智的永恒而持久的绵延，以及最后，应当被我们评价为高于一切其他结果的那些结果究竟是什么。

〔10〕所以††，在结束这一切之前，我还要向那些我为之而写的朋友们说†††：不要为这些新事物感到惊讶，因为你们完全知道，事物并不因为它没有为许多人所接受就不是真的。并且你们也不会不知道我们生活的时代的特征，因此我极其真诚地恳求你们，把这些观点告诉他人时，务必要十分谨慎。我的意思并不是说，你们对这些观点应该严守秘密，而只是说，当你们要告知某人时，除了为你们的邻人的幸福外，你们就不应有任何其他的动机。同时他也会

---

† 上述三节，B本是这样：

2. 因为（根据命题Ⅱ）事物不能是其自身毁灭的原因，如果它不是任何外在的原因的结果，那么（根据命题Ⅲ）它也不能为外在的原因所改变。但是（根据命题Ⅳ），只要这个内在的原因继续存在，内在原因的结果则既不能消灭也不能改变；由此推知，真理智既然不是由外在的原因所产生的，而是直接由神产生的，那么由于这个原因，它是永恒的不变的，既不能消灭也不能改变，而必然是永恒的和持久的。

3. 因为固有因的内在结果（根据命题Ⅴ）是一切结果中最卓越的，所以，所有与真理智相结合的真理智的结果也必是一切其他结果中价值最高的，必然与其原因一样是永恒的，由此推知：

4. 我们在我们之外产生的结果愈圆满，它们就愈能同我们相结合，以至与我们构成一个本性。因此当我通过我和神的结合，设想真观念，并让这些真观念使我的邻人知道时，那么我的邻人就与我同样分享了这种快乐，他们也产生了和我一样的欲望，他们的愿望和我的愿望变为一个，从而我们构成了同一个赞同一切的本性。

〔原注1〕 隶役于事物就在于屈从于外在的原因，反之，自由则在于不屈从于外在的原因，而是摆脱了外在的原因。

†† 在这一节的页边，A本有这样一个附注："这是作者对那些人的期望，作者曾经应他们的请求，向他们口授了这篇论文，所以以此为结束语。"

††† B本下面是："他们不要为［他们在这里可能发现的］新事物感到惊讶，因为事物并不因为没有为许多人所接受就不再是真的。"

使你们深信，你们的劳动将不会没有酬答†。最后，如果你们在通读全书时，对我认为确实不疑的观点遇有疑难时，我请求你们，在长久沉思和反复思索之前，不要急于去驳斥它。如果你们这样做了，我可以担保，你们将会在这棵树上享受到你们所期待的硕果††。

ΤΕΛΟΣ

全书完

注　释

① 关于斯宾诺莎追求的这种心灵的安宁和满足，可参阅《伦理学》第五部分命题二十七至四十二。

② 斯宾诺莎在《伦理学》第五部分命题三十六的附释里写道："据此我们可以明白了解我们的得救、幸福或自由何在了，即在于对神之持久的永恒的爱，或在于神对人类的爱。而这种爱或幸福，《圣经》上叫作'光荣'并不是没有理由的。因为无论这爱是出于神或基于心灵都可以切当地叫作精神的满足，而精神的满足其实与光荣并无区别。"

③ 此句英、德译本均译为"推理在我们这里并不是根本的东西"。现此句根据法译本译出。

④ 斯宾诺莎在《伦理学》第五部分命题四十里写道："一物具有圆满性愈多，那它就愈是主动，愈少被动；反之，一物愈能主动，那它就愈是圆满。"

⑤ 斯宾诺莎在《伦理学》第三部分命题四里写道："一物如果没有外因，是不能被消灭的……因为任何事物的界说都肯定该物的本质而不否定该物的本质……所以只要我们单注意一物的本身，而不涉及它的外因，我们将绝不能在其中发现有可以消灭其自身的东西。"

⑥ 关于斯宾诺莎的"最高的善是人人共同的，而且是人人皆可同等享有的"伦理思想，可参阅《伦理学》第四部分命题三十一至三十七。

---

† B本："同时可以放心，你们的劳动的酬答将不会使你们失望。"

†† B本："期待的目的"。

附 录

一　*论神*①

公　理

1. 实体按其本性是先于实体的一切分殊（modifications）。
2. 各种不同的事物或者是**实在的**（realiter）不同，或者是**样态的**（modaliter）不同②。
3. **实在的**不同的事物或者具有不同的属性，像思想和广延，或者属于不同的属性，像理智和运动。理智属于思想，而运动则属于广延。
4. 凡具有不同属性的事物，正如那些属于不同属性的事物一样，彼此不能相互具有任何东西。
5. 凡自身不具有另一事物的任何东西的事物，也就不能成为那个事物存在的原因。
6. 凡是其自身原因的东西不能限制其自身。
7. 那种借以保存事物的东西按其本性是先于†这些事物的。

命题一

同一种属性既然属于某实体，它就不能属于其他存在着的实体；或者（这是一样的）在自然中，不能有两个实体，除非它们有着**实在的**区别††。

证　明

如果有两个实体，那么它们必有区别，从而（根据公理2）†††它们或者是**实在的**不同，或者是**样态的**不同。但不能是**样态的**不同，因为如果是样态的不同，那么样态按其本性将先于实体，这是违背第一个公理的，因此只能是**实在的**不同。所以述说给一个实体的东西就不能述说给另一个实体。此证。

---

† A本："首先（先于）"；B本："先于"。
†† B本："……在自然中不能肯定两个实体具有同一种性质"。
††† 所引公理和命题，A本放在页边，B本却插入正文中。

命题二

一个实体不能是另一个实体存在的原因。

证　明

作为原因的实体自身不能包含作为结果的任何东西（命题一）；因为它们之间的区别是实在的区别，所以一个实体不能（公理5）产生另一个实体†。

命题三

每一种属性或实体††按其本性是无限的，在其自类中是绝对圆满的。

证　明

一个实体不能为另一个实体所产生（命题二），因此当实体存在着的时候，它或者是神的一种属性，或者就是在神之外的它自身的原因。如果是前者，则它必然是无限的，在其自类中是绝对圆满的，像所有神的其他属性一样。如果是后者，则它也必然是如此，因为（公理6）它不能限制它自身。

命题四

每一实体，按其本性，存在属于其本质†††，因此不可能在无限的理智中有一个实体的本质的观念，而这个实体在自然中是不存在的。

---

†　A本："所以它就不能产生出它（存在）。"
††　A本："所有属性或实体"；B本："所有实体或实体的属性"。
†††　A本："属于实体的任何本质"；B本："属于实体的本质"。

证　明

一个对象的真实本质†是一种同该对象的观念有着**实在的**区别的东西。这种东西（公理3）或者是**实在**存在着的，或者是包含在**实在**存在着的某个其他事物之中的，但这种本质同这个其他事物是不能有**实在的**区别的，而只能有**样态的**区别。这样，我们所看到的事物的全部本质††在它们存在以前就已经包含在广延、运动和静止之中了，而当它们存在的时候，它们同广延就没有**实在的**区别，而只有**样态的**区别。而且，假设一个实体的本质†††是这样包含在某个其他事物之中的，那么就会包含自相矛盾。因为首先，在那种情况下，它〈实体〉就不可能同那个事物有**实在的**区别了，而这是同命题一相违背的。其次，在那种情况下，它将会是由包含它的主体所产生的，这又同命题二相违背。最后，它按其本性就不会是无限的，在其自类中是绝对圆满的，这又同命题三相违背。因此，既然它的本质并不包含在任何其他的事物之中，所以它就必然是通过其自身而存在的事物。

绎　理

自然是通过其自身，而不是通过任何其他事物而被认识的。它是由无限多属性所构成的，其中每一属性在其自类中皆是无限的和圆满的。存在属于它的本质，所以在它之外不存在任何其他的本质或存在。因而它同唯一伟大的神圣的神的本质是完全一致的。

注　释

① 这篇附录是用几何学方式证明本书第一部分第二章前一半所阐明的原理。据英译者沃尔夫的意见，这篇附录可能就是1661年斯宾诺莎用几何学方式撰写的一篇论文（这篇论文在斯宾诺莎致奥尔登堡的信中曾提到过）的初稿。
② 关于实在的不同和样态的不同，见本书第二部分第十五章注释②。

---

† B本："观念的对象的真实本质"。
†† B本："本质或事物"。
††† A本和B本皆是："实体的一个本质"。

二　＊论人的心灵＊

〔1〕既然人是一种被创造的有限事物，等等，所以，人所具有的思想方面的东西和我们称为心灵的东西必然是一种我们称为思想的这种属性的样态†，除了这种样态之外，别无其他任何东西属于人的本质。因此，如果这种样态被消灭了，则心灵也就被消灭。虽然上述〈思想的这种〉属性仍然保持不变。
〔2〕同样，††人所具有的广延方面的东西和我们称为身体的东西无非只是一种我们称为广延的这另一种属性的样态；如果这种样态被消灭了，那么人的身体也就不再存在了，虽然广延的这种属性仍然保持不变。

〔3〕为了理解何为我们称为心灵的这种样态，它如何起源于身体，以及它的变化如何（仅仅）依赖于身体（在我看来，这就构成了心灵和身体的结合），我们必须注意：

1. 我们称为思想的这种属性的最直接的样态是**客观地**包含着一切事物的形式本质的；所以，如果有人假定某种实在的事物①，其本质并不**客观地**存在于上述的属性之中，则这种属性就不会是无限的，在其自类中也不会是绝对圆满的，这是和命题三所已经证明的观点相矛盾的。〔4〕既然，自然或神是一个被断定为具有无限多属性的存在，其自身包含被创造物的一切本质，所以，在思想中就必然会产生一个关于所有这些本质的无限观念†††②，这个无限观念**客观地**包含着整个自然，正如自然**实在地**（realiter）存在于自身中一样。

〔5〕2. 应当注意，所有其他的样态，如爱、欲望、快乐＊等等＊皆起源于这最初的直接的样态；所以如果这最初的直接的样态不先于存在，则爱、欲望、＊快乐＊等等也就不能产生。〔6〕由此可以清楚地推知：那种存在于每个事物

---

† A本："属性"；B本："样态"。
†† A本有"关于"两字。
††† A本："所以，在思想中就必然会有一个关于所有被产生东西的无限观念"。B本："……在思想中就必然产生一个无限观念，所以……"。

之中的旨在保存其身体（我称之为样态）†的自然的爱，除了起源于这个身体在思想属性里的观念或"客观"本质之外，别无其他根据③。

〔7〕此外，既然一个观念（或"客观"本质）的真实的存在仅只需要思想属性和对象（或"形式"本质），那么，正如我们已经说过的，观念或"客观"本质就确实是﹡思想﹡属性的最直接的样态[原注1]。因此，在思想属性里，除了仅仅是该实际存在的事物在思想属性里必然所具有的观念外，就不可能有其他的属于任何††事物的心灵的本质的样态。因为爱、欲望、快乐等等其他的样态是伴随这个观念而出现的。既然观念来自对象的存在，那么，当对象发生了变化或者消灭时，该对象的观念也必然相应地发生变化或者消灭。既然是这样，那么观念就是同对象相结合的东西†††。

〔8〕最后，如果我们想进一步把那些心灵可以借以存在的东西归之于心灵的本质，那么我们所能发现的，除了〔思想〕属性和我们刚才所说过的对象之外，就别无其他任何东西了。但是，因为对象不具有任何思想方面的东西，并且同心灵有着**实在的**区别††††，那么〔思想〕属性和对象就皆不能属于心灵的本质。关于〔思想〕属性，我们已经证明过，它不可能属于上面所说的本质〈即心灵的本质〉，这一点，我们下面将会更清晰地加以说明†††††；因为属性之所以为属性††††††就是不与对象相结合，因为当对象发生了变化或消灭时，属性既不发生变化，也不消灭。

〔9〕因此，心灵的本质仅仅在于：它是一种存在于思想属性中的观念或"客观"本质，这种观念或"客观"本质来自一个实际存在于自然之中的对象的本质。我说"一个实际存在于自然之中的对象"，不仅包括广延的样态，而且也包括所有无限属性的样态，这种无限属性，正像就广延所说的，各自也都有

---

† B本省去了括号中的文字。

[原注1] 我所谓属性的最直接的样态，是指这样一种样态，这种样态为了自身的存在在同一属性里并不需要任何其他的样态。

†† A本：gelijken（同样的）；B本：iegekijk'n（任何）。

††† B本："……该对象的这种观念也必然以相同的变化或消灭的程度或方法发生变化或消灭，因为观念就是这样同对象结合的。"

†††† B本："因为思想的这种对象不具有任何思想的东西，而同思想有着**实在的**区别。"

††††† B本："像我们在下面将加以说明的东西中看到的"。

†††††† B本：省去"之所以为属性"。

它的心灵，除此之外别无其他特别的意义。〔10〕为了更充分地理解这个界说，人们可以注意一下我关于属性所曾做过的论述，我曾经说过，诸属性就它们的实在性而言④是没有区别的，因为它们自身就是它们的本质的"**主体**"†⑤；而且我也曾说过，每一个样态的本质是被包含在上述的属性里的，*最后我也说过，所有这些属性*皆是一个无限存在的属性。因此在第一部分第九章里，我把这个观念称为"**一个为神直接所创造的创造物**"，因为它**客观地**包含了一切事物的"**形式**"本质††，既没有减少，又没有增加。就属性的所有本质和包含在这个属性里的样态的本质皆是一个唯一无限的存在的本质而论，这个创造物必然只能是一个†††。〔11〕但是，还应当注意：现在所说的这些样态，〔即使〕它们之中没有一个是存在着的，它们却仍是同样地被包含在它们的属性里的。因为在属性里，正如在样态的本质里一样，绝对不存在任何非对应性的东西，只要在自然里不存在个别性，则在观念里也就不可能有。但是一旦这些样态中的某些样态显露了它们的个别存在，因而在某些方面使它们不同于它们的属性（因为那时它们在属性里所具有的它们的个别存在就是它们的本质的"**主体**"），那么在样态的本质里也就会显示出它自身的一种个别性，因而在必然包含在观念里††††的这些样态的"客观"本质里也就显示了它自身的一种个别性。〔12〕这就是我为什么要在界说里说"从实际存在于自然之中的对象†††††而来的观念"††††††的理由。因此，当我们理解了这句话不仅是指那些从有形样态*的存在*而来的观念，而且也指那些从其他属性的每种样态的存在而来的观念时，我们就相信，我们已经充分地解释了心灵一般来说究竟是一种什么样的东西。

〔13〕但是，既然关于其他的属性，我们并没有像我们关于广延所具有的那样的知识，那么我们就想考察一下，关于广延的样态，我们是否能够找到一个特殊的界说，这个界说可以更好地说明我们心灵的本质，因为这是我们面前的

---

† B本没有"因为……"这句话。

†† B本："……我称之为思想属性或能思事物中的理智、儿子、产物，或为神直接所创造的创造物，因为它包含了一切事物的'客观'本质……"

††† B本没有"就属性的所有本质……"这整个一句，而接着是"应当注意……"。

†††† B本："在思想属性里"。

††††† B本："对象的本质"。

†††††† B本："……而来的心灵、观念或思想属性里的客观本质（在我看来这些完全是一个东西）……"。

真正课题。

〔14〕在这里我们把下述观点作为已经证明了的前提：广延除了运动和静止之外，不再包含任何其他的样态，每一个个别的有形事物无非只是运动和静止的一定比例关系。同样确实的是，既然广延除了只是运动或者只是静止之外，不再有任何其他的东西，那么在整个广延里，就没有任何个别的事物能够被指示出来或者存在着；因此人的身体无非只是运动和静止的一定比例关系。

〔15〕这个存在于思想属性中的 * 运动和静止 * 的实际比例关系的"客观本质"，（我们说）就是身体的心灵。所以，如果这两个样态（运动或静止）之中的一个发生了或多或少的变化†，则观念 * 或心灵 * 也就相应地发生了变化。譬如，如果静止〔量〕增多，运动〔量〕减少，则就会因此产生我们称为冷的那种痛苦或忧愁；反之，如果运动〔量增多〕了，则就会因此产生我们称为热的痛苦††。

〔16〕所以，当在我们身体的各部分里运动和静止的量不相等，而某些部分比另一些部分具有更多的运动和静止时，就会因此产生一种†††感觉的差异（譬如当有人用一根拐杖打了一下我们的手或眼睛时，我们所感到的痛苦就会不同）††††。如果引起这些变化的外在的原因彼此之间是不同的，并且不产生完全相同的结果，那么即使在同一个部分也会产生一种感觉的差异（譬如用一块木头或一根铁棒打同一只手所产生的感觉就会不同）。再者，如果一个部分中所产生的变化使该部分恢复到它原先的 * 运动和静止 * 的比例，那么由此就产生了我们称为安宁、高兴和愉快的那种快乐。

〔17〕最后，因为我们已经说明了何为感觉，所以我们就能容易明白从感觉如何产生一个**反思的观念**，或关于我们自身的知识、经验和推理。从所有这些（譬如因为我们的心灵是同神结合在一起的，是一个由神所直接产生的无限观念

---

† B本："如果一个或这两个样态，即运动或静止，发生了或多或少的变化"。

†† B本接下去是这样："但是，如果运动和静止的比例在我们身体的各部分里不一样，而是有些部分比另一些部分具有更多的运动或静止，那么就会因此产生一种感觉的差异，譬如，当用一根拐杖打我们的眼睛或手时我们所经验的。而且如果外在的原因是不同的，并且不产生完全相同的结果，那么在同一部分里也会因此产生一种感觉的差异，譬如，当用一块木头或一根铁棒打同一只手时我们所经验的。但是如果在某个部分里出现了变化，使该部分恢复到它先前的运动和静止的比例，那么……"。

††† A本："这种"。

†††† A本的括号直接加在上句"当……运动和静止时"之后。

的一部分）我们也就能清楚地理解清晰的知识的起源以及心灵的不朽。但是，就现在来说，我们所论述过的就已经足够了⑥。

注　释

① 德译本为 formales Ding（形式的事物）。
② 斯宾诺莎在这里所说的"无限观念"就是《伦理学》中的"无限理智"，是作为思想属性和有限理智的中介物，和"无限广延"一样，来解决神（自然）同样态（事物）的联系问题的。
③ 在斯宾诺莎看来，思想属性的样态虽然有许多种，如观念、爱、欲望、快乐等，但其中观念是最基本的，一切其他的思想属性的样态皆起源于这个最基本的样态。在《伦理学》第二部分公则（三）里，斯宾诺莎写道："思想的各种样态，如爱情、欲望以及其他，除非具有这种情感的个人有了所爱、所欲的对象的观念，便不能存在。但是即使没有思想的其他样态，却仍然可以有观念。"斯宾诺莎的这种观点正好同后来的一切反理性主义哲学派别形成强烈的对照。
④ 英译本是"就它们的存在而言"，这里从德译本。
⑤ "诸属性就它们的实在性而言是没有区别的"，意思是说各属性之间没有实在的区别，因为实在的区别是指不同实体之间的差别。各个属性虽然彼此互有区别，但不是不同的实体。它们也不是由不同的实体所支持的，它们是它们自身的主体或支持者。因此它们共同构成一个唯一的实体。
⑥ 斯宾诺莎这篇附录的结尾可以说是《伦理学》第二部分的导言，它直接把我们引导到《伦理学》。《伦理学》第二部分命题十至十九是关于身体的观念（idea corporis）和身体中的情感的观念（idea affectionumcorporis）；命题二十至二十三是关于"观念的观念"（即反思的观念，这部分也可参阅《知性改进论》第三章论知性）；命题二十四至三十一是关于感觉、经验；命题三十二至三十六是关于恰当的（adequate）或不恰当的观念；命题三十八是关于推理的知识。

译 后 记

《神、人及其幸福简论》一书原是用拉丁文撰写的，现已失传。目前留下来的是斯宾诺莎死后约两个世纪才被发现的荷兰文译本的两个手抄本，即所谓 A 本与 B 本。由于译者不识荷兰文，因此本书是根据 A. 沃尔夫（A. Wolf）的英译本《斯宾诺莎的〈神、人及其幸福简论〉》（*Spinoza's Short Treatise on God, Man and His Well-Being*, London, Adam and Charles Black, 1910）移译的，并据 C. 格布哈特（C. Gebhardt）主编的《斯宾诺莎全集》德译本第一卷（Baruch De Spinoza *Sämtliche Werke*, I, *Kurze Abhandlung von Gott, dem Menschen und seinem Glück*, 1922, Leipzig）对勘。

沃尔夫的英译本在正文前有一长篇导言，包括两个内容：一是介绍斯宾诺莎的生平，另一是介绍《神、人及其幸福简论》一书两个抄本被发现的经过、历史、异同以及组成等。这个导言对于了解、研究斯宾诺莎和他的这本早期著作有一定的参考价值，但鉴于《斯宾诺莎全集》的篇幅，我们在这里只收入后一部分，即"《神、人及其幸福简论》一书的历史"。此外，译者根据 C. 格布哈特的德译本将"斯宾诺莎《神、人及其幸福简论》一书纲要"也一并译出。这个"纲要"是在 1851 年被发现的，比本书手抄本的发现要早几年，对于寻找和发现斯宾诺莎这部早期著作起了积极的促进作用，也有利于帮助我们理解斯宾诺莎这部古奥著作的整个思想。简言之，本译本除了《神、人及其幸福简论》正文外，还包括了两篇文件，即"《神、人及其幸福简论》一书的历史"以及"斯宾诺莎《神、人及其幸福简论》一书纲要"。

由于现存的《神、人及其幸福简论》只是荷兰文译本的两个抄本，本身就存在着一些差异，因此英、德、法诸种译本在达意方面皆有出入，在校勘、分段等方面也不尽一致。译者在翻译过程中，对于译文的分段、章节次序的排列和编号均依据德译本。原书有两类注释，一类是斯宾诺莎原注，此原注与正文同样重要；另一类是英、德译者对两个抄本的校勘，其中英译本有个别抄本注，我们根据德译本做了删减。个别章节还请友人程曾厚教授根据法译本（Spinoza

CEuvres Completes, Texte nouvellement Traduit ou revu, Présenté et annoté par roland caillois, madeleine francés et robert misrahi, 1954) 进行了校勘。凡几个译本中有重大出入之处均加注说明。

此外，为便于读者阅读，译者附加了一些注释，其中有些参考了英译者沃尔夫的注。

最早在翻译本书的过程中，贺麟教授给予了很大帮助和指导，尊师已仙逝多年，手抚此书，无限思念。此次收入《斯宾诺莎全集》中，年轻友人陈宾宾给予了很多帮助，在此一并致谢。

译者识

著作对照表、索引与编后记

著作对照表

1. 斯宾诺莎著作

B. D. S. *Opera Posthuma*（*Nachgelassene Werke*）（斯宾诺莎,《遗著》）

（1）德文版

Baruch de Spinoza, *Sämtliche Werke in sieben Bänden*, in Verbindung mit Otto Baensch und Arthur Buchenau herausgggeben und mit Einleitungen, Anmerkungen und Registern versehen von Carl Gebhardt, Felix Meiner Verlag（《斯宾诺莎著作全集》7卷本及补充卷，格布哈特编）:

1）*Kurze Abhandlung von Gott, dem Menschen und seinem Glück*（PhB 91）, Leipzig, 1922; Hamburg, 1976（《神、人及其幸福简论》）

2）*Die Ethik nach geometrischer Methode dargestellt*（PhB 92）, Leipzig, 1910; Hamburg, 1976（《伦理学》）

3）*Theologisch-Politischer Traktat*（PhB 93）, Leipzig, 1922; Hamburg, 1976（《神学政治论》）

4）*Descartes' Prinzipien der Philosophie auf Geometrische Weise Begründet*（PhB 94）Leipzig, 1922; Hamburg, 1976（《笛卡尔哲学原理附形而上学思想》）

5）*Abhandlung über die Verbesserung des Verstandes, Abhandlung vom Staate*（PhB 95）, Leipzig, 1922; Hamburg, 1977（《知性改进论与政治论》）

6）*Briefwechsel*（PhB 96a）, Leipzig, 1914; Hamburg, 1977（《书信集》）

7）*Spinoza-Lebensbeschreibungen und Gespräche*（PhB 96b）, Leipzig, 1914; Hamburg, 1977（《斯宾诺莎传记与谈话》）

Algebraische Berechnung des Regenbogens, Rechnung von Wahrscheinlichkeiten, Ergänzungsband（PhB 350）, 1982（补充卷《论虹的代数测算与机遇的计算》）

Baruch de Spinoza, *Sämtliche Werke, Band I: Kurze Abhandlungvon Gott, dem*

Menschen und seinem Glück, Leipzig, 1922(《斯宾诺莎全集》第1卷:《神、人及其幸福简论》,格布哈特编)

Baruch de Spinoza, *Sämtliche Werke, Band II*: *Descartes' Prinzipien der Philosophie auf Geometrische Weise Begründet*(PhB 94), Leipzig, 1922(《斯宾诺莎全集》第2卷:《笛卡尔哲学原理附形而上学思想》,格布哈特编)

Baruch de Spinoza, *Sämtliche Werke, Band III*: *Briefwechsel-Die Lebensbeschreibungen*, in Verbindung mit Otto Baensch und Arthur Buchenau herausgggeben und mit Einleitungen, Anmerkungen und Registern verschen von Carl Gebhardt, Verlag von Felix Meiner in Leipzig, 1914(《斯宾诺莎全集》第3卷:《书信集与传记》,格布哈特编)

Sigwart, Christoph, Spinoza's Neuentdeckter Tractat von Gott\dem Menschen und dessen Glückseligkeit, Gotta: Verlag von Rud. Besser, 1866(雪格瓦特,《新发现斯宾诺莎的神、人及其幸福论》)

(2)英文版

The Collected Works of Spinoza, Translated and Edited by Curley, E. M., Princeton University Press, 2vols, vol.1, 1985, vol.2, 2016(《斯宾诺莎著作集》,两卷,柯莱编译)

The Correspondence of Spinoza, Translated and Edited with Introduction and Annotations by A. Wolf. London　George Allen & Unwin LTD Museum Street, 1928(《斯宾诺莎书信集》,沃尔夫译)

Spinoza's Short Treatise on God, Man and His Well-Being, Translated and Edited with Introduction and Annotations by A. Wolf. London Adam and Charles Black, 1910(《斯宾诺莎的〈神、人及其幸福简论〉》,沃尔夫译)

Banuch Spinoza, *Hebrew Grammar, Compendium Grammatices Linguae Hebraeae*, Edited and Translated with an Introduction by Maurice J. Bloom, DD(《简明希伯来语语法》,布卢姆译)

2. 早期传记著作

Gebhardt, Carl, *Spinoza-Lebensbeschreibungen und Gespräche*(PhB 96b), Leipzig, 1914; Hamburg, 1977（格布哈特,《斯宾诺莎传记与谈话》）

Wolf, A., *The Oldest Biography of Spinoza*, Kennikat Press, Port Washington. N. Y. /London, 1927（沃尔夫,《斯宾诺莎古老传记》）

Lucas, Jean-Maximillien, *La vie et L'esprit de Mr. Bemoit de Spinoza*（The Life of the Late Mr. Spinoza）, Amsterdam, 1719（卢卡斯, 让-麦克米连,《已故斯宾诺莎先生传》）

Colerus, Johannes, *Kurze, aber wahrhaftige Lebensbeschreibung von Benedictus de Spinoza aus authentischen Stücken und mündlichem Zeugnis noch lebender Personen zusammengestellt*, Amsterdam, bei I. Lindenberg, 1705, *The Life of Benedict de Spinoza*, Hague：Martinus Nijhoff, 1906（科勒鲁斯,《斯宾诺莎的生平》）

Jelles, J., *Preface to the Posthumous Works（Opera Posthuma）of Spinoza*（耶勒士,《斯宾诺莎遗著》前言）

Kortholt, Christian, *De tribus Impostoribus magnis liber*（The Three Great Impostors）, 1700（科尔霍特, 克里斯蒂安,《论三个欺骗者》）

Kortholt, Sebastian, *Preface to The Three Great Impostors*, 1700（科尔霍特, 塞巴斯蒂安,《论三个欺骗者》前言）

Bayle, Pierre, *Dictionaire historique et critique*（*Historisches und kritisches Wörterbuch*）, Rotterdam, 1697（培尔, 比埃尔,《历史与批判辞典》）

Meyer, Ludwig, *Preface to Spinoza's Geometric Version of Descartes's 'Principia'* 1663（梅耶尔, 路德维希,《斯宾诺莎"笛卡尔哲学原理"序言》）

Monnikhoff, Johannes., *Beschrijving van Spinoza's Leeven. Handschrift. Abgedruckt in Chronicon Spinozanum*, Bd. IV, Haag, 1924/26（孟尼克霍夫, 约汉尼斯,《斯宾诺莎生平报道》）

VanVloten, *Ad Benedicti de Spinoza Opera quae Supersunt Omnia Supplementum*, 1862（范·弗洛顿：《别涅狄克特·德·斯宾诺莎著作补遗》）

Trendelenburg, A., *Über die aufgefundenen Ergänzungen zu Spinozas Werken*, 1867（特兰德伦堡,《关于斯宾诺莎著作的补充发现》）

Freudenthal, J., *Lebensgeschichte Spinoza's in Quellen-Schriften Urkunden und Nichtamtlichen Nachrichten*, Leipzig：Veit & Co., 1899; Heidelberg, 1927（弗洛伊登塔尔,《古老文件和非官方报道中的斯宾诺莎生活史》）

3. 历史有关著作、文章

(1) 有作者名

Reimmann, J. F., *Catalogue of Theological Books*, 1731（黎曼，《神学著作概览》）

Meyer, Ludwig, *Philosophia Sacrae Scripture Znterpres*, 1666（梅耶尔，路德维希，《哲学是〈圣经〉的解释者》）

Securus, Theodorus, *Origo Atheismi*（塞库鲁斯，西奥多罗斯，《无神论始源》）

Securus, Theodorus, *Prudentia Theologica*（塞库鲁斯，西奥多罗斯，《神学之智慧》）

Gamaliel, Rabbin, *Talmuel Pirke Avoth*（戈码利尔拉比，《教父圣谕》）

Aubert de Verse, *The Impious Man Convinced, or a Differtation against Spinosa*（阿尔伯特·迪·菲瑟，《渎神者斯宾诺莎：对其无神论基础之批判》）

Velthuysen, Lambert van, *Tractatus Moralis de Naturali pudore und diginate hominis*（凡尔底赛，《自然与人的尊严之道德堕落》）

Maufaus, "Tractatus Theologico-Politicus ad Veritatis Lumen examinatus"（穆佛斯，《神学政治论之考察：以理智与真理之名》）

Poiret, Peter, "Fundamenta Atheismi eversa, five Absurditatis Spinosianae"（波依瑞特，彼得，《推翻无神论基础：以斯宾诺莎五大谬论为例》）

VanLeenhoff, *Hemel op Aarden*（范·林豪夫，《地球上的天堂》）

Yvon, Peter, *Impiety vanquished & c.* 1687（伊文，彼得，《征服渎神论及其他》）

Lucas, Jean-Maximillien, *La Quintessence des nouvelles, historiques, critiques, politiques*（卢卡斯，让-麦克米连，《新闻、历史、批判与政治之本质》）

Huet, *De Concordia Rationis & Fidei*（胡威特，《信仰与理性之谐和》）

Rappoltus, Frederik, *Oatio Contra Naturalistas, habita ipsis Kalendis Junii ann.* 1670（赖普特斯，佛德列克，《驳自然神论：1670年7月就职演讲》）

Poiret, Peter, *De Deo, Anima, & malo*（波依瑞特，彼得，《神、灵魂与恶》）

（2）无作者名

Lucii Antistii Constantis de Jure Ecclesiasticorum. Alethopoli apud Caium Valerium pennatum（《反卢修斯论教会固有权利》）

Philosop hia Sacrae Scripture interpres（《以哲学方法解释圣经》）

Philopater's Life（《斐洛彼特的一生》）

Continuation of the Life of Philopater（《斐洛彼特的一生续集》）

Christophori Wittichii Professoris Leidensis Anti-Spinosa sive Examen Ethices B. de Spinosa（《莱顿大学克里斯多福·威提曲斯教授对斯宾诺莎伦理学的考察及驳斥》）

Refutation（《批驳》）

4. 学者研究著作

Avenarius, R., *Über die beiden ersten Phasen des Spinozischen Pantheismus und das Verhältnis der zweiten zur dritten phase*, Leipzig, 1868（阿芬那留斯，《关于斯宾诺莎泛神论的头两个阶段及第二与第三阶段的关系》）

Baltzer, A., *Spinozas Entwicklungsgang, besonders nach seinen Briefen geschildert*, 1888（伯尔采，《斯宾诺莎的发展过程，特别就其书信来看》）

Busse, L., *Beiträge zur Entwicklungsgeschichte Spinozas*, 1888（培司，《斯宾诺莎发展史论文集》）

Deleuze, Gilles, *The Practical Philosophy of Spinoza*（德勒兹，吉尔，《斯宾诺莎的实践哲学》）

Dunin-Borkowski, *Der junge De Spinoza, Leben und Werdegang im Lichte der Weltphilosophie*, 1910（唐宁-波考斯基，《青年斯宾诺莎，就世界哲学来看其生活与发展》）

Dunin-Borkowski, *Archiv für Geschichte der Philosophie*（唐宁-波考斯基，《哲学史档案资料》）

Eckermann, J. P., *Gespräche mit Goethe, in den letzten Jahren seines Lebens*, 1909（爱克曼，《歌德对话录》）

Fischer, K., *Spinoza*, Heidelberg, 1898（费舍，《斯宾诺莎》）

Freudenthal, J., *Spinoza und die Scholastik*, Leipzig, 1997（弗洛伊登塔尔，《斯宾诺莎和经院哲学》）

Freudenthal, J., *Über die Entwicklung der Lehre vom psychophysischen Parallelismus bei Spinoza*, 1907（弗洛伊登塔尔，《斯宾诺莎身心平行论学说的发展》）

Gebhardt, Carl, *Spinozas Abhandlung über die Verbesserung des Verstandes*, *Eine entwicklungsgeschichtliche Untersuchung*, Carl Winter's Universitätsbuchhandlung, Heidelberg, 1905（格布哈特，《关于斯宾诺莎的知性改进论，一种发展史的探究》）

Hart, Alan, *Spinoza's Ethics, Part I and II, A Platonic Commentary*, Leiden E. J. Brill, 1983（哈特，《斯宾诺莎伦理学第一二部分研究，一种柏拉图式的考释》）

Jaspers, Karl, *Spinoza, from The Great Philosophers*: *The Original Thinkers*, Edited by Hannah Arendt, Translated by Ralph Manheim, A Harvest/ HBJ Book, New York and London, 1957（雅斯贝尔斯，《斯宾诺莎》）

Joachim, H. H., *A Study of the Ethics of Spinoza*, Oxford at the Clarendon Press, 1901（约阿金，《斯宾诺莎伦理学研究》）

Joel, M., *Zur Genesis der Lehre Spinozas*, 1871（约尔，《斯宾诺莎学说的起源》）

O'Connor, D. J., *A Critical History of Western Philosophy*, edited by D. J. O'Connor, The Free Press of Glencoe, A Division of the Macmillan Company, 1964（奥康纳（编），《批评的西方哲学史》）

Powell, E. E., *Spinoza and Religion*, 1906（波卫尔，《斯宾诺莎与宗教》）

Puff, R. A., *Spinoza's Political and Ethical Philosophy*, 1903（浦夫，《斯宾诺莎的政治的与伦理的哲学》）

Schopenhauer, A., *Zurcher Ausgabe*, *Werke in Zehn Bänden*, Diogenes, 1977（《叔本华著作集》苏黎世版十卷本）

Windelband, W., *Zum Gedächtnis Spinozas*, *in Praludien Aufsätze und Reden zur Philosophie und ihre Geschichte*, Tübingen, 1919（文德尔班，《纪念斯宾诺莎》）

Wolfson, H. A., The Philosophy of Spinoza, 2 Vols, Combridge, 1934; New York, 1969（沃尔夫森，《斯宾诺莎的哲学》）

5. 其他著作

Aquinas, Thomas, *Summa Theologie*（阿奎那，托马斯，《神学大全》）

Maimonides, Moses, Guide of the Perplexed（迈蒙尼德，摩西，《迷途指津》）

Descartes, Rene, De Passionibus Animae（笛卡尔，勒奈，《论心灵的情感》）

Corinthians（《哥林多前书》）

Lexicon（《法典》）

Talmud（《塔木德》）

Law of Moses（《摩西律法》）

The Key of the Sanctuary（《庇护之钥》，《神学政治论》当时法文译名）

Deuteronomy（《申命记》）

Moreri's Dictionary（《莫瑞字典》）

Menagiana（《曼纳基安内嘉言录》）

Acta Erudit（《博学作者》）

Dictionary of National Biography（《国人传记字典》）

Goeree, Jewish Antiquities（哥里，《古代犹太人历史》）

威廉·涅尔、玛莎·涅尔，《逻辑学的发展》，张家龙、洪汉鼎译，北京，商务印书馆，1985

伽达默尔，《真理与方法》，洪汉鼎译，上海，上海译文出版社，1992；北京，商务印书馆，2010

笛卡尔，《哲学原理》，关文运译，北京，商务印书馆，1960

布鲁诺，《论原因、本原与太一》，汤侠声译，北京，商务印书馆，1984

培根，《新工具》，许宝骙译，北京，商务印书馆，1984

海涅，《论德国宗教和哲学的历史》，海安译，北京，商务印书馆，1974

人名索引

A

Abrabanel, Léon 阿巴伯内尔，雷翁 214

Abuabh, Chacham 亚布，恰肯 139

Antonius van der Linde 安东尼·范·德·林特 173

Aristotle 亚里士多德 30，62，169，191，200，218，220，229，235，250，287-289

Arminius, Jacobus 阿米纽斯，雅各布斯 133

Aquinas, Thomas 阿奎那，托马斯 199，201，236

Aubert de Verse 阿尔伯特·迪·菲瑟 158

Aubrey, J. 奥布列，约翰 63

Auerbach, B. 奥巴赫（斯宾诺莎著作德文译者） 17

Avenarius, R. 阿芬那留斯（德国斯宾诺莎研究学者） 20，23，181，182，213，214

Averroès 阿维罗伊（阿拉伯哲学家） 236

B

Bacon, Francis 培根，弗兰西斯 22，32-33，62，180

Baensch, O. 拜恩希 17

Balling, Peter 巴林，彼特（斯宾诺莎友人） 3，22，24，47，84，145，175，185

Baltzer, A. 伯尔采 182

Bayle, Pierre 培尔，比埃尔 115，126，130，136

Ben Israel, Manassch 本·伊色拉尔，马纳塞 2，181

Bill 比尔 162

Blumenstock, V. K. 布鲁门斯托克（斯宾诺莎著作编者） 16

Blyenbergh, Willem van 布林堡（斯宾诺莎论敌） 39，61，62，65，85，152，157

Boehmer, Edward 波麦，爱德华 19，25，60，172，173，178，182，213

Bogaers, Adrian 布盖尔斯，亚德连 172

Bontekoe, Cornelius 邦特克，科尔内留斯 128

Bouwmeester 鲍麦斯特（斯宾诺莎通信人） 35，47，55，61，64

Boxel, Hugo 博克赛尔（斯宾诺莎通信人） 84

Boyle, Robert 波义耳，罗伯特 9，52，81，84

Braunius 布劳纽斯 148

Bredenburg, John 布兰登堡，约翰

132，156，157

Bruder, C. H. 布鲁德（斯宾诺莎著作编者） 16

Bruno, Giordano 布鲁诺 3-4，27-31，168，181，184，214，236

Brun 布伦 131

Buchenau, A. 布希劳（斯宾诺莎著作德文译者） 17

Buissière 比伊西埃 135

Burgersdijck, Franco 布格斯蒂克 220

Burgh, Albert 博许（斯宾诺莎论敌） 85

Burmanus 马努斯 155

Burnetius, Thomas 博涅提乌斯，托马斯 129

Busse, L. 培司 182

C

Caillois, R. 卡洛斯（斯宾诺莎著作法文编者） 17

Carceris, Daniel 卡斯瑞，丹尼尔 136

Carceris, Samuel 卡斯瑞，山姆 136

Carpzovious, John 卡普邹威斯，约翰 158

Casearius, J. 卡则阿留斯，约翰尼斯 8，46

Coccejus, Johannes 考克西琼斯，约翰尼斯 9

Colerus, J. 科勒鲁斯（斯宾诺莎传记作者） 3，15，19，52，79，112，113，115，119-121，128-129，136，172，173，178，235

Condé, prince 恭德王子 12，107，114，131，134-135，148-149

Conrad, Christopher 康拉德，克里斯多佛 151

Conrad, Henry 康拉德，亨利 151

Cordes 科德 147

Costa, Uriel da 科斯塔，乌利艾尔·达 6

Crescas, Chasdai 克雷斯卡，卡斯达 2

Curley, E. M. 柯莱（斯宾诺莎著作英文编译者） 17，33

D

de la Motte 德·拉·莫特 159

de Luxembourg, M. 卢森堡伯爵 107

de Murr, C. T. 德·莫尔 171

De Pomponne 德·迪旁波那 160，133

de Saint Glain, Gabriel 圣·格兰（《神学政治论》法文译者） 59，114，115

De Vigneul Marville 德·维格纳·马尔维尔 133

de Vries of Schiedam 德·福里，斯希丹的（西蒙·约斯登德·福里之弟） 61，64，65，84，90，147，148，209

de Vries, Simon Joosten 德·福里，西蒙·约斯登（斯宾诺莎友人、商人） 3

De Witt, C 德·维特，考 10，55，73，81

De Witt, J. 德·维特，扬 10，11，12，14，48，55，73，75，81，82，106，108

Delbos 台博斯 214

Deleuze, Gilles 德勒兹，吉尔 227

Descartes, Rene 笛卡尔，勒奈 3-5，8-9，13，22，24-26，28-34，46-54，63-65，69，80-81，84，89，93，94，104-106，

128，131，132，138，168-169，173-174，181，200，209-210，214，233-234，249，252，272，278，280，286

Deurhof, William 铎尔霍夫，威廉 160，174-175，190，193

Dilherrus 迪贺鲁斯 140

Dorow, W. 杜诺夫 59

Dunin-Borkowski 唐宁-波考斯基 114，121

Durrius, Conrad, 都瑞斯，康拉德 158

E

Eckharde 爱卡德 236

Elwes, R. H. M. 爱尔维斯（斯宾诺莎著作英文译者） 16

Erasmus 伊拉斯摩斯 109，215-217

Erdmann J. E. 爱尔德曼（斯宾诺莎研究学者） 87

Euclid 欧几里得 47，63，68

Ewald, S. 埃瓦尔特（斯宾诺莎著作德文译者） 17

F

Fabritius, Johann Ludwing 法布里奇乌斯（斯宾诺莎通信人，海德堡大学教授） 12，84，149-150

Fischer, Kuno 库诺·费舍 33，52

Francés, M. 弗朗茨（斯宾诺莎著作法文编者） 17

Frendelenburg 佛伦登堡 213

Freudenthal, J. 弗洛伊登塔尔（德国斯宾诺莎研究者） 21，23，49，112，114，121，171，179，181-183，200，210，213，214，246，286，296-297，303

Fullerus 傅勒鲁斯 158

G

Galileo 伽利略 80

Gamaliel, Rabbin 戈码利尔拉比 144

Gassendi 伽桑狄 233

Gebhardt, C. 格布哈特（斯宾诺莎著作德文编译者） 16-17，21，32-33，36-37，82，93，183，185，214，328

Gersonides 格桑尼德 5

Gfroerer, A. 格弗罗勒（斯宾诺莎著作编者） 16

Ginsberg, H. 金斯贝尔格（斯宾诺莎著作编者） 16

Gregory, James 格雷戈里，詹姆士 81

Greiffencrantz, Christ. Nic. von 格雷芬克朗茨，克里斯蒂安·冯 127

Grescas 葛雷斯卡 168，247

Grimaldis 格里马尔迪 80

H

Hallmann 哈尔曼 18，19，60，171，175，177

Halma, Francis 哈玛，法兰西斯 138，149，160

Heereboord 赫尔布德 222

Hegel 黑格尔 57，89，249

Helvetius, J. F. 海尔维修 79

Hendrikzen, John (Old) 老约翰·汉德立克 151

Hobbes, Thomas 霍布斯，托马斯 12，14，56，62-63，67，72-73，126，128，150

Hofman 霍夫曼 139

Hooke, Robert 胡克，罗伯特 80

Hudde 胡德 9, 52, 81

Huet 胡威特 158

Huygens, Christiaan 惠更斯（荷兰光学科学家） 9, 51-52, 80-81

I

Ibn Ezra 伊本·以斯拉 2, 5

J

Jacobi, E. H. 雅可比 29

Jelles, Jarig 耶勒士，雅里希（荷兰商人，斯宾诺莎友人与著作编者） 3, 47, 93, 126, 128, 133, 171, 175

Joachim, H. H. 约阿金（英国斯宾诺莎研究学者） 183

Jaquelot 贾克勒 160

Joel, M. 约尔 183

K

Kant, I. 康德 87, 200, 249

Kadmon, Adam 卡德蒙，亚当 27, 230, 255

Kerckrinck（Kerkering）, Dirck 寇克林克，迪尔克 126-127, 137

Kervel, Abraham 克佛尔，亚伯拉罕 144, 163

Kirchmann, J. H. V. 克席曼 17

Klefmann, J. S. 克莱夫曼 59

Koenraad, H. 柯恩拉特 60

Köhler（拉丁文 Colerus）, Johann 科勒鲁斯，约翰（斯宾诺莎传记作者） 3, 15, 19, 52, 79, 112-113, 115, 119-121, 128-129, 136, 172-173, 178

Kortholt, Christian 科尔霍特，克里斯蒂安 126, 128, 132, 137

Kortholt, Sebastian 科尔霍特，塞巴斯蒂安 126, 128, 132, 137

Kuyper, Francis 库雅波，法兰西斯 156-157

L

Labadie 拉巴底 158

Lagnean, J. 拉纽 214

Land, J. P. N. 兰德（斯宾诺莎著作编者） 16, 82-83, 172, 182

Leibniz 莱布尼茨 9, 13, 52, 80, 84-85, 127

Levyn van Dyck 列维·范·狄克 79

Lewis, Charles 李维士，查理斯（德国巴拉丁选侯） 12, 149

Loef, Libertus 罗夫，李伯特斯 136, 163

Lightfoot 赖特佛 140-141

Lucas, Jean-Maximillien 卢卡斯，让-麦克米连（斯宾诺莎传记作者、医生） 5, 12-13, 79, 81, 98, 106, 112-121, 123, 129

Lucilius 鲁基里乌斯 127

M

Maimonides, Moses 迈蒙尼德，摩西 2, 5, 27, 139, 141, 168, 218, 247

Manfeveld 曼菲佛德 152

Mansfeld, Regnier de 曼斯菲尔德，雷格尼尔·迪 156

Martineau, J. 马铁努 183

Marville, De Vigneul 马尔维尔,德·维格纳 133

Massanello 玛申尼洛 145

Maufaus 穆佛斯 157-158

Meer, Jan van der 迈尔,约翰·范·登 80

Meinsma 麦斯玛 114

Menage, Gilles 梅那日(斯宾诺莎同时代博学家) 133

Meyer, Ludwig 梅耶尔,路德维希(斯宾诺莎友人、医生) 3,28,47,175

Meijer (Meyer), W. 迈耶尔(斯宾诺莎著作荷兰文译者) 17,83,112,114,118,175,182,193,213

Mignini, F. 米格尼尼(荷兰斯宾诺莎学者) 33-34

Misrahi, R. 米斯拉希(斯宾诺莎著作法文编者) 17

Monnikhoff, Johannes 孟尼克霍夫,约汉尼斯 173-175,177-178,298

Morelli 莫雷利 127,134

Morteria, Saul 摩台勒,骚尔 2,7,99,101,102-104,181

Müller, F. 缪勒 19,79,172-173

Murr, Ch. G. von 冯·莫尔 60

Mylius, J. Ch. 米留斯,约翰·克里斯多夫 19,171

N

Newton 牛顿 80

Nicolaus Cusanus 库萨的尼古拉 236

O

Oldenburg, Henry 奥尔登堡,亨利(斯宾诺莎通信人) 9-11,19-22,24,26,32,40,45,48,51-52,54,56,59-60,62,64,68,81,83-85,90,151,154,167,179,180,209,322

Origen 奥利金 110

P

Paulus, G. 保罗斯(斯宾诺莎著作编者) 16

Philopater 斐洛彼特 151

Poiret, Peter 波依瑞特,彼得 42,159,230,239,300

Pollock, F. 波洛克 183

Powell, E. E. 波卫尔 183

Puff, R. A. 浦夫 183

R

Rappoltus, Frederic 赖普特斯,佛德列克 158

Rebekka 蕾贝卡 163

Reimmann, J. F. 黎曼 19,27,171

Rembrandt, H. 伦勃朗 2

Rieuwertsz, Jan 利乌魏特茨,扬(斯宾诺莎友人和书商) 3,19,47,60,126,128-129,148,170-171,175,177,184

Rieuwertsz (junior) 小利乌魏特茨 19,170,184

Rivand, A. 里伏德 183

S

Saisset, E. 沙塞特(斯宾诺莎著作法文编者) 17

Schaarschmidt, C. 夏尔施密特(斯宾诺

莎著作德文译者） 17，172，177，182，184

Schmeding, Robert 席马丁，罗伯特 163

Schroder 施罗德 162-163

Schuller, Georg Hermann 舒勒，格奥尔格·赫尔曼（斯宾诺莎友人和通信者、医生） 13，80，84，128

Scotus Erigena 斯考特 236

Securus, Theodorus 塞库鲁斯，西奥多罗斯 158

Selden 赛尔登 139，141

Seneca 塞涅卡 127

Sigwart, Ch. 雪格瓦特（德国斯宾诺莎研究者） 21，25，177，182-183，213-214，240

Simons, Menno 西门斯，门诺（荷兰门诺派创始人） 3，7，84，133，138，193

Socin 佐欣 132

Spinoza, Baruch de 斯宾诺莎，巴鲁赫·德 1，6，15，98，112，136

Spinoza, Benedict de 斯宾诺莎，别涅狄克特·德 1，15，19，79，136，167，172，173，174，182，194

Spinoza, Bento de 斯宾诺莎，本托·德 1

Spinoza, Miriam de 斯宾诺莎，米瑞安·德 136

Spitzelius 史皮兹留斯 152，156

Sprat, Thomas 斯普瑞特，托马斯 116

Stolle, Gottlieb 斯多尔，哥特里布 18-19，120，170-171，175

Steno, Nicholas 斯蒂诺（斯宾诺莎论敌） 85

Stoupp 施托佩 131，146，148-149

Stralen, Rykus van 史差伦，李库斯·范 163

Surenhusius 梭伦胡修斯 141

T

Theophilus 狄奥菲勒斯 215，217

Towneley Esq, John 汤尼利绅士，约翰 123

Trendelenburg, A. 特兰德伦堡 183

Tschirnhaus, E. W. V. 谢恩豪斯（斯宾诺莎友人和通信者） 13，35-36，39，62，64，89

V

Van den Enden 范·丹·恩德（斯宾诺莎拉丁文老师） 3，102，127，137，181

Van der Spycks (Spijck), Hendrick 范·德·史派克，亨德里克 12，120，126，136，138，145-146，148-149，153，163

Van Hove, William 范·荷夫，威廉 163

Van Leenhoff 范·林豪夫 160

Van Vloten 范·弗洛顿（斯宾诺莎著作编者） 15，19，79，82-83，167，172，182，277

Vatia, Servilius 梵蒂亚，塞尔维里乌斯 127

Veerkaay 维凯 12，145

Velthuysen, Lambert van 凡尔底赛（斯宾诺莎论敌） 85，157

le Vier, Charles 勒菲，查尔斯 119

Vittichius, L. 维提修斯 155

Von der Pardon 冯·德·普拉东 6

W

Wachter, J. G. 瓦赫特, 约翰 26

Wasbergen 威斯博根 159

Wild, J. 维德（斯宾诺莎著作英文编者） 17

Windelband, W. 文德尔班 14, 88

Wittichius 威提曲斯 159

Wolf, A. 沃尔夫（斯宾诺莎著作英文编者） 16, 82, 98, 112, 170, 200, 213, 220, 226, 229, 244, 246, 252, 287, 297, 312, 322, 328-329

Wolfson, H. A. 沃尔夫森（斯宾诺莎研究学者） 52-53

Wolsgryk, Aard 沃斯格列克, 阿德 151-152

Z

Zimmels 齐默尔 214

Zimmerman 齐玛曼 159

概念索引

A

a posteriori 后天的　176，196，199，200，233

a priori 先天的　176，196，199，200

Abneigung, *aversio* 厌恶　20，48，98，126，153，155，157，161，187，260－263，269

Abstrakt, *abstracte* 抽象地　197

Achtung, *existimatis* 尊敬　1，9，25，113，133，171，187，265，266，273

Affekte, *affectus* 情感、激情、情状　237，249

Angst, *timor* 恐惧、害怕　12，25，59，85，98-99，103，110，132-134，149，153，155，160，187，252，264，267－269，278，291

Anschauen, *intuitus* 直观　246，249，254

Aristokratie 贵族制　75，96

Aeistokratische Regierung 贵族政体　14，71，75-78

Aristoteliker 亚里士多德学派　191

Attribut, *attributum* 属性　4，9，20，21，24，26，30，38，52，64-66，87，88，153-155，169，176，181，185，186，194，196-200，202-206，208-212，214，216，219，220，231-235，237，242，243，280，281，293，294，299，300，320-327

attributa Dei 神的属性　20，21，30，66，200，206，208，216-218，231，235

Ausdehnung, *extensio* 广延　4，5，21，26，28－30，53，63，64，66，89，100，155，181，185，200，206-212，214，231，237，242，243，283，293，294，320，322-327

B

Bangigkeit, *Zelotypia* 惶恐　25，187，267-269

Begierde, *cupiditas* 欲望　10，25，58，63，65，66，154，187，188，201，211，212，214，224，248，252，253，262，263，269，276，277，282，285-289，302，317，323，324，327

Begriff, *conceptus* 概念　3，4，29，30，35，36，43，50，64，65，67，88，89，109，132，154，168，183，186，187，196，200，209，210，214，216，227，233，245，246，249，255，257，259，267，268，272，279，281，283，284，288，299

Bestimmung, determination 规定　38，58，59，66，67，89，141，148，186，226，258

Bewegung 运动 25, 26, 51, 53, 64, 89, 97, 201, 207-209, 217, 219, 235, 237, 242, 243, 249, 255, 271, 278, 281, 293-295, 298-300, 305, 320, 322, 325, 326

Bewegung und Ruhe 运动与静止 207, 242, 243, 293, 296, 298, 300

Bewusstsein 意识 23, 48, 53, 104, 146, 162, 178, 233, 243, 245, 252, 253, 301, 307

Böses, *malum* 恶 7, 11, 14, 20, 24, 38, 40, 48, 61, 68, 75, 85, 101, 103, 105-107, 109, 111, 118, 129, 131, 140, 141, 143, 144, 151-153, 155, 157-159, 179, 186, 188, 203, 224, 230, 232, 233, 239, 254-256, 258, 265-267, 269-271, 273, 277, 278, 282, 285-288, 292, 302

C

Causa, cause 原因、理由 154

causa, accidentalis (*causa per cccidens*) 偶(然)因 221

causa active 活动因、作用因 219, 221-222

causa artificialis 人工因 221

causa compositionis 复合因 220

causa disponens 支配因 221

causa efficiens (*efficient*) 致动因 30, 51, 88, 206, 209, 219, 220-221, 282-283

causa emanativa 流出因、衍生因 219, 221

causa essendi (*causa essentiae*) 本质因 221

causa formalis 形式因 221

causa generationis 产生因 220

causa immanens 内因、固有因 30, 185, 190, 208, 210, 214-216, 219, 221, 315-317

causa immaterialis 非质料因 221

causa interna 内在因 28, 49, 315, 316

causa libera 自由因 29, 30, 66, 219, 221, 222, 224, 225, 235, 258

causa materialis 质料因 220

causa munus principalis 辅助因 221

causa naturalis 自然因 219, 221

causa necessaria 必然因 30, 221

causa particularis 特殊因 221, 222

causa prima 第一因、最初因 42, 67, 179, 199, 208, 220-222, 224-225, 229, 259, 271, 273, 277-278, 290, 292, 308

causa principalis 基本因、基因 219, 221-222, 277-278

causa proxima 近因 35, 38, 88, 217, 220, 221, 248, 249

causa remota 远因 215, 217, 220, 221

causa rerum naturalium 自然物之因 220

causa rerum artificialium 人工物之因 220

causa secunda 第二因 220-222

causa substantialis 本质因 221

causa sui (*causa per se*), cause of itself 自因 42, 67, 154, 201, 210, 221

causa transiens 超越因、外因、卓越因　28，30，37，49，199，208，210，214，219，221，315-318

causa universalis 普遍因　220-222

Cogitatio，thought 思想　2-6，8-11，14，15，17，18，21-24，26-28，30，31，34-36，42，45，47-60，63-67，73，74，85-87，89，90，94，96，98，101，104，106，109-112，115，116，123，127，138，149-155，167-170，174，176，178，184-186，188-190，200，201，206-214，218，225，230-232，237，242，243，255，256，267，279-281，284，286，293，294，297，299，300，306，308，318，320，323-328

Cogitation and extension 思想与广延　154，155

Collegiant，社友会，荷兰基督教新教派，阿明尼乌斯门诺派的一个分支，成立于1619年　3，7，15，82，84

Conatus，Poginge，Streben，striving 努力、冲力　19，41，68-69，108，112，186，227，259，276

D

Dankbarkeit，*Gratitudo* 谢忱　25，187，275-277

Definition，*definition* 定义，界说　4，21-22，36，43，44，50-51，60-67，88，76-77，87-88，95，153，185-187，189，196，200，204，209-210，214，216，225，227，230-233，239，243，244，250，252-253，256，259，261-262，266，268-270，273，274-276，279-280，283，288，293，317-318，325

Demokratie 民主制　73-75，78

demokratische Regierung 民主政体　71，74-78

Demut，*humilitas* 卑谦　25，187，265，266

Denkendes wesen 思想存在物　30，186，206，210，216，229，239，255，256，283，284

Deus，Gott，God 神　2-15，17-34，37-41，45，48-52，54-62，64-70，72-75，77，78，80-82，84，85，87，88，90，93，95，99，101，103-108，110，111，115，118，122，126-134，137，138，140-145，147-161，167-175，177，179，181-191，193，194，196-211，213-221，223-237，242-244，247，249，251，253-257，259-261，263，266，269，271，272，275，277，280，281，283，285，287，289-293，295，297，299，301，303-318，320-323，325-329

Deus sive natura 神或自然　9，21，24，28，66，67

Deus sive Substantia 神或实体　24，66

Ding，*res* 事物　20-22，26-29，31-33，38，40-45，47，51，52，58，64，65，67，86-89，93-95，97，102，109，110，138，154，155，179，185-190，193，196-211，214-220，222，223，225-232，235-237，239，242-246，248，250-265，267-269，271，278-280，282-289，291，293-296，298-300，302，304-306，308-310，312，313，315-318，320，322-327

dieewigen und unvergänglichen Ding 永

恒和非变灭无常的事物 257, 258, 259

　　dieverg änglichen Dinge 变灭无常的事物 189, 258

E

Ehre, *honor* 荣誉 25, 26, 37, 38, 72, 94, 169, 187, 258, 273, 274, 277, 316

Eifersucht, 猜忌 25, 187, 267-268

Eigenschaft, *proprietas* 特性、特质 186, 200, 209-210, 219, 225, 227, 232, 277, 281

　　eminenter 卓越地 198, 200, 293

Ens 存在物 30, 52, 154, 196, 198, 199, 202, 205, 206, 208, 210-212, 229, 232, 233, 235

　　Ens fictum 虚构存在物 210, 256

　　Ens rationis 思想存在物，或思维的样态 30, 186, 206, 210, 216, 229, 239, 255-256, 283-284

　　Ens reale 实在存在物 30, 210, 239, 255, 256, 283, 284

　　Ens cogitans 思想存在物 30, 186, 206, 210, 216, 229, 239, 255-256, 283-284

Erfahrung, *experientia* 经验 9, 36, 40, 62, 63, 76, 78, 109, 114, 187, 188, 245, 246, 248, 252, 255, 257, 281, 301, 302, 315, 326, 327

Erinnerung, *memoria* 回忆 2, 26, 27, 36, 171, 263, 284, 299

Erkenntnis, *cognitio Scientia* 知识 3, 4, 27, 28, 34, 35, 37, 40-44, 50, 51, 62, 63, 65, 66, 70, 73, 80, 87, 96, 97, 99, 105, 106, 109, 123, 138, 141, 152, 168, 169, 179, 189, 191, 197, 211, 218, 229-231, 233, 234, 242, 243, 245-249, 251, 254, 256, 257, 259, 277, 278, 281, 286, 288, 290-292, 296, 301, 303 - 305, 307, 309, 310, 314, 315, 325-327

　　wahre Erkenntnis 真知识 34, 40, 96, 256, 292, 302, 304

　　anschauliche Erkenntnis, *Scientia intuitive*, intuitive knowledge 直观的知识 303

Essentia 本质 10, 22, 29, 35, 38, 42, 44, 45, 51, 53, 64, 65, 67, 69, 87-89, 95, 115, 116, 118, 155, 156, 168, 176, 183, 185, 186, 189, 190, 196, 198-200, 202, 203, 205, 206, 210, 211, 215, 216, 229-232, 235, 239, 242, 253, 258, 259, 261, 262, 267, 277, 278, 280-282, 284, 290, 291, 299, 305, 309, 310, 312, 313, 315, 316, 318, 321-325

　　Essentia formalis 形式本质 42, 43, 200, 323

　　Essentia objective 客观本质 37, 38, 42, 43, 198, 200, 325, 326

Et sic in infinitium 直至无穷 204

Extensio, Extension 广延 4, 5, 21, 26, 28-30, 53, 63, 64, 66, 89, 100, 154, 155, 181, 185, 200, 206-212, 214, 231, 237, 242, 243, 283, 293, 294, 320, 322-327

Ewigkeit, *aeternitas* Eternity 永恒 4, 27-30, 38, 41, 45, 100, 108, 142, 154, 155, 157, 169, 189, 190, 196, 200,

209，211，212，216-218，223-226，231，232，235，237，238，243，257-259，264，272，278，291，299，304，305，307-309，314，316-318

F

falsch 假的、错的　101，106，153，217，243，271，279，285，287

Falschheit, *falsitas* 谬误、虚假　104，186，188，212，243，255，271，273，279-280，282，285-286，292

Fiktion, *fictio* 想象　33，35，38，39，43，44，63，73，75，82，109，110，134，154，155，197，198，212，253，263，269，274，285，288，291，307

Form 形式　14，19，23，24，26，27，30，33，35，39，40，42，44，45，49，60-62，64-68，76，77，80，87，97，112，119，140，141，163，167，171，172，176，178，179，181，185，188，190，196，197，200，203，204，210，213，233，243，244，250，252，267，268，280，285，292，294，296，298，324，325，327

formalis 形式的、客观的、现实的意义（*formalis* = *actualis*）　200

formaliter 形式地　198，200，205

Freiheit *libertas* 自由　1-3，6，7，10-14，29-31，33，47，48，50，53，55-59，62，66，68，74-77，84，98，104，109，116，118，130，131，134，149，155，158，168，169，176，186，188-190，193，194，219，224，225，229，232，236，251，257，270，273，282-284，286，288，289，308，314-318

Freude, *laititia* 快乐　25，29，37，38，40，109，152，156，169，187，259，262，263，267，269，271，273，274，278，290，291，298，315，317，323，324，326，327

Freundschaft 友谊　3，9，11，81，110，131，193

Furcht, *metus* 恐惧　25，59，103，132，153，187，252，264，267-269，278，291

G

Geist, *mens* 精神　5，29，30，43，63，76，86，93，94，107，109，118，119，121，122，127，130-132，150，155，193，212，242，249，271，278，292，305，318

Gemeinbegriffe, *notiones communes* 一般概念　186，283

Gesellschaft, *societas* 社会　7，58，67，68，71，74，86

Gewissensbiss, *knaging* 惋惜　25，97，187，270

Glaube 信仰　1，2，10-13，47，55，58，59，98，99，101，120，128，133，150-153，156，158-160，188，245-248，254，255，282，292

wahre Glauben 真信仰　187，188，245-247，254，255，277-279，282，286，292

Glückseligkeit, *beatitudo* 幸福　4，8，10，15，17-34，37-40，48-50，54，60，61，64，67，68，71，76，82，90，156，167-175，177，179，181-191，193，194，

197, 199, 201, 203, 205, 207, 209, 211, 213, 215, 217, 221, 223, 225, 227, 229, 233, 243, 247, 249, 251, 253, 255, 259, 261, 262, 269, 281-283, 285-287, 289-293, 295, 297-299, 301, 303-305, 307, 309, 311-318, 321, 325, 327-329

Gottes allgemeine Vorsehung 神的普遍天道 186

Gottes besondere Vorsehung 神的特殊天道 186

Gram, *Disiderium* 悲伤 25, 187, 275, 278

Guide of the Perplexed《迷途指津》 5, 27, 218

Gunst, *Favor* 嘉奖 25, 187, 275, 277

Gut, *bonum* 善 12, 14, 16, 29, 30, 37, 38, 40-43, 66, 68, 71, 86, 87, 95, 96, 109-111, 118, 126, 132, 138, 144, 154, 155, 157, 159, 168, 169, 172, 186-188, 193, 199, 202-204, 224, 227, 230-232, 239, 248, 251, 254-259, 261, 263-269, 271, 273, 275, 277, 282, 285, 287, 288, 290-292, 302, 304, 315, 318

Sub specie boni 表面的善 252

H

Hass, *Odium* 恨 6, 20, 21, 25, 59, 101, 103, 104, 106, 111, 116, 131, 187, 212, 251, 252, 260-264, 266, 269, 271, 272, 277, 278, 290, 294-296, 308, 312

Hochachtung, *veneration* 尊敬 1, 9, 25, 113, 133, 171, 187, 265, 266, 273

Hochmut, *superbia* 骄傲 25, 128, 187, 265, 266, 290

Hoffnung, *spes* 希望 2, 9, 25, 36, 47, 48, 75, 100, 101, 105, 109-111, 139, 148, 151-153, 156, 187, 251, 267-269, 275, 293, 316

Hören 倾听、传闻 187, 188, 245, 246, 248, 250-252, 255, 302

Hörensagen 传闻 187, 188, 245, 246, 248, 250-252, 255, 302

I

Idee, *idea* 观念 2-4, 27-31, 35-38, 41-45, 51, 54, 65-68, 87, 88, 108, 110, 118, 154, 155, 168, 176, 185, 189, 196-200, 208, 212, 213, 215-217, 223, 229-231, 239, 242, 243, 245, 246, 250, 251, 255, 256, 259, 262, 269-271, 274, 278-286, 289, 294, 299, 300, 304-307, 316, 317, 321-327

idea affectionum corporis 身体中的情感的观念 327

idea corporis 身体的观念 243, 294, 300, 327

idea adequate 恰当的观念 327

idea inadequate 不恰当的观念 327

idea reflexive 反思的观念 300, 301, 326, 327

Ideatum 对象 28, 31, 35, 42, 44, 87, 88, 96, 193, 196, 197, 209, 211, 245, 253, 254, 256-259, 262, 271, 277, 278, 280, 281, 285, 288, 294-296, 299, 300, 304, 305, 322, 324, 325, 327 *in sensu composito* 在组合的意义上 228

in sensu diviso 在分离的意义上 228

infinitum 无限 3, 4, 21, 22, 27, 28, 30, 38, 45, 66, 67, 86, 87, 89, 153-155, 168, 185, 190, 196-200, 202-207, 210-212, 214, 220, 231, 235, 237, 242, 264, 278, 281, 293, 299, 300, 305, 309, 310, 316, 321-327, 329

Inneres Geniessen 内在的享受 187, 189

intellectual love of God 对神的理智的爱 27, 218

intellectual worship of God 对神的理智崇拜 218

 intentio 意念 214

  intentio prima 第一意念 214

  intentio secunda 第二意念 214

 Irrtum, error 错误 20, 23, 32-35, 38, 39, 44, 47, 51, 53, 56, 76, 87, 99, 104, 105, 108-111, 113, 115, 120, 123, 133, 134, 136, 156, 160, 176, 177, 186, 190, 196, 197, 203, 212, 215, 225, 228, 230, 245, 246, 248, 251, 254, 255, 260, 270, 279-282, 308, 315

K

Klar und deutlich, *clare et distinct* 清楚而明晰地 231, 234, 245

 Klare Einsicht 明晰的直观 187

 Klare Erkenntnis 清晰的知识 246, 248, 251, 255, 256, 302, 326

 Kleinmütigkeit, *Pusillanimitas* 怯懦 25, 187, 267-269

Körper, *corpus* 身体、物体 2, 4, 5, 21, 31, 35, 53, 54, 86, 100, 106, 111, 126, 143, 155, 161, 162, 185, 188-191, 194, 207, 208, 214, 217, 221, 242, 243, 272, 289, 292-301, 304-306, 313, 323, 324, 326, 327

Kraft, *vis, potentio* 力、力量 1, 2, 9, 11, 19, 22, 29, 30, 41, 47, 48, 50-52, 55, 56, 60-62, 66-70, 73, 74, 76, 85, 88, 89, 94, 95, 97, 99, 102, 104, 106, 108, 110-112, 114-116, 119, 127, 128, 131, 137, 138, 147, 150, 154, 156, 158-160, 176, 179, 180, 186, 188, 193, 197, 201, 204, 212, 214, 224, 227, 231, 233, 240, 246, 254, 256-259, 261, 263-265, 270, 276, 278, 282, 283, 287, 292, 295, 296, 298, 299, 302, 304, 309, 314, 317

Kühnheit, *audacia* 大胆 5, 25, 67, 159, 187, 267-269

L

Lachen, *Invidia* 笑 25, 100, 134, 147, 162, 271, 272, 296

Leidenschaft, *passio* 激情 75, 131, 133, 134, 147, 186-189, 194, 248-250, 252, 254-257, 259-261, 263, 265, 268-270, 273, 275, 277, 278, 291, 292, 295, 296, 298, 302, 312, 314

 vernunftige Leidenschaft 理智的激情 252

 unvernunftige Leidenschaft 非理智的激情 252

Liebe, *amor* 爱 2, 12, 16, 19, 24,

25, 27, 29, 46, 63, 65, 67, 69, 71, 87, 88, 97–99, 109, 111, 112, 120, 123, 130–132, 137, 140, 144, 147, 167–169, 172, 177, 180, 187, 189, 190, 193, 198, 211, 212, 214, 216–218, 224, 236, 243, 248, 250–254, 256–259, 261, 263, 264, 266, 268–270, 273, 275–278, 283, 290–296, 298, 302, 304–306, 308, 312, 314–316, 318, 323, 324, 327

Lust, *titillation* 欢乐 296, 308

M

Macht, *potential* 权力，力量 7, 35, 37–39, 41, 44, 58, 66, 67, 72, 74, 76–78, 88, 93, 99, 104, 150, 202, 222, 226, 257, 259, 260, 277, 278, 283, 293–295, 302

Materie, *material* 物质 5, 29, 30, 51, 89, 97, 100, 107, 154, 155, 207, 212, 214, 219, 221, 233, 237, 243, 296

Meinung, *opinio* 意见 14, 20, 21, 56, 58, 74, 80, 95, 96, 98, 99, 104, 106, 110, 115, 116, 129, 130, 133, 134, 140, 144, 151, 152, 157, 174, 175, 184, 186–189, 191, 203, 204, 214, 220, 229, 231, 245, 246, 248, 250–252, 254, 255, 260, 263, 264, 266, 268, 271, 273, 282, 283, 285, 286, 292, 296, 302, 303, 307, 322

Mensch, *homo* 人 1–34, 36–41, 44–50, 52–86, 89, 90, 93–116, 118–120, 123, 126–134, 136–163, 167–175, 177–191, 193, 194, 196–201, 203–205, 207–218, 221, 222, 224, 225, 227–233, 239,
242–263, 265–293, 295–301, 303, 305, 307–318, 321, 323, 325–329

Methode, *methodus* 方法 8–10, 15, 19, 20, 22, 24, 32–36, 38, 40–47, 50, 52, 57, 58, 60, 62–64, 68, 85, 87, 88, 103, 104, 130, 151–153, 171, 172, 178, 180, 189, 194, 233, 255, 263, 265, 267, 272, 292, 298, 324

modaliter 样态的 22, 207, 208, 242, 246, 280, 281, 284, 299, 309, 310, 312, 320, 322, 325

Modifikation, *modificatio* 分殊 66, 154, 155, 283, 320

Modus, *modus* 样态 4, 27, 30, 86, 87, 89, 169, 185, 186, 200, 206–209, 212, 217, 230–233, 235, 237, 242–245, 248, 255, 257, 259, 279–281, 283–285, 294, 299, 300, 308, 309, 312, 320, 323–327

Modus desdenkenden Attributs 思想属性的样态 327

Modus desextensiven Attributs 广延属性的样态 209

Monarchie 君主制 10, 14, 55, 71, 73, 75, 77, 96

Monarchische Regierung 民主政体 71, 74–78

Mut, *Intrepiditas* 勇敢 25, 187, 267–269

Mutig, *intrepidus* 勇敢的 131

N

Nacheiferung, *aemulatio* 好胜 25, 187, 267–269

nam ex nihilo nihil fit 无中不能生有

30, 284

Natur, *natura*, 自然, 本性 3-5, 7, 9, 15, 20, 21, 24, 26-31, 33, 35, 37, 38, 40-44, 51-55, 57, 58, 62, 64, 66-68, 71-75, 79, 81, 82, 85, 87-89, 93, 94, 97, 108, 120, 126, 132, 138, 141, 153-158, 168-170, 185-187, 189, 190, 194, 196, 198, 200-208, 210-212, 214, 217, 219-222, 224, 227-230, 233, 235-237, 239, 242-244, 246, 255, 256, 258, 259, 261, 269, 271, 272, 277, 280, 281, 283, 284, 289-293, 296, 299, 300, 304-310, 313, 315-317, 320-325, 327

 natura naturans 产生自然的自然 186, 235

 natura naturata 被自然产生的自然 186, 235, 237

 ex rerum natura 按事物的本性 259

Naturrecht, *Iusnaturae* 自然权利 62, 67, 71-73

Naturzustand, *status naturalis* 自然状态 58, 68, 72, 74

Neid, *Invidia* 嫉妒 59, 98, 110, 261, 262, 264, 271, 278, 291, 312

Notio 概念、意念 3, 4, 29, 30, 35, 36, 43, 50, 64, 65, 67, 88, 89, 109, 132, 154, 168, 183, 186, 187, 196, 200, 209, 210, 212, 214, 216, 227, 233, 245, 246, 249, 255, 257, 259, 267, 268, 272, 279, 281, 283, 284, 288, 299

 notio prima 第一级概念 214

 notio secunda 第二级概念 36, 212, 214

Notwendigkeit, *necessitudo* 必然性 29, 30, 41, 66, 88, 186, 190, 206, 222, 275, 282, 312

Noumenon 自在之物 87

O

Objekt 对象 28, 31, 35, 42, 44, 87, 88, 96, 193, 196, 197, 209, 211, 245, 253, 254, 256-259, 262, 271, 277, 278, 280, 281, 285, 288, 294-296, 299, 300, 304, 305, 322, 324, 325, 327

 vergängliche Objekt 变灭无常的对象 257

 unvergängliche Objekt 非变灭无常的对象 257

objektiv 客观的 44, 78, 87, 197, 200

Opera Posthuma 《遗著》 15, 16, 18, 31, 36, 39, 60, 61, 69, 70, 71, 79, 81-85, 128, 167, 170, 174.

Ordnung, *ordo* 秩序 43, 44, 94, 108, 131, 185, 213, 252, 258, 265, 289, 297, 313

P

Passion, *Passio*, π'αοοζ 激情 75, 131, 133, 134, 147, 186-189, 194, 248-250, 252, 254-257, 259-261, 263, 265, 268-270, 273, 275, 277, 278, 291, 292, 295, 296, 298, 302, 312, 314

Phenomena 现象 52, 57, 75, 80, 87, 89, 176, 246, 272, 294, 295, 300

per genus et differentian 属加种差 231, 233

Peripatetic School 逍遥学派 186, 191

Prädestinationcbd 预定 186, 219, 223, 228

propria or proprietates, propmim 特性 186, 200, 209, 210, 219, 225, 227, 232, 277, 281

R

Raum, 空间 67, 88

realiter 实在的 5, 43, 87, 88, 200, 206, 242, 258, 262, 280, 281, 284, 320-324, 327

Regula de tri 三数法则 187, 191, 245, 254, 302

Reue, Borouw 懊悔 25, 187, 270

Ruhe 静止 53, 89, 208, 242, 243, 293-295, 299, 300, 322, 325, 326

S

Scham, pudor 耻辱 26, 187, 273-275

Scherz, locus 嘲笑 25, 66, 75, 141, 187, 271

Schönheit, pulchritude 美 9, 13, 14, 24, 33, 52, 70, 75, 98, 106, 109, 111, 122, 126, 144, 155, 167, 174, 175, 193, 257, 273, 278, 296, 304, 314

Schlechte, malum 7, 11, 14, 20, 24, 38, 40, 48, 61, 68, 75, 85, 101, 103, 105-107, 109, 111, 118, 129, 131, 140, 141, 143, 144, 151-153, 155, 157-159, 179, 186, 188, 203, 224, 230, 232, 233, 239, 254-256, 258, 265-267, 269-271, 273, 277, 278, 282, 285-288, 292, 302

Scientia intuitive, intuitive knowledge 直观的知识 303

Sein, esse 存在 2-5, 10, 18, 20-22, 24, 26, 28-32, 38, 41-45, 51, 53, 54, 65-68, 71, 74, 75, 77-79, 86-88, 97, 100, 103, 115, 119, 120, 125, 134, 154, 155, 163, 168, 169, 179, 183, 185, 186, 188-191, 194, 196-212, 214-221, 223-233, 235, 237, 239, 242-244, 251, 254, 256, 257, 261, 265, 266, 268, 277, 281-287, 289, 290, 292-295, 299-302, 304-306, 308-310, 312, 314-317, 320-328

Sein, formales 形式存在 202, 243

Sein, objectives 客观存在 210

Sinn, sensus 意义 8, 15, 18, 28, 31, 45, 52-54, 58, 73, 82, 86, 89, 96, 109, 128, 167-169, 181, 185, 200, 209, 210, 214, 219, 220, 230, 237, 249, 281, 285, 310, 325

in sensu composito 在组合的意义上 228

in sensu diviso 在分离的意义上 228

Seele anima, mens 心灵 2, 4, 10, 21, 24-26, 29, 31, 33, 35, 37, 40-44, 50, 52-54, 61, 63, 66, 68, 99, 104, 105, 108, 109, 111, 155, 168, 185, 188-191, 193, 194, 230, 237, 242, 243, 248, 249, 252, 253, 255, 256, 260, 264, 267, 268, 270, 272, 275, 278, 280, 282-285, 287, 288, 294-300, 304-308, 318, 323-326

Sins 罪孽 162, 186, 230, 232, 233, 292, 314

Spiritus animals, the animal spirits 生命精气 25, 249, 271, 272, 294, 298

Spott, *Irrsio* 讥讽 25, 187, 271

Stolz, *generositas* 自尊 25, 187, 265, 266

Strafbare *nedrigheid* = *Abjectio* 自卑 25, 187, 265, 266

Streben, *conatus*, Poginge 努力、冲力 19, 41, 68 - 69, 108, 112, 186, 227, 259, 276

Substanz, *Substantia*, substance 实体 4, 5, 9, 22, 24, 26, 28-30, 51, 53, 54, 64-68, 86-88, 100, 153, 155, 168, 169, 185, 190, 194, 199, 201-204, 206-212, 214, 219, 232, 233, 235, 242, 243, 272, 281, 283, 299, 305, 320-322, 327

Substanz und Attribut 实体与属性 209

Substanz und Modus 实体与样态 22

Substanz endliche 有限的实体 199, 202, 203, 242

Substanz, *unendliche* 无限的实体 4, 202, 204, 231

Summa Theologie 《神学大全》 201, 236

T

Teufeln 魔鬼 11, 19, 56, 157, 171, 178, 181, 189, 291, 312, 314

conversionder Teufeln 魔鬼的皈依 312

Trauer, *tristia* 痛苦 25, 102, 106, 162, 187, 257, 261-264, 266, 267, 269, 270, 273-275, 277, 278, 291, 295, 296, 298, 299, 326

Traum, *somnium* 梦 6, 75, 100, 279

Tugend, *virtus* 德行、美德 9, 24, 110, 111, 155, 167, 193, 314

U

Undankbarkeit, *Ingratitudo* 忘恩 25, 110, 187, 275

Unsterblichkeit der Seele 心灵的不朽 278, 306, 326

Unterschied, *differentia* 差别 21, 24, 27, 41, 52-54, 72-74, 76, 87, 176, 177, 196, 198, 203, 210, 211, 214, 233, 252, 254, 280, 281, 299, 327

Unverschämtheit, *impudentia* 无耻 26, 56, 187, 273, 275

Unwillen 责备 271, 273

Ursache, 见 *causa* 原因 20, 21, 27-33, 35, 36, 44, 46, 50, 51, 57, 66, 67, 70, 78, 81, 82, 85, 88, 96, 108, 110, 116, 130, 140, 154, 175, 178, 179, 185, 186, 188-190, 197-201, 203-206, 208, 209, 212, 213, 215-217, 219-226, 228-233, 236, 237, 245, 249, 257, 259, 262, 263, 268, 275, 280, 282-285, 288, 289, 292, 294-296, 298, 300, 302, 304-306, 309-312, 314-317, 320, 321, 326

Ursprung, *origo* 起源 10, 36, 38, 44, 58, 66, 85, 88, 179, 183, 187, 194, 201, 250, 254, 263, 264, 268, 270, 271, 323, 324, 326, 327

V

Verachtung, *contemptus*, *delignatio* 轻蔑 25, 66, 101, 187, 265, 266, 273

Vernunft, *ratio* 理性　5, 9, 10, 28, 29, 36, 44, 59, 61, 67, 68, 77, 85, 87, 93, 98, 101, 108-110, 115, 130, 138, 152, 158, 168, 186-189, 194, 210-212, 214, 229, 231, 246, 248, 249, 254, 256, 258, 260, 261, 265, 270, 271, 273, 275, 277, 279, 281, 286, 292, 293, 302-304, 314, 327

　　gute und reine Vernunft 正直的纯粹的理性　187

　　Vernunftding, Vernunftwesen, *ens rationis* 思想存在物　30, 186, 206, 210, 216, 229, 239, 255, 256, 283, 284

　　Verstand, *intellectus* 理智、知性　8, 15, 17, 18, 20-22, 26-28, 30-41, 43, 44, 53, 54, 59, 60, 61, 64-66, 68, 73, 74, 81, 87, 90, 96, 97, 101, 105, 108, 133, 134, 146, 153, 157, 167, 168, 170, 179, 180, 183, 188, 190, 197, 198, 200, 202, 204-206, 208, 209, 210-214, 216, 218, 225, 229, 237, 239, 247, 248, 252, 254-256, 258, 259, 261, 263, 264, 270, 277, 278, 280, 281, 283-286, 292, 296, 298, 303, 304, 307, 309, 310, 314-317, 320, 321, 325, 327

　　Der endliche Verstand 有限的理智　197

　　Der unendliche Verstand 无限的理智　202, 204, 304, 321

　　Verwunderung, *Admiratio* 惊异　2, 13, 25, 47, 104, 132, 187, 250, 253, 256, 257, 263

　　Verzweiflung, *desperatio* 绝望　25, 187, 267-269, 291

Vollkommenheit, *perfectio* 圆满性、完美、完善　16, 28, 38, 41-43, 66, 68, 71, 87, 88, 96, 126, 132, 144, 154, 169, 172, 185, 189, 199, 200, 204, 205, 208, 211, 220, 223-227, 230, 255, 256, 259, 261, 262, 265, 266, 269, 271, 273, 275, 280, 290, 291, 296, 304, 312-314, 318

Voluntas, βουλησιξ 合理的欲望　288, 289

Voluptas, ε'πιθνμια 不合理的欲望　288, 289

Vorherbestimmung 预先规定性　186

Vorstellen, *imaginary* 想象　33, 35, 38, 39, 43, 44, 63, 73, 75, 82, 109, 110, 134, 137, 154, 155, 197, 198, 212, 253, 263, 269, 274, 285, 288, 291, 307

Vorstellungskraft, *potential imaginandi* 想象力　137

W

Wahn, opinion 意见　14, 20, 21, 56, 58, 74, 80, 95, 96, 98, 99, 104, 106, 110, 115, 116, 129, 130, 133, 134, 140, 144, 151, 152, 157, 174, 175, 184, 186-189, 191, 203, 204, 214, 220, 229, 231, 245, 246, 248, 250-252, 254, 255, 260, 263, 264, 266, 268, 271, 273, 282, 283, 285, 286, 292, 296, 302, 303, 307, 322

Wahre 真, 真的　5, 38, 42, 44, 53, 59, 101, 104, 127, 132, 138, 152, 159, 160, 203, 216, 232, 266, 279, 280,

291, 317

Wahrheit, *veritas* 真理 5, 10, 14, 22, 24, 31, 36, 38, 42, 43, 46, 58, 63, 94, 97–99, 104–106, 108–111, 129, 131, 138, 152, 153, 157, 167, 188, 190, 193, 198, 211, 212, 255, 257, 259, 266, 268–270, 279–282, 285, 292, 314–317

Wahrnehmung, *perceptio* 知觉 87, 134, 243, 250, 283, 284, 292–296, 298

Wankelmut, *animi fluctuatio* 犹豫 12, 25, 46, 141, 187, 267–269

Wesen, *essential, ens* 本质、存在物、事物 210

wirkliches Wesen, *ens reale* 实在存在物 30, 210, 239, 255, 256, 283, 284

Wiedergeburt 再生 34, 189, 304, 305

Wille 意志 5, 29–31, 33, 34, 37, 47, 50, 51, 53, 66, 77, 78, 102, 155, 188, 204, 212, 225, 226, 229, 232, 248, 282–289, 308

Wissen, *perception*, Erkenntnis 认识 2, 8, 10, 13, 15, 20, 22, 27–29, 32, 33, 35, 38, 40–45, 51, 52, 64, 66–69, 79, 86–88, 99, 113, 120, 159, 167– 169, 171, 175, 180, 187–189, 191, 199, 201, 206, 208, 210, 216, 217, 230–233, 235, 242, 243, 245, 246, 248–250, 252, 254–257, 259, 261, 263, 265, 266, 268, 269, 273, 275, 277, 281, 286, 289, 292, 294–296, 298, 304, 305, 310, 311, 314, 315, 322

Z

Zorn, *Ira* 愤怒 6, 11, 12, 20, 25, 59, 66, 103, 147, 149, 260–262, 271, 312

Zufälligkeit, *contingentia* 偶然性 35, 186, 190

Zustand 存在状态 186, 224

Zuversicht, *Securitas* 确信 25, 28, 73, 152, 157, 171, 187, 210, 246, 248, 254, 267–269, 282, 310

Zweck, *finis* 目的 8, 10, 30, 37, 40, 41, 43, 49, 52, 58, 59, 69–72, 74, 75, 78, 82, 99, 100, 102, 104, 115, 120, 152, 153, 155, 167, 188, 212, 221, 230, 231, 239, 256, 263, 265, 291, 309, 315, 316, 318

编后记

《斯宾诺莎全集》的翻译和出版可以说既是我们老师辈贺麟先生、苗力田先生等终生的宿愿，也是我们几位斯宾诺莎学人始于二十多年前的愿望，记得在 20 世纪 90 年代初，我与谭鑫田教授、傅有德教授经常通信讨论如何翻译和出版一部完整的斯宾诺莎全集。现在经过二十多年的努力，一部新的完整的《斯宾诺莎全集》终于可以问世了。

《斯宾诺莎全集》计划分为六卷：第 1 卷：《斯宾诺莎古老传记》，《神、人及其幸福简论》；第 2 卷：《知性改进论》，《笛卡尔哲学原理附形而上学思想》；第 3 卷：《神学政治论》；第 4 卷：《伦理学》；第 5 卷：《政治论》，《简明希伯来语语法》，《论虹的代数测算》，《机遇的计算》；第 6 卷：《斯宾诺莎书信集》。

本书为《斯宾诺莎全集》第 1 卷，全书分为三部分：一为导论：斯宾诺莎生平及其著作考释，这是我本人多年前的一篇研究论文，在此作为全集的导论。二为《斯宾诺莎古老传记》，这是斯宾诺莎生前或去世后不久斯宾诺莎的一些朋友或学者所撰，可以说提供了斯宾诺莎当时最真实的生存境遇，是我们了解斯宾诺莎最宝贵的历史资料。我们所据的版本：一是沃尔夫（A. Wolf）编译的 *The Oldest Biography of Spinoza*（Port Washington, N. Y. /London, Kennikat Press, 1927），让-麦克米连·卢卡斯（Jean-Maximillien Lucas）的《已故斯宾诺莎先生传》系龚重林先生译。二是约翰·科勒鲁斯（Johannes Colerus）的"斯宾诺莎生平"系龚重林先生根据科勒鲁斯的 *The Life of Benedict de Spinoza*（Hague, Martinus Nijhoff, 1906）译。三是格布哈特（C. Gebhardt）译的 *Spinoza-Lebensbeschreibungen und Gespräche*（Hamburg, Felix Meiner Verlag, 1977），比埃尔·培尔（Pierre Bayle）的"斯宾诺莎"系王宏健、曹忠来两位先生译。四是格布哈特译的 *Lebensbeschreibungen und Dokumente*（Hamburg, Meiner, 1998），其中雅里希·耶勒士（Jarig Jelles）的"论斯宾诺莎"、塞巴斯蒂安·科尔霍特（Sebastian Kortholt）的"斯宾诺莎"系曹忠来先生译。三为斯宾诺莎的《神、人及其幸福简论》，最初依据的版本是沃尔夫的 *Spinoza's Short Treatise on God*,

Man and His Well-Being（London，Adam and Charles Black，1910），最后根据格布哈特编译的 *Kurze Abhandlung von Gott, dem Menschen und seinem Glück*（Hamburg，Felix Meiner Verlag，1922，1965）进行校对，译者为我本人。

  时光流逝，本人八秩有三，虽然力求完美，但力不从心，有误之处盼读者指正。最后我要感谢中国人民大学出版社杨宗元主任，吴冰华、张杰等编辑，正是他们的精心编辑，本全集才得以问世。

洪汉鼎

北京怡斋，2021 年春

图书在版编目(CIP)数据

斯宾诺莎全集. 第1卷, 斯宾诺莎古老传记 神、人及其幸福简论/(荷)斯宾诺莎著；洪汉鼎主编；龚重林等译. --北京：中国人民大学出版社, 2021.5
ISBN 978-7-300-29309-7

Ⅰ. ①斯… Ⅱ. ①斯…②洪…③龚… Ⅲ. ①斯宾诺莎（Spinoza, Benoit de 1632－1677）－哲学思想 Ⅳ. ①B563.1

中国版本图书馆 CIP 数据核字（2021）第 068414 号

斯宾诺莎全集
主　编　洪汉鼎
第 1 卷
斯宾诺莎古老传记　龚重林　曹忠来　王宏健　译
神、人及其幸福简论　洪汉鼎　译
Spinoza Quanji

出版发行	中国人民大学出版社		
社　　址	北京中关村大街31号	邮政编码	100080
电　　话	010－62511242（总编室）	010－62511770（质管部）	
	010－82501766（邮购部）	010－62514148（门市部）	
	010－62515195（发行公司）	010－62515275（盗版举报）	
网　　址	http://www.crup.com.cn		
经　　销	新华书店		
印　　刷	北京联兴盛业印刷股份有限公司		
规　　格	170 mm×240 mm　16开本	版　次	2021年5月第1版
印　　张	23.5　插页5	印　次	2021年5月第1次印刷
字　　数	387 000	定　价	98.00元

版权所有　　侵权必究　　印装差错　　负责调换